개혁주의 구원론

안토니 후크마 著
류 호 준 譯

기독교문서선교회

Saved by Grace

by
Anthony A. Hoekema

translated by
Ho-Joon Ryou

Korean Edition
Copyright ©1991 by Christian Literature Crusade
Seoul, Korea

추모의 글

본서 「개혁주의 구원론」(Saved By Grace)은 안토니 후크마 박사의 일곱번째 책인 동시에 개혁주의 교의학 시리즈 중 마지막 세번째 저술입니다. 구원의 교리에 관한 연구서인 본서는 「개혁주의 종말론」(The Bible and the Future, 1979)과 「개혁주의 인간론」(Created in God's Image, 1986)과 더불어 개혁주의 교의학 삼부작을 형성하고 있습니다.

후크마 박사는 본서의 원고를 그의 칠십오 세 생일 바로 직전에 완성하였습니다. 그분의 마지막 생일인 동시에 마지막 저서가 된 셈입니다. 몇개월 뒤인 1988년 10월 17일에 우리의 남편이며 아버지인 그는 이틀 전에 겪은 전신마비 증세로 세상을 떠났습니다. 이렇게 해서 신학교육과 학자의 길을 걸었던 그의 생애는 끝을 맺게 되었고 예수 그리스도의 구원하시는 사랑을 새롭게 경험하게 되는 새로운 단계로 그는 들어갔습니다.

저자는 본서를, 자기의 아들이 목사의 소명을 받고 기뻐는 하였으나 아들의 첫번째 저서(The Four Major Cults, 1963)가 출간되기도 전에 세상을 떠나버린 프리지안 출신의 양복점 주인 아버지와 엄격하셨으나 자애로우셨던 그의 어머니께 증정하였습니다. 남편과 아버지를 잃어버린 우리들의 슬픔과 상실은 그가 사십 년이란 세월 동안 설교와 가르침과 저술활동을 통하여 하나님의 교회를 섬겼다는 사실로 크게 위안받을 수 있게 되었습니다. 본서의 출판을 바라보면서 우리는 다시 그를 기억하며 그에게 이 책을 다시 돌려 드립니다.

안토니 후크마(Anthony Andrew Hoekema)는 1913년 유럽의 프리즐랜드(Friesland)의 다라크텐(Drachten)이란 고장에서 태어났습니다. 그 후 1923년에 그의 부모와 두 형제들과 함께 화란에서 미국으로 이주하였습니다. 안토니는 백스터(Baxter) 기독교 학교에 다녔으며 그랜드 래피드 기독교 고등학교를 졸업했고 1936년에는 칼빈 대학에서 문학사를 받았습니다. 이러한 여정은 삼십 년이 지난 후 그의 네 자녀 모두가 똑같이 걸어가게 된 길이 되었습니다. 안토니는 그 후 1937년에 미시간 대학(University of Michigan)에서 심리학을 전공하여 석사학위를 받게 되었으며, 1944년에는 칼빈 신학교에서 신학석사(Th. M) 학위를 받게 됩니다. 그 후 약 10년 뒤인 1953년에는 프린스톤 신학교에서 "헤르만 바빙크의 언약교리"란 논문으로 신학박사 학위를 수여받게 됩니다. 1944년에 목사로 안수받은 후, 그는 목회자로서 기독교 개혁교회 세 곳을 받들었습니다. 그것은 그랜드 래피드 시에 있는 "12가"(Twelfth Street) 교회, 뉴저지주 패터슨에 있는 "베델"(Bethel) 교회, 그리고 다시 그랜드 래피드 시의 "알져 팍"(Alger Park) 교회였습니다.

1956년에 안토니는 칼빈 대학에서, 그리고 1958년부터 그의 은퇴 시인 1978년까지 칼빈 신학교에서 가르침으로써 그의 사역을 시작하였습니다. 칼빈 신학교에서는 조직신학 교수로서 그의 삶을 헌신하였습니다. 그분의 마음의 청명함, 이해력의 분명함, 표현의 정확성, 자기와 만나는 모든 사람을 향한 그의 따스함, 재담에 대해 어쩔 줄 몰라 했던 순박한 약점 등은 그가 가르쳤던 학생들이나 그가 섬겼던 교인들에 의해 잘 기억되곤 하였습니다. 이러한 성품들은 이상의 마지막 성품을 덮어 주고 있으며, 또한 그의 저술에서도 잘 나타나 있으리라 믿습니다.

안토니가 세상을 떠날 즈음에 본서는 이미 출판상태에 있었으므로 본서에 대한 편집상의 몇몇 과제와 색인을 추가하고 교정하는 일이 우리들에게 맡겨졌습니다. 그러나 이러한 일은 결코 짐이 될 수 없었습니다. 오히려 안토니의 학자적, 목회자적 사역을 완성하는 일에 조그마한 보탬이 된다는 특권으로 이 일을 감당했습니다.

우리는 우리의 남편이며 아버지인 그분이 우리의 구주 앞에서 누리고 있는 기쁨들이 어떤 것인지 잘 알 수는 없습니다. 그러나 구원에 관한 성경의 가르침을 좀더 분명하게 드러내려고 한 그분의 노력이 하나님의 끝없는 사랑을 통하여 우리가 얻게 되는 은혜의 선물의 풍요함을 많은 사람들이 깊이 올바로 이해하는 데 일몫을 담당하기를 바라 마지 않는 것입니다.

1989년 2월 18일에

아내 Ruth Brink Hoekema
아들 David A. Hoekema

* 이 글은 후크마 박사의 아내(Ruth)와 그의 아들(David: 현 미국 기독교 철학회 상임총무)이 후크마 박사 별세 이후 이 책이 출판될 즈음에 쓴 글이다.

저 자 서 문

본서는 교의학 연구서 시리즈 중 세번째 책이다. 첫번째 저서는 「개혁주의 종말론」(The Bible and the Future)으로서 마지막 일들에 관한 가르침을 그 내용으로 하고 있다. 두번째 저서는 「개혁주의 인간론」(Created in God's Image)으로 기독교 인간론을 다루고 있다.

본서는 구원에 관한 기독교적 가르침을 그 내용으로 삼고 있다. 이 분야에서 제기되는 질문들에 대해 나는 주로 성경에서 답을 얻으려 하였다. 나의 신학적 입장은 개혁주의 혹은 칼빈주의적 관점에서 해석하는 복음주의적 기독교에 그 바탕을 두고 있다.

개혁주의적 성경관은 우리의 구원을 포함한 모든 일이 하나님의 주권하에 있다는 것을 인정함으로써 시작된다. 반복되는 것 같지만 성경의 중심적 가르침들 중의 하나는, 마치 한 교향곡의 주제음악처럼, 우리는 우리 구세주 예수 그리스도의 충만하신 사역의 기반 위에 하나님의 성령의 능력 있는 일하심을 통하여 전적인 은혜로 구원받았다는 사실이다.

그러나 동시에 성경은 하나님께서 우리를 장난감 꼭두각시로서가 아니라 한 인격체로서 구원하시며, 또한 우리도 마땅히 우리가 받을 구원에 능동적이어야 한다고 가르치고 있다. 성경은 매우 신비로운 방법을 통하여 하나님의 주권과 인간의 책임성을 우리의 구원의 과정 속에 연합시키고 있다. 그러나 우리가 그분을 사랑할 수 있는 것은 그가 우리를 먼저 사랑하셨기 때문이다. 그러므로 그분에게 모든 찬양이 드려져야만 한다.

다시 한 번 나는 칼빈 신학교의 나의 수많은 학생들에게 고마움을 표한다. 그들이 던진 질문들, 도전들, 논평들은 나로 하여금 다시 한

번 구원에 관한 성경의 가르침을 새롭게 조명해 볼 수 있을 통찰력을 깊게 해 주었다.

또한 칼빈 신학교 도서관측에 사의를 표한다. 훌륭한 자료들, 그리고 내가 은퇴한 뒤에도 도서관 안에 연구실을 허락하도록 해 준 일들에 대해 감사한다. 특별히 신학 도서관장이신 드 클럭(Peter De Klerk) 씨에게 깊은 감사를 드리고 싶다.

어드만 출판사의 편집부 직원들은 저자의 마음에 큰 기쁨을 주는 전문성을 제공해 주었다. 특별히 포트(Jon Pott) 씨와 에센버그(Milton Essenburg) 씨에게 고마움을 표한다.

내가 표할 수 있는 더 큰 감사는 나의 아내 룻(Ruth)에게 돌리고 싶다. 그녀의 끊임없는 관심, 격려, 제안들 그리고 참고 도서목록 작성 등은 큰 힘이 되었다. 그녀가 없었더라면 이 책은 점화되지 않았을 것이다.

무엇보다도 나는 글을 쓸 수 있는 힘을 공급하여 주신 모든 은혜의 하나님께 감사와 찬양을 드린다. 이 책을 저술하여 가면서 나는 우리와 같은 아무 가치 없고 보잘것없는 죄인들을 향한 그분의 감히 측량할 수 없는 위대한 자비에 새롭게 압도되었음을 고백한다. 그분이 우리 안에 이미 시작해 놓으신 일이 마침내 완성되리라 갈망하며 바라본다. 바로 그때에는 우리는 그분을 얼굴과 얼굴로 친히 보게 될 것이며, 그 분의 "은혜로 구원받았음"(saved by grace)을 고백하게 될 것이다.

미시간 주
그랜드 래피드 市
안토니 후크마

목 차

- 추모의 글
- 저자서문
- 목차
- 약어표

제 1 장 방향설정 ·· 11
제 2 장 "구원의 순서"에 관한 문제 ···················· 22
제 3 장 성령의 역할 ·· 49
제 4 장 그리스도와의 연합 ·································· 91
제 5 장 복음의 초청 ··· 114
제 6 장 효력있는 부르심 ···································· 134
제 7 장 중생 ··· 155
제 8 장 돌이킴 ··· 186
제 9 장 회개 ··· 200
제 10 장 믿음 ··· 219
제 11 장 칭의 ··· 249
제 12 장 성화 ··· 315
제 13 장 참 신자들의 견인 ································ 385

- 참고문헌
- 주제별 색인
- 인명 색인
- 성구 색인

약어표

ASV	American Standard Version
Bavinck, *Dogmatiek*	H. Bavinck, *Gereformeerde Dogmatiek,* 3rd ed.
Berkhof, ST	L. Berkhof, *Systematic, Theology*
EDT	*Evangelical Dictionary of Theology*
Inst.	J. Calvin, *Institutes of the Christian Religion*
ISBE	*International Standard Bible Encyclopedia*, rev. ed.
JB	Jerusalem Bible
KJV	King James Version
NASB	New American Standard Bible
NEB	New English Bible
NIV	New International Version
RSV	Revised Standard Version
TDNT	*Theological Dictionary of the New Testament*
VGT	Moulton & Milligan, *Vocabulary of the Greek Testament*

(See Bibliography for full publishing information.)

제 1 장

방향설정

　우리 주 예수 그리스도께서는 성부 하나님에 대한 전적 순종과 또한 그의 고난, 죽음 그리고 부활을 통해 죄와 죄의 권세로부터 우리를 구원하셨다. 그러나 그리스도의 이러한 구원사역도 성령의 역사를 통해 우리의 마음과 삶에 적용될 때에야 비로소 그 효력을 발휘하게 된다. 이 구원사역이 하나님의 백성들에게 어떻게 적용되는가를 다루는 분야가 구원론(soteriology)이며, 그 말은 "구원의 교리"라는 의미를 갖는 헬라어 소테리아(soteria)와 로고스(logos)라는 말에서 연유된다.

　구원론에 대한 이해가 언제나 동일한 것은 아니다. 예를 들어 찰스 핫지(Charles Hodge)는 구원계획(예정과 은혜언약), 그리스도의 인격과 사역, 그리고 이 사역을 성도의 구원에 적용시키는 성령의 역사들을 구원론의 내용으로 삼아야 한다고 주장한다.[1] 윌리암 쉐드(William G. T. Shedd)는 다소 그 범위를 축소시키고 있다. 즉 그에게 있어서 구원론은 그리스도의 사역(그의 인격에 관한 논의를 제외함)과 성령에 의한 구원적용 사역까지를 의미한다.[2] 그러나 본 저

---

1) *Systematic Theology*(1871; Grand Rapids:Eerdmans, 1940), 2:313.
2) *Dogmatic Theology*(1889-94; Grand Rapids:Zondervan, n. d.), 2:353.

술에서는 구원의 축복이 어떻게 하나님의 백성을 하나님의 호의, 그리고 그리스도를 통한 하나님과의 교제의 삶으로 회복하는가에 대한 연구를 구원론의 내용으로 삼으려 한다. 이 구원의 적용은 비록 믿음으로 얻어지기는 하나 성령의 역사임을 잊어서는 안된다.

본 저술에서 취하는 신학적 입장은 개혁주의 혹은 칼빈주의적 전통에 선 복음주의 노선이다. 개혁주의 구원론은 여타 다른 복음주의 구원론과 많은 점에서 일치한다. 그러나 다음과 같은 몇 가지의 독특한 강조점을 갖고 있다:

(1) 누가 죄로부터 구원을 받게 되는가를 결정하는 결정적 요인은 비록 인간의 결정이 중요한 역할을 함은 분명하나, 인간의 결정이 아니라, 하나님의 주권적 은혜이다.

(2) 하나님의 백성들에게 적용되는 구원은 그 뿌리를 하나님의 영원한 계획 속에 두고 있으며 그 계획에 따라 하나님께서는 인간 편의 어떤 공로를 근거로 해서가 아니라, 전적인 그의 미쁘신 뜻대로 그의 백성들에게 영생을 주시고자 그들을 택하신 것이다.

(3) 비록 복음의 메시지를 듣는 모든 자들이 그리스도를 영접하며 그의 구원을 받아들이도록 초청되었으며, 더욱이 그를 영접하도록 간곡히 권유되어질지라도, 엄격한 의미에서 하나님의 구속의 은혜는, 그의 택한 백성(그리스도 안에서 구원에 이르도록 택함을 입은 사람들)에게만 부여되어지며 그러기에 그의 구속의 은혜는 보편적이 아니라 특별한 것이다.

(4) 그러기에 하나님의 구원의 은혜는 유효하며 또한 유기될 수 없는 것이다. 이 말이 의미하는 바는 임의로 행하는 신자들일지라도 하나님으로부터 떠날 수 없다는 것이 아니라, 하나님께서는 그의 택한 자들이 그들의 구원을 상실토록 허락치 않으신다는 의미이다.

(5) 구원이 하나님의 백성에게 적용되기 위해서는(이러한 구원의 적용은 좁은 의미에서 중생과는 구별된다) 비록 인간의 의지와 노력을 포함하긴 하지만 이 구원의 적용은 그럼에도 불구하고 기본적으

로 성령의 역사이다.

　이상의 독특한 강조점들이 개혁주의 구원론을 특징짓고 있다고 할 수 있다. 그러나 개혁주의 신학이 구원의 적용에 있어서 하나님의 은혜의 주권을 강조한다고 해서 구원의 과정에서 인간의 책임성을 부인하는 것은 아니다.

　나는 「개혁주의 인간론」이란 저서 가운데 "피조된 인격으로서의 인간"이란 제하의 글에서 이러한 사상의 한 측면을 피력한 바 있다.[3] 거기서 나는 인간은 하나님께 전적으로 의존해 있는 피조물이요, 동시에 책임성있는 결정을 내리는 하나의 인격체라는 사실을 지적한 바 있다. 전적의존과 선택의 자유와 이러한 조화의 관계가 인간의 심오한 신비의 근간을 이루고 있는 것이다.[4] 이러한 인간관이 구원의 과정에 대한 우리의 이해에 어떠한 영향을 미치는가? 비록 하나님이 인간을 중생시키사 그에게 새로운 영적 생명을 부여하심이 틀림없지만, 믿는 자들 역시 그들의 구원의 과정, 즉 그들의 믿음의 훈련과 성화의 과정 그리고 그들의 견인에 있어서 그들의 책임을 갖고 있는 것이다. 인간은 본질상 죄로 인해 죽은 자들이기에 하나님께서 그들을 다시 살리셔야 함에는 틀림이 없다: 여기서 좁은 의미에서의 중생은[5] 전적으로 하나님의 역사이다. 그러나 중생과 구분되는 구원의 과정 속에서 나타나는 여러 국면들 가운데 하나님과 믿는 자가 함께 연루되어 있기에, 이런 의미에서 우리는 구원을 하나님의 역사요, 동시에 우리의 과업이라고 말할 수 있는 것이다. 때때로 회

---

3) *Created in God's Image* (Grand Rapids:Eerdmans, 1986), pp. 5-10.
4) 영어로 man이란 단어는 두 가지 의미로 사용된다: 하나는 "남자"란 의미요, 또 하나는 "사람", "인간"이란 뜻이다. 독일어에서는 남녀 구별없이 사람을 가리키는 단어로 Mensch가 있으며 한글도 남녀 구별없이 "인간" 혹은 "사람"이란 단어를 사용한다
5) 좁은 의미에서의 중생과 넓은 의미에서의 중생을 구별하는 문제에 대해서는 아래 pp. 156-57를 보라

개, 믿음, 성화, 성도의 견인 등과 같은 구원 과정의 여러 국면들이 신자들이 함께 협력하는 하나님의 역사라고 표현되기도 한다. 그러나 이러한 표현방식이 갖는 문제점은 마치 이 말이 하나님과 우리가 각각 구원역사의 맡겨진 부분들을 감당한다는 인상을 주는 데 있다. 오히려 이 표현보다는 우리 구원의 여러 국면들 가운데서(중생과 구별되는) 하나님이 일하시고 우리도 일한다고 말하는 편이 낫다. 예를 들어 성화의 과정은 백 퍼센트 하나님의 일이요, 동시에 백 퍼센트 우리의 일이기도 하다. 바울은 빌립보서 2:12~13에서 하나님의 일이요 동시에 우리의 일이라는 이러한 "자비로운 연합"을 매우 잘 표현하고 있다: "그러므로 나의 사랑하는 자들아…항상 복종하여 두렵고 떨림으로 너희 구원을 이루라 너희 안에서 행하시는 이는 하나님이시니 자기의 기쁘신 뜻을 위하여 너희로 소원을 두고 행하게 하시나니."[6]

1. 역설의 의미

여기서 우리가 다루려는 것을 우리는 역설, 즉 서로 모순되는 것처럼 보이는 두 사상의 조화라 부를 수도 있을 것이다. 성경적 진리의 두 국면, 즉 하나님이 우리를 새롭게 성화시키신다는 사실과 동시에 우리도 우리의 거룩함을 온전케 함으로 우리의 상황을 이뤄나가야 한다는 사실을 우리 마음 속에서 하나로 일치시킨다는 것은 불가능해 보인다. 더욱이 하나님이 우리 삶에 대한 전적주권을 갖고 계시며, 그러기에 우리의 삶을 그의 뜻에 따라 인도하신다는 사실과, 그럼에도 불구하고 우리는 삶의 결정들을 해야하며 그 결정들에 대한 책임을 져야 한다는 사실을 하나로 일치시킨다는 것은 더욱 불가능해 보인다. 그러나 성경은 이러한 두 사실을 모두 가르치고 있

---

6) 본절에 대한 자세한 논의는 아래 pp. 331-33를 보라

기에 외견상 분명히 모순되어 보이는 이 두 사실이 진리임을 믿어야 한다. 예를 들어 성경은 하나님의 주권을 다음과 같이 분명히 가르치고 있다: "왕의 마음이 여호와의 손에 있음이 마치 물줄기와 같아서 그가 임의로 인도하시느니라"(잠 21:1); "모든 일을 그 마음의 원대로 역사하시는 자의 뜻을 따라 그리스도 안에서 때가 찬 경륜을 위하여 예정하신 것이니"(엡 1:11); "토기장이가 진흙 한 덩이로 하나는 귀히 쓸 그릇을 하나는 천히 쓸 그릇을 만드는 권이 없느냐?"(롬 9:21). 그러나 또한 성경은 인간의 책임성도 다음과 같이 분명히 가르치고 있다: "아들을 믿는 자는 영생이 있고 아들을 순종치 아니하는 자는 영생을 보지 못하고 도리어 하나님의 진노가 그 위에 머물러 있느니라"(요 3:36); "인자가 아버지의 영광으로 그 천사들과 함께 오리니 그 때에 각 사람의 행한대로 갚으리라"(마 16:27); "보라 내가 속히 오리니 내가 줄 상이 내게 있어 각 사람에게 그의 일한 대로 갚아 주리라"(계 22:12).

다음의 두 구절 가운데에는 이러한 성경적 진리의 두 측면이 모두 나타나고 있다: "인자는 이미 작정된 대로 가거니와 그를 파는 그 사람에게는 화가 있으리로다"(눅 22:22); "그가 하나님의 정하신 뜻과 미리 아신 대로 내어준 바 되었거늘 너희가 법없는 자들의 손을 빌어 못박아 죽였으니"(행 2:23). 하나님께서 그리스도의 죽음을 미리 작정하셨다. 그러나 그리스도를 배반하고 그를 죽인 자들은 그들의 악행에 대한 응분의 책임이 주어졌던 것이다.

그러므로 만약 우리가 성경을 바로 이해하고자 한다면 이러한 역설의 의미를 수용하여야 하며, 또한 우리의 유한한 생각으로는 이해할 수 없는 것도 하나님의 무한하신 뜻 안에서는 가능하다는 사실을 믿어야 할 것이다.

많은 개혁주의 신학자들에 의해 이러한 역설적인 진리의 수용 필요성이 인정되어 왔다. 칼빈이 그러한 예의 하나다. 도의(Edward Dowey) 박사가 이 문제에 대한 칼빈의 입장을 잘 대변하고 있다.

칼빈은 성경 안에 개별적으로는 분명한 진리이지만 서로 연결시켜 놓으면 논리적으로 맞지 않는 곳이 있음을 인정하면서, 그는 기꺼이 이러한 모순되어 보이는 부분을 연합시키려 했다. 왜냐하면 이 두 가지 측면들이 모두 성경에 나타나 있음을 칼빈이 발견했기 때문이었다.[7]

"칼빈은 성경의 개개 주제가 갖고 있는 명확성과 자명성을 확신하고 있음이 분명하다. 그러나 그는 이성적으로 일관성이 있는 신학을 세우기 보다는 논리적 불규칙성을 지닌 신학을 세울 정도로 하나님의 신비 앞에 철저하게 굴복했던 것이다…즉 개개의 주제가 갖는 명확성과 이러한 주제들에 대한 상호 연관성이 갖는 불가사의함 바로 이것이 칼빈신학의 증표라 할 수 있다."[8]

영국 국교회의 개혁주의 신학자인 제임스 패커(James Packer)는 이 문제에 대해 다음과 같은 의미있는 논평을 하고 있다:

"하나님의 주권과 인간의 책임성은 성경에서 우리에게 동일하게 똑같이 가르쳐지고 있으며 때론 한 본문 속에 나란히 같이 나타나 있기도 하다. 그러기에 이 두 가지 측면은 동일한 신적주권에 의해 우리에게 보증되어지고 있으며 그러므로 이 둘은 진리이다. 이 둘은 함께 지켜져야 하며 서로 상반되게 다루어져서는 안된다. 인간은 비록 하나님에 의해 지배를 받고 있으나 그는 책임성있는 도덕적 행위자이다. 또한 인간은 책임성있는 도덕적 행위자이지만 동시에 하나님에 의해 지배를 받는다. 하나님의 주권이 하나의 실체라면 인간의 책임성 역시 그러하다."[9]

---

7) Edward A. Dowey, Jr., *The Knowledge of God in Calvin's Theology*(New York:Columbia University Press, 1952), p. 37.
8) Ibid., pp. 39-40.
9) James I. Packer, *Evangelism and the Sovereignty of God*(Chicago:

제1장 방향설정 ○ *17* ○

패커는 한 면을 부정한 채로 다른 면을 강조함에 대한 위험성을 경고하면서 계속해서 이렇게 말하고 있다.

"하나님의 주권과 인간의 책임 사이의 이러한 이율배반성은 성경에 나타난 많은 이율배반적 요소들의 하나일 뿐이다. 우리가 확신하건대 이 모든 이율배반적 요소들도 하나님의 뜻과 섭리 안에서는 서로 조화를 이루게 되며, 바라건대 천국에서 우리 자신들은 그 모든 것들을 이해하게 될 것이다. 그러나 외견상 모순되어 보이는 진리들을 균등하게 유지하며, 성경 자체가 이 진리들에 부여하고 있는 관계 속에서 이 진리들을 연결지으며 동시에 그 진리들이 갖는 신비한 관계성은 우리가 이 세상에서 풀 수 없다는 사실을 인정하는 것이 우리가 지녀야 할 지혜인 것이다."[10]

버어논 그라운즈(Vernon Grounds)는 이 주제를 다룬 그의 글에서 이렇게 말하고 있다: "내가 보건대 기독교에 있어서 역설은 하나의 잉여부산물이 아니라 필수불가결한 것이며, 우리의 믿음이 정말로 성경적이기 원한다면 역설은 더없는 필연이요 논리적인 귀결인 것이다."[11] 그는 그의 글을 이렇게 맺고 있다. "우리 마음 속에서 논리적인 긴장을 느끼는 한, 우리가 성경에 충실하고 있다는 사실을 일종의 기준으로 생각하면서 담대히 외견상의 모순된 진리들을 주장하자. 복음주의자들로서 우리는 역설을 자명한 것으로 가정하자."[12] 체스털톤(G. K. Chesterton)은 이 점을 다음과 같이 매우 예리하게 표현하고 있다: "…기독교는 심히 반대적인 것들을 둘다 유지시킴과

InterVarsity Press, 1961), pp. 22-23.
10) Ibid., p. 24.
11) Vernon C. Grounds, "The Postulate of Paradox," *Bulletin of the Evangelical Theological Society*, Vol. 7, No. 1(Winter, 1964), p. 5.
12) Ibid., p. 20.

동시에 그것들이 서로 갖는 충돌성을 유지시킴으로써 그것들을 조화시키는 데 따르는 난제들을 극복했다."[13] 그러므로 우리는 구원의 과정 속에 나타나는 하나님의 주권적인 은혜와 인간의 책임성을 동시에 인정해야 한다. 이러한 역설이 갖는 양면을 굳게 지킬 때에야 비로소 우리는 성경의 진리들을 바르게 대할 수 있는 것이다. 그러나 하나님은 창조주시요, 우리는 그의 피조물이기에 하나님께서 우선권을 갖고 계신다. 그런 연유에서, 우리는 구원의 과정 가운데서 궁극적이며 결정적인 요인은 하나님의 주권적인 은혜라는 사실을 직시해야 한다.

2. 상관관계들

구원론과 신학의 다른 분야들 사이에 놓여진 상관관계에 대해서 몇 가지를 더 첨부해야 할 것 같다. 물론 구원론이 하나님께서 우리를 어떻게 죄로부터 구속하셨는가를 다루고 있기 때문에, 구원론이 신론과 밀접하게 관련되어져 있음이 분명하다. 하나님에 대한 잘못된 이해는 결국에 가서는 구원론에 대한 잘못된 이해에 이르게 될 것이다. 하나님의 주권에 대한 일방적이며 배타적인 강조는 컴퓨터가 로보트를 조종하듯 하나님께서 그의 백성들을 구원하신다는 의미를 자아낼 것이다. 다른 한편, 인간의 책임성에 대한 전적인 강조 역시, 인간의 결정에 전적으로 종속된 그런 하나님을, 그러기에 사람들이 복음을 받아들일 것이냐 아니냐에 대해서 아무런 통제 능력이 없는 자로, 단순히 사람들이 기꺼이 복음을 받아들이기만을 기대하며 숨어서 기다려야만 하는 그러한 하나님을 만들어 낼 것이다. 그러기에 구원론에 대한 이러한 두 가지의 이해는 비성경적인 것들이다.

---

13) Gilbert K. Chesterton, *Orthodoxy*(1908; Garden City:Doubleday, 1959), p. 95.

구원론은 또한 기독교 인간학 혹은 인간론과 밀접한 관계를 갖고 있다. 인간에 대한 이해는 어떻게 인간이 구원에 이를 수 있는가에 대한 결정적 단서를 제공한다. 인간은 도덕적으로나 영적으로 중립의 상태로 태어나기에 중생해야 될 필요성이 없으며, 단지 바른 교육과 좋은 환경이 필요할 뿐이라고 말하는 것은 펠라기우스(Pelagian)적인 구원론에 이르게 될 뿐이다. 또한 인간의 본성은 타락으로 인하여 단지 부분적으로만 부패되어졌으며 그러기에 인간은 죄로 죽은 것이 아니라 단지 병들어 있으며, 그런 연유에서 먼저 중생되어야 하며, 또한 인간은 그들이 구원을 얻은 후에도 그 구원을 다시 잃어버릴 수도 있다고 말하는 이 모든 가르침은 반펠라기우스적인(Semi-Pelagian) 구원론에 속한다. 그러나 만약 어떤 사람이 인간의 본성은 타락으로 인해 전적으로 부패되어졌으며(그래서 인간은 본질상 죄로 죽은 자들이다), 그러기에 인간은 하나님의 전적인 은혜의 역사로 인해 중생되어지며 새 영을 힘입어야 한다고 믿는다면, 그는 개혁주의 혹은 칼빈주의적인 구원론을 굳게 믿는 자이다.[14]

구원론은 또한, 그리스도의 인격과 사역에 관한 교리인 기독론과도 밀접한 관계에 놓여져 있다. 그리스도의 완전한 신성을 믿는 자만이 성경적인 구원론을 이해할 수 있는 것이다. 사실상, 그리스도의 신성을 부인했던 아리우스(Arius)를 대항해서 아타나시우스(Athanasius)는 "내가 나의 구속주로 믿는 예수는 하나님과 동등하신 분이다"라고 강력하게 말한 것으로 높이 평가되고 있는 것이다. 그리스도의 참된 인성을 믿는 자만이 그 분이 우리의 죄를 담당하신 구세주임을 믿을 수 있는 것이다. 왜냐하면 널리 알려진 개혁주의 고백서인 하이델베르그 교리문답서가 단언하고 있듯이, "하나님의 공의는 죄를 지은 인간의 본성을 소유한 동일한 인성이 그 죄값을

---

14) 본 저서에서 기술되고 있는 구원론에 근간을 이루는 인간본성에 대한 신학적인 이해는 본인의 저서인 '개혁주의 인간론'(*Created in God's Image*)에서 찾아볼 수 있다

지불할 것을 요구하고 있기 때문이다."[15] 또한 그리스도의 대속의 사역에 대한 성경적인 이해는 칭의론에 대한 이해에 필수적이며, 그의 백성들을 위한 그리스도의 끊임없는 중보적 역할에 대한 이해 역시 성도의 견인에 관한 교리를 이해함에 매우 필수불가결한 것이다.

구원론은 성령론과도 밀접한 관계를 갖고 있다. 성령께서는 성경의 저자들에게 영감을 주셨으며, 우리가 성경을 읽을 때 우리의 마음을 감동케 하사 성경을 이해할 수 있도록 하신다. 성령은 우리를 중생케 하시며, 거룩하게 하시며 믿음 안에서 인내케 하신다. 다시 말하면 구원론에서 다뤄지는 모든 과정 전체가 그리스도께서 우리를 위해 성취하신 구원을 성령께서 우리의 삶에 적용시키시는 그의 사역에 관한 서술인 것이다.

또한 구원론과 종말론(마지막 될 일들에 관한 교리) 사이에도 밀접한 관계가 있다. 먼저 우리는 "시작된 종말론"(inaugurated)과 "미래적 종말론"(future)을 구분지어야 한다. 시작된 종말론이라 함은 신자들이 종말론적인 축복들을 현세적으로 향유하고 있다는 의미다. 그리스도께서 이 땅에 오심으로 마지막 날들이 시작되었기에 그리스도를 통해서 우리가 성취케 되는 구원의 축복들은 우리가 이미 이생에서 향유하고 있는 종말의 여러 측면들이라 말할 수 있는 것이다. 오순절에 임한 성령강림―그리스도께서 성취하신 사역의 열매―은 현세 속으로 침투한 미래를 말하는 것이었다.[16] 성령을 받음으로 신자들은 다가올 세대와 관계를 맺고 있는 새로운 존재양식적 삶에 참여자가 된 것이다. 성령은 첫 열매요(롬 8:23), 미래의 축복들에 대한 보증이며(고후 5:5; 엡 1:14), 우리가 하나님께 속해 있다는 증

---

15) Philip Schaff의 저서 *The Creeds of Christendom*(1877; New York: Harper, 1919), 3:312에 기록된 하이델베르그 교리문답 질문 16번이다.
16) Neill Q. Hamilton, "The Holy Spirit and Eschatology in Paul," *Scottish Journal of Theology Occasional Papers No. 6*(Edinburgh: Oliver and Boyd, 1957), p. 26.

표요(고후 1:22), 우리의 양자됨에 대한 확증이며(롬 8:15~16), 그리스도께서 다시 오실 때까지는 드러나지 아니할 충만한 부요인 것이다(롬 8:23). 이런 의미에서 구원론은 종말론의 한 측면이기도 하다.

미래적 종말론이라 함은 다가올 종말론적인 사건들에 관한 교리를 말한다. 다양한 방법으로 이생에서 우리가 얻는 구원의 축복들은 우리가 다가올 세상에서 얻기를 대망하고 있는 더 큰 축복들의 전조일 뿐이다. 예를 들어, 지금 우리가 그리스도와 함께 죽음에서 일으킴을 받은 것은(엡 2:6; 골 3:1) 마지막날에 있을 우리의 마지막 부활을 예시하며 확증해 주는 것이다. 이생에서 믿음으로 의롭다 칭함을 얻은 것은 그리스도의 심판대 앞에서 받을 최후의 결정적인 칭의선언을 예시하며 확증하는 것이다. 무덤의 이 편에서 우리가 겪는 성화의 과정 역시 새 땅에서 있을 영광스러운 완성을 대망하고 있는 것이다.

이 모든 것들이 말해주는 것은, 우리가 이 땅에서 살고 있는 한 우리의 구원은 "이미"와 "아직"이라는 현실적인 긴장으로 점철되어진다는 사실이다. 신자는 이미 새로운 세대와 관계를 맺고 있는 새로운 존재 양식의 삶을 소유한 자들이다. 그러나 아직도 마지막 단계에 이르지 못한 자들이기도 하다. 지금 우리는 죄와 계속적으로 싸워야 한다. 그러나 언젠가 이 싸움이 끝날 것임을 우리는 알고 있는 것이다. 비록 우리가 지금 그리스도 안에서 진정으로 새로운 피조물이긴 하지만, 훗날 언젠가 전적으로 새로워질 것이다. 하나님께서 우리 가운데서 선한 일을 시작하셨음을 우리는 알고 있다. 그러나 그가 언젠가 그 일을 성취시키실 것도 확신하고 있다. 지금 우리가 이미 하나님 왕국의 시민들이기는 하지만, 물이 바다를 뒤덮고 있듯이 땅이 하나님의 지식으로 가득차게 될 그 날에 그 왕국의 마지막 단계가 실현되기를 대망하며 염원하고 있는 것이다.[17]

---

17) 우리의 현재적 삶이 갖는 이러한 긴장의 함축된 의미를 알고자 한다면, 본인의 저서인 「개혁주의 종말론」 제 6장을 참고하라.

제 2 장

"구원의 순서"에 관한 문제

만약 구원론이 "구원의 교리"로서 이해되어진다면 제일 먼저 다뤄야 할 문제는 구원의 축복을 하나님의 백성에게 적용함에 있어 어떤 순서가 있느냐 하는 것이다. 이 질문에 대해서 수많은 논란이 신학사에 있어왔다. 1737년 루터파 신학자인 야곱 칼포프(Jacob Carpov)는 이 문제를 기술하면서 "ordo salutis"(문자적으로 구원의 순서란 뜻)라는 말을 만들어냈다.[1] 신교와 구교를 망라해서 수많은 신학자들이 이 시점을 전후해서 다양한 "구원의 순서"들을 제안해 왔다.

루이스 벌코프(Louis Berkhof)는 구원의 순서(ordo salutis)를 이렇게 기술하고 있다.

> "그리스도로 이루어진 구원사역이 죄인의 삶과 마음 속에 주관적으로 실현되어지는 과정이며 그것은 구원과정의 논리적인 순서로, 또한 그 과정의 상호연관 속에 비추어서 성령께서 구원사역의 적용 가운데서 다양하게 역사하시는 사역을 기술함에 그 목적이 있다."[2]

---

* "구원의 서정"으로 공동번역되고 있다-역자주
1) G. N. M. Collins, "Order of Salvation," EDT, p. 802.
2) Berkhof, ST, pp. 415-16.

여기서 주목해야 할 것은 벌코프 교수는 구원의 순서를 시간상의 순서라기보다는 논리적인 순서로 기술하고 있으며, 구원과정 속에서 역사하시는 성령의 다양한 활동들 사이의 상호연관 관계라고 말하고 있다는 사실이다.

1. 세 가지의 다른 접근 방식들

계속해서 "구원의 순서"란 문제점에 대한 최근의 세 가지의 접근 방식을 주목하기로 하자. 한 극단의 경우가 존 머레이(John Murray)의 경우다. 그는 성경으로부터 구원의 명확한 순서가 추출될 수 있다고 믿는다. 그의 저서 "성취된 그리고 적용된 구속" (Redemption-Accomplished and Applied)에서 그는 이렇게 말하고 있다: "구원적용의 다양한 과정이 어떤 순서에 따라 진행되고 있으며 그 순서는 하나님의 미리 정하신 계획과 그의 지혜 그리고 은혜에 의해 제정되었다고 믿을 만한 충분하고도 결정적인 이유들이 성경에 나타나 있다."[3] 머레이는 로마서 8:23로부터 부르심(calling), 의롭게 하심(justification), 영화롭게 하심(glorification)이란 구원의 순서를 추출하고 있다.[4] 더 나아가 그는 순서상 믿음(faith)과 회개(repentance)를 칭의 앞에 그리고 중생(regeneration)을 믿음 앞에 놓을 만한 성경적 근거를 제시하고 있다.[5] 성경의 교훈에 근거한 논리적인 사고를 통해 그는 칭의 뒤에 양자삼으심(adoption), 성화(sanctification), 그리고 성도의 견인(perseverance)을 첨가하고 있다. 그러므로 그는 성경적인 구원의 순서는 부르심, 중생, 믿음과 회개, 칭의, 양자 삼으심, 성화, 견인 그리고 영화라고 이해하고 있다.[6]

---

3) *Redemption-Accomplished and Applied* (Grand Rapids:Eerdmans, 1955), p. 98.
4) Ibid., pp. 100-10
5) Ibid., pp. 102-10
6) Ibid., pp. 104-10

구원의 순서에 대한 중간적인 입장은 루이스 벌코프의 입장이다. 그는 그의 저서 "조직신학"(Systematic Theology)에서 성경은 이상과 같은 형태의 구원 순서를 뚜렷이 밝히고 있지 않다고 주장하고 있다:

"우리가 구원의 순서에 대해서 얘기할 때, 개개의 신자에게 적용되는 하나님의 은혜의 역사는 단일한 과정임을 잊어서는 안된다. 그러나 구원의 적용과정에서 나타나는 다양한 국면들이 이상에서 언급된 바 있는 순서로 구별될 수 있다는 사실과 또한 구원적용의 과정이 명쾌하고도 합리적인 순서로 진행된다는 사실, 그리고 하나님께서는 신자들에게 그의 구원을 여러 과정이 아닌 단 하나의 사건으로 베푸시지 않는다는 점을 우리는 강조하려 한다…그렇다면 성경이 과연 명료한 구원의 순서를 말하고 있는가라는 질문이 대두된다. 이에 대한 대답은 이러하다. 즉 성경은 우리에게 구원의 완벽한 순서를 제공하고 있지는 않으나 그러한 순서에 대한 충분한 근거를 제공하고 있기는 하다는 것이다."[7]

성경은 종종 조직신학에서 우리가 사용하고 있는 용어들에 대해서 우리가 알고 있는 것보다도 더 넓은 의미들을 부여하고 있다는 사실을 지적하면서, 동시에 구원사역의 다른 국면들이 서로 유기적 관계 속에 놓여있는 다양한 경우에 대한 성경의 교훈을 살펴본 뒤, 계속해서 루이스 벌코프는 다음과 같은 구원의 순서를 제시하고 있다: 부르심, 중생, 돌이킴*) (conversion; 회개와 믿음을 포함함), 칭의, 성화, 견인 그리고 영화.[8]

다른 한 극단의 예가 벌카우어(G. C. Berkouwer)의 경우다. 그

---

7) Berkhof, ST, p. 416.
*) Conversion은 본 저서 제 8장의 제목이다. 돌이킴으로 번역했으나 때에 따라 회심, 개종 등으로도 번역함-역자주.
8) Ibid., pp. 416-18(부르심과 중생의 순서에 관해서는 p. 454-56을 보라).

는 구원의 순서란 개념에 대해 매우 불만족스러워 한다. 그는 주목하기를 이 주제에 대한 신학적인 몰입은 종종 구원 자체가 갖는 풍요함에 이르게 하는 것이 아니라 오히려 구원과정에서 나타나는 다양한 단계들에 더 큰 관심을 갖게 만들었다는 것이다.[9] 그는 계속해서 성경으로부터 구원의 고정된 순서를 추출할 수는 없으며, 예를 들어 로마서 8:30에서의 바울이 의도하는 바 역시 구원과정에 나타나는 명료한 단계의 순서를 가르치려는 것이 아니라고 주장하고 있다.[10] 더 나아가 그는 믿음은 구원의 여정 속에 있는 하나의 구분점으로 생각되어져서는 안되며, 오히려 그리스도인의 전 생애에 널리 편만해 있는 것으로 이해되어져야 한다고 단언하고 있다.[11] 그러기에 이런 저런 이유로 벌카우어는 "구원의 순서"라는 표현보다는 "구원의 길"(way of salvation)이란 표현을 사용하기를 좋아하므로 구원의 순서를 정하기를 거부한다.[12]

2. 어려운 문제들

우리가 "구원의 순서"를 정하려고 할 때에 우리가 당면하는 어려움으로는 어떠한 것들이 있겠는가?

(1) 첫째로 우리가 구원의 순서를 설정하는 데에 사용하는 용어들이 조직신학에서 사용되는 것과 똑같은 방식으로 성경의 저자들에 의해 사용되고 있지 않다는 점이다. 예를 들어 팔링게네시아(중생: regeneration)란 단어가 신약에 두번 사용되어지고 있다. 그런데 오직 디도서 3:5에서만이 이 말은(KJV와 RSV에서는 "중생"으로, NIV

---

9) *Faith and Sanctification*, trans. L. B. Smedes(Grand Rapids: Eerdmans, 1954), pp. 25-26.
10) Ibid., p. 31.
11) Ibid., p. 32.
12) Ibid., p. 36.

에서는 "거듭남"로 번역되고 있음) 우리가 보통 이해하고 있는 의미인 새로운 영적 삶, 즉 성령으로 인해 우리 속에 회복된 새 생명을 가리키고 있다. 또 다른 구절인 마태복음 19:28에서 이 말은(KJV에서는 "중생"으로, RSV에서는 "새 세상", 〈new world〉으로 NIV에서는 "만물의 새로워짐"〈the renewal of all things〉으로 번역되어짐) 그리스도의 재림으로 도래될 만물의 새로운 질서를 지칭하고 있다. 사실 헤르만 바빙크(Herman Bavinck)도 다음과 같은 말로 이러한 어려움을 이야기하고 있다.

> "중생, 믿음, 돌이킴, 새로워짐 등등의 표현들은 성경 속에서 구원의 여정에서 나타나는 연속적인 단계들을 가리키기보다는, 사람 속에서 일어나는 변화의 전체 과정을 한 단어로 요약시키는 것이다."[13]

(2) 둘째로, 구원의 과정 속에 나타난다는 다양한 단계들의 순서 역시 항상 똑같지 않다는 점이다. 예를 들어 일반적으로 성화가 칭의를 뒤따르는 단계로 말해지는 데 반해(머레이와 벌코프가 주장하는 구원의 순서를 참조하라), 고린도전서 6:11에서는 성화가 칭의보다 먼저 언급되어지고 있다: "주 예수 그리스도의 이름과 우리 하나님의 성령 안에서 씻음과 거룩함과 의롭다 하심을 얻었느니라."

(3) 셋째로, 종종 구원의 순서를 정하는 데에 있어서 하나의 토대로 사용되어지는 로마서 8:30에서도 이 구절의 주요 목적이 구원의 순서를 정하는 데 있지 않다는 것이다. 왜냐하면 29절과 30절의 목적은 28절의 말씀인 "우리가 알거니와 하나님을 사랑하는 자 곧 그 뜻대로 부르심을 입은 자들에게는 모든 것이 합력하여 선을 이루느니라"에서 나타나는 진술의 근거 혹은 이유를 제시하는 데 있기 때문이다. 29절과 30절은 "그 뜻대로 부르심을 입은 자들"이란 구절의 의미를 상술함으로써 그들을 하나님께서 아셨고, 정하셨고, 부르셨

---

13) Bavinck, *Dogmatiek*, 3:682 (trans. mine)

으며 또한 의롭다 여기사 거룩하게 하셨다는 것을 보여주고 있는 것이다. 여러 국면들이 나타내고 있는 구원의 순서는 부차적인 목적이다. 바울의 주된 목적은 하나님의 구속받은 백성들이 누릴 안전과 영원한 축복을 수사적으로 설명하는 데에 있다.

(4) 넷째로 믿음이 구원의 순서에 나타나는 여러 관계 중 하나의 단계일 뿐이라고 생각되어져서는 결코 아니된다. 믿음은 신자의 일평생의 삶을 통해 지속되어지며 수행되어져야 한다. 믿음은 칭의의 단계에서 필수적이듯이 성화와 성도의 견인 가운데서도 필수적이다.

(5) 다섯번째로 칭의와 성화는 성도의 삶 가운데서 나타나는 연속의 과정이 아니라 동시에 나타나는 사건들이다. 다시 말하면 사도 바울이 고린도전서 1:30에서 가르치고 있듯이 "너희는 하나님께로부터 나서 그리스도 예수 안에 있고 예수는 하나님께로서 나와서 우리에게 지혜와 의로움과 거룩함과 구속함이 되셨으니"(참조, RSV) 의롭다 하심에 대해서는 그리스도를 영접하되 거룩하게 하심에 대해서는 그를 영접치 않는다는 것은 불가능한 것이다.

(6) 마지막으로 머레이와 벌코프가 주장하는 구원의 순서는 완전한 것이 아니다. 왜냐하면 사랑과 소망이 이들의 순서 속에서는 언급되어지지 않고 있기 때문이다. 그러나 확신컨대 사랑과 소망 역시 믿음 만큼이나 구원의 과정 속에서 나타나는 필수적인 것들이다.

3. 우리가 꼭 구원의 순서에 대해서 말해야 하는가?

그런데도 아직도 구원의 순서에 대해서 말해야 하는가? 이 문제를 다루기에 앞서 먼저 중생과 구원론의 다른 국면들 사이의 관계에 대해서 생각해 봐야 할 것이다. 중생이라 함은 성령께서 그의 역사를 통해 우리를 그리스도와 연합되게 하시며, 한때는 영적으로 죽은 우리의 마음을 새롭게 하사 영적으로 새로 태어나게 하시는 것을 의미한다. 이렇게 중생이 정의되어진다면 중생은 돌이킴(믿음과 회개를 포함), 칭의, 성화 그리고 성도의 견인 모두를 앞서고 있음이 자명하다. 왜냐하면 이 모든 경험들은 영적 삶의 존재를 전제로 하고 있기 때문이다. 이런 의미에서 우리는 구원의 과정 속에서 중생이 제일 먼저라는 일종의 순서를 얘기할 수도 있을 것이다.

그러나 심지어 중생이 우선된다라는 말도 시간상 혹은 연대순의 순서를 가리킨다고 이해될 수는 없다. 중생과 믿음의 관계는, 말하자면 전등의 스위치를 켜는 것과 방에 불이 들어오는 것과 같은 동시적인 사건이다. 마찬가지로 어떤 사람이 새로운 영적 삶을 얻게 되었을 때 비로소 그는 믿게 되는 것이다.[14] 아마도 이것을 설명하는 최상의 방법은 중생이 구원의 과정 속에서 나타나는 다른 국면들 즉 믿음, 회개, 성화 등등에 대해서 원인적인 우선순위(causal priority)를 갖고 있다고 말하는 것이다.

그렇다면 우리는 구원과정 속에 나타나는 다양한 형태와 국면들에 대해 어떻게 생각해야 되는가?

우리가 여기서 일련의 연속적인 단계들을 포함하는 구원의 어떠한 순서에 대해서 얘기해야 되는가? 예를 들어서 칭의가 돌이킴 뒤에 오고, 성화는 칭의 뒤에 오며, 견인은 성화 뒤에 온다는 것이 사실인가? 물론 그렇지 않다. 돌이킴은 믿음과 회개를 포함하는 것이며, 그러기에 사람은 믿음을 갖게 된 그 시간에 동시에 그 믿음으로 의롭다 여김을 받는 것이지, 믿음을 소유한 이후 얼마 지나서 의롭다 여김을 얻는 것이 아니다. 칭의와 성화가 동시적인 것들임은 위에서 얘기한 바 있다. 더 나아가, 우리는 얼마간의 시간 동안 믿음을 소유한 이후에야 비로소 믿음 안에서 인내케 되는 것이 아니다.

우리는 하나님의 은혜를 개개인에게 적용시키는 일이 단일의 과정

---

14) 예를 들면, 누가가 사도행전 16:14에서 루디아의 개종을 설명하면서 하는 말인 "주께서 그 마음을 열어 바울의 말을 청종하게 하신지라"를 주목하라. 여기서 믿음(복음의 메시지를 청종하는)은 중생(주께서 마음을 여심)을 즉각적으로 뒤따른다

이라는 루이스 벌코프의 주장을 알고 있다.[15] 헤르만 바빙크는 그의 저서 "교의학"(Dogmatics) 초판에서 구원이 수반하는 모든 축복들은 택함받은 자들에게 동시에 부여되어진다고 말했다.[16] 심판에서는 이렇게 표현하고 있다: "이 축복들은 구별될 수는 있으되 분리될 수는 없다. 믿음, 소망, 사랑처럼 그것들은 깨어질 수 없는 세 가지 줄을 이루고 있다."[17] 그러므로 우리는 연속적인 단계로 나눠질 수 없는 하나님의 단일사역에 대해서, 어떠한 연대적인 순서를 정하려는 시도인 구원의 순서란 개념을 내어버려야 한다.

그러나 그리스도 안에서 우리가 갖는 구원을 우리에게 적용함에 있어서, 성령께서는 비록 결코 분리되어질 수는 없으되, 각각으로부터는 구별되어야 하는 다양한 경험들을 있게 하신다는 것은 사실이다. 앞으로 우리는 성령의 이러한 다양한 사역들과 이것들과 상응하는 인간의 경험들을 연구하게 될 것이다. 그러나 비록 우리가 그것들을 하나씩 다루더라도 그것들은 결코 분리되어 일어나는 것이 아니라 함께 일어난다는 사실을 기억해야 한다. 예를 들어 우리는 소위 칭의와 성화를 구분해서 생각하며 토의할 것이다. 그러나 이 둘이 언제나 함께 일어난다는 것을 결코 잊어서는 안될 것이다. 중생과 돌이킴도 분리해서 다룰 것이다. 그러나 이 둘은 절대로 분리되어 일어나지 않는다. 이런 것들을 마음에 두면 구원론을 공부하는 데에 있어서 수많은 함정을 피할 수 있을 것이다.

그렇다면 우리는 연속적인 단계를 갖는다는 구원의 순서에 대해서 생각하기보다는 하나님의 은혜의 놀라운 사역, 즉 다양한 국면을 구별해 볼 수 있는 구원의 길에, 혹은 구원의 방법에 대해서 생각해야 한다. 그러나 이 모든 국면들이 모두 똑같은 종류의 것들은 아니며, 그러기에 모두가 똑같은 범주에 들어가서는 안된다. 예를 들어 이

---

15) Berkhof, ST, p. 416.
16) *Gereformeerde Dogmatiek*, 1st ed. (Kampen:J. H. Bos, 1898), 3:485.
17) Bavinck, *Dogmatiek*, 3:689(trans. mine).

○ 30 ○ 개혁주의 구원론

구원의 길의 어떤 국면들은 비록 하나님의 능력이긴 하지만 인간이 해야하는 것에(믿음과 회개) 주된 관심사가 있는 반면에, 다른 국면들은 하나님께서 행하시는 것(중생과 칭의)에 주안점이 있다. 어떤 국면들은 법정적인 행위(칭의)이나, 다른 국면들은 도덕적이며 영적인 갱생(중생과 성화)이 주안점이다. 어떤 것들은 순간적인 행위들(중생, 위기를 통한 돌이킴과 단회적 성화〈definitive sanctification〉)인 반면에 다른 것들은 지속적인 행위들이다(점진적인 성화와 견인).

요약하면, 구원의 길에 나타나는 다양한 국면들은 뒤의 것이 앞의 것을 대치하는 식의 일련의 연속적인 단계들로 이해되어져서는 안되며, 오히려 구원의 과정 속에 나타나는, 다양하면서도 동시적인 국면들, 즉 이 모든 국면들이 시작된 후에도 계속적으로 나란히 지속되는 것으로 이해되어져야 한다.

구원의 길에 대한 이러한 이해를 예증코자 아래와 같은 도식표를 첨가한다. 구원과정은 **중생→ 돌이킴→ 칭의→ 성화→ 성도의 견인**과 같이 일련의 연속적인 경험으로 이해되어져서는 안되며 오히려 구원의 과정은 동시에 시작되어 지속되는 다양한 국면들을 포함하는 하나의 단일한 경험으로 이해되어져야 한다:

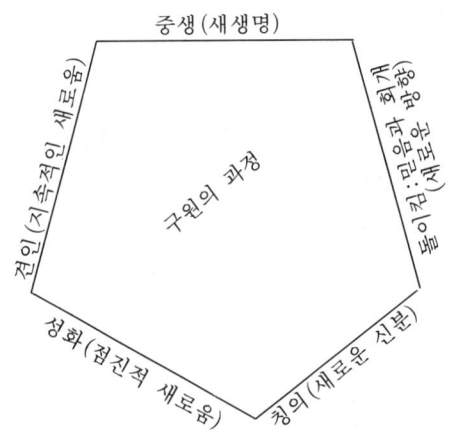

이 도표의 이해를 위해 다음과 같은 설명을 덧붙인다.

(a) 이 도표에서 부르심은 생략되었다. 왜냐하면 복음초청은 실제적인 구원의 과정을 앞서는 것이기 때문이다. 영화롭게 됨도 이 도표에서 빠졌다. 이것은 종말론의 한 분야이기 때문이다.

(b) 구원의 과정의 이러한 국면들은 연속적인 것이 아니라 동시적인 발생으로 이해되어져야 한다. 비록 중생이 다른 국면들에 대해서 원인적인 우선순위를 갖고 있으나 그것은 시간적인 우선순위가 결코 아니다.

(c) 여기서 성화는 점진적인 의미로 이해되어져야 한다. 그러나 뒤에서도 보겠지만 또다른 의미에서 성화는 단회적 혹은 순간적이기도 하다.

4. 함축된 의미들

구원의 과정에 대한 이러한 이해가 우리의 신학에 대해 갖는 함축성은 무엇일까?

(1) 첫째로 비록 중생이 그리스도인 삶의 처음에서 일어나지만 그것이 주는 여파는 신자가 거듭난 삶을 살아가는 동안 계속 되어진다. 또한 믿음과 회개가 시초에 일어나지만, 그리스도인의 삶의 전역에 걸쳐 지속적으로 수행되며 계속 되어져야 한다. 또한 비록 칭의가 믿음으로 그리스도를 영접하자마자 일어나지만 칭의가 수반하는 혜택들의 소유를 위한 일평생의 노력이 뒤따라야 한다. 성화는 신자의 일평생에 걸쳐 지속되며 죽기 전까지 완료되지 않는다. 믿음 가운데의 인내 역시 일평생의 행위이다.

(2) 구원의 과정에서 나타나는 이러한 국면들은 동시적일 뿐만 아니라 또한 상호적이다. 중생은 반드시 믿음과 회개로 나타나게 마련이며, 또한 성화의 시작이기도 하다. 믿음은 칭의가 수반하는 축복들을 소유키 위한 수단으로, 또한 성화에서 진전을 가능케 하는 수

단으로, 그리고 그리스도와의 교제에서 인내케 하는 수단으로 그리스도인의 삶의 일생에 걸쳐 필수적이다. 사실상 중생은 이미 견인을 내포하고 있다. 즉 새 생명의 잉태와 함께 갖게 된 새로운 삶은 결코 잃어버릴 수 없을 것이다. 진정으로 돌이키고서는 믿음에서 인내치 못한다는 것이 있을 수 없듯이, 성화없는 칭의 또한 있을 수 없는 것이다.

(3) 위에서 언급했듯이, 비록 성도가 영화롭게 되는 것은 종말론에 속한 것이요, 그러기에 구원론의 한 부분으로 다뤄지지는 않지만 그래도 여기서 꼭 기억해야 할 사실은 구원의 과정은 이 현재의 삶 가운데서는 종결되어지지 않는다는 점이다. 믿는 자는 그가 이 생에 있는 한, "이미"(already)와 "아직"(not yet) 사이의 긴장 가운데 있는 자들이다.

즉 이미 그들은 그리스도 안에 있기는 하나, 아직은 온전한 자가 아니다. 그들은 영광에 이르는 길을 가는 자들이로되, 아직도 그 지점에서 멀리 있는 자들이다. 즉 그들은 진정으로 새로워진 사람이지만 그러나 아직은 전적으로 새롭지는 않다.

구원의 과정에 대한 이러한 이해는 또한 어떤 몇몇 구원론의 견해들은 마땅히 배척되어야 한다는 것을 의미한다. 배척되어야 될 견해들은, 돌이킴 이후에도 어떤 분명하고도 인지가능한 두번째 단계의 필요성을 주장하는 자들, 또한 회심에 뒤이어 두번째와 세번째의 단계의 필요성을 주장하는 자들을 포함한다. 그것들은 2단계 혹은 3단계 구원론이라 부를 수 있을 것이다.

아래의 도표가 이런 형태의 구원론을 설명하는 데 도움이 될 것이다.[18]

성결교회   전적인 성화

                돌이킴／회심(칭의)

---

18) 후에 가서 이러한 구원론들이 설명되어지고 자세히 논의되어질 것이다

제2장 "구원의 순서"에 관한 문제 ○ *33* ○

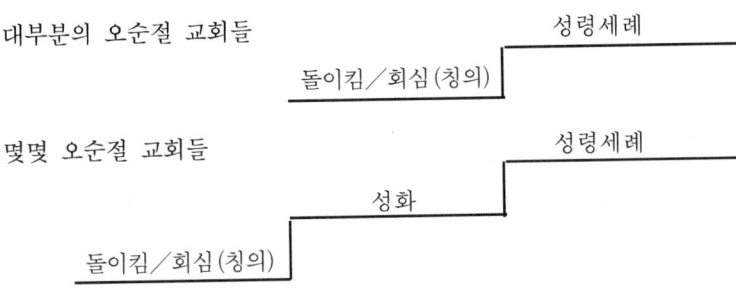

왜 이러한 형태의 구원론들은 배척되어야 하는가? 우리는 이미 구원과정에 대한 적절한 이해란 구원과정의 다양한 국면들을 연속적인 것들로 보기보다는 동시적인 것들로 보는 것이라는 사실을 살펴본 바가 있다. 그러므로 그리스도인의 삶이 진보된다는 것은 회심 이후에 이르게 되는 어떤 특정한 단계를 의미하는 것이 아니라 오히려 점진적이고도 지속적인 성장으로 이해되어져야 한다. 이에 덧붙여 문제가 되는 구원론들에 대해 아래와 같은 반론이 제기되어야 할 것 같다:

(1) 그리스도 안에 있는 자가 칭의에서 뿐만 아니라 성화에서도 그리스도를 받아들인다면 어떻게 그가 거룩하게 되지 않고(두번째 "단계") 의롭다 여김을(첫번째 "단계") 받을 수 있겠는가?[19]

(2) 신약에서 오순절의 단회적 성령강림과는 구별되이 하나의 경험으로서의 성령세례를 말하고 있는데 이 성령세례는 구원에 이르는

---

19) 핫지(A. A. Hodge)는 이것을 다음과 같이 말하고 있다: 만약 당신이 성화에서 그리스도를 받아들이지 않는다면, 칭의의 단계에서도 그를 받아들일 수 없는 것이다…피의 순환과 산소흡입을 구분할 수 없듯이 칭의를 성화와 분리시킬 수 없는 것이다. 호흡과 순환이 별개의 것이기는 해도 후자 없이 전자가 있을 수 없다. 그것들은 함께 공존하여 한 생명을 구성하고 있다. 이처럼 칭의와 성화도 함께 공존하며, 한 생명을 이루고 있는 것이다. *Evangelical Theology*(1890; Carlisle, PA:Banner of Truth, 1976), pp. 310-11.

성령의 영접을 의미하고 있다. 그렇기 때문에 그리스도 안에 있는 모든 자들은 이미 성령으로 세례받은 자들로 간주되어야 한다. 그러므로 성령세례를 회심 이후의 제 2의 혹은 제 3의 단계로 생각해야 할 아무런 필요가 없는 것이다.[20]

(3) 어떻게 우리가 제 2의 (혹은 3의) 단계에 언제 이르게 될 것인가에 대해 대답할 수 있겠는가? 성령세례의 경우에 어떤 이가 이 단계에 이르렀다는 증거로 많은 사람들은 "다른 방언으로 얘기하게 되는 최초의 물리적 표시를" 일반적으로 들고 있다.[21] 그러나 방언으로 말하는 것이 회심 이후에 성령세례를 받았다는 필수적이고도 대단히 바람직한 증거라는 어떠한 성경적 근거도 없다.[22] 온전한 성화(entire sanctification)의 경우에 혹자는 죄가 없는 완전함에 도달하는 것이 이 단계가 이른 증거라고 말할지도 모른다. 그러나 이러한 주장은 죄와 완전함에 대한 매우 부족한 이해를 갖고 있음을 뜻한다.[23] 그러나 많은 성결교회들(holiness churches)이 가르치고 있듯이, 비록 "전적인 성화" 역시 그리스도인 삶에 있어서 더 많은 진보와 성장이 뒤따라야만 한다고 하더라도, 필요한 제 2의 단계라고 보증되어질 수 있기에 충분한 높은 단계의 성화가 언제 성취되어졌다고 어느 누가 말할 수 있겠는가? 더 나아가 이 "제 2의 단계"가 죄없는 완성에는 못미치는 그 무엇의 상태라면 왜 그것이 전적인 성화라고 불려져야 하는가?

---

20) 성령세례의 의미와 중요성은 다음 장에서 논의될 것이다
21) *The Constitution and Bylaws of the Assemblies of God* (Springfield, MO: Gospel Publishing House, 1985)라는 저서는 하나님의 성회(오순절 교회)의 헌법과 내규인데 그 안에 108페이지에는 하나님의 성회가 믿는 "Statement of Fundamental Truths" 제 8항이 기록되어 있다
22) 나의 저서 *Holy Spirit Baptism* (Grand Rapids: Eerdmans, 1972), pp. 30-46을 보라
23) 이 점은 본 저서 pp. 340-41, 353-71에서 좀더 논의될 것이다

(4) 이러한 구원론들은 두 가지(혹은 세 가지 형태의) 그리스도인이 있다고 주장한다: 즉 보통의 그리스도인, 성화된 혹은 성령세례 받은 그리스도인이다. 그러나 이러한 구분에 대한 성경적 근거는 존재치 않는다. 더욱이 그리스도인에 대한 이러한 구분은 잘못된, 또한 영적으로 해로운 태도에 이르게 될지도 모를 가능성을 갖고 있다. 다시 말하면 자신들이 그리스도인의 삶의 하층에 있다고 생각하는 자들에게는 의욕상실을, 자신들이 이미 상층구조에 이르렀다고 생각하는 자들에게는 자만심을 불러 일으킬 것이다.

본 장에서 전개되고 있는 구원과정에 대한 이해는 또한 어떤 복음주의자들에 의해 주창되어지고 있는 개념인 소위 "세속적인 그리스도인"(carnal Christian)이란 개념 역시 배척되어야 한다는 것을 의미한다. 이 개념은 수년 동안 Scofield Reference Bible에 의해 일반화되어 왔다. 나는 1967년에 발행된 New Scofield Reference Bible에서 고린도전서 2:14에 대한 주해란에 있는 다음의 인용문을 발췌하고자 한다.

바울은 사람을 세 종류로 나누고 있다. (1) 첫째로 원어상 감각(sense)이나 감성(sensuous)의 사람을(야 3:15; 유 19)을 뜻하는 푸슈키코스(*psuchikos*) 즉 중생을 통해 새롭게 된 자가 아닌 아담과 같은 자(Adamic man)(요 3:3,5), (2) 둘째로 영적인 사람을 의미하는 프네오마티코스(*pneumatikos*), 즉 성령으로 충만하고, 하나님과의 완전한 교제 가운데서 성령 안에 거하는 중생된 자(엡 5:18~20), (3) 셋째로 육신적인 혹은 세상적인이란 의미의 사르키코스(*sarkikos*), 즉 중생하였으나 육신을 따라 걷기에 그리스도 안의 어린 아이로 머물러 있는 자(고전 3:1~4). 자연인도 학식이 있고 품위가 있으며 우아하고 매력적일 수가 있다. 그러나 성경에서 말하고 있는 영적인 내용이 그에게는 숨겨져 있는 것이다. 또한 육신적인 혹은 세속적인 그리스도인은 단지 가장 단순한 진리 즉 우유만을 이해할 수 있을 뿐이다

(고전 3:2). [24]

　이상을 살펴보면 "세속적인 사람"이란 그리스도 안에 있는 자요, 그러기에 새롭게 된 자이긴 하지만 여전히 "육체를 따라" 걷고 있는 자라는 사실을 알 수 있다.
　"세속적인 그리스도인"이란 개념은 C.C.C.(Campus Crusade for Christ)라 불리우는 초교파적인 기독교학생운동단체에 의해 활발히 추진되어 왔다. 아래에 나타나고 있는 도형들은 대학생선교회(C.C.C.)에 의해서 출판된 "평신도 피교육자를 위한 교재"(Lay Trainee's Manual)에서 발췌한 것들이다. 그 도형들 앞에는 다음과 같은 피교육자들을 위한 제안들이 실려져 있다:

　　(새로운 결신자에게) 그가 그리스도를 그의 삶 가운데로 모셔들인 이후에도 그가 그의 삶의 보좌를 좌지우지할 수 있는가를 설명하여 보라. 신약성경 고린도전서 2:14~3:3은 세 종류의 사람에 대해서 얘기하고 있다.

　"세속적인 사람"이 "하나님을 의지하지 않는 그리스도인"으로 불리우고 있음을 주목하라. 또한 "자연인"을 나타내는 도형과 "세속적인 사람"을 나타내는 도형이, 전자의 경우에는 그리스도를 상징하는 십자가가 사람의 삶을 나타내는 원 밖에 있는 데 반해 후자는 십자가가 원 안에 있다는 사실 이외에는 똑같음을 주목해 보라. 이들 도형이 얘기하고자 하는 분명한 의미는 "세속적인 사람"은 어떤 의미에서 그리스도를 구세주로 영접했으나 그들의 삶은 돌이킴 이전에 행하던 것과 똑같은 사람이라는 것이다. [25]

---

24) New York:Oxford University Press, 1967, p. 1234. 약간의 수정만이 있을 뿐 스코필드 성경 1909년 난에도 동일한 내용이 기록되어 있다(pp. 1213-4).
25) "육신적인 그리스도인"에 관한 이러한 가르침은 C.C.C.에서 발간된 다

제2장 "구원의 순서"에 관한 문제 ○ 37 ○

자연인(Natural man)　영적인 사람(Spiritual man)　세속적인 사람(Carnal man)
(비기독교인)　　　(하나님을 의지하는　　　(하나님을 의지하지 않는
　　　　　　　　　그리스도인)　　　　　　그리스도인)

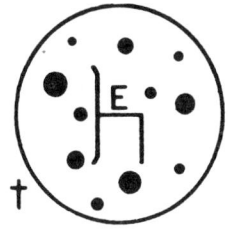 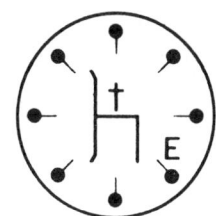 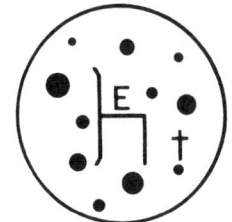

　　h = 왕좌
　　E = 자신
　●= 삶의 다양한 이해관계들
　†= 그리스도
　　1. 삶의 밖에 계신 그리스도
　　2. 삶에 오셔서 보좌에 앉으신 그리스도
　　3. 삶에 오셨으나 보좌에는 앉아 계시지 않는 그리스도[26]

그러나 "세속적인 그리스도인"에 대한 이러한 가르침은 명백히 배척되어야 한다. 왜냐하면 그것은 성경 어느 곳에서도 얘기하고 있지 않는 형태의 그리스도인을 기술하고 있기 때문이다. 분명히 바울도 "그리스도 안에서도 단지 어린 아이와" 같은 그리스도인이 있음을 인정하고 있다(고전 3:1). 히브리서 저자는 "그리스도 도의 초보를

음과 같은 소책자에서 좀더 자세히 발전되어 있다: "당신은 성령충만한 삶을 발견하셨습니까?"(San Bernardino, CA: Campus Crusade for Christ International, 1966). "영적"인 그리스도인과 "육신적" 그리스도인을 구별하는 것은 Melvin Dieter 등이 기고한 글을 모은 책 *Five Views on Sanctification*(Grand Rapids: Zondervan, 1987), p. 160에 J. Rovertson McQuilkin이 쓴 "케직의 견해"란 글에서도 발견되어진다
26) "평신도 피교육자 요람"(C.C.C. 1968), p. 156의 도표를 인용한 것임

버리고 완전한 데로 나아가야"할 자들에 관해 글을 쓰고 있다(히 6: 1). 정말로 그리스도인 가운데서도 여러 수준의 성숙도가 존재하며, 그러기에 그리스도 안에 있는 모든 자들이 계속적으로 온전함을 향해 나아가야 할 필요성이 있는 것이다. 그러나 그리스도인 가운데서 하나의 분리된 범주로서의 "세속적인 그리스도인"의 개념은 오해의 소지가 있을 뿐만 아니라 해롭기까지 한 것이다. 이러한 잘못된 개념에 대한 몇 가지의 문제점을 제시하고자 한다:

(1) 첫째로 이 개념은 두 형태의 그리스도인, 즉 세속적인 그리스도인과 영적인 그리스도인이 있다고 말한다. 그러나 이러한 구분에 대한 성경적 근거는 없다. 신약은 거듭난 자와 그렇지 못한 자(요 3:3, 5), 그리스도를 믿는 자와 믿지 않는 자(요 3:36), "육체를 따라 사는 자"와 "성령을 따라 사는 자"(롬 8:5), "신령치 못한 자"와 "신령한 자"의 구분을 분명히 하고 있다. 그렇지만 "세속적인 그리스도인"이라 불리우는 제 3의 부류의 사람에 대해서는 결코 아무런 말도 하고 있지 않다.[27] 고린도전서 3:1~3에 나타나는 "아직도 세속적인" 자들에 대한 언급이 별도의 그리스도인 부류를 가리키는가에

---

27) 라일(J. C. Ryle) 감독은 이 점을 매우 생생하게 표현하고 있다: "하나님의 말씀은 항상 인류를 두 가지로 크게 구별하여 말씀하신다. 성경은 죄 가운데서 죽은 자와 산 자를-신자와 불신자를-돌이킨 자와 돌이키지 않은 자를-좁은 길에 선 여행자와 넓은 길로 가는 여행자를-지혜로운 사람과 어리석은 사람을-하나님의 자녀와 마귀의 자녀를 구별하여 말씀하신다. 이 두 가지 부류 안에는 물론 여러 차이의 죄와 은혜들이 있음은 의심할 여지가 없다. 그러나 이러한 차이란 비스듬한 수평대 위의 양끝과 같아 약간 높은 부분과 약간 낮은 부분 사이의 차이일 뿐이다. 그런 반면에 위에서 말한 두 개의 큰 차이의 사이는 마치 건널 수 없는 해협의 양쪽면과 같아서 삶과 죽음, 빛과 어두움, 천국과 지옥의 차이이다. 그러나 세 가지 계층으로 나누어서 말하는 일에 대해서 성경은 아무것도 말하지 않는다! *Holiness*(London:James Clarke, 1956), p. XV.

대해선 본장 뒷부분에서 생각하기로 하자.

(2) 둘째로 "세속적인 그리스도인"이란 개념은 돌이킴 이후에도 뚜렷하고도 인지가능한 제 2의 어떤 단계의 필요성을 암시하고 있다. 다시 말하면 그리스도를 받아들여 그리스도인이 되는 것만으로는 충분치 않다는 것이다. 반드시 일어나야 할 중요한 변화는 제 2의 단계로, 돌이킨 자로 하여금 "영적인 그리스도인"이 되게 한다는 것이다. 앞서 살펴본 바가 있는, 돌이킴 이후에도 제 2의 단계의 필요성을 가르치고 있는 구원론들에 대한 비판이 여기서 또한 적용될 수 있는 것이다.

(3) 셋째로 "세속적인 그리스도인"이란 개념은 그리스도를 주(Lord)로 받아들이지 않고도 그를 구세주로 영접할 수 있다는 의미를 자아낸다. 이러한 가르침이 수용되고 있는 집단에서는 소위 "세속적인 그리스도인"들에게 예수를 왕좌에 앉히고 그를 당신의 삶의 "주로 모시라고" 권해진다. 이러한 권유에 이어 그들은 더이상 "세속적인 그리스도인"이 아니라는 말을 듣게 된다. 그러나 이러한 가르침은 신약의 가르침과 무관한 것이다. 그리스도를 주로 모시지 않으면서 그를 구세주로 영접할 수는 없는 것이다. 바울은 고린도 교인들에게 "우리가 우리를 전파하는 것이 아니라 오직 그리스도의 주 되신 것과 또 예수를 위하여 우리가 너희의 종된 것을 전파한다"(고후 4:5)고 말했다. 또한 골로새 교인들에게 "너희가 그리스도 예수를 주로 받았으니 그 안에서 행하라"(골 2:6)고 쓰고 있다. 그리스도를 주되게 하시는 분은 우리가 아니라 하나님이시다(행 2:36). 물론 그리스도 안에 있는 우리가 그를 주로서 항상 따르는 것은 아니며 그러기에 우리가 그에 대한 순종 속에서 계속적으로 자라나야 할 필요성이 있는 것도 사실이다. 그러나 자아만이 여전히 삶의 권좌에 머물러 있으면서도 그리스도인이 될 수 있다고 말하는 것은 신약의 가르침을 잘못 이해케 되는 것이다.[28]

---

28) 이 점에 관해서는 다음의 저서를 보라: Ernest C. Reisinger, *What*

(4) 넷째로 "세속적인 그리스도인"이란 개념이 암시하는 바는 사람이 육체를 따라(혹은 자아 속에 여전히 남아있는 죄의 성품을 따라) 살면서도, 그리스도인으로 간주되어 질 수 있다는 것이다. 앞에서 인용한 바 있는 스코필드 성경 주해가 "세속적인 그리스도인"을 '육체를 따라' '걷고 있으면서 그리스도 안에서의 어린 아이로 머물러 있는 중생한 자'라고 기술하고 있음을 상기할 것이다. "당신은 성령으로 충만한 삶의 놀라운 발견을 했는가"라는 C.C.C.의 소책자 중에서 6페이지에 나타나는 "세속적인 그리스도인"을 기술하고자 보통 자주 사용되는 성경구절 중의 하나가 로마서 8:7이다. 흠정역 (KJV)에 따르면 이 구절은 이렇게 쓰여 있다: "육신의 생각은 하나님과 원수가 되나니 이는 하나님의 법에 굴복치 아니할 뿐 아니라 할 수도 없음이라." 그러나 여기서 바울이 기술하고 있는 사람은 "낮은 등급의" 그리스도인이 아니라 중생되지 않은, 다시 말해서 그리스도 밖에 있는 자이다. 왜냐하면 8절에서 바울은, 7절에서 묘사되고 있는 자들은 "육신에 있는 자"들이라고 말한 뒤 계속해서 9절에서 "그러니 너희는(바울이 글을 쓰고 있는 로마교인들) 육신에 있지 아니하고 영에 있다"고 말하고 있기 때문이다. 더욱이 바울은 갈라디아서 5:16에서 "너희는 성령을 좇아 행하라 그리하면 육체의 욕심을 이루지 아니하리라"고 말한 뒤 24절에 가서 "그리스도 예수의 사람들은 육체와 함께 그 정과 욕심을 십자가에 못박았다"고 덧붙이고 있다. 모든 신자들이 육체로 인해 여전히 유혹을 받으며 때때로 육체에 굴복함이 사실이다. 그러나 계속적으로 육신에 혹은 "육체를 따라" 걷고 살면서 동시에 그리스도인이라고 간주되어 질 수 있다는 생각은 성경의 진리와 부합되지 못한다.

계속해서 스코필드 성경과 C.C.C. 저자들이 그들의 "세속적인 그리스도인"이란 가르침의 근거로 삼고 있는 고린도전서 3:1~3의

Should We Think of *"The Carnal Christian?"* (Carlisle, PA: Banner of Truth, n. d.), pp. 1

말씀이 이러한 교리를 뒷받침해 주고 있는가를 살펴보기로 하자. 흠정역에 따르면 이 구절은 이렇게 기록되어 있다:

1절: 형제들아 내가 신령한 자들을 대함과 같이 너희에게 말할 수 없어서 육신에 속한 자 심지어 그리스도 안에서 어린 아이들을 대함과 같이 하노라.

2절: 내가 너희를 젖으로 먹이고 밥으로 아니하였노니 이는 너희가 감당치 못하였음이거니와 지금도 못하리라.

3절: 너희가 아직도 육신에 속한 자로다. 너희 가운데 시기와 분쟁이 있으니 어찌 육신에 속하여 사람을 따라 행함이 아니리요?

여기서 바울이 그가 글을 쓰고 있는 고린도 교인들을 세속적(사르키노이스: sarkinois; RSV에서는 "육체에 속한"으로 NIV에서는 "세속적"으로 번역함)이라고 부르고 있음이 사실이다. 그러나 문제는 이것이다: 여기서 바울이 2:14의 "자연인"(프쉬키코스 안쓰로포스: psychikos anthropos)과 15절의 "영적인" 사람(프네오마티코스: pneumatikos)에 덧붙여 그리스도인이 속할 수 있는 제 3의 부류를 제시하고 있는가라는 질문이다. 나는 그렇게 생각지 않는다. 이러한 판단의 근거를 아래와 같이 제시코자 한다:

(1) 첫째로 바울은 고린도 교인들이 신령치 않다고 말하고 있는 것이 아니다. 그가 말하는 바는 그가 영적인 자들에게 말하는 것처럼 그들에게 말할 수 없었으며 현재도 그러하다는 것이다(1절). 그들이 그가 2:15에서 기술하고 있는 "영적인" 자들의 부류에 속하지 않는다고 말하고 있는 것이 아니다. 또한 2:14에서 묘사되고 있는 "자연적인" 사람들에 그들이 속해 있다고 말하는 것도 아니다. 예를 들어 그가 제 3장을 고린도 교인들을 향해 "형제들아"라고 말함으로써 시작하고 있음을 주목하라. 또한 6:19에 가서 그들을 향해 그들의 몸이 그들 안에 내주하시는 성령의 전이라고 말하고 있음도—분명히 이것은 "영적인" 사람의 두드러진 특징 중의 하나임—주목하라.

(2) 둘째로 바울은 그가 "세속적인 자들에게 하듯" 고린도 교인들에게 말할 수밖에 없다고 얘기한 뒤에 "심지어 그리스도 안에 있는 어린 아이들을 대함같이"라고 덧붙이고 있다(3:1). 만약 그리스도 안에 있다함이 "자연적인" 사람이 아닌, "영적인" 사람의 범주에 속하는 것을 의미하지 않는다면 그것은 아무런 의미도 없는 것이다.[29] 그러므로 고린도 교인들은 진실로 그리스도 안에 있는 자들이다. 그러나 NIV가 표현하듯이 그들은 그리스도 안에서 "단지 어린 아이들"인 것이다. 이에 덧붙여, 어린 아이는 미숙한 상태에 있는 동물이 아니다. 그도 인간인 것이다.

(3) 셋째로 고린도 교인들이 미숙하다는 생각이 3절에서 더 상세히 기술되고 있다. 3절에서 바울은 "너희가 아직도 세속적이다"라고 말함으로 그들이 영적인 유아 상태를 벗어나야 할 것임을 나타내고 있다.

(4) 넷째로, 그렇다면 바울이 고린도 교인들을 "세속적"(carnal)이라 부름은 무엇을 의미하는가?[30] 그가 의미하는 바는 그들 가운데 아직도 "시기와 분쟁과 나뉨(divisions)"이 있다라는 뜻이다.[31] (3:3, KJV). 21절에서 바울은 고린도 교인들의 행동을 "자신들을 자랑으로 여기는 것으로" 묘사하고 있다. 1장에서 바울은 고린도 교회에서 일

---

29) 그리스도 안에 있는 풍부한 의미에 대해서는 본서의 제 4장을 참고하라.
30) 이 구절들에 나타나는 "세속적"(carnal)이란 용어는 육체(flesh)란 의미의 헬라어 sarx에서 파생된 두 개의 헬라어인 sarkinos(1절)와 sarkikos(3절)에서 유래된다. sarkinos는 일반적으로 "육체의"(flesh: 육체로 구성된 혹은 육체를 닮는 의미로써)로 이해되어지며 sarkikos는 "세속적인"(fleshly: 육신으로 하여금 적극적으로 일하게끔하는)으로 이해되어진다. 그러나 이 단어들은 종종 그 의미가 서로 바뀌어 사용되기도 한다 (H. Conzelmann의 주석 "고린도전서": J. W. Leitch 번역; 1975 필라델피아의 Fortress사 발행 72페이지를 보라
31) 나뉨(dichostasiai)이란 단어는 대부분의 헬라어 사본에 나타나지 않고 있으며, 그러기에 최근의 많은 번역본들에도 들어있지 않다

어나고 있는 일들을 보여준 바 있다: "너희가 각각 이르되 나는 바울에게, 나는 아볼로에게, 나는 게바(베드로)에게, 나는 그리스도에게 속한 자라 말하니"(1:12). 그들은 연합된 공동체로 그리스도의 사랑 가운데서 함께 하나님을 섬기기보다는 네 개의 파당으로 나뉘어져 있었다. 그들이 모두 그리스도께 속해 있다라는 사실을 자랑스러워한 것이 아니라 그들이 뒤따르는 지도자들에 대해 자랑하며 자신들과 다른 지도자를 따르는 자들을 멸시하고 있었다. 다시 말하면 대개의 경우 고린도 교인들은 "세속적"인 혹은 육신적인 방법을 따라 살아가고 있었다. 그들은 중생하지 못한 사람들처럼 "그저 육체를 따라 행동했다"(3:3). 바울은 3장 뒷부분에 가서 그리스도 안에서 그들이 갖는 영적인 부요함을 자각시킴으로써 그들의 잘못됨을 고쳐주고 있다: "바울이나 아볼로나 게바나…모든 것이 다 너희의 것이라"(21~22절). "바울에게 혹은 아볼로에게 속해 있다"라고 말하지 말고 너희들은 "바울 아볼로 게바 모두가 우리에게 속해 있다"고 말해야 한다; 그들은 우리의 주인이 아니라 그리스도 안에 있는 우리의 종들이다; 이러한 인간적인 지도자들 밑에 각각 나누어져 줄을 설 것이 아니라 그들 모두로부터 우리가 배워야 할 것이다. 그들은 우리에게 속해 있고 우리는 그리스도에게 속해 있다! 바울은 말하기를 너희가 그리스도 안에 있는 너희의 영적 부요함을 온전히 인식케 된다면 이런 지도자들에 대한 언쟁을 끊고 너희의 미숙하고도 세속적인 상태에서 벗어나게 된다고 얘기하고 있다.

그러므로 고린도 교인들의 "세속성"이라 함은 그들의 영적인 미숙함 즉 그들이 성장해서 벗어나야 할 미숙의 상태를 가리킨다. 그들의 세속성이라 함은 그들의 그리스도인 삶 속에 자아(self)만이 삶의 왕좌에 앉아 있다거나, 그들이 육체에 전적으로 예속되어 있다는 뜻이 아니다. 다른 말로 표현하면 "세속성"이란 일종의 행위의 문제(behavior problem)이다.

(5) 고린도 교인들의 이러한 행동장애에도 불구하고 바울이 그들

을 "영적인" 사람의 범주에 속하는 것으로 생각하고 있음이 그가 그들에 관하여 얘기하고 있는 다음의 구절들에 의해 분명히 보여진다:

(a) 고린도전서 1:2에서 바울은 고린도 교인들에게 이렇게 얘기하고 있다: "고린도에 있는 하나님의 교회 곧 그리스도 예수 안에서 거룩하여진 자들에." "거룩하여진"이라고 번역된 동사는 헬라어에 보면 완료형의 시제로 되어 있어 지속적인 결과를 동반하는 완료된 행동을 나타내 준다. 여기서 바울은 고린도 교회 교인들을 결정적인 의미에서 이미 거룩해진 자들인 동시에 아직도 거룩해지고 있는 자들로 기술하고 있다. 단회적 성화는 스케줄을 따라 일어나는 것이라기보다는 어떤 한 시점에서 발생되는 하나님의 역사이다.[32] 확신컨대 방금 위에서 인용된 표현 즉 거룩하여진 자들이란 말은 여전히 "자연인"으로 머물러 있는 자들에게는 사용될 수 없는 말들이다.

(b) 1:4에서 바울은 단지 "자연인"일 뿐인 자들에게는 적용될 수 없는 얘기 즉 그리스도 예수 안에 있는 고린도 교회 교인들에게 주어진 은혜에 대해 하나님께 감사하고 있다.

(c) 1:30에서 바울은 "너희는 하나님께로부터 나서 그리스도 예수 안에 있고 예수는 하나님께로부터 나와서 우리에게 지혜와 의로움과 거룩함과 구속함이 되셨다"고 말하고 있다. 그러므로 고린도 교인들이 단지 의롭다 여김을 받았을 뿐이지 거룩케 되어지지는 않았다고 말할 수 없다. 왜냐하면 그들이 이제 거하게 된 그리스도는 그들에게 의로움과 거룩함이 되셨기 때문이다.

(d) 3:21~23에서 바울은 그리스도 안에서 그들의 소유가 된 그들의 부요함 즉 어느 "자연인"도 가질 수 없는 것을 서정적으로 요약해 주고 있다: "만물이 다 너희 것임이라 바울이나 아볼로나 게바나 세계나 생명이나 사망이나 지금 것이나 장래 것이나 다 너희 것이요 너희는 그리스도의 것이요 그리스도는 하나님의 것이니라."

---

32) 단회적 성화(definitive sanctification)에 대해서는 본서 제 12장에서 정의되고 논의될 것이다

(e) 6:11에서 바울은 "너희가 주 예수 그리스도의 이름과 우리 하나님의 성령 안에서 씻음과 거룩함과 의롭다 함을 얻었느니라"고 기록하고 있다. 이 구절의 동사들은 헬라어로 모두 과거시제로 쓰여져 있다. 보통 과거시제는 순간적인 동작을 나타내 준다. 그러므로 바울은 여기 3장에서 그가 "세속적"이라고 말하고 있는 고린도 교회 교인들이 이미 거룩하여졌고(단회적인 의미에서) 의롭다 여김을 받았다고 얘기하고 있는 것이다.

(f) 고린도후서 5:17에서 바울은 승리의 나팔을 불고 있다: "그러므로 누구든지 그리스도 안에 있으면 새로운 피조물이라." 그들에게 보낸 첫번째 편지에서 바울은 고린도 교인들이 그리스도 안에 있는 자들이라고 분명히 말했다. 그렇다면, 그들은 진실로 새로운 피조물인 것이다. 그들의 행위에 많은 문제가 있음이 사실이다. 그들은 책망을 받아야 하고 훈계를 들어야 하며, 더욱 잘 행하라고 권유되어질 필요성이 있는 자들이다. 그리스도 안에 있는 그들의 부요함을 잘 깨닫고, 그들의 믿음을 온전히 실행함으로 더 성숙한 삶에 이르러야 할 자들이다. 그러나 그들은 그리스도 안에 있는 새로운 피조물들이며 그러기에 "영적인" 자들이 아닌 어떤 다른 범주의 사람들로 분류되어져서는 안된다.

"세속적인 그리스도인"이란 개념은 비록 이상에 열거한 이유들로 해서 배척되어 마땅하지만 그럼에도 그것은 중요한 진리의 요소를 담고 있다. 바울이 고린도 교회 교인들에 대해서 책망하고 있는 "세속성"(carnality)은 모든 그리스도인들이 직면하고 있는 위험한 독소와 모든 신자들이 언제나 미치게 될 수도 있는 그런 유형의 행위를 그 근간으로 하고 있다. 우리는 언제나 이러한 삶에 대해서 경계를 게을리해서는 안된다. 우리는 종종 고린도 교인들처럼 그리스도보다도 인간의 지도자를 앞세우려는 유혹을 받는다. 우리 모든 사람들은 계속적으로 여러 형태들로 나타나는 "세속적인 삶"에 굴복하도록 미혹을 받게 된다: 음탕한 생각, 부정한 행위, 시기, 질투, 교만, 탐욕, 욕심, 분노, 나태함 등. 신약성경에 따르면 그리스도인의 삶은 죄와의 끊임없는 갈등이다: 그래서 때론 전쟁으로(약 4:1), 때론 싸움으로(딤전 6:12), 때론 다툼으로(엡 6:12), 때론 육체를 쳐 복종시키는 것으로(고전 9:27), 때론 마귀를 대적하는 것으로 묘사되고 있다. 그러므로 "세속적인 그리스도인" 교리를 부인한다고 해서 세속적인 삶으로 빠져들어갈 수도 있다는 항존하는 위험성 자체를 부정하는 것이 아니다.

본장의 앞부분에서 2단계와 3단계의 구원론을 배척해야 될 이유들을 제시한 바 있다. 그러나 이러한 구원론을 배척한다는 것이 그리스도인 삶의 진보와 성장의 필요성을 인식치 못함을 의미하지는 않는다. 사실상 많은 그리스도인들이 돌이킴 이후에 소위 절정의 경험들(peak experiences)[33] 혹은 정상의 경험들(mountaintop experiences)을 갖는다는 사실을 우리는 기꺼이 인정해야 한다.[34]

사도 바울을 이의 한 예로 인용할 수 있다. 그의 돌이킴 이후에 바울은 세 번씩이나 고통스러운 그의 "육체의 가시"를 제거해 줄 것을 주께 간구했다. 주님께서는 그 가시를 제거해 주지 않으셨고 오히려 그의 은혜를 넘치도록 바울에게 베푸사 바울로 하여금 "이제는 나의 여러 약한 것들에 대하여 자랑하리니 이는 그리스도의 능력으로 내게 머물게 하려 함이라 그러므로 내가 그리스도를 위하여 약한 것들과 능욕과 궁핍과 핍박과 곤란을 기뻐하노니 이는 내가 약할 그 때에 곧 강함이니라"고 고백할 수 있게 하셨다(고후 12:7~10). 확

---

33) The expression is taken from Abraham Maslow's *Toward a Psychology of Being*, 2nd ed. (New York:Van Nostrand Reinhold, 1968), p. 270. Since Maslow is not a Christian psychologist, however, it should be remembered that his view of the nature of these "peak experience" is quite different from a Christian understanding of such events.

34) 예를 들어 James Gilchrist Lawson, *Deeper Experiences of Famous Christians*(1911; New York:Pyramid Books, 1970)을 보라.

신컨대 이 시점이 바울의 개종 이후의 그리스도인 삶의 한 정점이었다.

이러한 돌이킴 이후의 절정의 경험의 또다른 예를, 1623년부터 1662년까지 살았던, 불란서의 과학자요 기독교 사상가였던 파스칼(Blaise Pascal)의 삶 가운데서 찾아볼 수 있다. 그는 일반적으로 기독교로의 그의 첫번째 개종이라고 생각되어지는 사건을 1646년에 가졌다. 그러나 그 뒤 8년이 지나서, 그가 그의 "Memorial"이란 저서 가운데서 기술하고 있듯이, 그는 하나의 극적인 "제 2의 돌이킴"을 경험케 된다. 이 제 2의 개종사건은 철저한 자기부인과 그리스도에 대한 완전한 복종으로 나타났다.[35]

최근에 나는 암으로 처절한 투병생활을 한, 한 그리스도인 사업가에 관한 얘기를 들은 바 있다. 그에게 임종이 가까와오고 있음을 알고 동시에 그 자신이 다름아닌 "불 가운데서 구원받은 자"임을 깨달은 뒤, 그의 사업을 정리하여 그의 남은 여생을 교회와 교회와 관계된 여러 단체들을 위한 일에 바치기 시작했다. 또 한 예로, 여러해 동안 그리스도인이었던 나의 한 친구는 그리스도에 대한 더 깊은 헌신과 주님 안에서 새로운 기쁨을 갖게 되었으며, 동료 그리스도인들이 하나님과의 밀접한 동행의 삶을 사는 것을 보고 전보다 훨씬 더 활력있는 복음전파에 매진케 되었다. 이러한 종류의 예들은 얼마든지 더 많이 들 수 있을 것이다.

그러나 이상에서 제시한 이유들에 비추어 볼 때, 이러한 돌이킴 이후의 절정의 경험(postconversion peak experience)이 "구원의 순서"라는 구조의 틀 속으로 프로그램 되어져서는 안된다. 모든 그리스도인이 이러한 경험을 반드시 해야 한다고 주장해서는 안될 것이다. 하나님께서는 그의 모든 자녀들을 정확히 똑같은 방식으로 구원

---

35) R. V. Pierard, "Pascal, Blaise," EDT, p. 827. *Memorial*의 본문에 관해서는 Hugh T. Kerr 와 John M. Mulder가 편집한 저서 *Conversions* (Grand Rapids:Eerdmans, 1983), pp. 37-38을 보라

치는 않으신다. 그러나 그리스도를 믿는 자들의 삶 속에는 이러한 유의 경험을 받아들일 만한 여지가 항상 남아 있어야 함도 분명하다.

이것을 좀 더 밀도있게 표현해 보자. 그리스도인의 삶에 나타나는 영적인 성장은 하나의 사치품이 아니라 필수품이다. 이러한 성장이 반드시 위기 혹은 절정 경험의 형태를 이룰 필요는 없으되, 반드시 성장 자체는 있어야 한다. 성경은 이것을 분명하게 가르치고 있다. 베드로는 갓 개종한 자들에게 "갓난 아이들같이 순전하고 신령한 젖을 사모하라. 이는 이로 말미암아 너희로 구원에 이르도록 자라게 하려 함이라"(벧전 2:2)고 말하고 있다. 베드로는 베드로후서에서 계속해서 영적인 성장의 필요성을 강조하고 있다: "우리 주 곧 구주 예수 그리스도의 은혜와 저를 아는 지식에서 자라 가라"(벧후 3:18). 또한 바울도 이와 똑같은 얘기를 하고 있다: "오직 사랑 안에서 진리를 말함으로 범사에 머리되신 그리스도에게까지 자랄찌라"(참고, 엡 4:15; RSV).

그렇다면, 구원과정의 다양한 국면들이 연속되는 단계들이 아니라 동시적인 사건들임을 인식함과 동시에 우리는 우리의 구원에 대한 더 풍성한 이해와 구원의 희열을 갖게 될 때까지 계속적으로 자라나야 할 필요성이 있다는 것을 잊어서는 안될 것이다. 어느 누가 바울보다도, 더 큰 그리스도인 삶의 진보를 이룩한 바 있는가? 그러나 바울은 그의 삶의 마지막에 즈음하여 이렇게 기록하고 있다: "오직 한 일 즉 뒤에 있는 것은 잊어버리고, 앞에 있는 것을 잡으려고 푯대를 향하여 그리스도 예수 안에서 하나님이 위에서 부르신 부름의 상을 위하여 좇아가노라"(빌 3:13~14).

제 3 장

성령의 역할

　우리가 구원의 교리 혹은 구원론을 공부해 가면서, 구원과정 속에서 나타나는 성령의 역할을 다음으로 다루게 된다. 이미 앞에서 그리스도의 구원사역은 그것이 성령에 의해 우리의 마음과 삶에 적용될 때에 비로소 유효하다고 말한 바 있다.[1] 그러므로 이제 우리의 구원과정 속에 나타나는 성령의 역사를 간략하게 재음미해 보는 것이 유익할 것이다.

1. 우리의 구원과정 속에 나타나는 성령의 역할

　웨스트민스터 신앙고백서의 말을 빌리면 성령은 "구원의 적용을 이루시는 유일한 동인이시다."[2] 바울은 하나님이 우리를 구원하시되 우리의 행한 바 의로운 행위로 말미암지 않고 오직 성령의 새롭게 하심을 통해서라고 가르치고 있다(딛 3:5). 또한 그는 갈라디아 교

---

1) 본서 p. 11을 보라. 또한 p. 12의 요점 5를 참고하라.
2) 웨스트민스터 신앙고백서 9장 3항. *The Confession of Faith of the Presbyterian Church in the United States*, 1861 ed. (Richmond:John Knox, 1956), p. 62

회 교인들에게 증거하기를 우리가 성령으로 살고 있다(단순히 육체적인 삶이 아닌 특별히 영적인 삶을 의미함)고 말하고 있다(갈 5:25). 예수님 자신도 그의 제자들에게 성령께서 영생을 주신다고 말씀하셨다(요 6:63). 구원을 우리의 마음과 삶에 적용시키시는 성령께서는 우리와 함께 사시며 또한 우리 속에 내주하신다(요 14:7; 롬 8:9; 고전 3:16; 딤후 1:14).

구원의 과정 속에서 성령의 주된 역할은 우리를 그리스도와 하나되게 하는 것이다. 고린도전서 12:13에서 바울은 이것을 매우 생생하게 피력하고 있다: "우리가 다 한 영으로 세례를 받아 한 몸이 되었느니라"―앞의 문맥으로 미루어 볼 때, 여기서 한 몸이라 함은 그리스도의 몸을 말한다. 다시 말해서, 바울은 "새 생명의 전부 즉 새 생명이 실현됨도, 새생명이 전달됨도, 더 나아가 새 생명의 기원까지도 그 근원을 성령과 그의 사역, 능력 그리고 그의 은사에 두고 있는 것이다."[3]

본서의 4장에서 구원론의 중심적 주제인 그리스도와의 연합을 다룰 생각이다. 그러나 이 시점에서, 분명히 밝혀 두건대 우리를 그리스도와 연합되게 하시는 분이 바로 성령이시다. 성령은 주의 영(the Spirit of the Lord)(고후 3:17), 그리스도의 영(롬 8:9; 벧전 1:11), 예수 그리스도의 영(빌 1:19), 하나님의 아들의 영(갈 4:6)으로 불리운다. 그러므로 우리가 그리스도께 동참케 될 때, 성령에 동참케 되는 것이다. 바울은 이 점을 로마서에서 극적으로 예증해 주고 있다. 8:9에서 바울은 믿는 자들을 육신에 있지 않고(en sarki) 영에 속한 자(en pneumati)로 표현하고 있다. 계속해서 바울은 성령을 하나님의 영과 그리스도의 영이라 부르고 있다. 그러나 10절에서 그는 믿는 자들을 가리켜 그리스도께서 내주하시는 자들로 기술하고 있다. 그러므로 그리스도 안에 있다거나 성령 안에 있다 함은 두 개의

---

3) Herman Ridderbos, *Paul:An Outline of His Theology*, trans. John R. De Witt(Grand Rapids:Eerdmans, 1975), p. 223.

별개의 것을 지칭하는 것이 아니라 같은 것을 말한다.

그런 연유에서 구원의 과정 속에서 나타나는 모든 주요 요소들이 성령에 의해서 발생된다는 것을 알게 된다고 해서 놀랄 이유가 전혀 없다. 중생 혹은 신생은 성령의 사역이다. "예수께서 니고데모에게 대답하여 가라사대 진실로 진실로 네게 이르노니 사람이 물과 성령으로 나지 아니하면 하나님 나라에 들어갈 수 없느니라"(요 3:5). 디도서 3:5에서 하나님이 중생의 씻으심과 성령의 새롭게 하심으로 우리를 구원하셨다라는 바울의 말 역시 중생 혹은 신생은 성령께로부터 기인한다라는 사실을 보여준다.

돌이킴은 어떠한가? 돌이킴, 혹은 하나님께 돌아서는 것은 일반적으로 두 국면 즉 회개와 믿음을 포함하는 것으로 이해되어진다. 성경에서 이 두 국면은 성령의 은사로 기술되어지고 있다. 사도행전 11:15에서 베드로는 이방인 고넬료의 개종을 예루살렘에 있는 신자들에게 설명하면서 "내가 말하기 시작할 때에 성령이 저희에게(고넬료와 그의 집) 임하시기를 처음 우리에게 하신 것같이 하는지라"라고 말하고 있다. 예루살렘 교회(유대인들로 구성된)의 반응이 18절에 나타나고 있다. "저희가 이 말을 듣고…하나님께 영광을 돌려 가로되 그러면 하나님께서 이방인들에게도 생명얻는 회개(*metanoia*)를 주셨도다 하더라." 그런데 하나님께서는 이들 이방인들에게 그들에게 임하셨던 성령을 통해서 회개를 주셨던 것이다.

믿음 또한 성령의 은사이다. 고린도전서 2장에서 바울은 오직 성령을 통해서만이 하나님께서 그의 지혜를 우리에게 나타내 보이셨고(9절) 우리로 하여금 하나님께서 우리에게 은혜로 주신 것들(12절) 즉 이 세대의 관원들이 영광의 주를 십자가에 못박았을 때에 그들이 깨닫지 못했던 그리스도에 대한 진리들(8절)을 알게 하신다고 지적하고 있다. 고린도전서 12:3에서도 똑같은 사실이 분명하게 지적되고 있다. "성령으로 아니하고는 누구든지 예수를 주시라(오직 믿는 자들만이 고백할 수 있는 말임) 할 수 없느니라."

성령은 또한 우리에게 건강한 믿음의 가장 중요한 표적 중 하나인 구원의 확신을 주신다. 바울은 로마서 8:16에서 "성령이 친히 우리 영으로 더불어 우리가 하나님의 자녀인 것을 증거하신다"고 우리에게 가르치고 있다. "증거하신다"(symmartyrei)라고 번역되고 있는 동사의 시제가 현재형으로서 지속적인 동작을 나타내기에, 성령의 이러한 증거는 때때로 발생되는 혹은 단회적으로 발생되는 것이 아니라 신자의 전 생애에 걸쳐 지속되는 것이라고 결론지을 수 있다.

신약성경은 일반적으로 성부 하나님의 사역이라고 이해되고 있는 칭의를 성령과 연결짓고 있는가? 여러 점에서 그러하다. 믿음으로 의롭다 여김을 얻기에 위에서도 살펴본 대로 믿음이 성령의 은사라는 사실이 이 칭의의 축복과 성령을 연결짓고 있는 것이다. 고린도전서 6:11은 가장 직접적으로 칭의와 성령을 연결짓고 있는 구절이다. 이 구절에서 바울은 그의 독자들을 향하여 "그러나 너희는 주 예수 그리스도의 이름과 우리 하나님의 성령 안에서 씻음과 거룩함과 의롭다 하심을 얻었느니라"고 말하고 있다. 주 예수 그리스도의 이름과 우리 하나님의 성령 안에서란 두 문구는 뒤따라 나오는 세 개의 동사 즉 씻기움, 거룩하게 됨, 의롭다 여김 모두에 적용된다. 원어 헬라어에 따르면, 이 두 문구는 보통 ~안에(in)라고 번역되어지는 헬라어 단어 en으로 시작되고 있다. 그렇다면 두번째 문구를 "우리 하나님의 성령 안에서"라고 해석할 수 있을 것이다. 이 의미는 성령과 "하나되어" 혹은 성령과 "연합되어"라는 뜻이다. 그러므로 우리가 의롭다 여김을 받는 것은 성령의 사역과 불가분의 관계이다.

칭의가 부여하는 은혜 중 하나는 우리가 하나님의 자녀로 받아들여지는 것(양자됨)이다. 이 은혜 역시 성령과 밀접한 관계를 맺고 있다. 갈라디아서 4:4~6에서 우리는 이러한 사실을 발견하게 된다. 하나님께서 그 "아들"을 보내신 것은 우리로 "아들의 충만한 권리들을 얻게 하려 하심이었다"(5절)고 바울은 말한다. "아들의 충만한 권리들"에 해당하는 헬라어는 "휘오데시아"인데 초기 기독교 시대에 파피루스에서 발견되는 용어로 어떤 사람을 양자로 삼는 법률적 단어이다.[4] 바울은 계속해서 "너희가 아들인 고로 하나님이 그 아들의 영을 우리 마음 가운데 보내사 아바 아버지라 부르게 하셨다"(6절)고 말하고 있다. 우리 안에 거하시며 우리로 하여금 우리가 더이상 종들이 아니라 하나님의 아들과 딸들임을 확신시켜 주는 분이 성령이시다.

동일한 요점이 로마서 8장에도 나온다. 15절에서 바울은 "너희는 양자됨(휘오데시아)의 영을 받았으므로 아바 아버지라 부르짖느니라"고 말한다. 하나님을 아버지라 부르는 사람은 다름아닌 우리 신자들인데 그렇게 할 수 있는 것은 성령을 통해서이다. 이럴 뿐만 아니라 우리가 아들들로서 살아갈 수 있는 것은 하나님의 영의 인도하심을 받아서이다: "무릇 하나님의 영으로 인도함을 받는 그들은 곧 하나님의 아들이라"(14절).

우리의 "성화"가 성령에 의해서라는 사실은 놀랄 만한 것이 아니다. "성령"이란 이름 자체가 보여주듯이 성령은 성결함이나 성화와 연관이 있다. 데살로니가후서 2:13에서 바울은 독자들을 위하여 하나님께 감사하고 있는데 그 이유는 "하나님이 처음부터 그들을 택하사 성령의 거룩하게 하시는 사역으로 구원하셨다"고 말하고 있다. 로마서 15:16에서도 바울은 자기의 사역을 가리켜 이방인들을 향한 그리스도의 사역자됨으로 묘사하고 있는데 이는 "이방인을 제물로 드리는 그것이 성령 안에서 거룩하게 되어 받으심직하게 하려 함이라"고 말한다. 그러나 성화를 성령의 사역으로 돌리는 일은 단지 바울에게만 한정된 것은 아니다. 베드로는 그의 독자들을 "하나님 아버지의 미리 아심을 따라 성령의 거룩하게 하심을 통해 택하심을 입은 자들"이라고 지칭함으로 그의 첫번째 서신을 시작하고 있다(1:2).

---

4) Moulton and Milligan, VGT, pp. 648-49

이런 구절들과 마찬가지로 웨스트민스터 신앙고백서도 성령을 "그리스도의 거룩케 하시는 영"이라 부르고 있다.[5]

또한 성령은 믿음 가운데의 인내 혹 견인과도 불가분의 관계를 갖고 있다. 여기에서 인치심(seal)과 보증(pledge)이라는 성경의 두 비유적 표현에 우리의 관심을 두고자 한다. 에베소서 4:30에 따르면 성령은 우리의 최후의 구속의 보증이라고 쓰여져 있다. "하나님의 성령을 근심하게 하지 말라 그 안에서 너희가 구속의 날까지 인치심을 받았느니라" 신약시대에서 종종 인침은 소유권을 나타낸 것이었으며, 그러므로 성령으로 인치심을 받았다 함은 또한 성령께서 구원의 마지막날까지 우리를 계속적으로 하나님과 교제케 한다는 의미도 들어있다.

이와 마찬가지로 에베소서 1:13~14에서 바울은 "또한 믿어 너희가 약속의 성령으로 인치심을 받았으니, 그는 하나님의 소유인 그의 백성들을 구속하실 때까지 우리의 기업의 보증이 되신 자라"(NIV). 여기서 보증되신 자라고 번역되고 있는 헬라어 *arrabon*은 또한 보증 혹은 서약(pledge)이라고도 번역되어질 수 있다. 만약 우리가 우리 안에 성령을 갖고 있다면 그리스도 안에서 우리의 기업인 미래의 영광이 그 언젠가 우리의 것이 될 것이라는 확신을 우리가 갖고 있다고 바울은 주장하고 있는 것이다. 즉 그 어느 것도 그 기업을 우리에게로부터 빼앗아 갈 수 없다는 말이다.

*arrabon*이란 단어가 또다른 두 군데에서 성령을 가리켜 사용되고 있다. 고린도후서 1:22에서 보면 "하나님께서 우리에게 인치시고 보증으로 성령을 우리 마음에 주셨다"라는 사실을 우리는 알게 된다. 또한 고린도후서 5:5에서 바울은 "하나님께서 지으신 집 곧 하늘에 있는 영원한 집을"(1절) 우리를 위해 예비하신 하나님께서 "보증으로 성령을 우리에게 주셨다"라고 우리에게 가르치고 있다. 다시 말해서 성령께서는 신비롭고도 놀라운 방법으로 우리가 영화롭게 된

---

5) 웨스트민스터 신앙고백서 XIII, 3.

새 땅에 있을 우리의 마지막 기업에 들어갈 때까지, 우리로 하여금 그리스도인의 삶에서 인내할 수 있게 하신다는 것이다.

2. 성령의 은사들

구원과정에서의 성령의 역할을 다루는 또다른 방법은 성령의 은사와 성령의 열매에 관한 성경의 가르침을 생각해 보는 것이다. 물론 이 두 가지는 결코 서로 분리되어져서는 안되는 것이다. 성령께서 우리에게 주신 은사가 무엇이든지 간에 그 모든 은사들은 사랑과 희락과 화평 그리고 성령의 다른 열매들로써 실행되어져야 한다. 바울도 지적하듯이 우리가 성령의 열매를 보여 주지 못하면서 우리의 은사들을 사용한다면, 그 모든 것들은 "소리나는 구리와 울리는 꽹과리일 수밖에 없는 것이다"(고전 13:1).

먼저 신약성경은 성령의 은사에 관해 어떻게 가르치고 있는가를 살펴보기로 하자. 성령의 은사들을 기술코자 신약성경의 저자들이 가장 빈번히 사용한 단어는 Charisma이다. 그러나 이 단어는 비교적 다양한 의미를 갖고 있다. "Charisma란 단어와 연관지어져 약 20가지의 은사가 언급되고 있다. 로마서 12장과 고린도전서 12장에 나타난 은사들을 세어보면, 은사는 돈의 관리로부터 예언에 이르는, 또한 병자를 고치는 것으로부터 독신에 이르기까지의 대단히 넓은 폭의 영역을 포함하고 있음을 알 수 있다."[6] 일반적으로, 이 단어는 하나님께서 그의 백성에게 부여하신 몇몇의 특정한 은사를 지칭한다. Bittlinger는 Charisma를 이렇게 기술하고 있다: "하나님의 백성들의 보통의 행복을 위하여 신자들의 자연적 능력 안에서, 또한 그 능력을 통해서, 뿐만 아니라 그 능력을 넘어서기까지 역사하시는 성

---

6) Arnold Bittlinger, *Gifts and Ministries*, trans. Clara K. Dyck (Grand Rapids : Eerdmans, 1973), p. 15.

령의 값없는 헌현."[7]

신약에서 언급되어지고 있는 Charismata란 단순히 성령의 기적적이고도 극적인 은사들만을 의미하지 않고 있다라는 사실을 주목해야 한다. Charismata에는 가르치는 것, 권면하는 것, 구제하는 것(롬 12:8), 남을 돕고 다스리는 은사들이(고전 12:28) 포함되어진다. 그러기에 신오순절주의를(Neo—Pentecostalism) 카리스마틱 운동이라 부르는 데는 뭔가 매우 잘못된 점이 있음을 알게 되는 것이다.[8] 신약성경이 보여주는 Charismata는 방언이나 신유의 은사와 같이 오순절 계통이나 신오순절 서클에서 일반적으로 두드러지게 나타나는 극적인 은사들 그 훨씬 이상의 은사들을 포함한다. 모든 그리스도인들은 하나님의 나라를 위해 사용되어져야 할 은사들을 지니고 있다. 다시 말해서, 단순히 오순절주의자들이나 신오순절파들이 아닌, 예수 그리스도의 온 교회가 카리스마틱한 것이다(Charismatic).

성령의 은사를 구분짓는 일반적인 방법은 기적적인 은사와 비기적적인 은사와의 구분이다. 비기적적인 은사에는 가르침의 은사, 다스림의 은사 구제와 긍휼을 베푸는 은사들이 있으며 기적적인 은사에는 "병고치는 은사"(Charismata iamaton; 고전 12:9)[9] "기적을 행하는 은사"(energemata dynameon; 고전 12:10) "각종 방언을 말하는 은사"(gene glosson; 고전 12:10)가 있다.

그렇다면 성령의 은사들은 어떤 기능을 하는가? 그것들은 믿는 자

---

7) Ibid., p. 18.
8) 오순절파의 가르침과 신앙적 형태들이 오순절파가 아닌 교회 속으로 들어 온 운동을 지칭하는데 1960년경에 시작되었다.
9) 이중적 복수형임을 주의하라. J. Sidlow Baxter는 그의 책에서 이 이중적 복수형을 설명하기를, 아무도 계속적인 신유의 은사를 받지 못했으며 매 번마다의 신유 기적도 각각 다른 은사임을 가리키고 있다고 주장한다: Divine Healing of the Body(Grand Rapids:Zondervan, 1979), pp. 282-83.

들로 하여금 교회 안에서 특정한 형태의 봉사를 행할 수 있게 하거나, 하나님의 나라를 위해 특별한 형태의 사역에 관여할 수 있게 한다. 그것들의 목적은 신자들을 훈육하며 교회를 바로 세우며 그리스도의 공동체를 섬기는 데 있다. 또한 선교적인 목적도 있어서, 믿지 않는 자들을 그리스도께로 인도하며, 새로운 그리스도인들을 믿음으로 강화시키고 그들을 증인된 자들로 무장시키는 것들이다.

오늘날 교회 가운데서, 성령의 기적적인 은사가 지금도 실재하는가라는 문제에 대해서, 그리스도인 가운데서도 많은 의견의 불일치가 있어 왔고 또한 지속되고 있음이 사실이다. 기적적인 은사와 비기적적인 은사 모두가 사도행전에 명백히 나타나 있으며 또한 고린도전서 12장에서 열거되고 있는 은사들 가운데에서도 발견되어진다. 신학자들 모두가 성령의 비기적적인 은사는 지금도 오늘날 우리와 함께 하고 있다는 것에 동의한다. 몇몇 신학자들과 성경학자들 특히 오순절 계통의 학자들은 기적적인 은사들이 오늘날 교회 안에 아직도 존재한다고 말하고 있는 반면에 다른 사람들은 이에 의문을 제기하고 있다.

단정적으로, 이러한 기적적인 은사들이 아직도 교회 안에 있다라는 주장이 증명되어질 수는 없다. 다음의 두 가지 비중있는 고찰은 "병고침의 은사"와 방언의 은사와 같은 성령의 기적적인 은사들이 이제는 더 이상 현재의 교회 가운데서 기대되어져서는 안된다는 점을 강력하게 보여주고 있다.

(1) 어떤 신약성경 구절들은 특별히 성령의 기적적인 은사들을 사도들이 교회의 기초를 놓았을 때에 사도들의 사역과를 연결짓고 있다. 이런 구절들의 하나가 사도행전 14:3이다. "바울과 바나바가 거기에 (이고니온에) 오래 있어 주를 힘입어 담대히 말하니 주께서 저희 손으로 표적(semeia)과 기사(terata)를 행하게 하여주사 자기 은혜의 말씀을 증거하니라." 주님께서 사도들이 증거하는 복음과 그 복음의 합당한 전달자로서의 사도들 자신들을 인정하시고자 사도들

로 하여금 이러한 표적과 기사들(성령의 기적적인 은사들을 분명히 증거하는)을 행하게 하셨음을 주목하라.[10]

고린도 교회 교인들에게 바울은 이렇게 편지하고 있다: "사도의 표된 것은(혹은 참된 사도의 표징, RSV)―표적(*semeiois*), 기사(*terasin*)와 이적(*dynamesin*)―내가 너희 가운데서 크나큰 인내 중에 행한 바라"(고후 12:12). 이 구절에서 바울은 자신들이 사도라 주장하되 실상은 그렇지 않은 자들을 향하여 그의 사도됨을 변호하고 있는 것이다. 바울은 고린도에 있는 너희들은 사도됨의 표적이 너희 가운데서 넘치도록 행해졌기에 내가 참된 사도라는 것을 분명히 알아야 한다고 얘기하고 있는 것이다. 생각컨대, 이러한 표적과 기사와 이적들이 고린도에서 두드러지게 행해졌던 성령의 기적적인 은사를 포함하고 있음이 분명하다(고전 12~14장을 보라). 바울이 여기서 그가 행할 수 있었을 뿐만 아니라 고린도에 있는 다른 사람들에게도 전해준 기적적인 은사들이 종국적으로는 그의 사도됨을 확증키 위한 목적을 이루는 데 있었다고 우리에게 말하고 있는 것이 아닌가?

로마서에서 바울은 이방인들에 대한 그의 선교에 관하여 간단한 개요를 말하고 있는데, 그 가운데서 이러한 기적적인 은사들의 역할을 언급하고 있다: "그리스도께서 이방인들을 순종케 하기 위하여 나로 말미암아 말과 일이며 표적과 기사의 능력이며, 성령의 능력으로 역사하신 것 외에는 내가 감히 말하지 아니하노라"(15:18~19). 이 구절을 통하여 볼 때 바울이 행하도록 허락받았던 표적과 기사들은 그리스도께서 바울로 하여금 이방인들을 순종에 이르도록 하였던 수단이었으며, 그런 점에서 그의 표적과 기사들은 이방인들에 대한 사도로서의 그의 사역과 불가분의 관계를 가지고 있음이 분명치 않은가? 12:6~8에서 바울이 로마에 있는 교회로 하여금 행하도록 강

---

10) 14절에서 바나바도 사도라 불리고 있다.

권했던 은사들 중에는 병고침이나 방언과 같은 성령의 기적적인 은사들이 언급되고 있지 않음은 특히 주목할 만한 사실이다. 15장에서 바울은 이러한 은사들이 그가 복음을 전파했을 때 이미 행해진 바 있음을 인정함으로 그러한 은사들의 합당한 기능은 복음의 메시지를 인증하는 것이었음을 시사하고 있다. 그러나 이 표적과 기적들이 신자들이 모일 때마다 언제나 계속적으로 일어나야 한다고 주장하고 있는 것은 아니다. 바울이 로마서에서 말하고 있는 바는 가르침이나 구제, 다스림, 그리고 긍휼을 베푸는 것과 같은 비기적적인 성령의 은사들을 고양함으로써만이 교회의 증진이 가장 잘 이루어진다는 사실이다.

기적적인 은사들의 목적에 관하여는 히브리서 2:3~4에서 가장 잘 나타나 있다: "우리가 이같이 큰 구원을 등한히 여기면 어찌 피하리요? 이 구원은 처음에 주로 말씀하신 바요, 들은 자들이 우리에게 확증한 바니 하나님도 표적과 기사들과 여러가지 기적 그리고 그의 뜻에 따라 나눠주신 성령의 은사들을 통해서 그것을 확증하셨느니라." 이 구절에 따르면 구원이란 말은 주 예수 그리스도에 의해서 처음 선포되었다. 그리고 나서 그 구원은 주님의 말씀을 들은 자들 즉 사도들에 의해서 기록된 히브리서의 저자와 독자들에게도 확증되어졌다. 하나님께서는 여기서 "표적과 기사와 이적들"이라고 불리고 있는 성령의 이러한 은사들을 통해서 그 구원의 참됨을 증거하셨다. 그러므로 성령의 기적적인 은사들의 목적은 이러한 본문에서도 보여주는 대로 그리스도 이후의 제 2세대의 독자를 향한 구원의 메시지를 보증하는 데 있었다.

방금 살펴본 구절에서 우리는 성령의 기적적인 은사들은 사도들이 하나님께로부터 온 참 메신저들이요, 그들이 전파하는 복음 역시 하나님의 은혜의 말씀이라는 사실을 확증키 위한 "사도의 표징"이었음을 배울 수 있다. 사도들의 사역과 증거가 기초를 놓는 일들이었기에 (엡 2:20을 보라), 그런 의미에서 되풀이될 수 없는 것이었기에 사도들을 인증했던 기적적인 은사들은 오늘날 더이상 필요치 않은 것이다.

(2) 신약성경에서 교회가 지속적으로 성령의 기적적인 은사를 보여 주어야 한다고 말하는 어떤 교훈도 찾아볼 수 없다. 고린도전서 12~14장 이외에는 이러한 기적적인 은사들에 대한 더이상의 언급이 없다. 바울의 다른 서신이나 공동서신 어디에서도 방언의 은사나 혹은 "병고침의 은사"에 대한 어떠한 언급도 나타나 있지 않다. 이에 대한 외견상 유일한 예외가 야고보서 5:14~15에서 나타나고 있다. 그러나 이 구절은 병고침의 은사를 얘기하고 있는 것이 아니라 교회의 장로들에 의한 환자에 대한 기도를 기술하고 있는 것이다. 환자에 대한 이러한 기도는 단정적으로 분부되고 있으나 "병고침의 은사"는 여기서 확인되고 있지 않다.[11]

고린도전서 12장 이외에 신약성경에서 나타나고 있는 성령의 은사에 대한 기술들은 방금 논의된 바 있는 기적적인 은사들을 언급하고 있지 않다. 이미 앞에서 나는 로마서 12:6~8에 나타나는 은사들을 얘기한 바 있다. 거기서 열거되고 있는 은사들은 예언, 섬기는 일, 가르치는 일, 권면, 구제, 다스림, 긍휼을 베푸는 은사들이 있다. "방언이나 병고치는 은사"는 언급하고 있지 않다. 여기서 어떤 점에서 기적적이라고 생각되어질 수 있는 은사는 예언의 은사이다. 이 은사는 이 은사를 통해서 어떤 사람이 하나님께로부터 특별한 계시를 받게 되거나 구원의 계획을 설명할 수 있게 되는 것처럼 보여 왔다. 경우에 따라선 예언자가 미래의 사건을 예언한다. 그러나 고린도전서 14장에서 바울은 예언의 은사가 방언의 은사보다 결정적인 우위에 있음을 피력하고 있다(1~5절, 12, 18~19절을 보라). 그가 3

---

11) "바울서신에 의하면 신유의 은사는 교회의 생활과 그 건덕에 있어서 영구적인 자리를 받지 못하고 있다"(Herman Ridderbos, *Paul*, p. 464). 또한 Don W. Hillis, *Tongues, Healing, and You*(Grand Rapids: Baker, 1969)를 보라.

절에서 사실상 예언에 관해 강조하고 있는 바는 바로 이것이다; "예언하는 자는 사람에게 말하여 덕을 세우며 권면하며 안위하는 것이요." 그러므로 로마서 12장에서 예언의 은사를 언급함에 있어서 바울은 성령의 능력의 극적인 현현으로서의 예언의 은사의 가치를 강조하고 있는 것이 아니라, 교회를 세우며 훈육하는 일에 대한 이 은사의 유용성을 강조하고 있는 것이다.[12]

또한 베드로전서 4:10~11에도 간략한 은사의 목록이 나타나 있다. 여기서는 단지 두 개의 은사 즉 말함(lalei)과 섬김(diakonei)의 은사만이 언급되어 있고, 어떠한 기적적인 은사도 암시되고 있지 않다.

목회서신에서 바울은 교회의 직분자들이 갖추어야 할 자격을 세세히 상술하고 있다. 그러나 이러한 자격들이 나열되고 있는 디모데전서 3:1~13이나 디도서 1:5~9 어디에서도 바울은 방언이나 "병고침의 은사"에 대해서 말 한 마디하고 있지 않다. 다른 한편 여기서 두드러지게 언급되고 있는 카리스마타들은 가르침과 다스림의 은사들이다(참고, 딤전 3:2, 4, 12; 딛 1:6~9; 딤전 5:17; 딤후 2:24). 바울이 교회의 지속적인 복리와 성장에 필요한 것으로써 강조하고 있는 은사는 가르침의 능력과 다스림의 능력과 같은 비기적적인 은사들이다.[13]

---

12) 예언의 은사에 관해서, Wayne A. Grudem, *The Gift of Prophecy in 1 Corinthians*(Washington, D. C. :University Press of America, 1983)를 보라.

13) 성령의 기적적인 은사들이 오늘날 교회에서도 계속되는지에 관해서는 다음의 저서들을 참고하라. Benjamin B. Warfield, *Miracles Yesterday and Today*(Grand Rapids:Eerdmans, 1953; earlier title, *Counterfeit Miracles*); Anthony Hoekema, *What About Tongue-speaking?* (Grand Rapids:Eerdmans, 1966), pp. 103-13; and *Holy Spirit Baptism*(Grand Rapids:Eerdmans, 1972), pp. 55-71; Richard B. Gaffin, Jr., *Perspectives on Pentecost*(Phillipsburg, NJ:Presbyterian and Reformed, 1979); Colin Brown, *That You May Believe*(Grand Rapids:Eerdmans, 1986), pp. 179-221.

3. 교회의 치료사역

그러므로 이상에서 살펴본 이중의 논의에 근거해 볼 때, 병고침의 은사를 포함한 성령의 기적적인 은사들이 오늘날 교회 속에서 더이상 기대되어서는 안될 듯하다. 그러나 이 논의가 명백한 해답을 갖고 있음도 주지해야 한다. 방금 내린 결론은 특별히 신약성경 저자들에 의해서만이 주장되고 있는 것이 아니요, 신약의 여러 자료들로부터 추론된 결론이기도 하다.

그러나 하나님이 지금도 때를 따라서 그의 백성들의 기도를 기적적인 방법으로 응답하신다는 사실은 부인될 수 없는 것이다. 대부분의 목회자들이 그들의 회중들의 범위 안에서 기도에 대한 기적적인 응답에 대해서 즉 의사들이 포기한 뒤에 때때로 일어날 수 있는 기적의 응답에 대해 얘기할 수 있다.

최근에 복음주의 그리스도인들 가운데서 교회의 치료사역에 대한 강조가 새롭게 부각되어 왔다. 많은 선교사들이 나이지리아, 스리랑카, 중국 같은 나라들에 새로운 교회가 세워질 때에 기도에 대한 응답으로 기적과 같은 치료의 역사, 즉 병든 자가 회복되고, 아픈 눈이 치유되며 독사에 물린 자가 나음을 얻는 등등의 역사가 발생했음을 나에게 말해 주었다. 풀러 신학교의 교회의 폭발적인 성장은 기도에 대한 응답으로 수많은 치료의 역사(그는 이것을 "표적과 기사로" 부름)가 일어나는 주로 오순절 계통의 교회에서 찾아볼 수 있다고 주장하고 있다. 그는 "표적과 기사들이 따르지 않는 곳에서는 많은 교회의 성장을 볼 수 없다"고 말하고 있다.[14]

지난 20년 간에 미국과 유럽에서도 교회의 치료사역이 새롭게 부

---

14) 1986년 10월 14일 일리노이스주 오크 부륵시에서 열린 목회자 수양회 (1986 Oak Brook Conference on Ministry)에서 행한 주제 강연에서 인용한 것임. 또한 그의 저서 *What Are We Missing?* (Carol Stream, IL: Creation House, 1978)을 보라.

각되어 왔다. 오순절 계통의 교회와 카리스마틱한 그룹들 뿐만 아니라, 영국성공회(Anglican), 미국성공회(Episcopal), 루터파, 장로교회, 개혁교회들까지도 신유은사 집회를 개최하거나, 아니면 보통 예배의 끝무렵에 병고침을 위해 신자들을 강단 앞으로 나오라고 초청하기 시작해 왔다. 이제 교회 안에서도 치료사역에 관한 서적들이 증가일로에 있다.[15]

그렇다면 성경은 병고침에 대해서 어떠한 가르침을 주고 있는가? 육체의 병고침은 예수님의 사역 중 본질적인 부분이었다. 예를 들어 마태복음 9:35이 "예수께서 모든 성과 촌에 두루 다니사 저희 회당에서 가르치시며 천국 복음을 전파하시며 모든 병과 모든 약한 자들을 고치시니라"고 기록하고 있음을 주목해 보라. 더욱이 예수님께서는 그의 제자 12명(마 10:1)과 70명(눅 10:19)에게 병고치는 권세를 주셨다. 그러나 그리스도의 이러한 병고치심은 그의 메시야됨에 대한 표징이었다(마 11:4~6; 요 10:25~26; 행 2:22). 본장 앞에서 살펴봤듯이 예수님의 사도들에 의해서 행해졌던 기적적인 병고침은 그들이 전한 복음을 확증하며, 그들이 그 복음전파에 합당한 자들임을 밝히는 데 그 목적이 있었다(행 14:3; 롬 15:18~19; 히 2:3~4). 사실상 고린도후서 12:12에서도 이러한 기적적인 병고침을 "참된 사도의 표징"이라 부르고 있다(RSV). 그러므로 예수님과(교회의 기초를 놓았던) 사도들이 초자연적인 병고침을 행하실 수 있었다는 사실이 반드시 예수를 뒤따르는 우리도 오늘날 이러한 기적적

---

15) 참고 서적: Morton T. Kelsey, *Healing and Christianity*(New York: Harper and Row, 1973); Francis MacNutt, *Healing*(Notre Dame, IN: Ave Maria Press, 1974); J. Sidlow Baxter, *Divine Healing of the Body*; Roy Lawrence, *Christian Healing Rediscovered*(Downers Grove: Inter Varsity, 1980); John Wimber, *Power Evangelism*(San Francisco: Harper and Row, 1986). 또한 기독교개혁교단(Christian Reformed Church)의 1973년 총회록 pp. 453-55를 보라.

인 병고침을 행할 수 있어야 한다는 것을 의미하지는 않는다.

그러나 성경은 하나님을 우리의 치료자라고 부르고 있으며(출 15:26) 하나님이 우리의 질병을 고치신다고 가르치고 있다(시 103:3). 더욱이 성경은 우리가 병약할 때나 혹은 다른 종류의 어려움에 처해 있을 때 기도할 것을 가르침과 동시에(비록 우리가 기대하는 대로 항상 이루어지지는 않을지라도) 우리의 기도가 응답될 것이라고 약속하고 있다. 다음의 성경 구절들이 얘기하는 대로, 하나님이 우리의 기도를 들으시고 응답하실 것이라는 약속은 우리의 질병의 치료를 위한 기도들도 포함하는 것이다: 시편 91:15; 마가복음 11:24; 누가복음 11:9~10; 요한복음 15:7; 요한일서 5:14~15. 또한 성경은 우리에게 기도에 대한 응답으로서의 치유의 예를 보여주기도 한다: 이사야 38:2~5(히스기야왕); 마태복음 15:21~28(가나안 여인); 요한복음 4:46~53(왕의 신하).

병고침에 대한 성경의 가르침을 생각할 때, 즉각적으로 마음에 떠오르는 구절은, 잘 알려지고 자주 인용되곤 하는 야고보서 5:14~16의 말씀이다;

"너희 중에 병든 자가 있느냐 저는 교회의 장로들을 청할 것이요 그들은 주의 이름으로 기름을 바르며 위하여 기도할찌니라 믿음의 기도는 병든 자를 구원하리니 주께서 저를 일으키시리라 혹시 죄를 범하였을찌라도 사하심을 얻으리라 이러므로 너희 죄를 서로 고하며 병낫기를 위하여 서로 기도하라 의인의 간구는 역사하는 힘이 많으니라."

이 구절들의 주제는 기름바름의 효용성이 아니라 기도의 능력이다. 16절의 끝부분을 보라. 또한 17~18절에 나타나는 엘리야의 예를 주목해 보라. 야고보가 여기서 기술하고 있는 상황은 "너무도 아파서 교회에 나갈 수 없는" 사람의 경우이다. 그런 연유에서 그 환자는 장로를 그의 집으로 초대하라고 가르침을 받고 있다. "교회의 장로들"은 아마도 그 당시에(야고보서는 일반적으로 A.D. 50년 이

전에 기록되어졌다고 생각되어짐) 다스리며 때때로 가르치는 권위를 갖고 있는 연로한 어른이었을 것이다.

 이 장로들은 무엇을 행하도록 요청되었는가? 문자적으로 해석하면 "그들로 하여금 주님의 이름으로 환자에게 기름을 바르고 그에 대해서 기도하게 하라"이다. NIV 영어성경(그리고 대부분의 다른 영어번역에서도)에서 "그에게 기름을 바르고"라고 번역되고 있는 헬라어 단어는 aleipsantes elaio이다. 일반적으로 "기름을 바르다"라고 번역되는 헬라어 단어는 두 개가 있다: aleipho(방금 전에 언급한 동사의 현재시제형)와 chrio(동사로 여기로부터 그리스도〈기름부음을 받은 자〉란 말이 파생되었다)이다. chrio는 보다 성스럽고도 종교적인 용어이며 성령으로 그리스도께서 기름부음을 받은 것(눅 4:18; 행 4:27; 10:38; 히 1:9)과 하나님께서 그리스도인들을 기름부으심(고후 1:21) 등이 이에 해당한다. 그러나 aleipho는 보다 세속적이거나 현세적인 용어이다. 이 단어는 예수님의 시체에 향품을 바른 것이나(막 16:1) 예수님의 발에 향유를 부은 것 등에 사용되었다(눅 7:38, 46; 요 11:2; 12:3). 그러므로 aleipho가 사용되고 있는 구절에서 aleipho란 표현은 "기름을 바르다"(anointing with oil)라는 의미가 아니라 "기름으로 씻다"(rubbing with oil)라는 의미이다. [16]

 당시에 사람들은 감람유를 이런 식으로 사용했다. 즉 몸을 기름으로 문지르거나 마사지하는 것은 일반적으로 알려진 병고치는 행위였다. 선한 사마리아인의 비유에서 사마리아인이 강도를 만난 사람의 상처에 기름과 포도주를 발랐던 것을 기억할 것이다(눅 10:34). 오늘날 중동지방에서는 아직도 아픈 사람을 종종 기름으로 마사지한다. 야고보서 5:14~16의 문법적인 구조를 살펴보면 장로들이 먼저 아픈 사람에게 기름(생각컨대 감람유)으로 문지르고 난 뒤 그에 대

---

16) "기름바르다"는 단어가 병고침과 연결되고 있는 유일한 신약성경 구절에는 "알레이포"(aleipho)라는 단어가 사용되고 있다: "많은 병인에게 기름을 발라 고치더라"(막 6:13).

해 기도했던 것으로 보인다. 그러나 기름을 바르는 것은 약용상의 목적을 위한 것이었다.[17] 다시 말하면 야고보는 병자에 대한 교회의 사역은 가능한 한도 내에서 최상의 의학적인 방법을 포함하고 있어야 한다고 말하고 있는 것이다.

14절에 나타나는 "주님의 이름으로"란 표현은 기도와 기름바르는 것에 모두 적용된다. 이 말이 의미하는 바는 장로들이 아픈 자들을 돌볼 때에는 하나님의 대리인으로서 주님께 약용상의 처방이나 기도 위에 은혜를 내려 달라고 간구함으로 그 일을 행한다는 것이다. 그러나 주님의 이름이란 또한 그의 나타나심을 의미하기에, 이에 관하여 몇 마디 더 첨부해야 할 것 같다. 요한복음 14:14에 따르면 예수님께서는 그의 제자들에게 "내 이름으로 무엇이든지 내게 구하면 내가 시행하리라"고 말씀하셨다. 그리스도의 이름으로 하는 기도는 그리스도께서 자신에 관하여 이미 나타내신 것과 일치하는 기도요, 그러기에 그 기도가 의미하는 바는 "내 뜻이 아니라 당신의 뜻이 이루어지리이다"라는 것이다. 그러므로 야고보가 여기서 권하고 있는 치료의 기도는 항상 "주님! 당신의 뜻이거늘 치료를 허락하옵소서"란 기도이다.

야고보서는 15절에 계속해서 "믿음의 기도는 병든 자를 구원하리니 주께서 저를 일으키시리라"고 말하고 있다. 여기서 야고보는 믿음 즉 기도를 하고 있는 장로들의 믿음 뿐만 아니라 기도를 받고 있

---

17) 기름의 기능에 관해서는, R. C. Trench, *Synonyms of the New Testament*(1880; Grand Rapids:Eerdmans, 1948), pp. 136-37; R. C. H. Lenski, *Hebrews and James*(Columbus:Wartburg, 1946), pp. 660-61; Spiros Zodhiates, *The Patience of Hope*(Grand Rapids:Eerdmans, 1960), pp. 122-31; John Wilkinson, "Healing in the Epistle of James," *Scottish Journal of Theology*, Vol. 24, No. 3(August 1971), pp. 338-40. 그러나 다른 해석자들은 기름으로 바르는 것을 바침의 행위로 이해한다.

는 자의 믿음의 중요성을 강조하고 있다. 야고보서 1장에서 그는 믿지 않고 의심하는 "두 마음을 품은" 자는 주께로부터 아무것도 얻지 못할 것이라고 경고한 바 있다(1:6~8). 그러나 여기에 첨부해야 할 것이 있다. 이 구절(15절)을 해석하는 데에 어려운 점 중 하나는 "주님께서 저를 일으키시리라"는 말씀의 절대성이다. 다시 말하면 치료가 발생치 않을 수도 있는 경우에 대한 여지를 남겨놓지 않고 있는 듯하다는 뜻이다. 그러나 5:15은 야고보가 4:13~17에서 말하고 있는 바에 비추어 이해되어져야 한다. 거기서 야고보는 주제넘게도 "내일은 내가 이것도 혹은 저것도 하리라"고 말하는 자들에 대해서 권면을 하고 있다. 도리어 그는 경고하기를 너희가 "주의 뜻이면 우리가 살기도 하고 이것 저것을 하리라"고 말해야 한다(4:15)고 가르치고 있다. 확신컨대 똑같은 요건이 5장에서 그가 권고하고 있는 병든 자를 위한 기도에도 적용되어야 한다. "믿음의 기도"는 하나님께 명령조로 하는 기도 즉 "하나님, 당신이 이 사람을 치료해 주어야 합니다"와 같은 기도가 아니다. 도리어 기도하는 자는 자신을 하나님의 주권에 내맡겨야 한다: "주님! 치료가 당신의 뜻이라면, 이 병든 자를 치료하여 주세요." 이런 식의 기도가 우리가 드릴 간구를 제한하지 않는다. 도리어 이런 기도는 병든 자에게 무엇이 최선일까에 대한 우리의 불완전한 지식으로 인해 야기될 수도 있는 그러한 한계를 제거해 준다. 결국 기도의 목적은 하나님을 우리의 뜻에 맞추려는 시도가 아니라 우리 자신을 하나님의 뜻에 부합되도록 하는 데 있다.[18]

5:15의 마지막 부분은 "혹시 그가 죄를 범하였을찌라도 사하심을 얻으리라"고 기록되어 있다. 여기서 첫번째 동사의 시제는 계속적이

---

18) 나는 "병고침을 위해 기도할 때 '주께서 원하시면…'이란 문구를 결코 사용해서는 안된다"고 주장하는 사람들에 대해 동의할 수 없다(Lawrence, *Christian Healing*, p. 113). 병고침을 위한 기도는 항상 "이것이 주님의 뜻이라면"이란 의미에서 말이나 뜻을 동반해야 할 것이다.

고도, 지속적인 죄의 범행을 나타내고 있다. 이 구절은 지속되는 죄와 질병 사이에 어떠한 연관관계를 시사해 주기도 한다. 고린도전서 11:30에서 바울은 어떤 경우에는 이러한 연관관계가 있을 수도 있음을 보여주고 있다: "이러므로(성만찬의 예식이 행해질 때에 너희의 죄된 행위로 인해) 너희 중에 약한 자와 병든 자가 많고" 그러나 욥의 이야기와 나서부터 소경된 자에 대한 예수님의 말씀은(요 9:3) 종종 질병이 이전의 어떤 특정한 죄와 관련이 없거나 혹은 그로 인해 발생되지 않을 경우도 있음을 보여준다. 물론 모든 병든 자들 역시 죄인임이 사실이다. 심지어 그들의 죄가 용서받아야 할 필요성이 그들의 육체적 질병이 치료되어야 할 필요성보다 더욱 중대함이 또한 사실이다. 아마도 여기서 야고보의 요점은 간단히 말하면 이것이다: 하나님의 뜻이라면 믿음의 기도의 응답으로 육체적인 치료 뿐만 아니라 죄용서의 치유도 있을 것이다.

5:16에서 야고보는 "이러므로 너희 죄를 서로 고하여 병낫기를 위하여 서로 기도하라"고 말하고 있다. 비록 여기서 질병에 관하여서는 아무런 언급이 없지만 "고침받다"(iathete)라는 단어는 야고보가 여전히 병든 자를 생각하고(비록 "치료"가 육체적인 분야가 아닌 부분도 가리키고 있긴 하지만) 있음을 나타내 주는 것이다. 이 구절에서 야고보는 장로들에 의한 기도 그 이상을 말하고 있다. 여기서 그는 우리에게 교회의 모든 회중이 교회의 치료사역에 동참할 수 있다고 말하고 있다. 다시 말하면 우리 모두가 우리의 죄를 서로에게 고하며, 서로를 위해 기도해야 된다. 그럼으로써 하나님께서 우리에게 몸의 치료 뿐만 아니라 영의 치유도 허락하여 주실 것이다. 말하자면 여기서는 기름을 바르는 것이 언급되고 있지 않다.

5:16 하반절은 기도의 중요성을 강조하고 있으면서 동시에 이 구절 전체의 요점이기도 하다: "의인의 간구는 역사하는 힘이 많으니라."

여기서 몇 가지 생각해 볼 점이 있다. 야고보는 기도의 응답으로서의 병고침을 얘기하고 있는 것이다. 기도요청을 받고 있는 장로들이나 그가 16절에서 언급하고 있는 사람들이 "병고침의 은사"를 갖고 있는 사람들이라고 기록되어 있지 않다. 더욱이 야고보가 여기서 얘기하고 있는 기도는 병든 자의 집에서 이루어지고 있는 기도임을 주목하라. 비록 이러한 권면이 예배 중에 행해지는 환자를 위한 기도일 가능성을 배제하고 있지는 않지만 이러한 신유집회가 별도로 특별히 권해지고 있지는 않다. 더구나 이 구절은 안수에 대해선 전혀 언급이 없다. 다시 말하지만 이러한 안수가 잘못이라는 의미는 아니다. 그러나 여기서 우리가 추론할 수 있는 유일한 결론은 안수가 치료사역에 반드시 필수적인 것은 아니라는 것이다. 또한 여기서 주목해야 할 사실은 야고보가 의학적인 수단과 기도가 조화된 처방을 제시하고 있다는 것이다. 그러기에 우리도 이 둘이 모두 필요하다. 의사들과 간호원들도 치료사역에 동참하고 있는 것이다. 우리는 이에 대해 하나님께 찬양드린다. 병든 자는 최상의 의학적인 조치가 정말로 필요하다. 그러나 동시에 그의 치료를 위한 기도도 필요한 것이다.

몇 가지 주의해야 할 점을 말하고자 한다. 첫번째로, 우리는 우리가 병든 자를 위해 기도할 때마다 언제든지 육체적인 치료가 일어나기를 기대할 수 없는 것이다. 이 사실은 심지어 신약시대에서도 마찬가지였다. 사도 바울은 병고침의 은사를 행할 만한 능력이 있었다. 그러나 그도 그가 직면했던 모든 질병을 고칠 수가 없었으며 또한 고치지 못했다. 디모데에게 그는 "드로비모는 병들으로 밀레도에 두었다"고 얘기하고 있다(딤후 4:20). 빌립보 교회 교인들에게 바울은 그가 막을 수 없었거나 막지 못했던 죽을 병, 즉 "병들어 거의 죽게 되었던" 에바브로디도의 병을 얘기한 바 있다(빌 2:27). 더구나 바울 자신도 그가 수차례 주님께 제거해 주시기를 기도했으나 하나님께서 끝내 제거해 주지 않으셨던 고통스러운 "육체의 가시"(분명하건대 어떤 종류의 육체적 질병임)를 갖고 살았다(고후 12:7~10).

그러므로 우리가 육체의 질병 낫기를 위해서 기도할 때, 이러한 기도가 받아들여지지 않는 것이 주님의 뜻일 수도 있다는 사실을 항상 명심해야 한다. 때때로 바울의 경우처럼, 하나님께서는 질병이나 육체의 장애를 통하여 우리의 영적인 삶을 부요케 하시기를 원하시기도 한다(롬 5:3; 히 12:4~11).[19] 예를 들어 반신불수임에도 하나님께서 놀랍게 사용하사 수많은 지체장애자들에게 사랑의 사역을 감당케 하신 조니 애랙선 타다(Joni Eareckson Tada)를 생각할 수 있다.

둘째로, 치료를 위해 기도했음에도 병자가 치료되지 못했을 때에라도 "그의 믿음이 부족했다"라고 결코 말해서는 안된다. 이러한 말은 무자비한 말이요, 그를 판단하는 것이다. 즉 그것은 하나님만이 하실 수 있는 일인, 사람의 마음을 읽으려는 시도인 것이다. 더욱이 이러한 말은 완전히 그릇된 것이다. 확신하건대 어느 누구도 바울의 육체의 가시가 제하여지지 않는 이유를 그가 믿음이 없었기 때문이라고 말할 수 없을 것이다. 참된 믿음은 주님의 뜻에 기꺼이 굴복하는 것이다. 특별한 경우에는 치료가 하나님의 뜻이 아닐 수도 있다. 하나의 본보기로, Christianity Today지에 실렸던 칼 에이 클락(Carl A. Clark) 교수의 편지를 보라:

올해로 나는 나를 반신불수로 만들었던 사고의 60번째 기념일(?)을 맞게 된다. 그러나 아직도 나는 목회자로서, 교단의 관리자로서, 동시에 신학교의 교수로서 주님을 섬기고 있다. 성령의 임재와 능력을

---

19) 콜린 브라운(Colin Brown)은 다음과 같이 말한다. "신약성경에서 신자들의 건강과 치병에 대한 특별하고 무제한적인 약속은 전혀 없다. 그러나 회개하고 믿는 자들에게 베푸시는 용서와 은혜에 대한 약속들은 있다…만약 하나님께서 병을 치유해 주셨다해도 그것은 언약과 관계된 은총은 아니다. 그러나 하나님이 죄를 용서해 주시는 것은 언약과 관계된 은총이다"(*That You May Believe*, pp. 202-203).

체험키 위해서 내가 고침받아야 할 필요는 없었다. 치료를 위해 기도하지 않는 중병의 혹은 중상의 그리스도인을 본적이 없다. 그렇다면 존 윔버(John Wimber, 본 잡지의 지난 호에서 대서 특필되었던 사람)는 나 뿐만 아니라, 나의 병고침을 위해 기도했던 수많은 사람들 모두가 치료에 "충분한" 믿음을 갖고 있지 않았다고 얘기하고 있는가?[20]

마지막으로—아마도 제일 중요한 것임—주의해야 할 점은 이것이다: 육체의 병고침이 결코 예배의 주요 목적이나 교회의 주된 사역이 되어서는 안된다. 설교와 기도의 근본적인 목적은 언제나 죄인을 구원하며 하나님 나라의 사역을 위해 하나님의 백성들을 준비시키는 데 있어야 한다. 그런 점에서, 나는 Christianity Today지 86년도 8월 8일 판에 실렸던, 캘리포니아에 있는 Vineyard Christian Fellowship 교회의 목사인 존 윔버의 사역에 관한 글에 이의를 갖고 있다:

> 전통적으로 교회는 말씀 전파와 그리스도인 삶의 도덕적인 진보에 있어서 하나님의 능력을 강조한다. 윔버는 이것만으로는 불충분하다고 말한다. 그는 단순히 믿음만으로 성령의 임재를 간구하는 것을 조소한다. 성령이 능력으로 역사할 때 당신은 초자연적인 역사가 일어남을 분명히 안다고 그는 말하고 있다.[21]

여기에 윔버의 말이 옳게 인용되었다면, 나는 이견을 제시하지 않을 수 없다. 신약시대나 오늘날에 있어서, 성령의 능력은 기본적으로 삶을 변화시키는 역동적인 중생과 성화—교회를 박해하던 사울을 선교사 바울로 변화시켰던 그런 종류의 다이나믹—로 나타난다. 기적적인 병고침을 포함한 "표적과 기사"가 잃어버린 아들을 아버지의

---

20) *Christianity Today*, Vol. 30, No. 14(October 3, 1986), p. 8
21) Tim Stafford, "Testing the Wine from John Wimber´s Vineyard," *Christainity Today*, Vol. 30, No. 11(August 8, 1986), p. 18.

집으로 인도하는 일의 자리에 서서는 결단코 안된다.

  이 점을 좀 더 자세히 다루고자 나는 신약성경에서 나타나는 "능력"(dynamis)이란 말의 몇몇 두드러진 용어에 대해 생각하고자 한다. 사도행전 1:8에서 예수님이 장차 성령이 임하시면 사도들이 받을 것이라고 말씀하신 능력은 복음증거를 위한 능력이다. 로마서 1:16에서 바울은 우리에게 그가 복음을 부끄러워하지 않는데 "이는 이 복음이 모든 믿는 자에게 구원을 주시는 하나님의 능력이기 때문이라"고 말하고 있다. 또한 고린도전서 1:18에서 우리는 십자가의 도가 구원을 얻는 자들에게는 하나님의 능력이라는 사실을 배울 수 있다. 고린도전서 2장에서 바울은 그의 말씀전파와 성령의 능력을 서로 한 데 묶고 있다: "내 말과 전도함이 지혜의 권하는 말로 하지 아니하고 다만 성령의 나타남과 능력으로 하여 너희 믿음이 사람의 지혜에 있지 않고 다만 하나님의 능력에 있게 하려 하노라"(고전 2:4~5).

  에베소서 1:19~20에서 바울은 "하나님께서 그리스도를 죽은 자들 가운데서 일으키셨을 때 그가 그리스도에게 역사하셨던 그의 힘(ischys)의 강함(kratos)의 능력을(energeia) 따라 믿는 우리에게 베푸신 능력(dynamis)의 지극히 크심이 어떠한 것을 너희가 알기를 원하노라"(본인의 번역임)고 기도하고 있다. 바울은 여기서 능력이란 말을 표현하고자 4개의 다른 낱말을 사용하고 있는데, 이는 믿는 자들 앞에 놓여 있는 하나님의 놀라운 능력─그리스도를 죽은 자들 가운데서 일으키실 만큼의 크신 능력─을 얘기하고자 언어가 갖는 제한성을 확대시킬 필요성이 있었음을 나타내 주는 것이다. 그러나 여기서의 강조점 역시 기적적인 병고침이나, 다른 환상적인 현상이 아니라 하나님의 영광을 위해 새로운 삶을 살도록 허락하신 하나님의 능력, 즉 그의 이름을 찬양하고자 선한 일을 행하게 하시는 능력에 있는 것이다(2:10).

  능력을 나타내는 3개의 다른 낱말이 골로새서 1:11에 또한 나타나고 있다. 거기서 바울은 골로새 교회의 교인들이 주님 즉 그의 영광의 힘을 따라 모든 능력으로 강하게 하사 그들로 하여금 모든 견딤과 오래 참음에 이르게 하시는 주님께 합당한 삶을 살라고 기도하고 있다. 여기서 능력을 주시는 목적은 환난 중에도 오래 참음과 인내를 자라게 하는 데 있다.

앞에서 "육체의 가시"에 관한 구절인 고린도후서 12:7~10을 살펴본 바 있다. 이 가시가 일종의 육체적 병이었음을 가정해 볼 때 우리는 이 사건이 병고침을 위한 기도에 대한 하나님의 응답이 될 수도 있었으리라 생각할 수도 있을 것이다. 바울은 이 가시를 제거해 줄 것을 주님께 세 번씩이나 기도했다. 그러나 하나님의 응답은 "내 은혜가 네게 족하도다 이는 내 능력이 약한 데서 온전하여 짐이라"고 말씀하셨다(9절). 그리고 나서 바울은 그 유명한 말을 하고 있다. "그러므로 도리어 크게 기뻐함으로 나의 여러 약한 것들에 대하여 자랑하리니 이는 그리스도의 능력으로 내게 머물게 하려 함이라." 여기서 "머물다"라고 번역되고 있는 단어는 텐트(*skene*)를 뜻하는 헬라어 단어 에피스케노세(*episkenose*)로부터 파생된 단어이기 때문에 바울은 여기서 "그리스도의 능력이 그 장막을 내 위에 펴게 하려 함이라"고 말하고 있는 것이다. 바울은 하나님의 놀라운 능력을 경험했는데 그 능력은 그의 고통이 치유케 되는 일에 나타난 것이 아니라 그의 고통 중에서도 인내함 속에 나타난 능력이었다. 그는 자신이 하나님께서 제거해 주시기를 기도했던 육체의 가시를 계속적으로 견뎌냄으로 그리스도의 능력이 이제 그 위에 영원토록 머물게 되었다고 놀랍게 증거하고 있다. 그리고 "내가 약할 그 때에 곧 강함이라"는 결론을 내리고 있다(10절). 그렇다면 여기서 나타난 하나님의 능력은 병고침 속에 나타난 능력이라기보다는 도리어 하나님의 영광을 위하여 그러한 고통 중에서도 인내하며 살 수 있는 능력 가운데 나타난 것이었다. 하나님의 능력의 이러한 측면을 우리는 결코 잊어서는 안된다.

그러면 우리는 여기서 어떤 결론을 내릴 수 있겠는가? 첫째로 치료는 교회의 정상적인 사역의 일부이어야 한다는 것이다. 여기서 치료라 함은 기도에 대한 응답으로 나타나는 치료를 말한다. 교회가 병자에 대한 치료사역을 교인 가정에서 할 것인가, 아니면 병원에서 할 것인가, 혹은 교회 예배 중에 할 것인가는 그리 중요한 문제가 아니다. 여기서 강조해야 할 사실은 비록 그리스도인 공동체의 기도가 중요하긴 하지만 그 기도가 반드시 병고침을 보장하지는 않는다는 점이다.

둘째로 이러한 치료사역은 의학적 전문가들의 도움을 배제하는 것이 아니라 그것을 수용한다. 소위 신유의 은사를 갖고 있다는 사람들이 강력하게 주장하고 있는 바, 의학적 도움을 거부하는 것은 하나님께서 그의 섭리 속에서 이미 질병의 치료를 위해 마련해 놓으신 것을 소홀히 여김이요, 결국에는 하나님에 대한 불순종을 나타내는 행위인 것이다.

셋째로 그리스도인 공동체가 기도해야 될 병고침은 단순히 육체적인 병고침 그 이상이어야 한다. 즉 그들의 치유는 영적이며 정서적 측면의 치유와 근심의 제거 그리고 파기된 가족관계의 회복 등을 포함해야 한다. 동료 그리스도인들의 기도를 요청하고자 하는 사람들은 다양한 형태의 기도제목 즉 육체의 병고침 뿐만 아니라 뿌리깊은 죄의식 문제의 해결, 개인적인 슬픔의 치료, 자신의 한계를 기꺼이 받아들일 수 있는 마음 등의 제목을 갖고 오도록 격려되어야 한다. 교회의 치료사역의 목표는 다름 아닌 전인적인 치유이다. 로이 로렌스(Roy Lawrence)는 그것을 이렇게 표현하고 있다: "그리스도인의 치유는 병을 낫게 함에 있다기보다는 온전케 함에, 즉 사람으로 하여금 영적으로, 정신적으로, 육체적으로 이전보다 더더욱 참된 사람이 되게 하시는 하나님과의 일치에 있는 것이다."[22]

---

22) *Christian Healing*, pp. 24-25. See also John Wilkinson, "Healing in the Epistle of James," p. 344.

4. 성령의 열매

앞에서도 얘기했듯이, 성령의 은사들이 결코 성령의 열매와 별도로 행해져서는 안되기 때문에, 성령의 은사들과 성령의 열매 사이에는 중요한 관계가 놓여 있는 것이다. 이제 계속해서, 성령의 열매에 대해서 성령은 어떻게 가르치고 있는가를 살펴보기로 하자.

갈라디아서 5장에서 바울은 성령의 열매에 관하여 얘기하고 있다. 예수를 믿음으로 의롭다 여김을 받은 자들은 이제 더이상 종의 멍에에 억눌려 있어서는 안되며, 이제 그리스도인의 참 자유를 행사해야 한다고 말한 뒤에 바울은 5장에서 계속해서 그리스도인들이 새롭게 발견한 자유의 열쇠는 성령임을 분명히 지적하고 있다. 이제 그리스도인의 삶은 율법을 따라 사는 삶이 아니요(비록 하나님의 법도가 여전히 그리스도인의 중요한 지침이기는 하지만) 성령의 능력으로 살아가야 하는 삶이다. "내가 이르노니 너희는 성령을 좇아 행하라 그리하면 육체의 욕심을 이루지 아니하리라"(갈 5:16). 바울은 계속해서 육체(sarx)와 성령(pneuma)을 대별시켜 말한 뒤에, 19~20에서 수많은 육체의 일들을 열거하고 있다. 그리고 나서 대비를 통해서 성령의 열매에 관한 이야기가 서술되고 있다: "그러나 오직 성령의 열매는 사랑과 희락과 화평과 오래 참음과 자비와 양선과 충성과 온유와 절제니"(22~23절).

우리가 이러한 서술을 살펴볼 때, 특별히 우리의 관심을 끄는 첫번째 사실은 성령의 열매는 하나라는 점이다. 비록 우리가 종종 성령의 "열매들"이라 말하는 경향이 있긴 하지만 갈라디아서 5:22절에서 열매를 가르키는 단어는 단수로 쓰여있다. 여기서 분명히 대조는 육체의 일들과의 대비이다. 육체의 일들(erga)이 많음에 반하여, 성령의 열매(karpos)는 하나이다. 여기서 바울은 육신적인 탐욕의 삶은 단일성과 동일성이 결여된 반면에, 성령 안에 거하는 삶은 조화와 통일된 목적을 갖는다고 얘기하고 있는 듯하다.

여기서 비록 이것 역시 방금 위의 주장과 관계된 것이긴 하지만, 다른 형태의 대비관계를 주목해 보기로 하자. 이미 살펴보았듯이 성령의 은사는 많은데 성령의 열매는 하나이다. 고린도전서 12장과 로마서 12장에서 나타나는 은사라는 단어는 복수형으로 쓰여져 있으며, 이 두 장이 분명히 말해주고 있는 점은 모든 사람들이 모든 은사들을 소유하고 있는 것은 아니라는 사실이다. 그러나 바울이 갈라디아서 5장에서 가르치고자 하는 바는 모든 참된 신자들은 마땅히 성령의 열매를 맺어야 한다는 점이다. 이렇게 말한다고 해서, 내가 성령의 은사를 경시하려는 의도가 아니다. 우리 모두가 "더 큰 은사를 간절히 사모해야 한다"(고전 12:31). 그러나 비록 모든 은사를 다 소유한 사람이 없을지라도 각 사람은 모두 다 성령의 열매를 보여주어야 하는 것이다. 많은 성령의 은사를 갖지 못해도 구원받을 수 있으나, 성령의 열매없이는 구원을 받을 수 없는 것이기 때문이다.

더구나, 성령의 열매가 하나라는 사실은 또다른 의미를 갖고 있다. 즉 영적인 성숙도가 높아간다는 것은 단편적으로 이번에는 이 열매를 다음에는 저 열매를 맺는 그런 것을 의미하지 않는다. 다시 말하면 자신에게 이번 주에는 사랑을 실천하고, 다음 주에는 희락을, 그 다음 주에는 화평을 실천하리라고 말하는 그런 형태의 일이 아니라는 의미이다. 영적인 성숙은 자신을 끊임없이, 또한 전폭적으로 성령께 내어 맡김으로, 매일 그리고 매시간을 성령 안에서 걷고 살아감으로 성령의 인도하심을 받는 것을 의미한다. 그렇게 할 때 우리는 함께 어우러진 이 모든 열매 속에서 자라날 수 있게 될 것이다.

다음으로, 성령의 열매에 관한 두번째의 고찰, 즉 성령의 열매를 과실이라 부름은 열매가 자라난다라는 사실을 보여주고자 함이다. 이를테면 과일이 처음에 사과나무, 배나무 혹은 복숭아나무에 생겨나기 시작할 때, 그 과일은 대단히 조그마하다. 큼직한 크기와 맛이 완전히 든 과일이 되려면 한 계절이 걸린다. 마찬가지로, 우리는 완전히 성숙한 형태의 성령의 열매를 어린 아이에게서나, 혹은 새로 믿는 자에게서 기대하지 않는다. 다시 말하면 성숙하여 익게 될 때까지는 시간이 필요하다는 뜻이다. 그러므로 성령의 열매를 맺는다는 것을 단회적이며, 극적인 특정한 시간상의 사건이나 혹은 소위 "두번째의 축복"을 경험하는 사건으로 생각해서는 안되며, 영적인 성장의 지속적인 과정으로 생각해야 할 것이다. 더욱이 이 성장은 자라나는 과정 속에서 우리 자신들을 수동적인 자세로 머물게 하는 그러한 성장이 아니다. 오히려 이 성장은 일평생 동안 지속되는 기도와 신뢰의 훈련이요, 영적인 전쟁인 것이다.

성령의 열매에 관한 세번째의 고찰은 성령의 열매는 복합적인 열매라는 사실이다. 다시 말하면 많은 양상들을 지닌 단일의 열매라는 얘기이다. 이 여러 양상들이 수적으로는 9개의 그리스도인의 덕목들이요, 편의상 우리들은 이 덕목들을 세 개의 그룹 즉 기본적인 덕목 등에 속한 열매들, 타인에 관계된 열매들, 마지막으로 자신에 관계된 열매들이다.

처음 세 개의 덕목들은 사랑과 희락과 화평으로 하나님과 사람을 향한 기본적인 성향이다. 가장 중요한 덕목인 첫번째의 사랑은 다른 곳에서는 율법의 완성(롬 13:10)이라고 불리고 있다. 여기서 사랑의 특정한 대상이 언급되고 있지 않기에, 하나님과 사람에 대한 사랑을 뜻하는 것으로 추정한다. 무엇보다 하나님을 먼저 사랑해야 하며 다른 사람들을 자신처럼 사랑해야 한다. 여기서 사용되고 있는 헬라어 단어 아가페(*agape*)는 자신을 내어주는 사랑을 의미한다. 그 사랑은 내게 유익되는 것이 무엇인가라고 묻지 않는 사랑이다. 단순히 타인을 위해 이해타산없이 사랑 자체를 주고자 하는 사랑이다. 바울이 신령한 은사들을 논하는 중에 고린도전서 13장에서 모든 것 중에 제일은 사랑이라고 강조한 바를 회상할 수 있을 것이다. 바울이 여기서 말하려는 것은 성령의 은사들의 최고 덕목도 사랑이 없으면 오히려 해롭다는 사실이다.

다음으로 바울이 언급하고 있는 희락은 무엇보다도 먼저 베드로서 저자가 말하듯이 "형용할 수 없는 영광스러운 기쁨" 즉 그리스도 안에 담겨 있는 기쁨을 의미한다(벧전 1:8). 하나님이 주시는 이러한 기쁨이 우리에게서 넘쳐 흘러 다른 사람들과의 교제 속에서도 나타나야 한다. 그리스도인의 경건 생활의 최고의 표적은 침울한 얼굴 표정과 음울한 목소리라고 생각하는 듯한, 기쁨을 잃은 그리스도인들이 너무도 많다는 사실은 우리의 신앙의 결핍증을 보여주는 슬픈 현상이다. 우리가 정말로 성령 안에서 살아가고 있고 그 안에서 걷고 있다면 우리의 삶은 어느 누구라도 빼앗아 갈 수 없는 뿌리깊은 참된 그리스도인의 희락을 발하게 될 것이다(느 8:10).

세번째 덕목은 화평이다. 여기서 화평이라 함은 하나님과의 화평을 의미함이 자명하다. 이 화평은 우리가 그리스도 안에서 하나님과 화목케 되었으며, 우리의 모든 죄가 용서함 받았고, 그러기에 하나님을 아버지라 부를 수 있게 되었고 영생을 물려 받을 유업자들이 되었다라는 사실들을 깨닫게 될 때에 갖게 되는 평강이다. 이 평강은 "모든 지각에 뛰어난" 평강이다(빌 4:7). 하나님과의 이러한 화평은 우리 삶의 모든 것들에 영향을 미친다. 불평 대신에 만족이 있고, 걱정 대신에 신뢰가 있고, 계속적인 염려 대신에 평온함을 갖게 된다.

다음의 세 덕목들은 타인과의 관계에 관한 것들이다. 오래 참음은 분내기를 더디하며 다른 사람에 대해 인내하며, 우리에게 잘못을 행한 자들을 기꺼이 용서하며, 우리를 괴롭게 하는 자들에 대해 기꺼이 참고 견디는 것을 의미한다. 또한 오래 참음은 하나님께서 우리들을 있는 모습 그대로 용납하셨듯이, 타인의 결점과 실수에도 불구하고 그들을 그들의 모습 그대로 기꺼이 받아들이는 것을 의미한다.

자비는 타인의 마음가짐에 대해 예의를 표시하며 친절함과 관심을 쏟는 것을 의미한다. 이 덕목은 예수께서 언제나 회개하고 돌아오는 죄인들을 기꺼이 도우심으로 나타내 보이셨던 덕목이다. 무자비함의 반대적 개념인 자비는 다른 사람을 대함에 있어서 세심한 배려와 친절함 그리고 그들을 향한 사랑스러운 대함 등을 뜻한다. 필립스(J. B. Philips)는 고린도전서 13:4에 나타나는, 자비와 유사한 용어인 온유를 설명하면서 이 말의 본질적 의미를 아름답게 포착하고 있다: "사랑은 건설적인 방법을 모색한다."

일반적으로 양선(goodness)이라고 번역되고 있는 다음의 덕목은 설명하기가 그리 쉽지 않다. 선행(beneficence), 즉 항상 다른 사람에게 선을 베풀 수 있는 자세라 함이 더 좋을 듯하다. 오늘날에 와서, 선행 혹은 자선은 사회적 관심사로 나타나야 한다. 단지 "주님 안에서 얻는 자신의 개인적인 축복에만" 골몰하여 타인의 육체적, 영적인 필요를 망각하는 그런 유의 종교적 부흥은 일종의 사기 행각이다. 우리는 20세기의 삶의 각종 고통스러운 문제들 즉 빈곤, 인종차별, 마약, 범죄, 환경오염 등등의 문제를 해결하려는 노력에 기꺼이 동참해야 한다.

마지막 세 덕목은 우리 자신과의 관계에 관한 덕목들이다. 충성(faithfulness)은 하나님께서 우리에게 맡겨주신 사명들을 감당함에 있어서 성실함을 의미한다. 여기에는 신뢰성도 포함된다. 충성스러운 사람은 자신의 말에 책임을 지며 약속을 저버리지 않는다.

다음의 덕목은 온유(gentleness)로 교만이나 반항, 폭력 등에 반대되는 개념이다. 이 열매는 겸손으로부터 흘러나오며 하나님의 뜻에 거스리지 않는 범위 내에서 타인에게 기꺼이 복종하는 것을 의미한다. 온유한 사람은 자신의 주장만을 내세우지 않으며, 다른 사람들과 협력키 위해 그가 할 수 있는 모든 것을 기꺼이 행한다.

마지막의 덕목인 절제(self—control)는 문자적으로는 "속에 있는 능력"(power within)을 뜻한다. 즉 자신을 통제할 수 있는 미덕을 말한다. 우리 욕구나 충동 혹은 기분에 따라 움직이는 것이 아니라 자신을 조절할 수 있는 것을 의미한다. 물론 다른 덕목들과 마찬가지로 이 덕목 역시 우리 자신의 힘으로서는 달성되거나 유지될 수 없으며 오직 성령의 능력으로만이 가능하다는 사실을 기억해야 한다.

그렇다면 이 모든 아홉 가지의 그리스도인 덕목들이 바로 성령의 열매를 구성하고 있는 것이다. 우리가 우리 자신을 더욱 철저히 성령께 복종시킬 때 우리는 그들 중 얼마가 아닌, 이 모든 덕목 중에서 성장케 될 것이다. 성령께 대한 이러한 복종은 자기 중심적인 삶의 가장 좋은 치유책이다. 이에 대한 하나님의 약속이 여기에 있다: "너희는 성령을 좇아 행하라 그리하면 육체의 욕심을 이루지 아니하리라"(갈 5:16).

요약하건대, 우리는 성령의 은사와 열매가 모두 필요하다. 그러나 열매를 별도로 하고 은사만을 좇아서는 결코 안된다. 가르침이 가장 소중한 은사 중 하나임에는 틀림없다. 그러나 가르침의 저변에 자만심을 갖고 있으며, 분쟁과 중상 그리고 악의를 유발시키는 그러한 가르침의 은사를 갖고 있는 자들은 성경에서 명백히 유죄라 선언되어지고 있다(딤전 6:3~5). 다스림도 교회를 크게 부요케 하는 하나의 은사이다. 그러나 자신의 이기적인 목적을 위해 그의 감독권을 잘못 사용했던 디오드레베를 사도 요한은 준엄히 책망하고 있다(요삼 9~10). 그러나 성령의 은사는 반드시 엄청난 축복을 가져오게 된다.

성령의 은사를 소홀히 해서는 안된다. 그러나 무엇보다도 성령의 열매를 추구해야 할 것이다. 왜냐하면 성령이 있는 곳에는 열매가 풍성할 것이기 때문이다.

5. 성령세례

이제 우리가 생각해 보아야 할 구원과정 속에 나타나는 성령의 사역의 또다른 차원이 있다. 나는 여기서 일반적으로 서로 연결되어 있는 두 주제 즉 성령세례와 성령충만의 문제를 생각하고자 한다.

먼저 성령세례에 대한 성경의 가르침을 살펴보기로 하자. 오순절이나 신오순절 계통의 교회들은 성령세례가 중생 이후에 나타나는, 또한 중생과는 구별된 하나의 경험이라고 주장한다. 이 세례는 모든 신자들이 추구해야 할 그 무엇이라고 주장되고 있다.[23] 그들은 어떤 신자가 이 경험을 갖게 될 때에, 그는 생활과 교회봉사에 대한 능력을 얻게 되며, 또한 "성령충만과 하나님에 대한 깊은 경외심, 하나님과 그의 일에 대한 한층 강화된 헌신 그리고 그리스도와 주님의 말씀, 더 나아가 잃어버린 영혼들에 대한 더 활력있는 사랑을 힘입게 된다"고 말하고 있다.[24]

그러나 이상에 언급된 오순절 계통의 성령세례 교리에 대한 어떠한 성경적 근거도 성경에서 찾아볼 수 없다는 것이 나의 확신이다. 비록 신약 성경에서 "성령세례"란 표현이 나타나 있지는 않지만 "세례를 베풀다"라는 동사가, 성령과 연관되어 쓰여진 곳은 7번의 경우가 있다. "성령으로 세례를 주다" 혹은 "성령으로 세례를 받다"라는 표현은 복음서에서 4번, 사도행전에서 2번 등 모두 6번 나오고 있다 (비록 오순절 계통에서는 일반적으로 성령 안에서의 세례라고 말하고 있지만. KJV, RSV, NIV 등은 헬라어 전치사 *en*을 이들 구절에서 "…와 함께"(with)라고 번역하고 있다.)

"성령으로(with) 세례를 주다"라는 표현이 나타나고 있는 복음서의 경우에 있어서 그 표현은 장차 오순절날에 임할 성령강림이란 역사적인 사건을 지칭하고 있는 것이다. 예를 들어 마태복음 1:8에서 세례 요한이 "나는 너희에게 물로 세례를 주거니와 그는(예수께서는) 성령으로 너희에게 세례를 주시리라"고 말하고 있는 것으로 기록되고 있다. 사도행전에서 제일 먼저 언급되고 있는 수동형의 이

---

23) Article 7 of the "Statement of Fundamental Truths" of the Assemblies of God, in *The Constitution and Bylaws of the Assemblies of God* (Springfield, MO: Gospel Publishing House, 1985), p. 107.

24) Ibid.

표현 역시 성령강림 사건을 가르키고 있는 것이다: "몇 날이 못되어 너희는 성령으로 세례를 받으리라"(행 1:5). 그렇다면 이 5번의 경우에 있어서, "성령세례"는 신자들이 그들의 돌이킴 이후에 거쳐야 할 어떤 경험이 아니라 오순절날 일어났던 역사의 사건을 의미한다. 즉 교회 위에 임한 성령의 충만한 강림은 그리스도의 부활과 마찬가지로 다시 반복 재현될 수 없는 사건이다.

그러면 사도행전의 두번째 언급인 사도행전 11:16의 표현은 무엇을 의미하는가? 베드로가 예루살렘에 있어, 유대에 있는 그리스도인들에게 수일 전 가이사랴에 있는 고넬료 가정에서 발생했던 일을 설명하고 있다. 가이사랴에서 일어났던 일은 정말로 "성령세례"였다. 그러나 그 일은 돌이킴을 뒤따르는, 동시에 돌이킴과 구별되는 그러한 경험이 아니었다. 그 사건은 고넬료의 개종과 동시에 일어난 일이었다. 고넬료의 성령충만이 의미하는 바가 18절에 나타나고 있다: "그러면 하나님께서 이방인들에게도 생명얻는 회개를 주셨도다." 그것은 성령이 임하시기 전에는 그리스도를 믿는 자들이 아니었던 사람들에게 임한, 구원을 위한 성령의 강림이었다. 다시 말하면, 고넬료와 그의 가족을 그리스도와 하나되게 하사 그리스도의 몸의 지체되게 하신 성령의 주권적인 사역이었다.

성령세례를 언급하고 있는 또다른 신약성경 구절은 고린도전서 12:13이다. 13절 바로 앞에서 바울은 그리스도를 믿는 모든 자들이 그리스도 안에서 하나라고 말하고 있다: "몸은 하나인데 많은 지체가 있고 몸의 지체는 많으나 그 지체들이 한 몸을 이루고 있느니라." 곧이어 13절에서 12절의 말이 왜 진리인가에 대한 이유를 설명하고 있다: "우리가 유대인이나 헬라인이나 종이나 자유자나 다 한 성령으로 세례를 받아 한 몸이 되었고 또 다 한 성령을 마시게 되었느니라." 나는 NIV로부터 이 구절을 인용하면서 "성령에 의해서"(by the Spirit)라는 번역보다는 "성령으로"(with the Spirit: 각주란에 주어진 대치 가능한 번역들 중의 하나임)라는 표현을 선택했다.

내가 "…에 의해서" 보다 "…으로"라는 표현을 선호한 이유는 두 가지가 있다. (1) 성령세례를 언급하고 있는 다른 여섯 구절들과의 용어상의 유사점: 다른 여섯 구절에서, "성령"이란 단어 앞에 나오는 전치사는 헬라어로 en이며 NIV는 "…으로"(with)라고 번역하고 있다. 고린도전서 12:13에서 "한 성령"이란 말 앞에 나오는 헬라어 단어 역시 en이다. 그렇다면 그 단어를 왜 계속적으로 "…으로"라고 번역하지 않겠는가? (2) 사상에 있어서의 유사점: 모든 종류의 세례는 네 부분으로 이루어져 있다. 우선 세례를 베푸는 자와 세례를 받는 자가 있다. 세번째로 무엇으로(with or in⟨en⟩ which)라는 요소가 있다. 넷째로 세례가 행해지는 목적(for⟨eis⟩ which)이 있다.[25]

세례 요한의 세례의 경우 세례의 주체는 요한이며, 대상은 그의 제자들이요, 요소는 물이었고, 세례의 목적은 회개를 위한(eis) 것이었다. 마태복음 3:11에서 예언되고 있는 성령세례의 경우는, 그리스도가 세례자요, 그의 제자들은 세례의 대상이요, 성령은 세례의 "요소"이며[26] 세례의 목적은 여기서 밝혀지고 있지 않다. 지금 우리가 다루고 있는 구절인 고린도전서 12:13의 경우에는 모든 신자들이 세례의 대상이라 불리워지고 있고 성령이 세례의 "요소"요, 목적은 대상자들로 하여금 한 몸을 이루게 하려는 것이다(eis hen soma). 세례자가 언급되고 있지 않으나, 신약의 다른 구절들에 나타나는 성령세례에 관한 말씀들로부터 추정컨대 그는 다름 아닌 예수 그리스도이시다.[27]

---

25) John R. W. Stott, *Baptism and Fullness*(Downers Grove:Intervarsity, 1976), p. 40. 논의를 전개함에 있어서 나는 스토트씨에게 많은 빚을 지고 있다.

26) 마태복음 3:11과 누가복음 3:16에는 그리스도께서 "불로" 그의 제자들에게 세례를 베풀 것이라고 기록되어 있다. 그러나 이 문구는 성령세례에 관한 다른 구절들 속에는 나타나 있지 않다.

27) 오순절파와 신오순절파의 차이점이 있다면 일반적으로 크게는 복음서와 사

고린도전서 12:13에서 바울은 성령세례가 중생을 뒤잇는 사건이 요, 그러기에 중생과는 구별되는 경험으로서 모든 그리스도인들이 추구해야 될 사건이라고 가르치고 있는 오순절 계통의 가르침과 함께 하고 있는가? 그리스도의 몸은 하나라는 진리 이상의 대답은 있을 수 없다. 바울은 이 진리를 증명하고자 여기서 이렇게 확언하고 있다. "우리가 다 한 성령으로 세례를 받아 한 몸이 되었고~." 이것이 의미하는 바는 명약관화하다: 모든 그리스도인이 성령으로 세례를 받은 것이다. 여기서 성령으로 세례를 받았다 함이 중생—즉 중생은 하나님의 주권이요, 이를 통해 우리가 그리스도와 하나되었고 그의 몸이 되었음—과 동일한 것으로 기술되고 있다. 바울은 고린도 교회 교인들과 우리들에게 "너희는 중생 이후의 경험으로서 성령세례를 추구할 필요가 없다. 너희가 그리스도 안에 있으면 이미 성령으로 세례받은 자들이다!"라고 말하고 있는 것이다.

6. 성령의 충만

성령으로 세례를 받은 그리스도인 모두가 항상 성령께 온전히 복종하거나 항상 성령으로 충만한 것은 아니다. 로마서 8:9에서 바울은 신자들을 가르켜 하나님의 영이 그 속에 거하는 사람들이라고 묘사하고 있다. 그러나 동일한 8장에서 바울은 말하기를 성령으로써 몸의 잘못된 행실을 죽이라고(13절) 권면한다. 고린도전서 12:13에서 바울은 고린도 교인들을 포함하여 모든 그리스도인을 가리켜 성령으로 세례를 받은 자들이라고 분명히 말하면서도 3:1~3에서는 동

도행전에 나오는 성령 "안에서의"(in) 세례 혹은 성령 "으로"(with)의 세례와 고린도전후서에 나오는 성령에 "의한"(by) 세례 사이의 구별로 집약될 수 있는데 이러한 구별은 주석학적 근거를 결여하고 있다. 이상의 모든 구절들을 종합하여 보면, 성령으로 주시는 분은 오직 그리스도 뿐이시다.

일한 고린도 교인들을 가리켜, "세상적"(혹은 "육신적" KJV, ASV 참고) 이라고 부르고 있다. 왜냐하면 그들은 심한 질투와 시기와 분쟁 가운데 빠져 있었기 때문이었다.

중생시에 그리스도인들은 성령을 받는다. 그렇다고 해서 성령충만함 가운데 계속적으로 있다는 것을 뜻하지는 않는다. 우리의 경험이 이 사실을 잘 확인해 주고 있다. 신자들은 하나님으로부터 떠나갈 수도 있고, 성령을 슬프시게 하기도 하며, 때때로 교만해지고 분쟁 가운데 빠지며, 사랑이 없어지고 자기 탐닉에 빠질 수도 있다. 우리들 대부분의 경우가 이에 해당할 것이다. 우리 모두는 성령을 소유하고 있으나 성령께서 우리 모두를 소유하고 계신 것은 아니다. 그러므로 우리 신자들이 필요한 것은 소위 "성령세례"라 불리는 중생 이후의 경험 혹은 개종 이후의 경험을 찾는 것이 아니라 오히려 성령으로 더욱 채워지기를 간구하는 일이다.

성령으로 가득 채워지는 문제에 관해 신약성경은 무엇이라 가르치고 있는가? "성령으로 가득 채워지다"는 표현구는 세 가지 다른 방식으로 신약성경에 나타난다.

(1) 성령충만은 한 사람에게 특별한 임무를 부여하기 위한 잠정적 경험이다. 이런 경우 "충만", "채우다"라는 동사는 헬라어 원문에서 부정시제로 사용되고 있다. 부정시제는 순간적인 동작을 묘사할 때 사용되는 시제이다. 예를 들어서 사도행전 4:8에 기록되기를 이에 베드로가 "성령이 충만하여("플레스데이스"⟨*plestheis*⟩로서 "핌플레미"⟨*pimplemi*⟩의 파생어임) 가로되…"; 그 후에 나오는 말은 베드로가 절름발이를 고친 후 산헤드린 앞에서 행한 말이었다. 여기에서 성령으로 충만하다는 것은 베드로 위에 부여된 성령의 능력을 가리키는 것으로, 그로 하여금 담대하게 이 절름발이가 치료함을 받게된 것은 그리스도의 이름 때문이었다고 말하게 하기 위함이었다. 이런 형태의 표현, 다시 말해서 일시적인 성령의 충만을 가르키고 있는 구절들은 사도행전 4:31과 13:9이다.

(2) 때때로 "성령의 충만" 혹은 영으로 가득참(이 경우 동사 대신 형용사가 사용되고 있다)이란 표현구는 어떠한 형태의 사람들을 가리키는 데 사용되곤 한다. 예를 들어 예수께서 요단강으로부터 돌아오셨을 때 "성령에 충만하더라"(pleres pneumatos hagiou)고 누가는 기록하고 있다(눅 4:1). 이런 형태의 표현구는 열두 사도들에 의해 선택을 받아 날마다 음식을 나누어 주는 일에 종사하게 되었던 일곱 명이나(행 6:3), 특별히 스데반(행 6:5; 7:55), 바나바(행 11:24)에 대해서 사용되고 있다. 이상과 같은 구절들에 의하면 성령충만이란 특수한 목적을 위하여 잠정적으로 부여된 것이 아니라 한 사람의 생애를 특징짓는 영구적인 특징들인 것이다.

(3) "채우다", "충만"이란 또다른 단어가 신약성경에 두 군데 사용되고 있는데 이 경우 동사의 시제는 잠정적인 충만이 아니라 계속적인 충만을 묘사하고 있다. 사도행전 13:52이 그 첫번째 경우이다: "제자들은 기쁨과 성령으로 충만하더라("pleroo")에서 파생된 "eplerounto")." 여기서 사용된 헬라어 동사의 시제는 미완료형으로 이 제자들이 계속적으로 성령의 충만함을 암시하고 있는데 "성령의 충만함을 받으라"는 표현구가 나타나는 유일한 서신서이다: "술 취하지 말라 이는 방탕한 것이니 성령의 충만함을 받으라(plerousthe en pneumati)." 여기서 사용되고 있는 동사("pleroo"의 한 형태)의 시제는 현재인데 이는 우리가 마땅히 계속적으로 성령으로 채워져야 한다는 것을 의미한다.

요약하자면 성령충만에 관한 신약의 가르침은 다음 세 가지 형태의 경험으로 나누어 질 수 있다; (1)신자들은 특별한 임무를 감당키 위하여 특별한 성령의 충만을 언제라도 구할 수 있다. (2)우리의 목적은 그 임무를 행함에 있어서 다른 사람들이 우리의 삶을 관찰하면서 우리가 성령에 충만한 사람들이라고 느낄 수 있도록 하는 것이다. (3)우리 모두는 마땅히 계속적으로 성령으로 충만해야 한다.

에베소서 5:18은 아직도 오늘날 우리를 위한 사도적 규범으로 주어졌기 때문에 좀더 자세히 고찰해 볼 필요가 있다. 본 구절과 그 후에 따르는 세 절을 합하여 읽어보면 다음과 같다:

"술 취하지 말라 이는 방탕한 것이니 오직 성령의 충만을 받으라 시와 찬미와 신령한 노래들로 서로 화답하며 너희의 마음으로 주께 노래하며 찬송하며 범사에 우리 주 예수 그리스도의 이름으로 항상 아버지 하나님께 감사하며 그리스도를 경외함으로 피차 복종하라"(엡 5: 18~21)

성령으로 충만하다는 증거가 무엇인가? 성령충만은 과격한 감정주의나 특별한 현상(본 구절에서는 방언으로 말함이나 병고치는 은사들에 대해 전혀 언급이 없음을 주의하라)이 아니라 오히려 다음과 같은 행동 패턴이라 할 수 있다: (1) 함께 하나님을 경배하고 서로에게 덕을 세우는 일; (2) 우리의 마음으로 노래를 만들어 주께 드리는 일―즐거운 내면적 성향이라 할 수 있다; (3) 항상 모든 일에 하나님께 감사하는 일; (4) 그리스도를 경외함으로부터 나오는 마음으로 우리 자신들을 동료 그리스도인에게 복종시키는 일.

스토트(John R. W. Stott)는 에베소서 5:18~21에 의거하여 성령충만의 증거를 다음과 같은 말로 요약하고 있다:

성령충만에 전반적인 결과들이 여기에 적나라하게 펼쳐져 있다. 성령충만이 나타나게 되는 두 개의 중요한 영력은 예배와 교제이다. 우리가 성령으로 충만하다면 우리는 그리스도를 찬양할 것이며 우리의 아버지께 감사할 것이며 서로에게 대해서 복종하게 될 것이다. 성령은 우리를 하나님과의 또한 사람과의 올바른 관계성 속에 놓으신다. 초자연적인 현상에서가 아니라 바로 이러한 영적인 특성들과 행위들 속에서 우리는 성령충만의 우선적 증거를 찾아야 할 것이다.[28]

---

28) *Baptism and Fullness*, pp. 59-60.

18절이 시작하고 있는 부정적 금지사항에 대해 충격을 받는 독자들도 있을 것이다. "술 취하지 말라 이는 방탕한 것이라." 우리는 여기에서 몇몇 대조적인 사항들을 발견하게 된다. "술 취하지 말라"는 것은 하나님과 사람을 향한 유용한 섬김의 삶과는 대조적인 방탕의 삶을 보여준다. 더욱이 이와 같은 표현은 성령에 의해 주어지는 고상한 즐거움과는 대조되는 술취함의 저급한 쾌락들을 반영하고 있다. 이 문구는 또한 도피주의의―술을 먹음으로써 직면하고 있는 문제들로부터 도망가는 일(만일 바울이 오늘날 편지를 썼더라면 아마도 틀림없이 마약중독에 관한 문제를 언급했을 것이다)―어리석음을 묘사하고 있는데 성령의 힘 안에서 직면하고 있는 문제들을 해결하려는 정직한 지혜와는 큰 대조를 이루고 있다.

18절에는 적극적이고 긍정적인 권면이 나온다: "성령의 충만함을 받으라" 이 명령에 관해 네 가지 요점을 관찰할 수 있다:[29]

(1) "충만하다"(*plerousthe*)는 동사는 명령형태이다. 바울이 말하고자 하는 바는 단순히 도움이 될 만한 힌트나 제한이 아니라 명령이라는 것이다. 이 명령은 사도들 중 하나를 통하여 그리스도로부터 우리에게 온다. 그러므로 성령충만은 그리스도인 생활에 바람직하기는 하지만 필수적인 측면이 아닌 많은 선택 중의 하나가 아니다. 성령충만은 모든 그리스도인이 마땅히 순종해야 할 명령이다.

(2) "충만"이란 동사는 복수형으로 되어 있다. "여러분 모두가 성령으로 충만해야 한다"고 바울이 말하고 있다. 이것은 몇몇 특정한 사람들을 위해 따로 마련된 특권이 아니다. 단지 몇몇 훌륭한 그리스도인들만 가질 수 있는 경험도 아니다. 우리들이 도달할 수 없는 이상도 아니다. 모든 신자들은 성령으로 충만해야 한다.

(3) "충만"이란 동사는 현재형으로 되어 있다. 헬라어에 있어서 현재시제는 계속적인 동작을 묘사할 때 사용된다. 그렇다면 다음과 같이 번역될 수 있을 것이다: "계속적으로 성령의 충만함을 받으라."

---

29) Cf. ibid., pp. 60-61.

본 서신에서 언급되고 있는 독자들은 이미 성령으로 인치심을 받은 자들이라고 했다(1:13; 4:30). 위의 본문들 중에 "인쳤다"라고 번역된 동사는 부정시제로 되어 있는데, (esphragisthete) 부정시제는 잠정적이거나 순간적인 동작을 묘사할 때 사용된다. 에베소서 1:13; 4:30; 5:18을 비교해 볼 때 모든 신자가 성령으로 인침을 받은 것은 사실이지만 그렇다고 모든 신자들이 성령으로 충만한 것이 아니라는 사실을 발견하게 된다. 성령으로 인침받은 신자들(과 성령으로 세례를 받은 신자들)은 마땅히 계속적으로 성령충만 하도록 권고되어야 한다.

현재 명령형이 암시하고 있는 것은 그 누구도 이 충만함을 단회적으로 다 받았다고 주장하지 못하도록 하는 것이다. 계속적으로 성령의 충만함을 받는다는 것은 평생의 도전이며 날마다의 도전이기도 하다. 계속적인 기도와 계속적인 영적훈련과 끊임없는 경성함을 통하여 우리는 성령의 충만함을 계속적으로 받고 유지할 수 있다. 다시 말해서 성령의 충만함을 받는 것은 의과대학에서 의사학위를 받는 것과는 다르다. 학위는 평생에 단 한번 받는 경험이다. 성령충만이란 마치 학위를 받은 후에 계속적으로 의학전문 잡지들을 공부하고 의학계에 일어나는 새로운 의학의 발달을 계속해서 받아 포용하는 것이라 할 수 있다. 성령충만은 세상에 처음으로 태어나는 일이라기보다는 숨쉬는 일이라 할 수 있다.

(4) "충만"이란 단어는 수동태로 되어 있다. 즉 성령께서 우리를 채우신다는 뜻이다. 어떻게 그것이 가능할까? 성령은 인격이시기 때문에 우리가 성령으로 계속해서 충만할 수 있는 유일한 길은 우리 자신을 전적으로 온전하게 그 분에게 맡기는 일이다. 우리와 하나님을 향한 온전한 헌신 사이를 가로막고 있는 모든 장애물들을 제거하고 기꺼이 성령의 음성을 들어 그 분의 인도하심을 따라 가야만 한다.

성령충만을 성령으로 살고 성령으로 행하는 일로 묘사하고 있는 몇몇 신약 구절들이 있다(롬 8:4; 갈 5:16, 25). 성령으로 살고 성령으로 행한다는 뜻이 무엇일까? 두 가지 사실을 지적하려 한다: 첫째는 성령의 인도하심을 따라 사는 것이고 둘째는 성령의 힘 안에서 사는 것이다.

성령의 인도함을 따라 산다는 것은 성령을 기다리며 그에게 우리를 위해 해주실 것을 구하는 것을 의미한다. 그리고 우리가 어디로 가야할지를 성령께 물어보는 것이다. 이렇게 하기 위하여 날마다 성경을 연구해야 한다. 성령은 말씀을 떠나서는 우리를 인도하시지 않기 때문이다. 성경을 알면 알수록 우리는 어떻게 성령에 따라 살 수 있는가를 잘 알게 될 것이다. 다른 측면에서 말하자면 성령의 인도를 따라 산다는 것은 육신적 소리들을 잠재우고 육신적 미움의 힘들을 누르며 모든 충동적 감정들을 억제하며 하나님을 향하여 사용되어야 한다는 것을 의미한다. 긍정적으로 말하자면 성령에 의해 인도되고 그가 말씀을 통하여 자기를 나타내실 때에 그 분의 음성을 들으며 계속적으로 그 분에게 삶을 맡기는 것을 의미한다.

성령의 힘으로 산다는 것은 필요한 영적 능력을 얻기 위하여 그에게 기댄다는 뜻이다. 또한 성령께서 모든 우리의 필요를 채워 주시기에 적합한 힘을 주실 수 있다는 것을 믿는 일이며, 우리가 필요할 때마다 기도를 통하여 그 능력을 간구하는 일이며, 날마다 겪는 모든 문제들을 만날 때마다 믿음으로 그 능력을 사용하는 것을 의미한다. 성령의 힘으로 우리가 살 수 있는 유일한 길은 그 분과 계속적인 접촉을 통해서이다. 건전지로 작동하는 라디오와 전기로 작동하는 라디오 사이의 차이점은 무엇인가? 후자는 항상 전력의 근원에 플러그가 꽂혀 있어야만 작동된다. 성령께서 우리에게 힘을 주시는 원리는 건전지 원리가 아니라 플러그를 꽂는 원리에 의해서이다. 우리는 매순간마다 그 분이 필요하다.

제 4 장

그리스도와의 연합

　존 머레이(John Murray)는 그의 저서에서 이렇게 얘기하고 있다: "그리스도와의 연합은 구원론의 핵심적 진리이다…이 연합은 단순히 구원 적용 과정의 한 국면이 아니라 구원 적용 과정의 모든 국면들의 기초가 되는 것이다."[1] 스미스(Lewis Smedes)의 말을 빌리자면, 그리스도와의 연합은 "참된 인간 실존의 중심인 동시에 원둘레이기도 하다."[2] 즉 진정한 그리스도인의 존재방식이란 얘기다.
　그러므로 구원론의 근간을 이루는 그리스도와의 연합이란 주제를 생각해 보기로 하자. 칼빈은 이렇게 얘기하고 있다: "우리는 그리스도께서 우리 밖에 머물러 계시고 우리가 그와 떨어져 있는 한, 인류의 구원을 위해 그가 당하시고 행하신 모든 일들이 우리에게 의미가 없고 아무런 가치가 없다는 사실을 알아야 한다."[3]
　그리스도와의 연합과 구원에 있어서 성령의 역할이 갖는 상호 연관성은 너무도 명백한 것이다. 오직 성령을 통해서만이 우리가 그리

---

1) *Redemption-Accomplished and Applied* (Grand Rapids: Eerdmans, 1955), pp. 201, 205.
2) *Union with Christ* (Grand Rapids: Eerdmans, 1983), p. xii.
3) Inst., III. i. 1.

스도와 하나가 될 수 있으며 그리스도께서 우리 마음 속에 내주하실 수 있는 것이다. 여기서 그리스도와의 연합에 대한 성경의 가르침을 살펴본다는 것은 대단히 중요하다. 이것이 왜 중요한가는 성경구절들을 찾아봄으로 분명해질 것이다. 우리가 그리스도와 하나될 때 비로소 구원에 이르는 것이며 그리스도와 연합되어 있을 때만이 우리가 구원받은 자로 살아갈 수 있는 것이다.

신약은 이 놀라운 진리 즉 우리가 그리스도와 하나될 수 있다는 진리를 두 가지로 기술하고 있다. 때때로 신약의 저자들은 믿는 자들인 우리가 그리스도 안에 있다고 가르치고 있다. 우리의 새로운 피조물됨을 가르쳐 주는 그 유명한 성경구절이 우리 마음에 와 닿는다 ; "그런즉 누구든지 그리스도 안에 있으면 새로운 피조물이라 이전 것은 지나갔으니 보라 새 것이 되었도다"(고후 5:17). 이같은 사상을 담고 있는 또다른 구절로는 요한복음 15:4, 5, 7; 고린도전서 15:22; 고린도후서 12:2; 갈라디아서 3:28; 에베소서 1:4; 2:10; 빌립보서 3:9; 데살로니가전서 4:16; 요한일서 4:13 등이 있다. 이 구절들을 하나로 종합한다면, 그리스도 안에 있는 것이 바울의 불타는 열망이었음을 알게 된다 ; "내가 모든 것을 배설물로 여김은 그리스도를 얻고, 그 안에서 발견되려 함이니…"(빌 3:8~9).

그러나 또 어떤 때에는 그리스도께서 우리 안에 계신다고 신약의 저자들은 가르치고 있다. 예를 들어 갈라디아서 2:20에서 바울은 이렇게 쓰고 있다 : "내가 그리스도와 함께 십자가에 못 박혔나니 그런즉 이제는 내가 산 것이 아니요 오직 내 안에 그리스도께서 사신 것이라." 또 다른 곳에서 바울은 "하나님이 이 비밀 즉 저희 가운데 계시는 그리스도 곧 영광의 소망의 영광스런 부요함을 이방인 가운데서 나타내시고자 저들을 선택하셨다"라는 사실을 찬양하고 있다 (골 1:27). 이 사상이 또한 로마서 8:10; 고린도후서 13:5 그리고 에베소서 3:17에도 나타난다.

또한 적어도 사도 요한의 글 중 세 군데에서 이상의 두 개념(우리가 그리스도 안에 있으며 그리스도께서 우리 안에 계신다는 것)이 함께 나타나고 있다: 요한복음 6:56("내 살을 먹고 내 피를 마시는 자는 내 안에 거하고 나도 그 안에 거하나니"); 요한복음 15:4("내 안에 거하라 나도 너희 안에 거하리라"); 요한일서 4:13("그의 성령을 우리에게 주시므로 우리가 그 안에 거하고 그가 우리 안에 거하시는 줄을 아느니라"). 그렇다면 이 두 형태의 표현들은 교체적으로 바꿔쓸 수 있는 표현임이 분명하다. 우리가 그리스도 안에 있을 때 그리스도 또한 우리 안에 계신 것이다. 우리가 그 안에 거하며 그가 우리 안에 거하신다는 두 사실은 손가락과 엄지손가락의 관계만큼이나 밀접한 관계이다.

우리가 그리스도와의 연합의 범위와 폭을 생각할 때마다 우리는 이 연합은 범위와 폭에 있어서 영원하며 끝이 없다라는 사실을 기억해야 한다. 그리스도와의 연합은 하나님께서 만세 전에 그의 백성을 그리스도 안에서 그로 말미암아 구원하시기로 작정하셨을 때 이미 시작되었다. 더욱이 이 연합은 역사 가운데서 그리스도께서 그의 백성을 위해 행하셨던 구원역사에 그 기초를 두고 있다. 마침내 이 연합은 하나님의 백성들이 이 땅 위에 태어난 이후 그들에게 실제로 적용되어졌으며, 그들의 평생에 걸쳐 지속되며 다가올 세상에서 그들이 온전히 영화롭게 될 때까지 계속 되어진다. 그렇다면 우리는 그리스도와의 연합이 그 뿌리를 하나님의 택정하심에 두고 있으며, 그 근거를 그리스도의 구원사역에 두고 있고, 한 걸음 더 나아가서 그 실제적 적용이 역사 속에서 하나님의 백성에게 이루어진다는 것을 보게 되었다.[4]

---

4) 이와 같은 방식으로 전개해 나감에 있어서, 나는 나의 존경하는 칼빈신학교 스승이신 루이스 벌코프 교수와 차이가 있음을 밝혀둔다. 벌코프 교수는 그리스도와의 연합을 네 단계로 묘사한다: (1) 구속의 경륜 속에서 (성부와 성자 사이에 있었던 전(前) 시간적 합의사항) 성부가 성자에게 주었던 자들과 그리스도 자신과의 연대적 연합; (2) 구속의 경륜 속에서

1. 그리스도와의 연합의 뿌리들

그리스도와의 연합은 그 뿌리를 하나님의 택정하심에 두고 있다. 여기서 마음에 문득 와닿는 구절은 에베소서 1:3~4이다:

"찬송하리로다 하나님 곧 우리 주 예수 그리스도의 아버지께서 그리스도 안에서 하늘에 속한 모든 신령한 복으로 우리에게 복 주시되 곧 창세 전에 그리스도 안에서 우리를 택하사 우리로 사랑 안에서 그 앞에 거룩하고 흠이 없게 하시려고."

이 말씀은 그리스도와의 연합이 그리스도 안에서 그의 백성을 구원하시고자 만세 전에 작정하신 하나님의 은혜로우신 결정과 함께 시작되었음을 가르쳐 주고 있다.

이 구절에서 바울이 보여주고 있듯이 하나님은 그리스도 안에서 모든 신령한 축복들로 우리에게 복주셨는데, 이는 우리의 공로 때문이 아니라 창세 이전에 하나님께서 그리스도 안에서 우리를 택하셨기 때문이다. 여기선 창세 전이라고 번역되고 있는 (Pro Kataboles Kosmou) 말이 보여주듯이, 하나님이 그의 백성을 택하신 것은 만물(코스모스)이 생겨나기 이전이었음을 기억해야 한다. 이 표현은 요

이상적으로 수립된 삶(생명)의 연합; (3)그리스도 안에서 객관적으로 실현된 생명의 연합; (4)성령의 역사하심을 통해 주관적으로 실현된 생명의 연합(Systematic Theology, pp. 448~49). 루이스 벌코프의 견해 중 첫 세 가지 구문은 아직까지 일어나지 않은 투영된 연합을 묘사하고 있다는 점에서 나는 문제를 제기하고 싶다. 왜냐하면 그리스도와의 실질적 연합은 오직 실제로 있는 사람 속에서 일어나기 때문이다. 이러한 이유 때문에 나는 벌코프가 말하고 있는 초기의 "단계"들을 연합의 뿌리와 근간이라고 부르고 싶다. 반면에 "그리스도와의 연합"이라는 표현은 그리스도와 현재 존재하고 있는 인간들 사이에 실제적으로 발생하는 연합을 가리키는 데 사용하려 한다

한복음 17:24("아버지께서 창세 전부터 나를 사랑하시므로")과 베드로전서 1:20("그는 〔그리스도〕 창세 전부터 미리 알리신 바 된 자나 이 말세에 너희를 위하여 나타내신 바 되었으니") 두 곳의 신약구절에서도 나타난다. 성부께서 창세 전에 그리스도를 사랑하사 그를 택하신 것같이 그리스도의 백성인 우리들도 창세 이전, 우리가 존재하기 이전에 성부에 의해 택정함을 받은 것이다. 이 사상은 너무도 엄청나기에 우리의 마음이 혼동된다! 진실로 우리는 이 사상을 결코 이해할 수 없을 것이다. 단지 경이감 속에서 우리의 머리를 숙일 수 있을 뿐이다.

하나님은 우리를 "그 앞에서 거룩하고 흠이 없게 하시려고" 택정하셨다. 이 말씀은 하나님께서 우리를 택하신 목적을 보여줄 뿐만 아니라 우리의 자만의 모든 근거를 또한 제하고 있다. 칼빈이 이 구절에 대해 얘기하듯이 "비록 하나님이 우리가 거룩하게 되도록 택하셨지만 우리가 거룩하게 되리라는 것을 미리 그가 아셨기에 우리를 선택하신 것은 아니다". [5]

우리의 현안 논의상, 이 구절에서 가장 중요한 단어는 "그 안에서"라는 단어이다. 3절에 비춰볼 때 "그" 안에라 함은 그리스도를 말한다. 여기서 "그리스도 안에"라 함은 우리가 얻은 구원의 은혜로움, 즉 성부 하나님께서 우리를 구원하시고자 택하셨으되, 그가 우리 가운데서 미리 아신 바 된 어떠한 공로 때문이 아니라 그가 우리를 그리스도와 하나 되도록 정하신 그의 뜻에 따라 우리를 택하셨다는 것을 말한다.

더욱이 "그가 그리스도 안에서 우리를 택하셨다" 함은 우리 택정함을 입은 것이 결단코 그리스도와 분리해서 생각할 수 없다는 것을 보여준다. 그리스도와 그의 백성 사이의 연합은 영원 전에 우리를 택하사 그의 소유삼으신 하나님의 주권적인 결정 속에서 이미 계획되어졌던 바이다. 그리스도 자신도 창세 전에 우리의 구속주로 택하

---

5) Inst., III. xxii. 3.

심을 입었다(벧전 1:20). 에베소서 1:4은 우리에게 하나님께서 그리스도를 택하셨을 때 우리 또한 택하셨다고 가르치고 있다. 하나님은 그리스도께서 이미 영원 전부터 영원토록 그에게 속할 한 백성을 갖게 되리라고 작정하셨다. 다시 말해 구원에 이르고자 택함을 입은 자들을 하나님께서는 그리스도와 또한 그리스도께서 그들을 위해 행하신 일들을 떠나서는 결단코 생각지 않으셨다는 뜻이다. 그러기에 그들이 그리스도 안에서 택정함을 입었다고 기록되어 있는 것이다. 하나님은 먼저 그의 백성을 그의 죄 가운데서 건져내신 후 그 뒤에 그들을 그 구원의 집행자이신 그리스도께로 인도하시기로 작정하신 것이 아니다.[6] 그리스도와의 연합은 우리의 구원에 "추가로 덧붙여진" 그 무엇이 아니다. 그것은 시초부터 하나님의 계획 속에 놓여져 있었다. 바빙크(Herman Bavinck)가 잘 얘기하듯이, 그리스도의 백성을 떠나서 그리스도를 생각할 수 없으며, 그리스도를 떠나서 그의 백성을 생각할 수 없는 것이다.

우리가 영원 전부터 그리스도 안에서 택정함을 입었다는 사실은 구원론의 기본이 되는 진리이다. 창세 전에 미리 작정된 그리스도와의 연합으로 인해서만이 긍정적으로 구원의 모든 축복들이 우리에게 미치게 되는 것이다. 그렇다면 맨처음부터 인간의 모든 공로가 배제되고 있는 것이다. 모든 찬양을 하나님께!

2. 그리스도와의 연합의 근거

그리스도와의 연합은 그 근거를 그리스도의 구속사역에 두고 있

---

6) 따라서 그리스도는 우리의 택정함의 시행자이시다라는 것보다 기반이다라고 말하는 것이 더욱 좋은 것이다. Cf. Lewis B. Smedes, *All Things Made New* (Grand Rapids: Eerdmans, 1970), pp. 124~25. See also G. C. Berkouwer, "Election in Christ," in *Divine Election*, trans. Hugo Bekker(Grand Rapids:Eerdmans, 1960), pp. 132~71.

다. 성부 하나님께서 그의 아들에게 죄에서 구속함을 입은 백성을 주셨기에, 그리스도는 그의 백성을 위해 이 구속사역을, 영원 전부터 계획되었고 작정되어졌던 그리스도와 그의 백성과의 연합과 분리해서 생각해서는 결단코 안된다. 우리는 예수께서 탄생하기 전에 천사가 나타나 요셉에게 전한 바를 기억하고 있다: "그를 예수라 하라 이는 그가 그의 백성을 죄에서 구원할 것임이니라"(마 1:21).

요한복음 10장에서 예수님 자신이 그가 한 특정한 백성을 구원코자 이 땅에 오셨다고 말씀하고 계신다. 10:11에는 "나는 선한 목자라 선한 목자는 양들을 위하여 (hyper ton probaton) 목숨을 버리거니와"라고 기록되어져 있다. 소유격(2격)으로 되어있는 하이퍼(hyper)의 의미는 "~을 위하여"란 뜻이다. 이 구절은 에베소서 1:4에서 말하고 있는 바와 서로 일치된다―창세 전에 그리스도 안에서 택정함을 입은 자들이 있으니 그의 양이라 일컬음을 받는 그들을 위해 그리스도께서 그의 목숨을 내어 놓으셨다.

요한복음 10:26에 따르면 예수께서는 그를 에워싼 불신앙의 유대인들을 향해 "너희가 내 양이 아니므로 믿지 아니하도다"라고 말씀하고 계신다. 이 유대인들이 예수를 믿지 않는다는 사실이 여기서 그들이 그리스도의 양무리에 속해 있지 않다라는 증거로써 인용되고 있다. 이 말이 그들 중 어떤 이가 후에라도 믿을 수 있는 가능성은 전혀 없다라는 뜻을 꼭 의미하는 것은 아니다. 그러나 당시에 그들은 믿지 않았으며, 그러기에 그 당시로는 그들이 그리스도의 양무리에 속해 있지 않음을 보여주는 것이다. 여기서 11절과 16절을 함께 생각해 볼 때, 우리는 그리스도께서 기꺼이 그의 생명을 내놓으시기까지 사랑하셨던 그의 양무리는, 모든 사람을 의미하지는 않는다라는 결론을 내릴 수 있다. 그 이유는 특별히 그리스도께서 그를 믿기를 거절하는 자들을 그의 양무리의 수에서 제외하고 있다는 데서 찾아볼 수 있다.

이제 10:27, 28을 살펴보면, 그리스도의 양무리가 누리는 그의 영원한 보호하심은 그리스도께서 그의 백성을 위해 그의 구속사역을 감당하셨다라는 사실과도 연관되어 있음을 주목케 된다: "내 양은 내 음성을 들으며 나는 저희를 알며 저희는 나를 따르느니라 내가 저희에게 영생을 주노니 영원히 멸망치 아니할 터이요 또 저희를 내 손에서 빼앗을 자가 없느니라." 이 영원한 보호하심을 입은 자들은 그리스도께서 그의 생명을 내놓으시기까지 사랑한 그의 양무리이지, 그를 배척하고 이로써 그들이 그의 양무리에 속해 있지 않음을 보여 준 자들이 아니다. 결론은 이러하다: 그리스도께서는 특정한 그의 양무리와 그의 백성을 위해 그의 구속사역을 감당하셨다.

요한복음은 또다른 점에서 우리에게 이채롭다. 사도 요한은 예수께서 때때로 성부께서 그에게 주신 자들을 언급하고 있다고 말하고 있다. 예를 들어서 요한복음 6:39에 보면 예수님은 "나를 보내신 이의 뜻은 내게 주신 자 중에 내가 하나도 잃어버리지 아니하고 마지막 날에 다시 살리는 이것이니라"고 말씀하시고 계시다. 요한복음 17장에 나타나는 대제사장의 기도에서 예수님은 아버지께 "아버지께서 아들에게 주신 모든 자에게 영생을 주시려고 만민을 다스리는 권세를 아들에게 주셨음이로소이다"(2절)라고 말씀하셨다. 또한 6절에서 "세상 중에서 내게 주신 사람들에게 내가 아버지의 이름을 나타내었나이다"라고 기도하셨다. 또한 뒤의 24절에 가서 예수님은 "아버지여! 내게 주신 자도 나 있는 곳에 나와 함께 있어…나의 영광을 저희로 보게 하시기를 원하옵나이다"라고 기도하셨다. 이 모든 구절들은 창세 전에 그리스도 안에서 우리를 택하신 하나님에 대해 기록하고 있는 에베소서 1:4의 말씀을 그대로 보여주고 있는 것이다. 하나님은 창세 전에 구속함을 입을 그의 백성들을 그의 아들에게 주시되, 그의 형용할 수 없는 사랑의 광채로, 측량할 수 없을 정도로 주신 것이다.

물론 돌트신경이 얘기하듯이, 그리스도의 죽음의 무한한 가치와 귀중함에 대해 얘기할 수도 있을 것이다.[7] 종종 얘기하듯이 그리스

---

7) "하나님의 아들의 이러한 죽으심은 죄를 위한 유일하고도 전적으로 완전한

도의 구속사역은 비록 하나님의 택한 자들에게만 유효하긴 하지만, 능히 모든 사람들에게 충분하다라고 말할 수도 있다. 그러나 이 땅에 계실 때 그리스도께서 행하신 구속사역이 어떤 특정한 그룹—교회("그리스도는 교회를 위해 그 자신을 내어 주셨다"—엡 5:24)를 위한 것이었냐, 아니면 그의 친백성("그가 우리를 대신하여 자신을 주심은 모든 불법에서 우리를 구속하시고, 우리를 깨끗케 하사 선한 일에 열심하는 그의 친백성되게 하려 함이라"—딛 2:14)을 위함이었냐 하는 문제는 그대로 남아 있다.

그리스도의 구속사역은 그의 친백성이요—영원토록 그에게 속해 있는 백성을 위한 것이었다. 우리는 이 사역을 그리스도와의 연합의 공로적 근거로 보아야 하는 것이다. 그리스도와 그의 소유된 자들의 실제적 연합이 가능케 된 것은 오로지 우리의 구세주가 그의 백성을 위해 이 모든 일들을 행하셨다는 이유 때문이다.

3. 그리스도와의 실제적 연합

이제까지 그리스도와의 연합의 뿌리와 근거를 살펴보았고, 이제 계속해서 성경은 역사 속에서 실제로 성취된 그리스도와 그의 백성과의 연합에 대해 어떻게 가르치고 있는가를 살펴보기로 하자. 이 연합은 구원의 전 과정의 기초를 이룰 뿐만 아니라 이 과정을 가능케도 한다. 처음부터 끝까지 우리는 그리스도 안에서 구원함을 얻는 것이다.

(1) 우리는 제일 먼저 중생을 통해 그리스도와 연합되어진다. 거듭남이라고도 불려지는 중생이 의미하는 바는, 성령께서 먼저 그의 역사하심으로 우리를 그리스도와 산연합에 이르게 하시고, 그럼으로써 한때는 영적으로 죽었던 우리를 이제 영적으로 새롭게 살리셨다

희생이며 만족케 하심이다; 무한하고 마땅한 가치가 있으며 전 세상의 죄들을 속죄하기에 충분하고도 남음이 있다." 돌트신경 II. 3.

는 것을 말한다. 후에 가서 이 문제가 자세하게 다뤄질 것이다. 여기서 우리의 현안 관심은 그리스도와의 실제적 연합이 시작되는 것은 중생의 시점이라는 것을 살펴 보는 데 있다.

에베소서 2:4~5은 이렇게 기록되어져 있다: "긍휼에 풍성하신 하나님이 우리를 사랑하신 그 큰 사랑을 인하여, 허물로 죽은 우리를 그리스도와 함께 살리셨고…" 나는 "우리를 살리셨고"라는 말이 "허물로 죽은"이란 말과 특별히 대조를 이루기에 "우리를 살리셨고"란 말은 영적인 새 생명을 가리키며 그러기에 중생을 또한 의미한다고 생각한다. 다시 말해 이 구절은 영적인 죽음으로부터 영적인 생명에로의 변화를 기술하고 있는 것이다. 하나님의 이러한 자비로운 역사가 헬라어 *Synezoopoiesen to Christo*로 표현되고 있는데 이것은 "우리를 그리스도와 함께 살리셨다"란 뜻이다. 바울이 여기서 얘기하고 있는 초점은 이 "새롭게 살리심"이 그리스도와의 연합 안에서 일어난다는 사실이다. 특정한 시점까지는 우리는 본질상 죄로 인해 영적으로 죽은 자들이었으되 하나님께서 우리로 하여금 그리스도인의 생명을 나누어 가지게 하심으로 영적으로 새롭게 살리셨던 것이다. 다시 말해서, 제일 처음 우리가 그리스도와 생명으로 연합되었을 때 중생이 일어난다는 얘기다.

몇 구절 밑에 내려가서 10절은 이렇게 말하고 있다: "우리는 그의 만드신 바라 그리스도 예수 안에서 선한 일을 위하여 지으심을 받은 자니 이 일은 하나님이 전에 예비하사 우리로 그 가운데서 행하게 하려 하심이라." 특별히 여기서 *Ktisthentes en Christo Iesou*("그리스도 예수 안에서 지으심을 받은")이란 말을 주목하라. "지음을 받았다"라는 말은 전에는 존재하지 않았던 것을 그의 주권적인 능력으로 생겨나게 하시는 하나님의 창조를 묘사하고 있다. 또한 이 말은 창세기 1:1에서와 같은 우주의 기원을 가리키는 것이 아니라 전에는 영적으로 죽었던 자들 속에 있는 새로운 영적인 생명의 기원을 말하고 있는 것이다. 바울은 우리가 새로운 영적 피조물로 지음받았다고 말하고 있는 것이다. 새로운 피조물이라 함은 선한 일들로 가득찬 삶, 사랑으로 번쩍이는 삶, 그리고 하나님의 영광을 위해 헌신된, 완전히 새로워진 삶을 의미한다. 이 새 생명은 중생으로 시작된다. 여기서 다시 한번 우리가 오직 그리스도 예수 안에서 새롭게 지음받았다(중생되었다)라는 사실을 목도케 된다.

그러므로 그리스도와 그의 백성 간의 연합이 실제로 성취되는 것은 중생의 시점임을 알게 된다. 이 연합은 우리 구원의 시작일 뿐만 아니라 이 연합은 구원의 전 과정을 지탱해 주며, 채워 주며 온전케 한다.

(2) 우리는 믿음을 통해서 이 연합을 소유케 되며, 이 연합을 통해 계속적으로 살아가는 것이다. 여기서 우리가 그리스도와의 연합을 우리의 것으로 만들 수 있는 유일한 길은 오직 믿음으로만이 가능하다는 것을 꼭 알아야 한다. 이미 앞에서도 살펴보았듯이, 우리를 이러한 생명의 연합에 이르게 하시는 분은 성령이시나, 이 연합을 소유하며 계속적으로 향유할 수 있음은 믿음을 통해서만이다. 본질상 우리는 죄에 속박되었고, 하나님으로부터 멀어진 "옛 사람"들이다. 그러나 우리가 우리의 믿음을 실행할 때 그리스도께서 우리 안에 거하실 수 있는 것이다. 믿음을 통해서 우리는 그리스도 안에서 새롭게 만들어진 피조물이 됨을 실현하며 경험케 되는 것이다.

갈라디아서 2:20에서 바울은 "내가 그리스도와 함께 십자가에 못 박혔나니 그런즉 이제는 내가 산 것이 아니요 오직 내 안에 그리스도께서 사신 것이라 이제 내가 육체 가운데 사는 것은 나를 사랑하사 나를 위하여 자기 몸을 버리신 하나님의 아들을 믿는 믿음 안에서 사는 것이라"고 쓰고 있다. 여기서 바울은 그리스도와의 연합의 진리를 매우 강력하게 표현함으로 그는 어떤 의미에서 더이상 그가 사는 것이 아니라, 그리스도가 그 안에 사신다고까지 주장하고 있는 것이다. 그러나 또다른 의미에서 그가 여전히 산다. "내가 육체 가운데 사는 것은, 믿음 안에서 사는 것이라." 그는 더이상 죄의 노예로 살지 않는다. 이제 그리스도께서 내주하시는 자로 살고 있는 것이다. 그러나 믿음을 통해서만이 그리스도의 내주하심을 인식케 되며, 그 내주하심의 능력을 힘입을 수 있는 것이다. 믿음은 그리스도께서 우리 안에 사신다는 사실을 기쁨으로 자각하며 사는 매일의 삶을 의미한다.

에베소서 3:16~17에서 바울은 "그 영광의 풍성함을 따라 그의 성령으로 말미암아 너희 속사람을 능력으로 강건하게 하옵시며 믿음으로 말미암아 그리스도께서 너희 마음 속에 계시기를 기도한다"고 말하고 있다. 여기서 "거하시다"라고 번역되어지고 있는 헬라어 *katoikeo*는 신약에서 오늘날 우리가 "떠돌이"라고(참고, 히 11:9)[8] 부르는 사람들이 아닌, 한 마을의 영구적 주민을 묘사하고자 사용되었다. 바울은 그리스도께서 믿음으로 말미암아 그의 독자들의 마음 속에 영원토록 내주하시기를 기도하고 있는 것이다. 그러므로 이 구절에 따르면 믿음은 우리가 그리스도의 내주하심을 계속적으로 경험할 수 있는 수단이요, 우리가 진정으로 그리스도와 하나되었음을 보여줄 수 있는 수단인 것이다.

(3) 우리는 그리스도와의 연합으로 의롭다 여김을 받는다. 칭의가 의미하는 바는 하나님께서 그의 능력으로 믿는 자들에게 그리스도의 온전한 속죄와 의를 부여하심으로 그들의 모든 죄가 용서함 받으며 하나님 앞에서 그들이 온전히 의롭다 칭함을 받는 것을 말한다.

우리가 의롭다 여김을 받음이 그리스도와의 연합과 불가분의 관계에 있음을 잊어서는 안된다. 이것을 스튜워트(James S. Stewart)는 이렇게 표현하고 있다: "예를 들어, 칭의와 같은 사상은 이것이 그리스도와의 연합, 즉 죄인된 우리가 죄에 대한 우리의 자세에 있어서, 우리를 그리스도와 동일시하는 그러한 그리스도와의 연합에 비추어 생각지 않을 때 중대한 잘못에 이를 뿐이다."[9] 때때로 우리는

---

8) 여기서 *paroikeo*라는 단어는 "머나먼 외국에 있는 이방인"을 묘사하는 말이다. Cf. Moulton and Milligan, VGT, pp. 338, 495.

9) *A Man in Christ*(New York: Harper and Brothers, [1935]), p. 152.

우리를 위해 행하신 그리스도의 사역을 단순히 십자가 상에서 "우리의 죄값을 지불하셨다"라는 식의 완전히 비인격적인 무감각한 방식으로 생각해 버리려는 유혹이 없지않아 있다. 그렇게 되면 우리 자신이 그리스도의 속전을, 그리스도와의 연합을 생각지 않은 비인격적이고 무감각한 방식으로 받아들이고 있음을 또한 발견케 된다. 이것은 마치 어떤 옷가게에 나의 외상값이 많이 있었는데, 후에 어떤 친절한 친구가 그 외상값을 날 대신해 지불했음을 알게된 것이나 마찬가지이다. 즉 나는 대신 지불한 외상값을, 나의 친구를 생각지 않고도, 또한 그와의 어떤 교제의 관계를 생각지 않고도 받아들일 수도 있다는 얘기다. 소위 "상업적인" 속죄론이 이와 같은 잘못된 이해 속에도 찾아들고 있다는 뜻이다. 그러나 분명히 말하건대 이것은 아주 잘못된 것이다. 성경은 우리가 그리스도와의 연합을 통한 인격적인 방법으로서만이 우리를 위해 행하신 그리스도의 구속사역을 내 것으로 만들 수 있으며 그렇게 됨으로 또한 의롭다 여김을 받는다고 가르치고 있다.

고린도전서 1:30에 이 점을 잘 설명하고 있다: "너희는 하나님께로부터 나서 그리스도 예수 안에 있고 예수는 하나님께로서 나와서 우리에게 지혜와 의로움과 거룩함과 구속함이 되셨으니." 우리가 우리를 위해 우리의 의가 되신 그리스도 안에 있기에 구속함을 얻은 것이다. 그리스도께서는 우리에게 의를 가져오실 뿐만 아니라 우리의 의이시다. 우리가 그 안에 있음으로서만이 의롭게 되는 것이다.

바울은 종종 이러한 생각에 이른다. 고린도후서에서 그는 "하나님이 죄를 알지도 못하신 자로 우리를 대신하여 죄를 삼으신 것은 우리로 하여금 저희 안에 하나님의 의가 되게 하려 하심이라"고 말하고 있다(고후 5:21). 고린도전서에서 그리스도가 우리의 의가 되셨다고 말한 반면에, 여기서 그는 우리가 하나님의 의가 될 수 있다고 주장하고 있다. 또한 단어의 쓰임이 주목할 만하다. 우리가 하나님의 의를 얻거나 함께 나누어 가지는 것이 아니라, 하나님의 의가 된다라는 사실이다. 그러나 이것은 그리스도 안에서만이 가능한 것이다. 우리가 그 안에 있을 때, 하나님은 우리를 죄 안에 있는 자로 보지않고, 그리스도 안에 있는 자로 보사 흠없이 의로운 자로 여기시는 것이다.

빌립보서 3장에서 바울은 그가 이전에 얻었다고 생각했던 수많은 것들, 즉 그의 출신성분을 바탕으로 한, 또한 그 자신의 업적에 근거한 많은 것들을 열거하고 있다. 비록 그가 이전에 얻었다고 생각했던 그 모든 것들에 의존해서 그가 그의 구원 역시 그 자신의 공로로 얻었다고 생각하였지만 이제 이 모든 것들을 그리스도를 위하여 해로 여길 수 있게 된 것이다:

> 또한 모든 것을 해로 여김은 내 주 그리스도 예수를 아는 지식이 가장 고상함을 인함이라 내가 그를 위하여 모든 것을 잃어버리고 배설물로 여김은 그리스도를 얻고 그 안에서 발견되려 함이니 내가 가진 의는 율법에서 난 것이 아니요 오직 그리스도를 믿음으로 말미암은 것이니 곧 믿음으로 하나님께로서 난 의라(8~9절).

바울은 더이상 "그 자신 안에서" 발견되어지기를 원치 않는다. 다시 말해서 하나님께서 그를 그 자신의 업적에 근거해서 판단하시기를 원치 않는다는 얘기다. 이런 식으로는 그가 결단코 의롭다 여김을 받거나 구원받을 수 없음을 알게 된 것이다. 이제 그는 "그리스도 안에서 발견되어지기를" 원하며, 그렇게 됨으로 "하나님께로부터 오는 의를" 얻고자 한 것이다. 우리가 오직 그리스도와의 연합을 통해서만이 의롭다 여김을 받는다는 사실을 이 구절만큼 분명하게 보여주는 구절이 없는 듯하다.

(4) 우리는 그리스도와의 연합을 통해서 거룩케 된다. 점진적 의미의 성화는 성령께서 믿는 자의 삶을 점진적으로 새롭게 하시며, 그로 하여금 하나님을 찬양하는 삶을 살도록 하시는 하나님의 역사라고 정의된다. 구원의 이러한 측면 역시 오직 그리스도와의 연합으로서만이 경험될 수 있다.

고린도전서 1:30을 다시 살펴보면 그리스도께서는 우리의 의가 되셨을 뿐만 아니라 우리의 거룩함이 되셨다고 기록되어 있음을 알 수 있다. 정말로 그리스도가 우리의 거룩함이시라면 그와 하나됨으로써만이 우리는 거룩해질 수 있는 것이다.

요한복음 15장에서 포도나무 비유를 통해서 예수님은 거룩케 된 삶을 열매를 맺는 삶으로 기술하고 계신다:

"가지가 포도나무에 붙어 있지 아니하면 절로 과실을 맺을 수 없음같이 너희도 내 안에 있지 아니하면 그러하리라 나는 포도나무요 너희는 가지니 저가 내 안에 내가 저 안에 있으면 이 사람은 과실을 많이 맺나니 나를 떠나서는 너희가 아무것도 할 수 없음이라"(4~5절).

우리가 그리스도 안에 계속 머물러 있을 때만이 우리는 하나님께서 우리를 부르신 거룩한 삶을 살 수 있는 것이다.

바울은 그리스도인의 성숙을 우리의 머리되신 그리스도 안에서 자라나는 것으로 표현하고 있다(엡 4:15). 우리가 그리스도와 더더욱 깊은 일체감을 가질 때 비로소 우리는 사랑과 지식과 하나됨에 있어서 성숙하며 성장할 수 있는 것이다. 이 사상이 고린도후서 5:17에 매우 잘 요약되어 있다: "그러므로 누구든지 그리스도 안에 있으면 새로운 피조물이라 이전 것은 지나갔으니 보라 새 것이 되었도다!"

그러나 그리스도와의 연합을 통한 성화라고 해서 우리가 우리의 개성을 잃어 버린다는 뜻은 아니다. 오히려 이 성화가 의미하는 바는, 우리의 재능과 여러 능력들이 점진적으로 다듬어지고, 발전되며, 순화되어 우리의 최상의 모습을 이룬다는 것이다. 이것을 스튜워트(James Stewart)는 이렇게 표현하고 있다: "그리스도와의 연합은 믿는 자의 개인적인 특질과 특성을 말살시키는 것이 아니라, 이러한 것들을 더더욱 선명하게 만든다."[10] 스미스(Lewis Smedes)는

---

10) Ibid., p. 166.

이 점을 더욱 생생하게 묘사하고 있다: "그리스도는 자신을 우리에게 나누어 주시되, 그 방법은 우리를 축소함 없이 변화시키시며, 우리로 하여금 신이 되게 하지 않으시면서도 우리를 변형시키시며, 우리를 그리스도되게 하지 않으시면서도 우리를 그리스도인이 되게 하시는 것이다."[11]

(5) 우리는 그리스도와의 결합을 통해 믿음의 삶을 견디어 낸다. 성경은 참다운 신자들은 하나님께서 보존하시되 그들로 하여금 끝까지 믿음의 삶을 견디어 낼 수 있기까지 보존하신다고 가르치고 있다. 그러나 이 견인의 축복은 오직 그리스도와의 연합을 통해서만이 경험되어질 수 있는 것이다. 예수님은 이것을 요한복음 10:27~28에서 분명히 말씀하고 계신다. "내 양은 내 음성을 들으며 나는 저희를 알며 저희는 나를 따르느니라 내가 저희에게 영생을 주노니 영원히 멸망치 아니할 터이요 또 저희를 내 손에서 빼앗을 자가 없느니라." 다시 말해서, 우리가 진정으로 그리스도 안에 있다면 우리는 언제나 그 안에 있게 될 것이라는 뜻이다.

이와 똑같은 사상이 바울의 그 유명한 위로의 말씀 중에 나타나 있다:

"내가 확신하노니 사망이나 생명이나 천사들이나 권세자들이나 현재 일이나 장래 일이나 능력이나 높음이나 깊음이나 다른 아무 피조물이라도 우리를 우리 주 그리스도 예수 안에 있는 하나님의 사랑에서 끊을 수 없으리라"(롬 8:38~39).

우리가 속해 있는 하나님의 사랑은 그리스도 안에 있는 하나님의 사랑임을 주목해야 한다. 오직 그리스도 안에서만이 이 사랑이 나타나며, 그리스도와의 연합으로만이 이 사랑이 경험되어질 수 있는 것이다. 그리스도 안에 우리가 있다면, 우리는 끝까지 견뎌낼 수 있을

---

11) *All Things Made New*, p. 188.

것이다. 왜냐하면 피조된 어떠한 능력이라도, 또한 미래의 어떠한 일이라도 ("현재나 미래의") 우리를 그리스도와 그리스도 안에 있는 하나님의 사랑에서 끊을 수 없기 때문이다.

(6) 심지어 우리는 그리스도 안에서 죽은 자들이다. 로마서 14:8에서 우리는 "우리가 살아도 주를 위하여 살고 죽어도 주를 위하여 죽나니 그러므로 사나 죽으나 우리가 주의 것이다"라는 사실을 배우게 된다. 여기서 바울은 우리가 주를 위하여 죽는다라고 말하고 있을 뿐만 아니라 우리가 죽은 후에도 우리가 계속적으로 주의 것이라고 말하고 있는 것이다. 이 사상은 하이델베르그 교리문답에서도 생생하게 표현되고 있다:

문) 살거나 죽거나 당신의 유일한 위안은 무엇입니까?

답) 나의 몸과 영혼이 살든지 죽든지, 나는 내 자신에게 속한 것이 아니라 나의 신실하신 구원자 예수 그리스도께 있다는 것이 나의 유일한 위안입니다.[12]

그러기에 데살로니가전서 4:16에서 바울이 죽은 성도들을 "그리스도 안에서 죽은 자들"이라 부르고 있음은 놀랄 일이 아니다. 이 사상이 요한계시록 14:13에서도 동일하게 나타나 있다. "자금 이후로 주 안에서 죽는 자들은 복이 있도다." 심지어 우리가 죽을 때에도 그리스도 안에서 죽는 것이다.

(7) 우리는 그리스도와 함께 다시 살아남을 받을 것이다. 물론 어떤 의미에서 믿는 자들은 이미 그리스도와 살아남을 받은 자들이다. 스튜워트가 적절하게 표현하고 있듯이, 이미 이생에서 믿는 자들은 "그리스도와의 교제가 주는 낭만과 경이 그리고 감동적인 환희 속에서 매일의 삶을 살기 시작했다.[13] 그러나 그리스도의 재림 날에 있을

---

12) Heidelberg Catechism, 질문과 응답 1.
13) *A Man in Christ*, p. 192.

다가올 육체의 부활은 여전히 남아 있는 것이다. 이 육체의 부활 역시 그리스도 안에 있는 부활이다. 이것을 우리는 고린도전서 15:22에서 알 수 있다. "아담 안에서 모든 사람이 죽은 것같이 그리스도 안에서 모든 사람이 생명을 얻으리라." 여기서 바울이 불신자의 부활을 얘기하고 있는 것이 아니다. 그의 현안 관심은 그리스도에게 속한 자들의 부활이다(참고, 23절). 우리의 머리되신 그리스도께서 죽은 자들 가운데서 살아나셨기에, 그에게 속한 우리들도 또한 육체의 부활을 경험케 될 것이다. 그러나 이 부활은 그리스도 안에서 부활, 즉 그와의 교제와 연합을 통한 부활인 것이다.

(8) 우리는 그리스도와 함께 영원토록 영화롭게 되어질 것이다. 골로새서 3:4에서 바울은 "우리의 생명이신 그리스도께서 나타나실 그 때에 너희도 그와 함께 영광 중에 나타나리라"고 말하고 있다. 다시 말해서 하나님의 백성들이 누릴 미래의 영화로움은, 그리스도의 마지막 영화로움을 함께 하는 것이라는 뜻이다. 데살로니가전서 4:16~17은 그리스도께서 장차 재림하실 때에 되어질 일들을 기록하고 있다. "주께서 호령과 천사장의 소리와 하나님의 나팔로 친히 하늘로 좇아 강림하시리니 그리스도 안에서 죽은 자들이 먼저 일어나고 그 후에 우리 살아 남은 자도 저희와 함께 구름 속으로 끌어올려 공중에서 주를 영접하게 하시리니 그리하여 우리가 항상 주와 함께 있으리라." 다시 말해서 미래의 영광은 다름아닌 그리스도와의 연합의 풍성함이 계속적으로 펼쳐지는 것을 말한다. 우리를 위해 준비되어진 미래의 일들의 많은 것들이 성경에 기술되어 있지 않음이 사실이다. 그러나 분명한 것은 우리가 그리스도의 영광을 같이하며 그 안에 그리고 그와 함께 영원히 살 것이라는 점이다.

요약컨대 우리는, 그리스도와의 연합은 그 원천이 창세 이전에 그리스도 안에서 하나님이 우리를 택정하심에 있으며, 그 목표는 그리스도와 함께 영원토록 영화롭게 됨에 있다고 말할 수 있다. 그리스도와의 연합은 영원 전부터 계획되어졌었고 또한 영원토록 계속되어진다. 그러므로 이 연합은 그리스도인으로서의 우리의 삶을 의미있게 하며 즐겁게 하고, 또한 승리하도록 만드는 것이다. 우리는 이 땅에 순례자요, 나그네들이다. 그러나 그리스도께서 우리 안에 영원토록 살아 계시는 것이다.

4. 그리스도와의 연합의 중요성

일단 여러분의 눈이 그리스도와의 연합이라는 개념에 열리기 시작하면 신약성경 어느 곳에서도 그것을 발견할 수 있게 된다. 이 개념은 특별히 바울서신에서 중요한 위치를 차지하고 있다. 일반적으로 사도 요한을 가리켜 그리스도와의 연합을 강조한 작가라고 생각하지만 이러한 강조점이 바울에게는 결핍되어 있다고 생각하는 것은 큰 잘못이다. 사실상 "그리스도 안에"(en Christo)라는 표현구는 요한의 저술 가운데는 나타나지 않는다. 반면에 이 표현구와 또한 이와 비슷한 표현인 "주 안에"(en Kyrio), 혹은 "그 안에"(en auto)는 바울서신 전체에 걸쳐 164번 나온다[14] (그러나 그리스도를 가리키는 "내 안에"⟨en emoi⟩라는 표현구는 요한의 복음서에 자주 등장하며 "그 안에"⟨en auto⟩는 종종 요한 서신들에서 발견되어진다).

"그리스도 안에"(en Christo)란 문구의 중요성을 통계적으로 발견한 사람은 아돌프 다이스만(G. Adolf Deissmann)인데 그는 1892년에 *Die Neutestamentliche Formel "in Christo Jesu"*("그리스도 예수 안에"라는 신약의 용법)라는 책을 저술하였다. 그는 특별히 헬라어 문헌에 나타난 여격전치사 "안에"(en)의 용법을 연구하였는데 그 연구의 결론은 바울이 전문적이고 종교적인 표현양식의 창시자로서 그 전치사를 사용하였다는 것이다.[15] 그의 연구에 의하면 예수와의 교제

---

14) G. Adolf Deissmann, *Die Neutestamentliche Formel "in Christo Jesu"*(Marburg: N. G. Elwert, 1892), p. 3.
15) Ibid., p. 70.

를 표현하기 위하여 공관복음서들은 전치사 with(함께)를 쓰고 있는 반면에 바울은 고정적으로 전치사 in(en, "안에")을 쓰고 있다. "그리스도 안에"라는 표현구는 바울서신에 있어서 가장 특징적인 문체라고 다이스만은 결론짓고 있다.

바울의 글 중에서 그리스도와의 연합이 차지하는 비중이 적지않게 크기 때문에 어떤 학자는 이 교리가 바울신학의 열쇠라고까지 말한다. 제임스 스튜워트의 책 「그리스도 안에 있는 인간」(A Man in Christ)은 이 주제에 관한 고전적 저서라 할 수 있다. 그 책의 서문으로부터 몇 줄 인용하고자 한다: "칭의교리, 선택교리, 종말론 혹은 그 어떤 큰 사도적 주제보다도 그리스도와의 연합이라는 주제가 바울의 사상과 경험을 이해하는 데 실질적인 열쇠가 된다는 확신이 계속적으로 내게 다가 왔었다."[16] 바울에게 있어서 기독교란 사변적 체계가 아니라 새로운 질의 삶, 즉 그리스도 안에 있는 삶이었다고 스튜워트는 말한다. 바울은 이러한 새로운 삶의 특질을 다음과 같이 묘사하고 있다: "이제는 더이상 내가 사는 것이 아니요 오직 그리스도께서 내 안에 사시는 것이라"(갈 2:20); "내게 있어서 사는 것은 그리스도라"(빌 1:21).

스튜워트는 계속해서, "우리는 그리스도와의 연합교리를 바울종교의 대들보일 뿐 아니라 바울의 윤리의 닻이라고 간주할 수 있다."[17]고 말한다. 그는 이 사상을 좀더 발전시켜, 바울에게 있어서 그리스도와 연합한다는 것은 죄에 대한 그리스도의 태도를 자기의 것으로 소유한다는 것을 의미하며,[18] 최상의 명령에 대한 윤리적 동기에 의해 움직인다는 것을 의미하며,[19] 능력의 근원을 붙잡는다는 것을 의

---

16) *A Man in Christ*, p. vii.
17) Ibid., p. 194.
18) Ibid., p. 196.
19) Ibid., p. 197.

미하며,[20] 죄와의 평생적인 다툼 속에 종사한다는 것을 의미한다.[21] 스튜워트는 그의 책의 이 부분을 다음과 같이 요약하고 있다:

> 아마 바울은 그리스도인이란 예수 그리스도와 연합함으로써 이상적으로 그가 될 수 있는 경지를 좀더 실질적이고 보일 수 있고 확신할 수 있게 되기 위하여 날마다 노력하는 사람이라고 말했을 것이다… 그리스도와의 관계성이 그를 절제시킨다. 이것은 사실일 뿐만 아니라 의무이다. 이것은 현존하는 실체인 동시에 추구하는 이상이기도 하다…"당신은 그리스도 안에 있는가?"라고 바울이 신자들에게 말한다. "그렇다면 정말로 그리스도 안에 있는 사람이 되라!"[22]

그러나 그리스도와의 연합이 단순히 개인주의적 의미로만 이해되어서는 안된다. 물론 개개인의 갱신을 가져오긴 하나 그보다 훨씬 더 포괄적이다. 궁극적으로 그리스도와의 연합은 전 우주의 새롭게 됨과 새로운 창조를 포함한다. 루이스 스미스는 이점을 잘 표현하고 있다:

> "그리스도 안에서 새로운 피조물"이란 친숙한 문구는 내가 확신에 차 있을 때 내 안에 일어난 그 무엇에 대한 슬로건으로만 쉽게 사용되어서는 안된다. 그리스도의 새로운 창조의 디자인은 너무나도 크고 포괄적이어서 단순히 내 영혼 안에 일어난 일들을 담기에는 너무 엄청나다. 아무리 적고 조그마한 역사라도 그 디자인에 목적이 담겨져 있으며, 엄청난 문화적 사건이라도 그 창조의 도안 속에 담겨진다. 그리스도 안에 있음으로 우리는 그 분의 은혜로 말미암아 새로운 운동의 한 부분이 된다. 이 거대한 움직임은 새 하늘과 새 땅을 향하여 굴러 가

---

20) Ibid.
21) Ibid., p. 198.
22) Ibid., p. 199.

는데 그 곳에서는 모든 것이 바르게 되며 그 분이 만유 가운데 만유가 되신다."[23]

그리스도와의 연합교리는 우리로 하여금 그리스도 사역의 두 개의 중요한 측면 사이에서 균형을 잘 잡도록 도움을 준다; 아마 법적인 (legal) 측면과 역동적인(vital) 측면이라 부를 수 있을 것이다. 터툴리안(Tertullian)이나 안셈(Anselm)과 같은 신학자들로 대표되고 있는 서방측 기독교회는 그리스도 사역의 "법적" 측면을 강조하는 경향이 있었다. 죄의 측면에 대해 이런 신학자들이 강조하려는 부분은 죄책(guilt)이었고 이 죄책은 그리스도께서 그의 속죄를 통해서 제거하셨으며, 이렇게 함으로써 그리스도께서 죄책에 대한 만족을 성취시키시고 우리의 빚을 갚으셨다. 따라서 두드러진 구원론적 축복은 칭의이며 교회력 가운데 가장 중요한 날은 수난 금요일로 생각되었다. 한편 이레니우스(Irenaeus)와 아타나시우스(Athanasius)와 같은 신학자들로 대변되는 동방교회는 그리스도 사역의 "생동적" 혹은 "삶을 같이 하는" 측면에 강조를 두는 경향이 있었다. 이런 신학자들이 강조하는 죄의 측면은 오염(pollution)인데 이 오염은 그리스도께서 성육신을 통하여 우리와 연합함으로써 제거하셨다. 특별한 구원론적 축복으로는 성화를 들며 교회에서 가장 중요한 축제의 날은 부활절이었다. 서방교회에 있어서 그리스도인 생활의 중심적 혜택은 죄를 용서받는 일로 간주된 반면에 동방교회에서는 영원한 생명이었다. 서방교회에서는 우리를 위한 그리스도에 강조를 두는 한편 동방교회는 우리 안에 있는 그리스도를 축하하는 경향이 있다.

우리는 항상 그리스도 사역의 이 두 가지 측면들을 간직해야만 한다: 법적 측면과 역동적 측면, 우리를 위한 그리스도와 우리 안에 계신 그리스도이다. 서방교회 전통에 서 있는 우리로서는 아마도 우리 구세주의 사역의 법적 측면을 지나치게 강조하고 활력적이며 삶

---

23) *Union with Christ*, p. 92.

을 공유하려는 측면에 대해선 적은 관심을 두었다고 말할 수 있다. 그리스도와의 연합교리는 우리로 하여금 이 두 가지 양상을 균형있게 갖도록 도움을 줄 수 있다. 마치 어떤 사람이 지나간 외상을 갚아 주기라도 하듯이 그리스도께서 우리의 구원을 위하여 값을 지불하려고만 이 땅에 오신 것은 아니다. 우리를 그와 살아있는 연합 속으로 이끌어 항상 함께 하시기 위함도 있다. 그리스도와의 연합을 통하여 우리는 각종 영적 축복들을 갖는다. 그리스도께서는 갈보리 십자가에서 오래 전에 우리를 위하여 죽으셨을 뿐만 아니라 지금부터 영원히 우리의 마음 속에 살아 계신다.

제 5 장

복음의 초청

　복음의 초청은 모든 사람에게 전달되어야 한다. 예수님은 그의 지상대명령(Great Commission)을 통하여 제자들과 모든 세대의 교회들을 향하여 "가서 모든 족속으로 제자를 삼으라"고 말씀하셨다. 비록 개혁주의 신앙을 지켜온 교회들이 변함없이 하나님께서 은혜로 창조 이전에 그의 백성을 택하셨다는 무조건선택론과 그리스도께서 하나님의 백성으로 선택된 자들의 죄를 사하셨다는 제한속죄론의 교리를 지지해 왔으나, 이 교회들 역시—간혹 몇 교회를 제외하곤—복음의 초청은 누구든지 말씀을 듣는 자들에게 보내져야 한다고 인정하고 있다.
　복음이 모든 이에게 전파되어야 한다는 것은 성경이 분명히 가르치고 있다. 이러한 복음의 일반성을 선택의 특수성의 문제와 어떻게 적응시킬 수 있느냐 하는 문제는 별개의 문제이다. 그러나 말씀전파의 표준은 항상 계시된 하나님의 뜻이어야 한다. 궁극적으로 볼 때 구원이 모든 사람에게 제시되고 있는 사실과 복음전파의 결과가 이미 결정되었다는 사실이 어떻게 조화를 이룰 수 있겠는가하는 문제는 하나님이 하실 일이다. 우리는 하나님께서 사람들을 구원의 길로 이르게 하기 위해 제정하신 방법들을 벗어날 수가 없다. 이 방법들 중 가장 중요한 것이 바로 복음의 전파라는 것이다.
 "복음의 초청"은 다음과 같이 정의되어질 수 있다: 그리스도 안에 있는 구원을 사람들에게 제의하는 일, 회개와 믿음으로 그리스도를 영접하라는 초청, 그렇게 함으로써 그들로 하여금 죄의 용서와 영생을 받도록 하게 하는 일이다.[1] 따라서 우리는 다음과 같은 세 가지 요소를 구별할 수 있을 것이다:

(1) 복음의 진상과 구원의 길의 제시

그리스도가 우리의 구원을 위하여 행하신 일은 명확하고도 조심스럽게 제시되어야 한다. 이것은 오늘날의 사람들이 알아 들을 수 있는 언어를 통해 전달되어야 하며 현시대의 필요와 문제점들에 상관이 있는 방법을 통해서 전달되어야 한다. 그러나 아무리 현실적인 접근방법을 취한다 하더라도 설교자는 무엇보다도 먼저 성경에 충실해야 한다. 십자가에 달리신 그리스도의 메시지가 때때로 청중들에게 무관하거나 감정을 건드리는 듯이 보일 때도 있을 것이다. 우리가 죄인이며 본성적으로 하나님의 진노의 대상이며 우리 자신의 힘으로는 이 곤경의 상태에서 벗어날 수 없다는 선언을 듣는 것이 결코 상쾌한 일은 아닐 것이다. 바울도 이 사실을 알았으나 계속해서 이 복음을 전파하였으며 때로는 이 복음전파가 어떤 사람들의 감정을 건드린 것도 사실이다: "우리는 십자가에 못박힌 그리스도를 전하니 유대인에게는 거리끼는 것이요 이방인에게는 미련한 것이로되 오직 부르심을 입은 자들에게는 유대인이나 헬라인이나 그리스도는 하나님의 능력이요 하나님의 지혜니라"(고전 1:23~24).

(2) 회개와 믿음으로 그리스도께 나아오라는 초대

복음초청은 소개 자체에서 끝나면 안된다: 반드시 간절한 초대가 따라야 한다. 예수님 자신이 회개와 믿음으로 그에게 오라고 사람들을 부르신다: "수고하고 무거운 짐진 자들아 다 내게로 오라 내가

---

1) Berkhof, ST, p. 459로부터 채용함.

너희를 쉬게 하리라"(마 11:28). 말씀을 전하는 사람은 죄의 심각성을 축소해서는 안된다. 반면에 더욱 강조해야 할 것은 진실된 회개의 중요성이다. 분명히 밝혀 두어야 할 것은 믿음이 어떤 진리에 대한 지적 동의에 불과한 것이 아니며 그 분의 사역에 대한, 사명감을 동반한 전 인격적인 그리스도의 받아들임이라는 것이다.

그러나 복음의 초대는 동시에 왕에게서 오는 출두의 명과 같은 하나의 명령이기도 하다. 이 점에 대해서 대잔치의 비유에서 예수님이 어떻게 말씀하시는지 살펴보자: "주인이 종에게 이르되 길과 산울가로 나가서 사람을 강권하여 데려다가 내 집을 채우라"(눅 14:23). 복음의 초대는 누가 볼링치러 가자는 초대처럼 응하거나 거절할 수 있는 성질의 것이 아니요, 만물의 주로부터 내려진 구원을 위해 그에게 오라는 명령인 것이다. 이 명령에 대한 거절의 값은 오직 영원한 멸망이다.

기성교회 교인들에게 말씀을 전하는 목회자가 그리스도로 말미암아 구원에로의 초대를 권면할 필요가 없다는 생각은 큰 오산이다. 말씀전파에 있어서의 이와 같은 극단들에 대해서 바빙크는 다음과 같이 중요한 점들을 지적하고 있다.[2] 잘 균형잡힌 설교는 언약적 중요성과 복음전도적 중요성을 함께 연합하여 강조할 수 있는 설교이어야 한다고 그는 말한다. 이전에 복음을 듣지 못한 사람들을 대상으로 하는 설교에서 설교자는 그들을 믿고 회개하라고 초대하는 데서 끝나는 것이 아니라 그들을 믿음 안에서 잘 성장하도록 이끌어 주어야 한다. 반면에 이미 자리잡힌 교회의 교인들을 향한 설교에서는 설교자가 단지 그들을 믿음 안에서 세우는 것이나 그들이 지니고 있다고 가정된 믿음에 관해 논하는 것에 만족하면 안된다. 교회 내의 교인들에게 전해지는 설교에도 항상 믿음과 회개를 촉구하는 간

---

2) *Roeping en Wedergeboorte*(Kampen: Zalsman, 1903), pp. 157~87. 이에 대한 영문판 해설은 "Two Types of Preaching," *Reformed Journal*, Vol. 5, No. 5(May 1955), pp. 5-7을 보라.

절한 권고가 있어야 한다. 설교자는 교회 내의 모든 교인이 구원을 받았다고 추정해서는 절대 안된다. 이것은 신중하지 못한 태도이다. 아직 그리스도께 삶을 맡기지 않은 어린 아이들이나 청소년들이 항상 거기에 있을 것이며 어른들 중에서도 주님을 위해 뚜렷한 결심을 하지 않은 사람들이 종종 있다는 사실을 기억해야 한다. 이런 사람들에게도 역시 말씀은 선포되어야 하며, 또 주님께 나오라고 권고하며 인도해 주어야 한다.

(3) 용서와 구원의 약속

누구든지 복음초청에 응하는 사람은 죄의 용서와 주님과의 교제 속의 영원한 삶을 얻는다는 약속이 반드시 복음초청의 내용으로 포함되어야 한다. 하지만 이 약속은 회개하고 믿을 때에만 용서와 구원을 받는다는 조건적 약속이다. 회개와 믿음에 대해서는 본서의 뒷부분에서 더 자세히 다루어질 것이다. 내가 복음초청에 포함된 약속이 조건적이라 칭한다 해서 이 조건이 인간 자신의 힘으로 실행할 수 있는 종류의 것이라는 뜻은 아니다. 하나님 한 분만이 이 복음초청을 듣는 자들로 하여금 회개하고 믿게 하실 수 있다. 그러므로 듣는 이들은 하나님께서 그들이 회개하고 믿게 하시도록 기도해야 하며, 그렇게 하실 때에 그를 찬양해야 한다. 하지만 전하는 자가 듣는 자들에게 확실히 밝혀 두어야 할 것은 이 조건이 실행되어야만 축복을 받을 수 있다는 사실이다.

1. 복음초청은 듣는 사람 모두를 초대한다.

그렇다면 복음초청의 특성들은 무엇인가? 첫째는 복음초청이 일반적이며 보편적이라는 점이다. 다시 말해서, 듣는 자 모두에게 전달된 초대라는 것이다. 이 점은 혼인잔치의 비유(마 22:1~14)와 대잔치 비유(눅 14:16~24)에 명백히 나타나 있다. 이 두 비유는 각각 복음초청을 설명하는 비유이다. 물론 이 두 비유가 간혹 서로 차이

점을 보이고 있기는 하나 근본적 메시지는 동일하다: 어떤 사람이 (마태는 "왕"으로, 누가는 단순히 "한 사람"으로 기록) 많은 사람을 잔치에 초대해 놓고 그의 종들(누가는 종)에게 명하기를, 가서 초대된 손님들을 모셔 오라고 하였다. 초대받은 손님들이 오기를 거절하자 주인은 다시 종(종들)을 시켜 거리와 마을의 골목, 시골길로 나가 본래 초대된 사람들 이외의 다른 사람들을 잔치석상에 불러와 집을 채우라고 명한다.

이 두 비유에서 각각 *kaleo*라는 단어가 사용되고 있는데 잔치에 초대된 손님들을 "부른다"는 뜻이다(마 22:3; 눅 14:17). 마태복음서에서는 실제로 이 동사의 두 가지 형태가 혼합되어 있다: 왕은 그의 종들을 시켜 "청한(called) 사람들을 혼인잔치에 부르라(call)" (*kalesai tous keklemenous*)고 하였다. 이와 같이 잔치에 참석하라는 초대는 처음에 초청받은 모든 사람들에게 반복적으로 전달되었다. 그러나 이 사람들은 모두 오기를 거절하였으나 나중에 초대받은 사람들은 연회장에 오게 된다. 이 두 비유에서는 똑같이 먼저 초대를 받았으나 오지 않았던 사람들을 다루고 있다. 예수께서는 마태복음 22:14에 이 사실을 특징적으로 요약하여 말씀하신다: "청함을 받은 자는 많되 택함을 입은 자는 적으니라."

이렇게 볼 때 이 두 비유는 복음초청에 관해 말하고 있는 것이 분명하다. 처음 초청을 받은 사람들은 하나님의 옛 언약 백성인 유대인을 의미하는데 이들은 선지자들, 제사장들 그리고 하나님을 두려워하는 왕들을 통해 일찍이 부르심을 받은 사람들이었으며 이제와서는 그리스도와 제자들에 의해 다시 한번 부르심을 받고 있었던 것이다. 두 비유에서 먼저 초대된 이들 모두가 오기를 거절한다. 나중에 초청받은 이들은 누구일까? 마태복음서와 누가복음서에 의하면 이들은 유대인은 유대인이로되 첫번째 그룹에 끼지않은 사람들—세리들, 죄인들 등—을 가르키는 듯하다. 이 둘째 그룹의 사람들은 기꺼이 잔치에 나온다. 단지 누가복음서에만 언급되고 있는 세번째 그룹의 사람들(길과 산울가에 있는 사람들)은 후일에 교회가 그리스도의 지상대명령을 완수하게 될 즈음에 복음을 듣게 될 이방인들을 상징한다고 할 수 있다(마 28:19~20). 그러므로 마태복음 22장과 누가복음 14장에서 예수님은 복음초청을 받아들이라고 청함을 받으나 그것을 거절하는 자가 많다는 사실을, 다시 말해서 복음이 모든 사람에게 전파되어지는 일반적 초청이 있음을 가르쳐 주고 있다. 이 점과 연관하여 마태복음 11:28을 주목해 볼 필요가 있다: "수고하고 무거운 짐진 자들아 다 내게로 오라 내가 너희를 쉬게 하리라." 비록 자신들의 죄된 상태를 인정하는 자만이 그리스도께 나아올 수 있지만, 복음초청은 자신들의 상태를 깨닫든지, 못 깨닫든지 상관없이 "수고하고 무거운 짐진 모든 자들"에게 전달되고 있다.

사도행전 17:30도 명령형태로 일반적, 보편적 복음의 부르심에 관해 말하고 있다: "알지 못하던 시대에는 하나님이 허물치 아니하셨거니와 이제는 어디든지 사람을 다 명하사 회개하라 하셨도다. 성경의 맨 마지막 장도 긴급하게 사람을 부르고 있다: "성령과 신부가 말씀하시기를 '오라' 하시는도다 듣는 자도 '오라' 할 것이라"(계 22:17). 그러므로 복음의 부르심과 촉구는 말씀이 전파되고 가르쳐지는 모든 사람들에게 간다.

설교자나 선교사가 복음을 전달할 때 단지 성경에서 "선택자"(하나님께서 구원하시기로 정한 사람들)라고 부르는 사람들에게만 복음초청을 국한해서는 아니된다. 그는 누가 선택받은 사람인지를 알지 못하기 때문이다. 설교자는 모든 사람들에게 말씀을 전한다. 모든 청중들에게 구원받도록 초청한다. 두말할 필요도 없이 설교자나 선교사들은 복음초청이 전달되는 모든 사람이 구원받게 되기를 간절히 소원할 것이다. 그런데 문제는 하나님 편에도 그러한 간절한 바램이 있겠는가 하는 것이다. 복음을 듣는 모든 사람들이 다 회개하고 믿어 구원에 이르기를 하나님께서도 간절히 바라시는가?

이 질문에 대해 미국과 화란 그리고 영국의 많은 개혁주의 신학자들 가운데서 서로 다양한 의견들이 제출되어 왔다.[3] 미국적 상황에만 국한시킨다면 고 헤르만 훅스마와 그의 교파인 Protestant Reformed Church를 들 수 있는데 그들은 하나님께서 복음이 제시된 모든 사람들이 구원받기를 진지하게 바라시지 않는다고 가르친다. 그러나 대부분의 개혁주의 신학자들과 마찬가지로 기독개혁교단 (Christian Reformed Church)은 하나님께서 복음제시를 받은 모든 사람들이 구원받기를 진지하게 바라신다는 사실을 확고히 천명하였다. 이제 복음초청의 두번째 특성을 살펴보기로 하자.

2. 복음의 초청은 진지하게 의도되었다.

이상과 같은 논쟁을 이해하기 위해서 먼저 이 점에 관한 훅스마 입장을 살펴보자. 훅스마에 의하면 복음초청은 결코 사람들에게 발송된 일이 없다는 것이다. 만일 복음이 사람들에게 초청장처럼 전달된 것이었다면 이 복음이 전달된 모든 사람들은 이 초청을 그들 자신의 힘으로 받아들일 수 있었을 것임을 암시한다는 것이다. 그러나 훅스마에 의하면 이러한 주장은 옳지 않다. 하나님께서 영원 전부터 구원하시기로 선택한 사람들만이 복음초청을 받아들일 수 있는 능력이 주어졌다. 그러므로 이 복음초청은 은혜와 구원을 모든 사람에게 제시하는 보편적 제의가 아니라 하나님의 명백한 뜻에 따라 어떤 이

---

3) 소위 잘 의도된 복음제시를 부인하는 개혁주의 신학자들의 입장에 관해서, Herman Hoeksema, *The Protestant Reformed Church in America*, 2nd ed. (Grand Rapids, 1947), pp. 317-53; *Reformed Dogmatics* (Grand Rapids: Reformed Free Publishing Association, 1966), pp. 465-68; "*Whosoever Will*" (Grand Rapids:Eerdmans, 1945). Cf. also Klaas Schilder, *Heidelbergsche Catechismus*, Vol. 2(Goes: Oosterbaan and LeCointre, 1949); Peter Toon, *The Emergence of Hyper-Calvinism in English Nonconformity, 1689-1765*(London: The Olive Tree, 1967)을 보라.

에게는 생명에서 생명으로 이르는 냄새요 또다른 이에게는 죽음에서 죽음에 이르게 하는 냄새라는 것이다.[4]

헤르만 훅스마의 신학은 선택과 유기라는 이중적 신의(神意: decree)를 지나치게 인과관계에 놓은 결과 때문이라는 점을 우리가 기억해야 할 것이다.[5] 선택과 유기라는 하나님의 영원한 뜻을 주장하면서 한편으로는 복음이 모든 사람에게 진지하게 제공되고 있다고 주장하는 일은 양립할 수 없는 불가능한 논리라고 그는 주장한다. 그러한 제의를 말한다는 것은 하나님께서 복음을 듣는 모든 자들이 구원받아야 할 것을 원하시며 따라서 복음을 듣는 모든 사람들을 향하여 호의적 입장을 보여주신다는 것을 암시한다. 그러나 만일 이것이 그러하다면 복음이 전달된 어떤 사람들의 마음을 하나님께서 강퍅하게 하셨다는 성경의 예들을 어떻게 설명할 수 있겠는가라고 훅스마는 공박한다. 어떻게 하나님께서 버림받은 유기자들을 향하여 은혜로운 입장을 보이실 수 있겠느냐는 주장이다. 실상 훅스마는 하나님께서 유기자들에게는 어떠한 종류의 은총의 표식도 주시지 않으신다고 주장하는 것이다. 이 세상에서 하나님께서 유기된 자들에게, 또는 그들을 위하여 행하시는 일이란 아주 신중하면서 고의적으로 그들이 영원한 저주에 처하도록 준비하시는 것이다.[6]

또한 훅스마에 의하면 복음이 진지하게 사람들에게 제의되었다(듣는 사람은 누구든지 구원에 이르도록)는 주장은 제한속죄교리와 상충되고 있다고 한다.[7] "정말로 구원에 이르게 되는 복음의 진지한

---

4) De Jong, *The Well-Meant Gospel Offer*, pp. 42-43.
5) 선택이란 하나님께서 어떤 특정한 숫자의 사람을 이 세상 창조 전부터 구원하시기로 선택하였다는 것을 의미한다. 반면에 유기란 하나님께서 어떤 사람들을 은혜를 분배받는 일에서 지나가도록 하시어 그들의 죄들 때문에 그들을 저주하시기로 이 세상 창조 전부터 결정하셨다는 것을 의미한다.
6) De Jong, *Well-Meant Offer*, pp. 43-45.
7) 개혁주의 신학자들에 의해 가르쳐지는 이 제한속죄교리는 종종 "한정된

제의를 받아들인 사람들은 속죄가 제한되어 있다는 것을 믿음으로 고백하며 그리스도께서 오직 택정함을 받은 자들만을 위해 죽으셨다는 사실을 고백한다. 그러나 반면에 그들은 또한 하나님께서 진실된 마음으로 그리고 좋은 의도로 구원을 모든 사람들에게 제의하신다는 것도 주장한다."[8] 훅스마는 이 두 가지 교리를 연합하는 일이 불가능하다고 생각한다. 이 두 가지 교리는 서로 충돌하기 때문이라는 것이다.

훅스마에게 있어서 이중예정론(선택론과 유기론)을 말하면서 유기자들에게 은혜를 제의하는 복음전파를 동시에 함께 말한다는 것은 불가능한 일이다. 그러면 복음전파가 제의가 아니라면 무엇이란 말인가? 복음전파(설교)는 특수한 약속에 연결되어 있는 보편적 선포(모든 사람에게 전해지는)라 할 수 있다. 이 선포 속에는 복음에 계시된 진리에 관한 여러가지 사항들이 포함된다. 즉 복음전파는 하나님께서 믿음이라는 길을 통해 그의 선택자들을 구원하실 것이며 반면에 복음을 거절하는 유기자들을 유죄에 처하신다는 선언이다.[9]

훅스마에 따르면, 복음의 약속이 그것을 듣는 모든 사람에게 온 것은 아니다. 이 약속은 결코 보편적인 것이 아니다. 이 약속은 항상 특수한 것이다. 설교와 복음전파는 결코 유기자들을 향하여 은혜일 수가 없다. 설교와 복음전파는 그 자체에 있어서 축복도 저주도 아니다. 그것은 중립적이라 할 수 있는데 항상 유기자들에게는 저주로, 선택자들에게는 축복으로 바뀐다.[10]

훅스마의 견해를 요약하여 말하자면, 하나님께서는 복음이 전달된

속죄"(definite atonement)라고도 불려진다. 이 교리에 의하면 속죄의 목적은 선택받은 자만 구원에 이르게 하고 따라서 그리스도의 구원사역은 특별히 자기 백성들만을 위한 사역이었다고 가르친다.
8) Hoeksema, "Whosoever Will," p. 148.
9) De Jong, Well-Meant Offer, pp. 47-48.
10) Ibid., p. 49.

모든 사람이 구원받도록 원하시지는 않는다; 오직 선택자만이 구원되기를 원하신다는 것이다. 따라서 복음은 그것을 듣는 모든 사람들에게 구원을 정말로 제공하는 것으로 의도된 것은 아니라고 그는 주장한다.

이 점에 관해 미국 기독개혁교단은 훅스마의 주장을 문제 삼아 대부분의 개혁주의 신학자들의 견해와 동의하는 다음과 같은 주장을 결정하였다: 복음의 전파행위는 설교자의 입장에서만이 아니라 하나님의 입장에서도 마찬가지로 그것을 듣는 모든 사람들에게 구원을 제의하는 좋은 의도로 행해지는 것이며, 하나님께서는 복음초청이 전달되는 모든 사람이 구원되기를 진지하고도 간절하게 원하신다.

좋은 의도로 제의되는 복음초청은 어디에 성경적 기반을 두고 있는가? 먼저 에스겔서로부터 두 곳을 살펴보자. 첫번째 구절은 에스겔 18:23인데 질문형식으로 되어 있다: "나 주 여호와가 말하노라 내가 어찌 악인의 죽는 것을 조금인들 기뻐하랴 그가 돌이켜 그 길에서 떠나서 사는 것을 어찌 기뻐하지 아니하겠느냐?" 에스겔 33:11은 이 질문에 대한 대답을 제공하고 있다: "주 여호와의 말씀에 나의 삶을 두고 맹세하노니 나는 악인의 죽는 것을 기뻐하지 아니하고 악인이 그 길에서 돌이켜 떠나서 사는 것을 기뻐하노라 이스라엘 족속아 돌이키고 돌이키라 너희 악한 길에서 떠나라 어찌 죽고자 하느냐 하셨다 하라."

에스겔이 말하고 있는 대상은 하나님께 대하여 수치스럽게도 부정을 저질러 바벨론에 포로로 잡혀간 유다 남방 왕국의 백성들이었다. 선지자는 그의 동포들에게 죄를―특히 우상숭배의 죄들과 언약파기의 죄들―회개하고 하나님께로 돌아오라고 호소하고 있다. 이상의 두 구절에 역력히 나타나 있는 하나님은 결코 참회치 않는 죄인들이 죽는 것을 기뻐하는 하나님이 아니시다. 오히려 그들이 악한 길에서 떠나 살기를 원하시는 분이시다. 이 말씀들이 비록 이스라엘 백성들에게 전해진 말씀이긴 하더라도 그렇다고 해서 이스라엘 가운데 오직 "택함을 받은 자들"에게만 실제적으로 전해지도록 의도되었다고 추정해야 할 아무런 이유가 없다. 바벨론에 있는 모든 이스라엘 백성들이 위에서 정의된 의미의 선택자들이라고 주장하는 것은 로마서 9:6("이스라엘에게서 난 그들이 다 이스라엘이 아니라")의 바울의 말이나 성경전체의 가르침과는 모순이 된다. 성경이 주는 강한 인상은 포로로 잡혀간 대부분의 유대인들은 한결같이 우상숭배와 불순종에 빠진 언약파기자들이라는 사실이다. 따라서 선지자가 하나님께서는 악한 자의 죽음을 기뻐하지 않는다고 말했을 때, 그가 염두에 두고 있는 악인이 단지 "택함받은 자들로서의 악인"을 의미했을 것이라는 논리는 그 근거가 희박하다. 그렇다면 요점은 분명하다: 하나님은 복음을 듣고도 회개치 않는 자들의 죽는 것을 기뻐하지(chaphets) 않으시며 오히려 회개하고 그에게 돌아와 구원받기를 기뻐하신다. 이것이 복음의 부르심을 듣는 모든 사람을 향한 하나님의 나타난 뜻이며 구약 선지자들이 호소했던 회개로의 부르심이기도 하다.

에스겔 18:23에 관한 칼빈의 논평은 매우 중요한 요점을 제공하고 있다:

> "그렇다면 하나님께서는 죄인의 죽음을 원치 않으신다는 것을 우리가 붙잡아야 한다. 그 분은 모든 사람들에게 공평하게 회개하도록 부르시며 그들이 진지하게 회개하기만 하면 그들을 받아들이실 준비가 되었다고 약속하신다. 만일 누구라도 반대한다면—그렇다면 그 곳에는 하나님의 택정함이 없는 것이다. 이 택정함을 통해 그 분은 일정한 수의 사람을 구원에로 예정하셨다—대답은 분명하다: 선지자는 여기서 하나님의 비밀스런 경륜을 말하고 있는 것이 아니라 비참에 처해있는 사람을 절망으로부터 불러내어 용서의 소망을 붙잡고 회개하여 제시된 구원을 붙잡도록 촉구하고 있는 것이다."[11]

---

11) John Calvin, *Commentary on Ezekiel*, trans. Thomas Myers(Grand Rapids:Eerdmans, 1948), 2:247.

이제 신약성경 마태복음 23:37을 살펴보도록 하자: "예루살렘아 예루살렘아 선지자들을 죽이고 내게 파송된 자들을 돌로 치는 자여 암탉이 그 새끼를 날개 아래 모음같이 내가 네 자녀를 모으려 한 일이 몇 번이냐 그러나 너희가 원치 아니하였도다"(참고, 눅 13:34). 탄식하시는 예수께서 예루살렘을 향하여 자기가 얼마나 자기 백성들이 자기에게 나아와 구원받기를 원했으며, 또 그들이 거절했을 때 얼마나 슬퍼했는가를 말씀하고 있다. 그는 암탉이 그 병아리들을 날개 아래 품어 닥칠지도 모르는 재앙에서 보호하려는 모습으로 자기의 심정을 비유하고 있다. 예수께서 말씀하고 있는 재앙은 닥쳐올 하나님의 심판이다. 바로 다음 절에서 예수는 예루살렘이 황폐하게 되리라고 말씀하시는데 이것은 예루살렘에 닥칠 파멸과 멸망을 언급하고 계신 것이다. 그러나 예수의 마지막 강론들에 나타나고 있는 예루살렘의 멸망은 일반적으로 세상의 종말에 관한 모형이다.[12] 예수께서 세상 끝날에 다시 오실 때 그리스도 안에 있지 않는 자들은 영원히 잃어버린 자들이 될 것이다. 따라서 여기서 예수께서 특별히 경고하고 있는 것은 영원한 형벌의 끔찍한 비극에 관한 것이다.

"그러나 너희가 원치 아니하였도다." 예수께서 원하셨던 것과 예루살렘 거민들이 원하였던 것 사이에는 현격한 대조가 있다: "나는 간절히 바랐으나…너희는 원치 아니하였도다." 대부분의 해석자들은 본 절의 예수의 절규를 탄식으로 이해한다. 예수께서는 자기가 예루살렘 사람들의 돌아섬과 구원을 소원하여 바랐으나 그들이 그를 믿어 구원받게 되기를 원치않고 있다는 사실을 강조적으로 선언하시고 있는 것이다.

여기서 예수께서는 메시야로서, 하나님이시며 사람으로서, 아버지의 계시자로서 말씀하고 계시기 때문에 결국 이 말씀은 예루살렘을 향한 아버지 하나님의 태도를 드러내 주고 있다고 이해되어야 할 것이다. 다른 곳에서 예수께서 말씀하신 내용을 보면 이 사실이 더욱

---

12) 나의 저서 "개혁주의 종말론"(C.L.C: 서울, 1986), pp. 207-209.

확실해진다: "나를 본 자는 아버지를 보았다"(요 14:9); "내 교훈은 내 것이 아니요 나를 보내신 이의 것이니라"(요 7:16). 예루살렘의 자녀들의 구원에 대해 성부와 성자 하나님이 서로 다르게 생각을 갖고 있다고 말할 수 없는 것이다. 성삼위일체 하나님 앞에 서로 다른 입장이 어찌 있을 수 있겠는가!

예루살렘에 있는 모든 사람이 다 하나님의 선택받은 자 중에 속해 있다고 주장할 사람은 없을 것이다. 그렇다면 본문이 말하려는 바는 분명하다: 하나님께서는 복음이 제시된 모든 사람들, 심지어 택정함을 입은 우리 가운데 속하지 않은 사람들을 포함한 모든 사람들이 구원받기를 진지하고도 간절히 바라신다는 사실이다.

베드로후서 3:4에는 "그리스도의 강림하신다는 약속이 어디 있느냐?"고 빈정대는 조롱자들에 대해 언급하고 있다. 이미 베드로가 살던 시대에도 사람들은 왜 예수께서 아직 돌아오지 않고 있는가에 대해 궁금해 하고 있었음이 분명하다. 그에 대한 대답이 9절에 기록되어 있다: "주의 약속은 어떤 이의 더디다고 생각하는 것같이 더딘 것이 아니라 오직 너희를 대하여 오래 참으사 아무도 멸망치 않고 다 회개하기에 이르기를 원하시느니라."

"참는다"(makrothymei)는 단어는 문자적으로 너희를 향하여 "오랜 마음의 상태로부터" 혹은 "오래 고통하다"는 뜻이 있다. 그리스도의 재림이 지연되어 보이는 것은 주께서 자기의 약속을 잊어버렸거나 느린 것이 아니라 오히려 우리를 향하여 오래 고통하며 견디시기 때문인데 "아무도 멸망치 않고 모두 회개에 이르기 원하시기 때문이라"고 베드로는 말하고 있다. 소위 "지체"라고 불리는 일은 실제적으로 하나님의 은혜에 대한 증거라 할 수 있다. 주님께서는 이 땅에 사는 사람들에게 회개하여 구원받을 수 있는 기회를 충분히 주시기를 원하신다. 그래서 그는 아직 오시지 않고 있는 것이다.

특별히 다음과 같은 문구를 주의깊게 취급해야 한다: "아무도 멸망치 않기를 원한다." 아마도 어떤 이들은 이 구절을 "택함받은 자

중의 하나라도 멸망치 않기를 원한다"는 의미로 이해하려 할지도 모른다. 그러나 이것은 베드로가 말하려는 의도는 아니다. 이러한 해석을 하려는 것은 마치 있지도 않는 것을 본문 속에 슬그머니 집어 넣으려는 것과 같다. 본 구절의 부정문적 형식은 아무도 제외되기를 원치 않는다는 강조용법이다. 이 구절에 의하면 복음을 들은 모든 사람들이 회개하여 구원받게 되는 것이 하나님의 바램이라는 것이다.

본문에 관한 칼빈의 해석은 도움이 되기에 충분하다:

"만일 하나님께서 아무도 멸망치 않기를 원하신다면 왜 실제적으로 많은 사람이 멸망하고 있느냐고 물어볼 수 있을 것이다. 나의 대답은 다음과 같다: 본 절에는 악한 자들은 그들 스스로의 파멸 가운데 빠지게 하는 하나님의 비밀스런 경륜이나 복음을 통하여 우리에게 나타나진 하나님의 사랑스런 자비하심에 관해서 아무런 언급을 하고 있지 않다. 하나님의 비밀스런 경륜이나 사랑스런 자비하심을 통하여 하나님은 자기의 손을 모든 사람에게 똑같이 내밀지만 이 세상의 기초가 놓여지기 전 그가 선택한 자들(자기에게로 이끄시는 방법을 통하여)만을 붙잡으신다."[13]

베드로후서 3:9의 "원하시다"는 단어는 *boulomenos*인데 본 절의 *me boulomenos*("원치않다")와 마태복음 23:37의 *posakis ethelesa* "내가 얼마나 바랬던고")는 에스겔 33:11의 *im-echpots*("나는 기뻐하지 않는다")와 명백한 평행구를 이루고 있음을 발견하게 된다. 하나님은 아무도 멸망하는 것을 원하지 않으신다. 그 분은 악한 자의 죽음을 기뻐하시지도 않으신다. 예수께서도 얼마나 종종 예루살렘의 자녀들을 안전한 곳으로 모으기를 바라셨던가! 이와 같은 영감의 말

---

13) John Calvin, *Commentary on the First and Second Epistles of Peter*, trans. William B. Johnston(Grand Rapids: Eerdmans, 1963), p. 364.

씀은 복음을 듣는 모든 사람이 앞으로 나와 구원받기를 원하시는 것이 하나님의 나타나신 뜻임을 묘사하고 있다.

 이 점에 관해 가장 분명한 신약성경 구절은 고린도후서 5:20일 것이다: "이러므로 우리가 그리스도를 대신하여 사신이 되어 하나님이 우리를 권면하시는 것같이 그리스도를 대신하여 간구하노니 너희는 하나님과 화목하라." 사신(대사)은 자기의 의견이나 견해를 피력하지 않고 자기를 보낸 자의 뜻을 대변한다. 자기와 자기 동료 사도들을 가리켜 하나님의 사신들이라 칭하고 있는 바울은 사람들에게 하나님과 화목하라고 권면한다. 이것은 단순히 그들의 바램이나 소원이 아니라 그들을 보내신 하나님의 바램이라는 것이다. 절대소유격 구문 형식으로 되어 있는 *hos tou theou parakalountos di hemon*는 "우리는 사신들이라"는 의미를 확장해 주고 있을 뿐만 아니라 이 사신의 직분이 무엇을 하는 것인가를 설명하고 있다: "그러므로 실질적으로 하나님께서 우리를 통하여 너희에게 호소하고 있는 것이다." [14] 하나님의 호소는 무엇인가: "너희는 하나님과 화목하라." 그렇다면 독자들이나 청중들이 하나님과 화목해야 한다는 것은 단지 바울의 소원이 아니라 바울을 통해 전달된 하나님의 바램인 것이 분명해진다. 설교나 복음전파에 관해 본 절이 가르치고 있는 것은 설교를 통해 표현되는 하나님과의 화목은 단순히 설교자나 선교사의 소원이라기보다는 하나님 자신의 바램이라 할 수 있다. 설교자는 하나님을 대신하여 말할 뿐만 아니라 그의 사신이기 때문이다. [15]

---

14) Cf. 이 점에 관해, Philip E. Hughes, *Paul's Second Epistle to the Corinthians* (Grand Rapids:Eerdmans, 1962), p. 210 and n. 50을 보라.
15) 좋은 의미로 의도된 복음전달에 관해서는 John Murray and Ned Stonehouse, *The Free Offer of the Gospel*(Phillipsburg, NJ:Lewis J. Grotenhuis, 〔1948〕)을 참고하라.

3. 좋은 의미로 의도된 복음제시와 돌트신경

이상과 같은 문제들에 대해 개혁주의 신조들은 무엇이라 말하고 있는가? 돌트신경[16]에는 이 문제에 관해 두 가지 조항이 관련되어 있는데 첫번째 조항은 제 2장 5조이다:

"십자가에 못박히신 그리스도를 믿는 자는 누구든지 멸망치 않고 영생을 얻을 것이라는 것이 복음의 약속이다. 이 약속은 회개하고 믿으라는 명령과 함께 모든 백성들과 나라들에게 아무런 차별과 차이없이 선언되고 선포되어야만 한다. 바로 이들에게 하나님께서 자기의 선한 기쁨 안에서 복음을 보낸다."

또다른 조항은 III~IV, 8조인데 앞의 것보다 더 중요한 점을 지적하고 있다:

"복음을 통해 초청받은 자는 모두 진지하게(serio vocantur) 부르심을 받은 자들이다. 진지하고도 진정으로(serio et verissime) 하나님은 자기의 말씀을 통하여 자기를 기쁘게 하는 것이 무엇인지를 알리셨다: 즉 부르심을 받은 자는 반드시 그에게로 나오라는 것이다. 진지하게(serio) 그 분은 또한 자기에게 나아와 믿는 모든 자들에게 영원한 생명과 영혼의 안식을 약속하신다."

먼저 우리는 "진지하게 부르심을 받은"이란 표현이 매우 의도적으로 선택되었다는 사실을 명심해야 한다. 이 표현구는 돌트총회시 칼

---

16) 1618-19 사이에 화란 도르트레히트에서 모인 돌트총회에 의해 채택된 일련의 교리선언문이다. 이 신앙고백문은 아직까지도 미국 양대 개혁교단 (Christian Reformed Church and by the Reformed Church in America)에서 사용되고 있다. 내가 사용하고 있는 영어 번역본은 라틴어로부터 번역된 것으로 1986 C. R. S 교단에 의해 채택되고 인증된 번역본이다.

빈주의자들의 가르침을 반대하는 데 목청을 높였던 레몽스트랑트 혹은 알미니안들에 의해 사용되어졌다.[17] 총회에 출석하여 신학적 입장과 견해를 충분히 밝혀 달라는 총리임원들의 요청에 답하여 총회에 참석한 알미니안들은 소위 "레몽스트랑트들의 견해들"(*Sententiae Remonstrantium*)이란 문서를 제출하였다. 이 문서에는 그들은 잘 의도된 복음제시에 관해 다음과 같은 입장을 천명하였다: "하나님께서 구원에로 부르시는 자는 누구든지, 하나님께서는 그를 진지하게 부르신다(*serio vocat*): 즉 신실하고 조금도 위장되지 않은 온전한 의도와 뜻으로 구원하시려 부르신다."[18] 알미니안들이 칼빈주의자들에게 다음과 같이 말하는 것이다: "당신들의 입장에 대해 우리가 제기하는 여러가지 문제점 중의 하나는 만일 당신들이 선택과 제한속죄 교리를 인정한다면, 잘 의도된 복음제시를 당신들은 믿을 수가 없을 것이다. 하나님께서 복음이 제시된 모든 사람을 진지하게 부르신다는 사실을 당신들은 유지할 수 없을 것이다."[19]

이러한 주장에 대하여 돌트신경이 잘 의도된 복음제시를 확인했을 뿐만 아니라 그러기 위해서 알미니안들이 사용한 바로 동일한 표현구를 사용하였다는 점은 놀랄 만하다. 알미니안들이 말한 것에 답변

---

17) 돌트총회는 화란의 개혁교회들 안에서 알미니안주의가 일어나기 시작하자 논쟁을 해결하기 위해 소집되어졌다. 알미니안주의는 하나의 신학적 체계로 라이든 대학의 신학교수였던 야곱 알미니우스(Jacob Arminius)에 의해 시작되었다. 알미니우스의 추종자들을 가리켜 알미니안들 혹은 레몽스트랑트들이라 부르는데 그들도 총회에 출석하였으나 그들의 견해는 배척되었다.

18) *Sententiae Remonstrantium*, III-IV, 8. 이 문서는 다음의 책 속에 있다. J. N. Bakhuizen Van Den Brink, *De Nederlandsche Belijdenisgeschriften* (Amsterdam: Holland, 1940), pp. 282-87.

19) 매우 흥미있는 사실은, 바로 이 점이 헤르만 훅스마가 잘 의도된 복음제시에 대해 난색을 표시한 점이다. 물론 훅스마는 알미니안들과는 정반대의 신학적 입장에 서 있었다.

하여 돌트에 모인 신학자들은 다음과 같이 선언하였다: "우리는 당신들과 함께 하나님께서 진지하고 성실하고 위선없이 그리고 가장 진정으로 복음이 간 모든 사람들을 구원에 이르도록 부르신다는 사실에 동의한다. 이 사실을 표현함에 있어서 우리는 심지어 기꺼이 당신들의 문서에서 사용되고 있는 동일한 용어마저도 사용한다: serio vocantur("진지하게 부르심을 받은"). 그러나 우리는 좋은 의도로 제시된 복음의 초청과 또 한편으로 선택과 제한속죄교리를 다 함께 수용하고 유지할 수 있다고 주장하는 바이다. 잘 의도된 복음초청을 확신하기 위하여 선택교리와 제한속죄교리를 배격해야 할 하등의 필요를 느끼지 않는다.

4. 합리적 해결을 피하여

피터 툰(Peter Toon) 박사는 그의 저서 "영국 비국교도들에 있어서 초칼빈주의의 발흥"(The Emergence of Hyper-Calvinism in English Nonconformity)에서 지적하기를, 17세기 말엽과 19세기 중엽의 영국 비국교파들 중에서 초칼빈주의의 한 형태가 부상하기 시작하였는데 이들은 헤르만 훅스마나 그가 시작한 교단인 Protestant Reformed Church처럼 잘 의도된 복음초청을 부인하였다 한다.[20] 툰에 의하면 이러한 형태의 신학이 발전되게 된 여러 이유들 중의 하나는 인간을 향한 하나님의 다루심을 너무 합리적으로 이해하였기 때문이라는 것이다.[21]

아마도 이러한 평가는 복음초청에 관한 헤르만 훅스마와 그의 추종자들에 대해서도 적용될 수 있으리라 생각된다. 즉 그들의 신학적 입장 역시 인간을 향한 하나님의 다루시는 방법을 너무 합리적으로

---

20) 툰(Toon)이 언급하고 있는 초칼빈주의자들 중에는 요셉 후세이(Joseph Hussey 1660-1726)와 요한 질(John Gill 1697-1771)이 있다.

21) *The Emergence of Hyper-Calvinism*, p. 147.

이해하려는 경향이 농후하다. 사실 이러한 태도가 문제의 본질이라 할 수 있다. 앞에서 본 바와 같이 하나님께서는 복음을 들은 모든 사람이 그리스도를 믿어 구원받기를 진지하게 열망하신다고 성경은 가르친다. 또한 하나님께서는 세상의 창조 이전부터 그리스도 안에서 자기 백성을 선택하고 택정하였다고 동일한 성경이 말씀하고 있다. 우리의 유한한 생각에는 이 두 가지 가르침이 동시에 진실일 수가 없는 것처럼 보인다. 따라서 이러한 문제에 대한 합리적 해결방법이 다음과 같은 두 가지 방향 중에 하나가 될 것이다: (1) 하나님은 복음을 들은 모든 사람이 구원받기를 원하신다. 따라서 사람들이 진심으로 원하기만 한다면 하나님께서 복음을 듣는 모든 사람들에게 구원얻기에 충분한 은혜를 주실 것이다. 그러나 이 은혜는 언제라도 거절될 수 있다. 실제적으로 많은 사람들이 거절하며 따라서 하나님의 의도를 좌절시키게 된다. 이것은 알미니안적 해결방법인데, 이 견해에 의하면 하나님은 주권적이 아니시며 따라서 성경에서 분명히 가르치고 있는 진리를 부인하는 결과가 된다. (2) 또다른 형태의 합리적 해결방법은 훅스마와 초칼빈주의자들의 견해이다: 성경이 분명히 선택과 유기에 대해 말씀하고 있기 때문에 하나님께서는 복음이 전달된 모든 사람이 구원얻기를 바라신다고 말할 수가 없다. 그러므로 하나님께서는 복음을 들은 자들 중 오직 선택된 자들만을 구원에 이르게 하시기를 원하셨다고 말해야 한다는 것이다. 이러한 식의 제안은 우리의 생각에 만족을 주는 듯하긴 하지만 에스겔 33:11; 마태복음 23:37; 고린도후서 5:20; 베드로후서 3:9 등과 같은 성경과 정면으로 충돌된다.

    그러므로 이러한 두 가지 합리적 방향 모두를 배격해야 한다. 성경은 영원한 선택과 잘 의도된 복음초청 모두를 가르치고 있으므로 비록 우리의 제한된 이성으로 이 둘을 잘 조화시킬 수 없다 하더라도 모두 받아들여 붙잡아야 한다. 하나님을 사람의 논리의 감옥 속에 가두어 둘 수 없다는 사실을 우리는 기억해야 한다. 우리의 신학은 성경의 역설[22]을 유지시켜야 한다. 칼빈이 그러했던 것처럼 우리의 신학적 관심은 합리적으로 일관성있는 체계를 구축하는 일이 아니라 성경의 모든 가르침들에 충실하는 일이어야 한다.

잘 의도된 복음초청은 선교를 위해 엄청난 중요성을 갖고 있다. 선교사들이나 복음전도자들은 마땅히 다음과 같은 확신을 가지고 복음의 메시지를 전해야 할 것이다: "여러분 각자 모두가 죄로부터 돌이켜 하나님께로 돌아가 구원받기를 원하는 것은 나의 바램 뿐만 아니라 하나님의 소원이시기도 합니다. 하나님께서는 자기의 뜻과 맞지 않는 삶을 사는 사람들의 죽음을 기뻐하시지 않습니다. 하나님은 여러분들이 지금 서 있는 길에서 돌이켜 살기를 원하십니다. 내가 여러분에게 말씀한 것처럼 하나님께서는 나를 통하여 '하나님과 화목하라'고 호소하시고 계십니다. 이와 같은 확신 속에서 우리는 모든 사람들에게 복음을 전해야 한다. 그리고 하나님께서 말씀 위에 복을 내리시어 그 분의 뜻하신 결과들이 일어나리라고 믿어야 할 것이다.

---

22) 본서 pp. 14-18을 보라.

제 6 장

효력있는 부르심*

복음의 초청에 관해 살펴보았으면 그 다음 문제는 자연히 그 초청에 대한 응답에 관한 것이 될 것이다. 복음의 초청을 받은 사람 모두가 다 그것을 받아들여 구원에 이르는 것은 아니다. 어떤 사람들은 영접하나 그렇지 않는 사람들도 있다. 이러한 현상을 어떻게 설명할 수 있을 것인가?

이 질문에 대해 여러 다양한 대답들이 제시되어 왔다. 복음초청을 수락하는 여부는 궁극적으로, 전적으로 인간의 의지에 의존한다고 주장하는 사람들이 있다(반(半)펠라기우스주의[1]와 알미니안들[2]). 이

---

* effectual calling을 효력있는 부르심으로 번역하였으나 종종 유효적 소명이라 불린다-역자주
1) 반펠라기우스주의자들은 5, 6세기 경의 신학자들로서 최초의 구원의 사역에 하나님의 은혜(어거스틴)가 우선인가, 인간의 의지(펠라기우스)가 우선인가의 논쟁을 다시 흔들어 놓았다. "반펠라기우스주의"에 관하여서는 EDT, pp. 1000-1001을 보라.
2) 알미니안들은 칼빈이 가르친 예정론을 반대하였다. 새로운 영적 생명이 받아들여지기 위하여서는 먼저 인간의 의지가 하나님의 은혜와 협력되어야 한다고 그들은 주장하였다. "알미니안주의"에 관하여서는 EDT, pp. 79-81을 보라.

들의 견해에 의하면, 복음을 들은 사람 모두는 그것을 받아들일 수 있는 능력을 갖고 있다는 것이다―그것에 반응할 수 있는 의지의 자연적 능력에 의해서나(반(半)펠리기우스) 혹은 모든 사람들에게 주어진 충분한 은총 때문에 유산적으로 물려받은 부패성을 극복하게 됨으로서이다(알미니안주의자들). 결국 하나님은 복음초청의 반응에 대해 결정하시지도 않거나 관장하지도 않는다는 주장이다. 복음초청에 대한 결과는 오직 인간 의지에 달려 있다는 것이다. 하나님의 우주 가운데서 유일하게 하나님이 온전한 지배를 하지 않는 곳이 바로 이 점이다; 하나님은 뒤로 잠시 물러가 사람들이 복음초청에 대해 어떻게 하는가 기다리시며 바라보고 있다는 주장이다. 성경에 그렇게도 분명하게 가르쳐지고 있는 하나님의 주권이 여기서 부인되고 있는 것이다.

어거스틴(354~430)과 그의 신학적 전통에 따르는 사람들은 사람들이 복음초청을 받아들이는 이유를 궁극적으로 인간의 의지가 아닌 (물론 인간의 의지가 복음초청에 응답하는 과정에 활동한다는 것을 인정하긴 하지만) 하나님의 주권적 은총 속에서 발견되어져야 한다는 점을 명백히 하였다. 이러한 어거스틴적 전통은 칼빈주의적[3] 혹은 개혁주의 신학자들에 의해 대를 이어왔다. 개혁주의 신학에 의하면 사람은 본성상 복음의 초청에 대해 회개와 믿음으로 반응할 수 없다. 사람은 모두 "원죄"라 불리우는 죄된 상태와 조건 아래서 태어나기 때문이다. 이 "원죄"는 "철저한 부패성"과 "영적 무능력"으로 구성되어 있다.[4] 영적 무능력 때문에 중생치 못한 사람은 성령의 특별하신 사역 없이는 자기 삶의 근본적 방향을 죄된 자기사랑(自己愛)으로부터 하나님 사랑(神愛)으로 바꿀 수 없다. 하나님께서 그의

---

[3] John Calvin은 프랑스에서 태어나서 1509년부터 1564년까지 살았다. 칼빈은 스위스 제네바에서 주로 사역하였다.
[4] 원죄에 관하여서는 나의 저서 "개혁주의 인간론"(CLC, 1990), pp. 241-259을 보라.

성령으로 듣는 자의 마음을 여시어 믿게 하시지 않는 이상, 사람은 결코 복음의 부르심에 응답할 수 없을 것이다. 마음을 여시는 일을 가리켜 개혁주의 신학자들은 "내면적" 부르심 혹은 "효력있는" 부르심이라 불러왔다. 잠시 후에 우리는 이 교리에 대한 성경적 근거를 살펴볼 것이다.

먼저 용어에 관해 분명히 해두어야 할 것 같다. 몇몇 개혁주의 신학자들은 지금 내가 논의하려고 하는 종류의 부르심을 묘사하기 위하여 "내적 소명"이란 용어를 사용한다. 이 용어는 복음초청을 "외적소명"으로 이해하고 있다는 것을 암시한다. 그러나 이런 주장은 복음초청이 그것을 거절하는 사람 내면 속에는 결코 미치지 못한다는 것을 주장하는 셈이 된다. 왜냐하면 복음 초청은 결국 마음이 아니라 귀에나 울리는 외형적인 접촉에 지나지 않기 때문이다. 그러나 그렇게 생각할 필요는 없다. "씨뿌리는 자"의 비유를 보라. "길가에 있는" 청중들을 묘사하시면서 그들은 말씀은 들었으나 악한 자가 와서 "그 마음에 뿌려진 것을 낚아채 갔다"고(마 13:19) 예수께서 말씀하신 일이 있다. 복음을 피상적으로 들었기 때문에 복음을 거절하는 것은 아니다. 복음에 대한 철저한 이해와 마음—인간존재의 내적 중심부—으로부터의 받아들임에도 불구하고 복음은 거절되기도 한다.

"내면적 소명"이란 용어에는 많은 어려움들이 따른다. 두 가지 종류의 부르심이 있어서 하나는 외면을, 또다른 하나는 내면만을 상관한다는 식이 되어버린다. 그러나 이러한 식의 구별은 적합지 못하다. 이런 이유들 때문에 나는 하나님께서 사람의 마음을 열어 믿게 하시는 일을 가리켜 "효력있는 부르심"이라 부르려고 한다.

1. 효력있는 부르심에 관한 성경적 기반

시작하기에 앞서 우리는 타락한 인간이 본성상 어떠한가에 관해 성경의 가르침을 잠시 생각해 보아야 할 것이다. 그들은 본성상—다시 말해서 성령의 특별하신 사역없이도—복음초청에 대해 믿음과 회개로 반응할 수 있는 존재들인가?

성경은 분명히 그들이 그렇지 못하다고 가르치고 있다. 먼저 고린도전서 2:14을 살펴보자: "성령이 없는 사람은(NIV; "비영적인 사람"〈RSV〉; "자연인"〈KJV〉; 헬: *psychikos*) 하나님의 성령의 일을 받지 아니하나니 저희에게는 미련하게 보임이요, 또 깨닫지도 못하나니 이런 일은 영적으로라야 분변함이니라." 바울은 여기에서 사람을 본성상 중생치 못한 사람으로 말하고 있다. 이런 사람은 하나님의 영으로부터 오는 일들을 이해할 수 없을 뿐만 아니라 불행하게도 그것들이 그들에게는 어리석어 보인다. 로마서 8:7에서도 바울은 이와 같은 요점을 지적하고 있다: "죄된 생각(NIV; "세속적"〈carna〉생각: KJV; "육신"〈flesh〉의 생각: ASV; 헬: *to phronema tes sarkos*)은 하나님과 원수가 되나니 이는 하나님의 법에 굴복치 아니할 뿐 아니라 할 수도 없음이라." "죄된 생각"이 본성적 인간의 생각으로 하나님에 대해 적대적이라면("하나님과 원수"; KJV), 그리하여 하나님의 법에 굴복할 수 없다면 어찌 그 마음이 하나님의 부르심에 순수하게 반응하여 회개하고 믿을 수 있겠는가? 본래적 인간의 상태에 대해 가장 파괴적 언어로 묘사하고 있는 성경은 에베소서 2:1~2이다: "너희가 허물과 죄로 죽었도다 이 세상의 방법들을 따라 살았을 때가 바로 그때였다." 우리의 본래적 상태는 단지 병든 상태 정도가 아니라 —병든 것은 인간의 노력으로 고칠 수가 있지만—영적인 죽음 상태였다. 영적으로 죽은 사람들이 어떻게 호의적으로 복음의 초청에 대해 반응할 수 있겠는가?

사람이 본성상 복음의 초청을 받아들일 수 없다는 사실은 니고데모에게 하신 예수님의 말씀을 통해 분명히 나타나 있다: "내가 진실로 네게 이르노니 사람이 거듭나지(문자적으로, "위로부터 나다"; 헬: *gennethe anothen*) 아니하면 하나님 나라를 볼 수 없느니라…사람이 물과 성령으로 나지 아니하면 하나님 나라에 들어갈 수 없느니라"(요 3:3, 5). 사람이 위로부터 새 생명을 받지 않고서는 하나님 나라를 볼 수도 없거니와 들어갈 수도 없다. 유대인들을 향하여 하신 예수의 말씀을 들어보자: "나를 보내신 아버지께서 이끌지 아니하면 아무라도 내게 올 수 없도다"(요 6:44). 우리 모두가 영적으로 죽었으므로 우리가 하나님의 은총의 서곡에 확신있게 응답하기에 앞서 영적으로 살아나야 하는 것이 우선적 과제이다: "긍휼에 풍성하신 하나님이 우리를 사랑하신 그 큰 사랑을 인하여 허물로 죽은 우리를 그리스도와 함께 살리셨고"(엡 2:4~5).

위에서 방금 인용한 말씀처럼 우리의 본성적 상태가 그러하다면 우리 스스로의 힘으로 복음의 초청에 응답할 수 없다는 것은 자명해진다. 본래적으로 영적으로 죽고, 하나님께 대해서는 적대적이며 하나님의 영의 일들을 이해할 수 없고, 하나님의 법에 순복할 수 없는 사람들에게 죄를 회개하고 그리스도를 믿으라는 초대에 기쁜 마음으로 응답하라고 요청하는 것은 마치 귀먹은 여인에게 질문에 답하라고 하는 것이나 장님에게 악보를 읽어보라고 부탁하는 것과 다를 바가 없다. 마치 지붕 꼭대기에 서서 길거리를 지나가는 사람에게 날아와서 내 곁에 서라고 말하는 것과 같다.

효력있는 부르심―하나님께서 능히 우리로 하여금 복음초청에 대해 네라고 응답할 수 있도록 하시는 것―이라는 것을 성경에서 가르치고 있는가? 그렇다. 먼저 고린도전서 1:22~24을 찾아보는 것이 도움이 될 것이다.

"유대인은 표적을 구하고 헬라인은 지혜를 찾으나 우리는 십자가에 못박힌 그리스도를 전하니 유대인에게는 거리끼는 것이요 이방인에게는 미련한 것이로되 오직 부르심을 입은 자들에게는(헬: *autois de tois kletois*) 유대인이나 헬라인이나 그리스도는 하나님의 능력이요 하나님의 지혜니라."

바울이 복음을 전했을 때 어떤 이들은 영접하였고 어떤 이들은 그의 메시지를 배척하였다. 그가 전파하고 있는 십자가에 달린 그리스도가 어떤 유대인들에게는 걸림돌이 되고 어떤 헬라인에게는 어리석어 보이는지를 알 수 있었던 유일한 길은 그들에게 복음을 전하고 그들의 반응을 살피는 일 뿐이었다. 걸림돌이 되든 어리석어 보이든 간에 전파된 그리스도를 들은 사람들은 복음에의 초청을 들었던 사람들임에 틀림없다. "유대인이나 헬라인이나 오직 부르심을 입은 자들"이란 "하나님께서 효력적으로 불러내신 사람들"을 의미한다. 불러내어 그들로 하여금 기꺼이 복음에 대해 응답하였다는 것을 가리키고 있다. 본절에서 사용되고 있는 "클레토이스"(kietois)는 효력있는 부르심을 지칭함에 틀림없다.

효력있는 부르심이 여기에서 묘사되고 있다는 것을 증명하기 위하여 한 번 다음과 같이 생각해 보라: 십자가에 못박힌 그리스도가 걸림돌이 되고 어리석게만 보였던 그 사람들이 정말로 부르심을 받았겠느냐. 만일 바울이 복음초청만을 염두에 두었더라면 이 질문에 대한 대답은 "예"(yes)였을 것이다. 그러나 바울은 특별히 부르심을 입은 자들의 범주로부터 이와 같이 믿지 않는 청중들을 배제하고 있다. 복음이 하나님의 능력이요 하나님의 지혜가 된 그 사람들만을 가리켜 "클레토이" 즉, 부르심을 입은 자들이라고 칭하고 있다. 이런 의미에서 다시 말해서 효력적으로 부르심을 입는다는 의미에서 바라볼 때 첫번째 부류의 사람들은 부르심을 입은 것이 아니다.

다시금 두 가지 종류의 부르심 사이의 차이를 보기 위하여 이 구절과 누가복음 14:24을 비교해 보자: "내가 너희에게 말하노니 전에 청하였던(문자적으로는 "부름받은 자들"; ton keklemenom) 그 사람은 하나도 내 잔치를 맛보지 못하리라." 누가의 구절에 보면 부름받은 자들 중 구원받은 사람은 아무도 없었다. 반면에 고린도전서의 구절에는 부름받은 자들만 구원을 얻었다.

그러므로 두 종류의 부르심 사이의 구별은 몇몇 알미니안들이 주장하듯이[5] "칼빈주의자들이 만들어 낸 허구"가 아니라 분명히 성경적 근거를 갖고 있는 것이다.

다음으로 로마서 8:28~30을 보자. 먼저 28절부터 시작한다: "우리가 알거니와 하나님을 사랑하는 자 곧 그 뜻대로 부르심을 입은 자들에게는 모든 것이 합력하여 선을 이루느니라."6) 모든 것이 합력하여 선을 이루게 되는 축복을 받는 사람들은 누구인가? 두 가지로 묘사되고 있다. "하나님을 사랑하는 자"와 "그 뜻대로 부르심을 입은 자들"이다. 첫번째 표현에는 사람이 하나님을 향해 무엇을 하고 있는가를 묘사하고 있다: "하나님을 사랑하다." 두번째 표현에는 하나님이 그들을 위해 행하신 일이 무엇인가를 묘사하고 있다: 그들은 "하나님의 뜻에 따라 부르심을 입은 자들이다"(tois kata prothesin kletois). 여기서 kletois("부르심을 입은 자들")는 단순히 복음초청을 의미하는 것이 아님에 틀림없다. 물론 복음초청도 하나님의 뜻에 따른 부르심이긴 하다. 복음에 의해 부름을 받은 자들이 그 복음을 믿거나 말거나 상관없이 모든 것이 합력하여 그들에게 선을 이룬다는 말인가? 복음의 초청을 받은 사람 모두가 하나님을 사랑하는 사람이라 할 수 있겠는가? 분명히 그렇지 않다. 그러므로 고린도전서 1:24에서처럼 여기서도 kletois("부르심을 입은 자들")는 효력있는 부르심을 가리킴이 분명하다: 그들은 성령을 통하여 하나님이 효력적으로 새 생명을 부여한 자들이며, 따라서 복음초청에 대해 믿는 마음으로 응답할 수 있게 된 자들이다. 이러한 부르심은 "하나님의 뜻에 따라" 그들에게 구원을 가져다주는 부르심이다. 여기에서 하나님의 뜻은 이 세상이 창조되기 전에 그리스도 안에 이루어진 하나님의 선택 속에 그 뿌리를 두고 있다(엡 1:4).

---

5) Richard Watson, *Theological Institutes*(New York:Carlton and Porter, 1857), 2:353을 보라.
6) 어떤 고대 사본에는, 하나님이 모든 것을 합하여 선을 이루시느니라로 기록되어 있다(NIV도 이 번역을 따름). 그러나 실제적으로 근본적 의미는 둘다 동일하다.

29~30절은 28절에 대한 이유를 밝히고 있다:

29절: 하나님이 미리 아신 자들로 또한 그 아들의 형상을 본받게 하기 위하여 미리 정하셨으니 이는 그로 많은 형제 중에서 맏아들이 되게 하려 하심이니라. 30절: 또 미리 정하신 그들을 또한 부르시고 (kaleo 동사로부터 파생된 ekalesen) 부르신 (ekalesen) 그들을 또한 의롭다 하시고 의롭다 하신 그들을 또한 영화롭게 하셨느니라.

30절의 "부르다"는 다음과 같은 두 가지 이유 때문에 효력있는 부르심으로 이해되어야 한다: (1) "부르다"(ekalesen)라는 동사는 28절의 명사형 ("부르심을 입은 자들": kletois)으로 표현된 사람들을 가리키고 있다. 다시 말해서 30절에 "부르심을 입은 자들"은 28절에 기록된 "그의 뜻대로 부르심을 입은 자들"과 동일한 사람들이다. 이미 말한 바처럼 29절과 30절은 28절의 내용의 기반이며 이유가 된다. (2) 30절에서 "부르심을" 입은 사람들 모두가 의롭다 함을 받는다고 하였다. 그렇다면 복음에로의 초청을 받은 사람 모두가 그 초청에 반응을 어떻게 했건 상관없이 다 의롭다 함을 얻는다고 말할 수는 없다. 그러나 효력있는 부르심을 받은 자들은 모두 의롭다 함을 얻는다고 할 수 있다. 그들은 최종적으로 영화롭게 될 것이다. 그러므로 28절과 30절의 "부르심을 입은"이란 용어는 궁극적으로 효력있는 부르심을 가리킴에 틀림없다.[7]

---

7) 알미니안 신학자인 왓슨(Richard Watson)은 로마서 8:30을 다음과 같이 설명한다. 그는 성경에 나타난 "부르심"은 유효한 부르심이 아니라 언제라도 거절할 수 있는 복음초청을 뜻한다고 주장한다: "그들은 (본문에 묘사하고 있는 자들) 다음과 같은 축복과 혜택으로 복음에 의해 부르심을 받고, 초청된 자들이다: 즉 부르심에 순종하면 의롭다 함을 받고, 의롭다 함을 얻은 후 계속해서 은혜의 상태에 머물러 있으면 그들은 영화롭게 된다…사도 바울은 본문에서 "부르심을 입었다"고 묘사되고 있는 자들이 순종적인 사람들이라고 전제하고 이 글을 쓰고 있는 것이다 (*Theological*

효력있는 부르심의 의미로 "부르심"이란 단어가 사용되고 있는 또 다른 구절은 고린도전서 1:9이다: "너희를 불러(eklethete로 kaleo에서 유래) 그의 아들 예수 그리스도 우리 주로 더불어 교제케 하시는 하나님은 미쁘시도다"(참고, RSV). 하나님의 아들과의 교제란 그리스도와의 연합과 교통함을 의미하는데, 이 교제는 그리스도께서 바울이 말하고 있는 신자들(8절)을 끝까지 지탱시키실 것이라는 뜻을 담고 있다. 그러므로 본절의 "부르심"은 거절될 수도 있고 받아들여질 수도 있는 복음초청을 의미하는 것이 아니다. 오히려 신자들을 그리스도와 살아있는 관계 속으로 이끌어 온 효력있는 부르심을 의미함에 틀림없다.

사실상 바울은 "부르심"이란 단어를 보통 유효적인 부르심의 의미로 사용하고 있다. 예를 들어 로마서 1:7; 9:23~24; 고린도전서 1:26; 갈라디아서 1:15; 에베소서 4:1~4을 보라. 유효적 부르심이란 의미는 단지 바울에게만 국한되고 있는 것은 아니다. 다른 신약의 저자들의 경우도 마찬가지이다.

베드로도 효력있는 부르심에 대해 베드로전서 2:9에서 말하고 있다: "오직 너희는 택하신 족속이요 왕같은 제사장들이요 거룩한 나라요 그의 소유된 백성이니 이는 너희를 어두움에서 불러내어(kaleo에서 온 Kalesantos) 그의 기이한 빛에 들어가게 하신 자의 아름다운 덕을 선전하게 하려 하심이라." 베드로는 그의 독자들을 가리켜 "택하신 족속"이요, "그의 소유된 백성"이라 칭하고 있다. 그렇다면 "부르심을 입었다"는 것은 단순히 거절할 수도 있는 복음초청을 의미하는 것이 아닌 것이 분명하다. 당신들은 더이상 어두움에 있는

Institutes, 2:359-60). 결국 왓슨은 성경본문에 몇 자를 더 첨가하고 있는 셈이 된다: "그들을 부르시고, 부르신 그들이 부르심에 순종하고, 또한 의롭다 함을 얻는다." 성경본문은 "부르신 그들을 또한 의롭다 하신다"이다. 성경본문에도 없는 말들을 삽입해야만 왓슨의 해석은 유지될 수 있을 것이다.

것이 아니라 빛 안에 있다고 베드로는 말한다. 그리고 그렇게 있게 된 이유는 전적으로 하나님의 효력있는 부르심 때문이라고 분명히 덧붙이고 있다.

베드로후서 1:10을 다시 살펴볼 필요가 있다: "그러므로 형제들아 더욱 힘써 너희 부르심과 택하심을 굳게하라." 이 구절에서는 부르심이 선택함을 입는 일과 동일한 차원에서 언급되어지고 있다. 즉 부르심은 우리의 택정함과 불가분리의 관계를 맺고 있다. 두 명사인 "부르심"(klesin)과 "선택"(eklogen) 앞에는 오직 하나의 정관사가 있을 뿐이다. 즉 이 두 가지는 하나로 묶어져 이해되어져야 한다는 의미이다: 선택을 받는 일과 부르심을 입는 일과는 분리되는 것이 아니라 하나로 묶여져 있다는 말이다.[8]

그러므로 여기서 "부르심"(klesin)은 다음과 같은 두 가지 이유 때문에 복음초청만을 가리킨다고 할 수 없다: (1) 단일 정관사에 의해 "선택"(eklogen)과 하나로 연결되어 있으며, "선택"은 하나님께서 영원 전부터 자기 것을 택하는 것을 가리키는 단어이다. 그렇다면 "선택"과 하나로 묶여질 수 있는 부르심은 당연히 효력있는 부르심일 수밖에 없다. (2) 어떤 사람에게, 당신이 받은 복음초청을 확인해 보라고 말함에 있어서 특정한 시점이 있는 것은 아니다; 복음의 메시지를 들었거나 읽은 후에는 복음에의 초청을 받았다는 의미의 부르심이라 할 수 있다. 따라서 "당신의 부르심을 확실케 하라"는 뜻은 당신이 효력적으로 부르심을 입었는가를 확실케 하라는 뜻이

---

8) Cf. A. T. Robertson, *Grammar of the Greek New Testament in the Light of Historical Research* (Nashville:Broadman, 1934), p. 787: "때때로 좀 특별한 그룹들이 특별한 목적 아래 하나로 취급되는데 이 경우 오직 하나의 관사만이 사용된다. Cf. 벧후 1:10." 또한 BDF라 불리는 헬라어 문법사전인 F. Blass and A. Debrunner, *A Greek Grammar of the New Testament*, trans. R. W. Funk (Chicago:University of Chicago Press, 1961), sec. 276(3)을 참고하라.

다. 다시 말해서 당신이 그리스도 안에서 영원한 생명에로 택함을 받았는가를 확인하라는 뜻일 것이다. 베드로는, 당신이 이 사실을 확인할 수 있는 길은 "더욱 힘써 믿음에 덕을 덕에 지식을 지식에 절제를 절제에 인내를…"(5~7절) 힘써 쌓으려는 노력을 통해서라고 설명한다. 당신의 삶 속에 나타나는 효력적 부르심에 대한 열매들을 생산할 때에야 비로소 당신은 효력적으로 부르심을 입은 자라는 사실을 확신케 된다고 베드로는 말하고 있는 것이다.

이와 비슷한 "부르심"의 용법이 유다서 첫절에도 나와 있다: "예수 그리스도의 종이요 야고보의 형제인 유다는 부르심을 입은 자 (kletois) 곧 하나님 아버지 안에서 사랑을 얻고 예수 그리스도에 의해 지키심을 입은 자들에게 편지하노라." 복음의 초청을 받은 모든 사람들이 다 아버지 하나님의 사랑과 그리스도의 지키심을 받는 것은 아니다. 오직 성삼위 하나님과의 교제 속으로 효력있게 이끌림을 받은 자들만 그렇다. 요한계시록에도 "그리스도에 의해 택함을 입고 충성스럽게 그를 따르는 자들"을 묘사하면서 "부르심"을 입은 자들이란 표현을 사용한 곳이 한 군데 있다: "저희가(짐승의 보좌역들) 어린 양으로 더불어 싸우려니와 어린 양은 만주의 주시요 만왕의 왕이시므로 저희를 이기실 터이요 또 그와 함께 있는 자들 곧 부르심을 입고(kletoi), 선택받고 충성스런 추종자들은 이기리로다"(계 17:14). 종합하여 본다면 신약성경에는 복음의 초청과는 같지 않은, 하나님에 의한 효력적 부르심이 있다는 사실이다.[9]

---

9) 효력있는 부르심에 관한 교리는 다음과 같은 알미니안 신학자들에 의해 배격된다: Adam Clarke, *The New Testament of our Lord and Saviour Jesus Christ*(New York:Mason and Lane, 1837), 2:101; Richard Watson, *Theological Institutes*, 2:352-61; William B. Pope, *A Compendium of Christian Theology*(New York:Hunt and Eaton, 1889), 2:344-45; H. Orton Wiley, *Christian Theology*(Kansas City:Beacon Hill, 1958), 2:343-44.

그렇다면 효력적 부르심(유효적 소명)을 어떻게 정의해야 할 것인가? 간단히 말해, 효력있는 부르심이란 하나님의 백성들의 마음과 삶 속에 구원을 효력화시키게 하는 복음의 초청(부르심)이라 할 수 있다. 복음의 부르심에 관해서는 이미 앞장에서 살펴보았다. 그러나 하나님께서 듣는 자의 가슴을 초자연적으로 변화시키시지 않고서는, 사람은 신앙으로 응답할 수 없다. 이러한 마음의 변화는 효력있는 부르심을 통해서 일어난다.[10] 그렇다면 효력있는 부르심에 대한 좀더 온전한 정의는 다음과 같다고 할 수 있다: 유효적 부르심이란 성령을 통하여 하나님께서 복음의 초청을 듣는 사람으로 하여금 회개와 믿음과 순종의 마음으로 그 분의 부르심에 응답하게 하시는 하나님의 주권적 행위다.

2. 효력적 부르심의 목표들

위의 마지막 단어인 순종은 효력있는 부르심의 또다른 측면을 제시한다: 즉 유효적 소명은 어떤 특정한 목표들을 향하고 있다는 점이다. 이 사실은 이미 부르심이란 개념 속에 포함되어 있다: 우리는 어떤 목적과 목표를 향해 부르심을 입었다는 사실이다. 신약성경은 하나님의 효력적인 부르심의 목표들이 무엇인가에 관해 여러 모양으로 보여주고 있다.

우리는 예수 그리스도와의 교제로 부르심을 입었다(고전 1:9). 우리는 영원한 생명으로(딤전 6:12), 하나님의 나라와 영광에로(살전 2:12), 그리고 거룩한 삶에로(살전 4:7; 딤후 1:9) 부르심을 받았다. 우리는 경건한 고난의 모범이 되신 그리스도를 따르도록 부르심을 받았다(벧전 2:21). 우리는 그리스도인의 자유(갈 5:13)와 화평

---

10) 이 점에 대해 다음과 같은 질문이 가능하다: 마음의 변화는 중생시에 일어나는 것이 아닌가? 물론 그렇다. 효력있는 부르심과 중생과의 관계에 대해서는 제 7장에서 다루어질 것이다.

(골 3:15)을 위하여 부르심을 받았다. 우리는 상급을 얻기 위하여 경주하도록 부르심을 받은 자들이다: "푯대를 향하여 그리스도 예수 안에서 하나님이 위에서 부르신 부름의 상을 위하여 좇아가노라"(빌 3:14).

그러므로 효력있는 부르심은 우리로 하여금 특별한 삶, 즉 지금의 악한 세상과는 도덕적으로 영적으로 분리하도록 하는 다른 종류의 삶을 살도록 촉구한다. 에베소서 4:1의 용어를 빌어 말하자면, 효력적으로 부르심을 입은 자들은 그들이 부르심을 받은 그 부르심에 합당한 삶을 살아야 할 것이다.

그러나 그러한 삶을 산다는 것은 우리로 하여금 매우 부지런한 참여를 요구한다. 효력있는 부르심은 하나님의 주권적 은총의 열매들이긴 하지만, 우리의 전적인 책임성을 요구한다. 머레이(John Murray) 교수가 말하듯이, "이 부르심(유효한 부르심)의 주권성과 그 효력성은 결코 인간의 책임성을 둔화시키지 않는다. 오히려 그러한 책임성의 기반일 뿐 아니라 책임성 자체를 확고히 하기까지 한다. 은혜의 위용은 의무수행을 더욱 공고히 한다."[11]

3. 개혁주의 신학에 있어서 유효적 소명

유효적 소명에 관한 교리는 개혁주의 신학에 있어서 지금껏 매우 중요한 측면이었다. 이미 어거스틴에게서 이 교리가 발견되고 있다:

"그러므로 복음이 선포될 때 어떤 이는 믿고 또다른 어떤 이들은 믿지 않는다; 믿는 자는 외부로부터 들려오는 설교자의 목소리를 듣는 것이 아니라 실상은 내부로부터 들려오는 아버지의 음성을 듣고 배우는 것이다. 반면에 믿지 않는 자들은 귀로는 듣되 내적으로는 듣지도

---

11) *Redemption-Accomplished and Applied* (Grand Rapids:Eerdmans, 1955), p. 113.

배우지도 못하는 자들이다. 다시 말해서 전자에게는 믿을 수 있는 것이 주어졌으나 후자에게는 그렇지 않다. 왜냐하면 그 분께서 친히 "나를 보내신 아버지께서 이끌지 아니하면 아무라도 내게 올 수 없도다" (요 6:44)라고 말씀하셨기 때문이다."[12]

칼빈도 효력있는 부르심을 가르쳤는데 그는 그것을 "내면으로 향하는 부르심"(inward calling)이라 불렀다:

"오직 하나님께서 그의 성령의 빛으로 우리 안에 비추실 때에만 말씀으로부터 유익이 있다. 이와 같이 내면으로 향하는 부르심—이것만이 택함을 입은 자들에게 효력이 있고 특별한데—은 사람들의 외형적 음성과는 구별된다."[13]

---

12) *On the Predestination of the Saints*, Chapter 15, in *Nicene and Post-Nicene Fathers*, ed. Philip Schaff, First Series(Grand Rapids: Eerdmans, 1956), 5:506. 동일한 저자의 *On the Grace of Christ*, 24, 25를 보라.

13) Calvin, *Commentary on Romans and Thessalonians*, trans. Ross MacKenzie(Grand Rapids:Eerdmans, 1979), on Romans 10:16, p. 232. Cf. Inst., III. xxiv. 8; IV. i. 2. 효력적 소명의 교리를 가르치는 개혁주의 신학자들로는 다음의 학자들이 포함된다. Charles Hodge, *Systematic Theology*, Vol. 2(1871; Grand Rapids:Eerdmans, 1940), pp. 675-710; Robert L. Dabney, *Lectures in Systematic Theology* (1878; Grand Rapids: Zondervan, 1972), pp. 553-55; Abraham Kuyper, *The Work of the Holy Spirit*, trans. Henri De Vries(New York:Funk and Wagnalls, 1900), pp. 318, 343-48; William G. T. Shedd, *Dogmatic Theology*, Vol. 2(1888; Grand Rapids:Zondervan, n. d.), pp. 490-91; A. H. Strong, *Systematic Theology*, Vol. 3 (Philadelphia:Griffith and Rowland, 1907-1909), pp. 791-93; Bavinck, *Dogmatiek*, 4:11-15; also by Bavinck, *Our Reasonable Faith*, trans., Henry Zylstra(1909; Grand Rapids:Eerdmans, 1956), pp. 419-23;

돌트신경도 유효적 소명에 관해 말한다. 신경은 "부르심"을 말할 때는 종종 "효력있는"이란 수식어를 붙이고 있다. 예를 들어 다음과 같은 문장을 보라: "이 선택받은 자들은 하나님께서 영원 전부터 선택한 자들인데 본성상 그들이 다른 자들보다 더 나은 것이 있는 것이 아니라 오히려 그들과 함께 공동의 비참함에 처한 자들이었는데, 하나님께서는 그리스도를 통하여 구원받을 수 있도록 결정하시고, 그들을 그의 말씀과 성령을 통하여 자기와의 교통 속으로 효력적으로 부르시고(efficaciter vocare) 이끌어 들이셨다."[14] 또다른 곳에서는 복음의 부르심과 효력있는 부르심을 동일한 문단에서 함께 언급하고 있다:

"복음에 의해 부르심을 받은 자들이(per ministerium evangelii vocati) 그 부르심에 순종하여 돌이키는 것을 자유의지의 적절한 행사 때문이라고 돌릴 수 없다…그것은 전적으로 하나님께 돌려야 하는데 그 분은 그리스도 안에서 자기의 것들을 영원 전에 선택하신 것처럼 그들을 시간 속에서 효력적으로 부르신다"(efficaciter vocat).[15]

웨스트민스터 고백서도 유효적 부르심을 가르치고 있다: "하나님께서는 생명으로 예정하신 모든 자들을 그의 말씀과 성령으로 그가 정하신 때에 효력적으로 부르시기를 기뻐하셨다. 그들이 본성상 살았던 죄와 죽음의 상태로부터 예수 그리스도에 의한 은혜와 구원에로 효력적으로 부르시기를 기뻐하셨다는 말이다…"[16]

Berkhof, ST, pp. 496-72; John Murray, Redemption, pp. 109-15; Herman Hoeksema, Reformed Dogmatics(Grand Rapids:Reformed Free Publishing Association, 1966), pp. 456-78.

14) Canons of Dort, i, 7(text from Schaff, Creeds of Christendom 〔New York:Harper, 1877〕), 3:582.
15) Ibid., III-IV, 10(Schaff, Creeds, 3:589-90).
16) Westminster Confession, X, 1. See also the Shorter Catechism, Q. 31.

그렇다면 복음의 부르심과 유효적 부르심과는 무슨 관련이 있는가? 앞에서 본 바와 같이 이 둘은 서로 동일한 것이 아니다. 복음의 부르심을 받은 모든 사람이 회개와 믿음으로 응답하는 것은 아니다; "왜냐하면 부름받은 자는 많으나 택함을 받는 자는 적기 때문이다" (마 22:14). 한편 효력적으로 부르심을 입은 자들은 모두 믿음과 회개를 통하여 하나님께로 돌아온다.

그럼에도 불구하고 이 두 가지 종류의 부르심을 함께 생각하는 것이 중요하다. 개혁주의 신학자들은 종종 복음의 부르심과 효력있는 부르심을 한 부르심의 두 가지 측면 혹은 양면이라고 말하였다.[17] 일반적으로 하나님께서는 말씀이 전파되고 가르쳐지고 있는 곳에 효력적으로 부르신다. 그때에 성령의 능력적인 사역은 설교자나 교사가 선포한 말씀을 성령 자신에게 연합시킨다. 그 다음엔 성령께서 어떻게 일하시는가? (1) 사람의 마음을 열어 말씀에 응답하게 하시고 (행 16:14), (2) 마음을 밝히사 복음의 메시지를 이해하게 하시고 (고전 2:12~13; 참고, 고후 4:6), (3) 영적 생명을 부여하시어 사람으로 하여금 믿음 안에서 하나님께로 향하여 가게 하신다 (엡 2:5). 그러므로 복음초청을 통해 들려진 말씀이 효력있는 부르심을 통하여 유효하게 된다고 말할 수 있다. 헤르만 바빙크는 이 점을 다음과 같이 말하고 있다: "하나님께서 외적(혹은 복음의) 부르심을 통하여 전파되게끔 하시는 말씀이나, 내적(혹은 효력있는) 부르심을 통하여 성경에 의해 듣는 자들의 마음 속에 기록하시는 말씀이나 동일한 한 말씀이다."[18]

---

17) Herman Bavick, *Roeping en Wedergeboorte* (Kampen:Zalsman, 1903), p. 215; Berkhof, ST, p. 469.

18) *Roeping en Wedergeboorte*, p. 215 [trans. mine].

4. 반대 의견들에 대한 고찰

유효적 부르심에 대한 몇몇 반대 의견들을 잠시 살펴보는 것이 도움이 될 것 같다. 반대 의견 중 하나는, 이 교리는 복음전도열과 선교열을 오히려 식게 만든다는 주장이다. 효력적인 부르심을 입은 자들만이 믿음으로 복음초청에 응답할 수 있다면 왜 사람들에게 전파해야 하느냐는 질문이다. 단순히 하나님께서 그의 택한 자들을 효력 있는 부르심으로 부르시도록 우리는 가만히 기다리면 될 것이 아닌가? 이 교리는 선교적 설교나 교육을 쓸모없이 만드는 것이 아닌가?

이에 대한 대답은 단호하게 아니다(no)일 수밖에 없다. 복음의 전파와 그 복음을 가르치는 일은 하나님께서 사람들을 믿음으로 이끌어 들이도록 제정하신 방법이요, 도구들이다. 바울의 말에 귀를 기울여 보라: "그런즉 저희가 믿지 아니하는 이를 어찌 부르리요 듣지도 못한 이를 어찌 믿으리요 전파하는 자가 없이 어찌 들으리요?" (롬 10:14)

위의 반대 주장에 대해 다음과 같이 반박할 수도 있다: 오직 하나님의 택한 자만이(세상의 창조가 있기 전에 택정함을 받은 자들) 유효적으로 부르심을 받아 구원에 이르게 되긴 하지만, 그렇다고 우리는 누가 그러한 자인지 알지 못한다. 다시금 바빙크의 제안은 도움이 된다: "복음은 선택자나 유기된 자에게 전파된 것이 아니라 구속이 필요한 죄인들에게 선포되고 있다."[19] 모든 사람에게 복음을 전파하는 것이 우리의 임무이다. 하나님께서는 그리스도를 통하여 택한 자기의 사람들이 구원얻는 믿음으로 복음에 응답하게 하실 것이라는 사실을 우리는 신뢰해야 한다. 그러므로 효력있는 부르심에 관한 교리는 결코 복음전도나 선교의 열기를 방해하거나 저하시키지 않는다. 오히려 격려의 자극제와 원천이 된다. 하나님께서 자기의 백성

---

19) *Dogmatiek*, 4:5 (trans. mine).

을 말씀의 전파와 교육을 통하여 구원에 이르게 하신다는 것을 우리는 확신한다.

두번째 반대 주장은 다음과 같다: 믿지 않는 자들이 이 교리를 도구로 삼아 그들이 복음을 받아들이지 않는 이유를 변명하게 된다는 것이다. 이러한 주장에 의하면 그들이 옳은 부르심에 의해 부름받지 않았기 때문에 믿지 않고 있는 것이라고 스스로를 변호할 수 있지 않겠는가? 그렇다면 그들의 불신앙을 하나님 탓으로 돌릴 수 있지 않겠는가 하는 논리를 전개한다.

이에 대한 대답을 하도록 하자. 복음의 초청을 거역하는 자는 오직 스스로에게 책임이 있을 뿐이라고 성경은 분명히 가르치고 있다. 예수께서 예루살렘에 있는 믿지 않는 유대인들에게 말씀하신 적이 있다: "너희가 성경에서 영생을 얻는 줄 생각하고 성경을 상고하거니와 이 성경이 곧 내게 대하여 증거하는 것이로다 그러나 너희가 영생을 얻기 위하여 내게 오기를 원하지 아니하는도다"(요 5:39~40). 또다른 계기가 되어 예루살렘을 향하여 우시면서 예수께서 말씀하시기를, "예루살렘아 예루살렘아 선지자들을 죽이고 네게 파송된 자들을 돌로 치는 자여 암탉이 그 새끼를 날개 아래 모음같이 내가 네 자녀를 모으려 한 일이 몇 번이냐 그러나 너희가 원치 아니하였도다"(마 23:37)고 하셨다. 바울도 비시디아 안디옥에서 자기를 향하여 모욕하고 조롱하는 유대인들에게 말하기를 "하나님의 말씀을 마땅히 먼저 너희에게 전할 것이로되 너희가 버리고 영생얻음에 합당치 않은 자로 자처하기로 우리가 이방인에게로 향하노라"(행 13:46)고 하였다. 복음을 배척하는 자들은 하나님께서 그들을 효력적으로 부르시지 않기 때문이라고 성경은 결코 말한 적이 없다. 복음의 배척은 항상 인간이 믿기를 거절하기 때문이다. 돌트신경은 이 사실을 다음과 같이 말한다: "이와 같은 불신앙(복음을 믿기를 거절하는 일)의 원인과 죄책은 다른 죄들의 경우와 마찬가지로 결코 하나님께 있지 않고 사람에게 있다. 반면에 예수 그리스도를 믿는 신앙과 그를 통한 구원은 하나님의 값없는 선물이다."[20]

마지막 반대주장은 유효적 부르심에 관한 교리는 앞서 논의된 바 있는 하나님의 주권성과 인간의 책임성 간의 역설[21]을 무시하는 결과를 빚고 있다고 말한다. 앞서 나는 인간이 피조물인 동시에 인격체이기 때문에 한편으로는 하나님께 전적으로 의존적이며 동시에 책임성이 있는 결정을 내리는 존재라고 말한 바가 있다. 이 말은 하나님께서 우리를 로보트로서가 아니라 한 인격체로서 다루신다는 것을 의미한다. 또한 하나님과 신자들이 함께 구원의 과정 속에 참여하고 있음을 의미하기도 한다. 즉 믿음, 회개, 성화, 성도의 견인 등에 있어서 하나님도 일하시고 우리도 일한다는 뜻이다. 만일 그렇다면 반대자들이 확실히 말하듯이, 왜 당신은 유효적인 부르심이 전적으로 하나님의 일이며 결코 인간의 사역은 아니라고 말하는가? 인간이 피조물인 동시에 인격적 존재라고 한다면 효력있는 부르심도 하나님과 사람이 모두 능동적으로 활동하는 사역이라고 말할 수 있지 않은가? 당신이 정의한 바대로 유효적 부르심을 이해한다면 결국 하나님은 우리를 인격적 존재로서가 아니라 로버트처럼 대하신다는 의미가 되는 것이 아니겠는가?[22]

이러한 반대 주장에 대해 우리는 무엇이라고 답변할 수 있겠는가? 우리의 답변은 우리가 갖고 있는 인간론, 특히 타락 후의 인간의 자연적 상태에 관한 견해에 의존하게 된다. 만일 오늘날 인간의 자연적 상태가 도덕적으로나 영적으로 중립적이어서 자기 좋을 대로 선과 악을 행할 수 있다고(펠라기안의 견해) 믿는다면, 당신은 더욱더 유효적 부르심이나 중생이 별로 필요치 않다고 생각할 것이다. 만일 우리의 자연적 상태가 도덕적으로나 영적으로 병들어 있지만 그래도

---

20) Canons of Dort, 1, 5 (Schaff, Creeds, 3:581).
21) 본서 pp. 14-18을 보라.
22) 이와 동일한 반대 주장이 중생 교리에서도 일어날 수 있다. 이에 대한 대답도 위와 같은 논리에 따라 주어진다.

복음의 초청에 대해 응답할 수 있는 능력을 가지고 있다고 믿는다면 (반〈半〉펠라기우스주의적 견해) 당신은 효력있는 부르심이 필요치 않을 것이다. 만일 비록 우리가 부분적으로든지 전적으로든지 부패하긴 하였으나 하나님께서 충분한 은혜를 주시어서 누구든지 복음의 초청을 받은 자마다 다 이 충분한 은혜와 협력하여 복음을 받아들일 수 있다고 믿는다면(알미니안의 견해) 당신은 효력있는 부르심이 필요치 않을 것이다. 그러나 우리가 본성상 전적으로 죄 가운데 죽었기 때문에 하나님께서 그의 주권적 은혜를 통하여 우리 마음을 변화시켜 다시 영적으로 살아나도록 하시기 전까지는 결코 우리가 복음의 초청에 대해 긍정적으로 응답할 수 없다는 것을 믿는다면(개혁주의 견해) 당신은 당신이 얼마나 절실하게 하나님의 효력있는 부르심이 필요한가를 깨닫게 될 것이다. 생각건대 마지막 견해야말로 성경의 가르침을 가장 충실하게 반영하고 있다고 생각한다.[23]

하나의 실례를 들어보기로 하자. 당신이 친구들이 들을 수 있을 만한 거리에 떨어져 있는 해안에서 수영하다 물에 빠져 허덕이고 있다고 가정해 보자. 당신은 헤엄을 칠 수 없는 상태이다. 한 인격체로서 자존심도 있고 해서 당신 친구가 당신을 존경하는 뜻에서 스스로 나오기를 바라면서 해안가에 그냥 서있었다. 훌륭한 수영 선수인 그 친구가 나에게 해안가로 헤엄쳐 나오라고 소리치고 있다고 하자. 그렇다면 그의 조언이 비록 뜻은 좋을지 몰라도 기가 찬 끔찍한 것임에 틀림없다. 수영할 수 없는 사람에게 헤엄쳐 나오라니! 당신에게 절실하게 필요한 것은 당신 친구가 물로 뛰어 들어 당신을 끌고 해안가로 헤엄쳐 나가 당신을 구출하는 것이다. 그 순간에 당신이 필요한 것은 좋은 충고, 은혜스러운 권면이 아니라 구출받는 일이다!

바로 이것이 우리의 본성적 상태이다. 우리는 잃어버린 바된 죄인들이다. 우리는 죄 가운데 죽은 자들이다. 죄 안에서 죽었기 때문에

---

[23] 나의 "개혁주의 인간론", pp. 241-259를 보라. 또 펠라기우스 견해에 관해서는 상계서 pp. 259-264를 참고하라.

우리 스스로가 살아날 수 없다. 죄 가운데 죽은 우리들이기 때문에 우리의 귀들은 복음의 부르심에 귀가 먹었고 우리의 눈들은 복음의 빛에 대해 멀어 있다. 우리에게는 기적이 필요하다. 이 기적은 하나님께서 자기의 놀라운 은총 속에서 성령을 통하여 우리를 영적 죽음에서 영적 생명으로, 영적 암흑에서 그 분의 기이한 빛 가운데로 효력적으로 부르실 때에만 일어날 수 있다. 일단 영적으로 살아난 후에야 비로소 우리는 구원의 과정 속에 능동적으로 다시금 참여하게 된다. 이때에 회개와 믿음과 성화와 견인의 과정 속으로 들어가게 되는 것이다. 이러한 과정의 최초의 순간에서는 우리는 영적으로 죽은 상태에 있기 때문에 먼저 영적으로 살림을 받아야 할 필요가 있는 것이다. 홀로 남겨져 있으면 빠져 죽게 되는 죄의 흙탕물에서부터 기적적인 구출이 우리에게 요청된다. 이러한 구출이 바로 효력있는 부르심 속에서 일어나게 된다.

효력있는 부르심의 경이에 대해 하나님께 함께 찬양합시다!

"나는 주님을 찾았습니다. 그러나 그 후 나는 알게 되었습니다.
그 분이 나의 영혼을 움직여 그를 찾게 하시며, 나를 찾게 하심을.
오, 구세주여 내가 당신을 찾은 것이 아니었습니다.
당신이 나를 찾으신 것이었습니다."

---

24) 1987년도 발행 미국기독교개혁교회 찬송가 498장 중에서(Grand Rapids: CRC Publications, 1987). 작자미상임

제 7 장

중생

    그리스도인은 단순히 "착한 사람" 정도가 아니다; 그들은 새로운 사람들일 뿐 아니라 마땅히 그래야 할 것이다. 루이스(C. S. Lewis)는 그의 책 Mere Christianity에서 두 가지 종류의 삶(생명)을 헬라어에 입각하여 구별짓고 있다. 하나는 비오스(*Bios*), 또다른 하나는 조에(*Zoe*)라는 단어이다. 비오스는 일반적으로 각 사람이 소유하고 있는 생명을 가리킨다―다시 말해서 생물학적인 생명으로 음식, 공기, 물 등과 같은 것에 의해 유지되나 마침내는 죽음으로 끝나는 유(類)의 생명을 말한다. 반면에 조에는 영적인 생명을 가리키는데 우리가 다시 태어날 때 하나님이 주시는 생명을 말한다―이 생명은 영원히 계속되는 삶이다.[1] 루이스는 계속해서 말하기를, 이 두 가지 생명은 서로 다를 뿐만 아니라 실상은 서로 반대되는 것이라고 말한다. 비오스는 근본적으로 자기 중심적인 반면에 조에는 하나님과 다른 사람을 향한 생명이라 할 수 있다.[2]

    이런 서론적인 고찰과 함께 우리는 다음의 주제를 논의하려 한다: 중생(거듭남) 혹은 신생이라는 주제이다. 루이스가 조에라고 부르는

---

1) *Mere Christianity*(New York:Macmillan, 1960), pp. 139~40.
2) Ibid., p. 154.

이 생명은 하나님이 하사하신 선물이다. 중생은 매우 중요한 주제이다. 왜냐하면 중생은 구원의 과정의 첫 출발을 장식하고 있기 때문이다.

1. 세 가지 의미에서의 중생

성경은 세 가지 서로 다른 의미에서 중생을 말하고 있다. 그러나 서로 연관을 갖고 있음을 잊어서는 안된다: (1)중생이란 새로운 영적 생명의 시작을 의미하는데 이것은 성령에 의해 우리 안에 심기워지며 우리로 하여금 회개하고 믿음에 이르도록 하는 의미에서의 중생이다(요 3:3,5); (2)심겨진 새 생명이 처음으로 나타날 때를 가리켜 중생이라 하기도 한다(약 1:18; 벧전 1:23); (3)하나님의 창조세계가 최종적인 완성의 상태에 이르는 것을 중생이라 하기도 한다(마 19:28; KJV, ASV, NASB 참조). 마지막으로 언급된 구절에는 팔링게네시아(*palingenesia*)라는 단어가 사용되고 있는데 위에서 언급된 영어 번역본에는 중생 혹은 거듭남으로 번역되고 있다. 이 단어는 신약에서는 디도서 3:5에만 사용되고 있는데 온 우주가 새롭게 갱신되는 것을 칭하고 있다. 즉 베드로후서 3:13과 요한계시록 21:1~4에서 말하고 있는 "새 하늘과 새 땅"을 말한다.

본장에서 나는 위에서 언급된 의미들 중 첫 두 가지의 의미들만을 다룰 것이다. 초기 개혁신학에 있어서는 중생이란 단어가 우리가 오늘날 사용하고 있는 의미보다 훨씬 넓은 의미로서 사용되었다는 사실을 주지할 필요가 있다. 예를 들어 칼빈은 중생을 우리가 전적으로 새롭게 되는 것—돌이킴과 성화를[3] 포함하여—을 묘사하는 것이라고 하였다. 1561년의 벨직 고백서도 중생을 그리스도인의 새로운 삶 전체를 가리키는 것으로 이해하고 있다.[4] 대부분의 17세기 신학

---

3) *Inst.*, Book III, Chapter 3.
4) "우리는 하나님의 말씀을 들음에 의한, 그리고 사람을 중생시키고 '새 사

자들 역시 중생을 돌이킴(conversion: 회심, 개종으로 구체적으로 번역함: 제 8장 참조)과 동일시하였다.[5] 그러나 최근에 들어와서 개혁주의 신학자들은 좁은 의미의 중생(위의 (1)의 의미)과 넓은 의미의 중생(위의 (2)에 해당)을 구별할 필요를 느끼게 되었다. 다시 말해서 성령에 의해 새로운 생명이 심기워지는 것과 돌이킴을 통하여 새 생명이 처음으로 나타나게 되는 것과의 구별이다.

나는 일차적으로 좁은 의미에서의 중생의 의미를 다루려 한다. 이러한 의미에서 바라볼 때 중생이란 성령의 사역이라 정의할 수 있으며 이 사역을 통하여 성령께서 사람들을 그리스도와 연합하게 하시고 그들의 마음을 돌이키시사 그들로 하여금 전에는 영적으로 죽었으나 이제는 영적으로 살아나게 하여 죄를 기꺼이 회개하고, 복음을 믿으며, 주님을 섬기도록 하게 하신다.[6]

2. 인간 부패성에 관한 성경의 가르침

구원론을 올바로 이해하기 위해서는 인간론의 이해가 중요한 역할을 차지한다는 사실은 잘 알려진 일이다. 이 사실은 특별히 중생의 문제를 다룰 때 분명해진다. 중생에 관한 올바른 이해는 인간의 부패성에 관한 이해에 거의 매달려 있기 때문이다. 만일 오늘날 사람들이 전혀 부패된 일이 없다면 중생 혹은 새로운 영적 생명이 반드시 필요한 것은 아니다. 또한 인간의 부패가 부분적이라고만 생각된다면—다시 말해서 성령의 특별하신 사역없이도 타락한 인간이 믿음 안에서 하나님께로 돌이킬 수 있는 능력을 가졌다고 생각한다면—중생이란 개념은 "자연인"(혹은 중생치 못한 사람)의 본성이 전적으로

람'으로 만드시는 성령님의 사역에 의한 이 참된 신앙을 믿는다"(Belgic Confession, Art. 24, 1985 trans.).
5) See, e.g., the Canons of Dort, III~IV, 11 and 12.
6) 더 자세한 것은 본장 뒷부분에서 논의될 것이다.

부패하였다는 사상과는 다른 관점에서 이해되어져야 할 것이다. 그러나 인간이 전적으로 철저하게 부패되어져서 성령의 특별하신 사역 없이는 믿음 안에서 하나님께로 돌아올 수 없다고 생각되어지면 중생의 본질에 대한 전혀 다른 이해가 개진될 것이다.

인간은 정말로 전적으로 철저하게 부패되었다는 것이 성경의 분명한 가르침이다. 이러한 가르침을 담고 있는 몇몇 구절들을 간략하게 살펴보기로 하자. 예레미야 17:9에 의하면, "만물보다 더 거짓되고 부패한 것이 사람의 마음이라 누가 이것을 이해하리요." 이디오피아인이 그의 피부색을, 표범이 그 얼룩짐을 바꿀 수 없듯이 악한 일들에 익숙하여진 이스라엘 백성들이 선한 일을 할 수는 없는 것이다(렘 13:23).

타락한 인간의 본성이 철저하게 부패하였다는 신약성경의 가르침도 간과할 수 없다. 로마서 7:18에서 바울은 그의 중생치 못한 상태를 가리켜 고백하기를, "내 속 곧 내 육신에 선한 것이 거하지 아니하는 줄을 아노니 원함은 내게 있으나 선을 행하는 것은 없노라"고 하였다. 그 다음 장에서 바울은 한층 더 생생하게 이 점을 묘사하고 있다: "육신의 생각은 하나님과 원수가 되나니 이는 하나님의 법에 굴복치 아니할 뿐 아니라 할 수도 없음이라 육신에 있는 자들은 하나님을 기쁘시게 할 수 없느니라"(롬 8:7~8). "육에 속한 사람은 하나님의 성령의 일을 받지 아니하나니 저희에게는 미련하게 보임이요 또 깨닫지도 못하나니 이런 일은 영적으로라야 분변함이니라"(고전 2:14).

믿지 않는 유대인들을 향하여 예수께서도 이미 말씀하신 적이 있다: "나를 보내신 아버지께서 이끌지 아니하면 아무라도 내게 올 수 없으리라"(요 6:44). 단순히 영적으로 병들었거나 절반쯤 죽었다는 사상을 철저하게 배격하였던 바울은 에베소 교인들에게 다음과 같이 말하고 있다: "너희의 허물과 죄로 너희는 죽었다"(엡 2:1). 그러나 몇 절 내려가서 다시 확신에 찬 어조로, "긍휼에 풍성하신 하나님이 우리를 사랑하신 그 큰 사랑을 인하여 허물로 죽은 우리를 그리스도와 함께 살리셨도다"(4~5절)라고 선언하고 있다.[7]

이것이 본성상 우리의 상태이기 때문에 마치 시체가 스스로에게 생물학적인 목숨을 줄 수 없듯이, 우리 자신들도 우리와 다른 사람들에게 영적 생명을 줄 수 없다는 것이 자명하다. 타락한 인간본성에 관한 성경의 가르침의 지도 아래 중생을 이해해야 할 것이다. 중생은 하나님과 인간이 함께 역사하는 행위가 아니라 전적으로 하나님의 사역이다.

3. 중생에 관한 성경의 가르침

중생에 관해 성경은 무엇이라 가르치고 있는가? 이미 구약성경에서 살펴본 것처럼, 오직 하나님만이 사람의 마음을 근본적으로 변화시키실 수 있으며 비로소 그때에야 타락한 인간이 하나님 보시기에 선한 일들을 다시 시작할 수 있다. 신명기 30:6에는 우리의 영적인 갱신을 마음의 할례라고 상징적으로 표현하고 있다: "네 하나님 여호와께서 네 마음과 네 자손의 마음에 할례를 베푸사 너로 마음을 다하며 성품을 다하여 네 하나님 여호와를 사랑하게 하사 너로 생명을 얻게 하실 것이라." 마음이란 한 인간의 내면적 중심부를 말하기 때문에 성경은 우리가 진정으로 하나님을 사랑하기 전에 하나님께서 먼저 우리의 안들을 깨끗하게 하셔야 한다고 가르친다. 우리가 중생이라고 부르는 것을 예레미야는 다음과 같은 말로 묘사하고 있다: "내

---

7) 철저한 부패에 관한 성경의 가르침과 "전적"이란 단어 대신 "철저한"이란 단어를 사용하게 된 이유에 관해서는 나의 저서 "개혁주의 인간론"(C. L. C. 1990년) pp. 252~259를 보라. 또한 Berkhof, ST, pp. 246~50을 참조하라. 이 교리에 관한 역사적 신조들로는 웨스트민스터 신앙고백서 제 6 항; 하이델베르그 교리문답서, 질문과 대답 5~8항; 돌트신경 III~IV, 1~4; 벨직 신앙고백서 14, 15조항

가 나의 법을 그들의 속에 두며 그 마음에 기록할 것이라"(렘 31: 33). 에스겔이 사용한 언어는 지금도 우리가 종종 자주 사용하는 구절이 되었다: "또 내가 새 영을 너희 속에 두고 새 마음을 너희에게 주되 너희 육신에서 돌과 같이 굳은 마음을 제하고 살과 같이 부드러운 마음을 줄 것이라"(참고, 겔 36:26; 11:19). 에스겔을 통하여 하나님은 바벨론 유수에 가 있는 그의 백성들에게 장차 그들의 내면을 새롭게 하실 것이라고 약속하셨다.

구약에서처럼 신약성경에도 중생에 관해 더 풍성하고 부요한 가르침을 주고 있다. 공관복음서에서는 "중생"이란 단어가 "새로 태어남"의 의미로 사용되고 있지 않다. 물론 그 사상이 없는 것은 아니다. "모든 좋은 나무마다 좋은 열매를 맺고, 각종 나쁜 나무마다 나쁜 열매를 맺는다"(마 7:17)는 예수의 말씀이 의미하는 바는 분명하다: 좋은 열매를 맺기 전에 먼저 좋은 나무이어야 한다. "나의 하늘에 계신 아버지께서 심지않은 모든 나무마다 그 뿌리째 뽑히우리라" (마 15:13)는 말씀도 하늘의 아버지께서 심어 놓으신 나무들은 뽑힘을 당치 않을 것이라는 의미를 담고 있다. 이와 같은 구절들은 중생의 필요성을 분명히 보여주고 있다.

중생 혹은 신생에 대해 자주 언급하고 있는 신약의 저자는 아무래도 사도 요한이라 할 수 있다. 먼저 요한복음 1:12~13을 보자.

"영접하는 자 곧 그 이름을 믿는 자들에게는 하나님의 자녀가 되는 권세를 주셨으니 이는 혈통으로나 육정으로나 사람의 뜻으로 나지 아니하고 오직 하나님께로서 난 자들이라."

알미니안 신학자들은 12절을 인용하면서, 믿음이 중생보다 앞선다고 주장한다: "그 이름을 믿는 자들에게 하나님의 자녀가 되는 권세를 주셨다." 그러나 12절을 13절로부터 분리해서는 안된다. 13절은 말하기를, 하나님의 자녀가 되는 것은 혈통적 출생이나 사람의 결정의 결과가 아니라 전적으로 하나님의 행위의 결과라고 선언한다. 물론 그리스도를 믿는 사람들이 하나님의 자녀가 되는 권세를 받게 되는 것은 사실이다. 그러나 그들의 믿음 뒤에는 그들을 영적으로 다시 태어나게 하시는 하나님의 기적적인 행위가 있다.

중생에 있어서 하나님의 주권적 행위를 분명하게 가르치는 성경은 요한복음 3장이라 할 수 있다. 유대인의 지도자이며 바리새인이었던 니고데모가 밤에 예수께 찾아왔다. 니고데모의 말을 미루어 보건대, 그는 예수를 선생님이라 높이 존경하면서도 그리스도의 진정한 사명이 무엇인지에 관해서는 이해 부족이었다: "랍비여 우리는 당신이 하나님으로부터 온 자임을 압니다. 하나님이 함께 하시지 않았더라면 당신이 행하신 표적들을 아무도 행할 수 없을 것입니다"(요 3:2). 예수의 대답(3절)은 전체의 논의에 기조음처럼 들린다: "내가 진실로 너희에게 이르노니 누구든지 다시 태어나지 않고는 하나님의 나라를 볼 수 없느니라"(다시 태어나다는 말은 "위로부터"라는 말로도 번역된다; 헬:*gennethe anothen*). "게네데"(*gennethe*)는 "출생하다", "태어나다"라는 동사 "gennao"의 부정시제 수동형이다. 일반적으로 많은 번역본들이 두번째 의미, "태어나다"로 번역하고 있다; 4절은 여기서 바로 이런 의미로 사용되고 있음을 암시한다. "아노덴"(*anothen*)은 문자적으로 "위로부터"라는 뜻인데, "다시", "새롭게"라는 의미도 갖는다. 요한복음서에는 "*anothen*"이 3장에서만 세 번 사용되고 있다(3, 7, 31절); 19:11과 19:23에서도 사용되고 있다. 마지막 세 번의 경우들에서의 의미는 의심할 여지없이 "위로부터"라는 뜻이다. 그러므로 나는 3절과 7절의 예수의 말씀은 마땅히 "위로부터 태어나다"로 번역되어야 한다고 결론짓겠다. 그렇다면 본절이 제시하고 있는 사상은 사람은 마땅히 다시 태어나야 하는데 이 새로운 출생은 위로부터의 출생이라는 것이다.

예수께서 니고데모에게 말씀하시고 있는 바는, 그가 위로부터 태어나지 않고서는 하나님 나라의 시작됨과 그 나라의 영적인 실체들을 바라볼 수 없다는 것이다. 부정시제형인 "*gennethe*"는 이러한 새로운 출생사건이 단회적임을 보여준다. 또한 동사의 수형태가 가리키는 것은 이러한 사건에 있어서 인간은 전적으로 수동적임을 알리는 것이다. 수동태가 아니더라도 이 동사는 동일한 사실을 말한다. 우리는 스스로 태어날 것을 결정하여 택한 것은 아니다; 우리의 태어남은 우리의 뜻과 아무런 상관이 없다. 우리의 자연적 출생에서도 우리는 전적으로 수동적이다. 이처럼 영적 출생에 있어서도 마찬가지다. 더욱이 부사 "*anothen*"이 말하고 있듯이, 이러한 새로운 출생은 위로부터 난 것이며 땅으로부터 나는 보통의 출생과는 전혀 다른 하늘로부터의 출생이다.

요약하자면, 3절이 가르쳐주는 교훈은 중생은 사람이 하나님의 나라를 보기 위해서 절대적으로 필요한 것이며, 중생은 육체적 출생에서와 같이 인간은 전적으로 수동적인, 하나님의 능동적인 사건이다. 또한 이러한 새로운 출생은 위로부터 온 것으로 초자연적이고 초인간적인 행위자에 의해 가져온 것임을 3절로부터 배울 수 있다.

놀라움과 경의를 표한 후 니고데모는 어떻게 사람이 자기 어머니의 배속으로 다시 들어갈 수 있느냐고 질문하였다. "내가 진실로 네게 이르노니 사람이 물과 성령으로 태어나지 않고서는 하나님 나라에 들어갈 수 없다"(5절)고 예수께서 답변하셨다. 비록 몇몇 해석가들이 "물"이란 단어를 세례를 가리키는 것으로 해석하긴 하지만, 여기서 물은 구약에서 종종 그랬듯이 내면적 정결케 함을 상징하는 것으로 이해해야 할 것이다.[8] "성령으로 태어나다"는 표현은 이러한 새로운 출생의 신적 집행자가 성령임을 가리킨다. 방금 전에 이러한 출생이 "위로부터" 시작된 것이라고만 말씀하신 예수께서 이제는 구체적으로 그것을 시작하신 분이 하나님이심을 밝히신 것이다. 이러한 신생에 있어서 우리는 전적으로 하나님의 성령의 주권적 사역에

---

8) 에스겔 36:25, "내가 물로 네게 뿌려 너를 깨끗케 하리라." 이 점에 관해서 존 머레이의 *Redemption-Accomplished and Applied*(Grand Rapids: Eerdmans, 1955), pp. 121~22; and Bavinck, *Dogmatiek*, 4:21을 보라.

의존하는 것이다.

6절에 있는 "육신"(sarx)을 바울이 사용하는 의미로 이해하려는 유혹을 우리는 배제해야 한다. 바울에게 있어서 "육신"은 전적으로 죄에 종노릇하는 인간본성을 의미하곤 한다. 그러나 요한이 사용하고 있는 "육신"은 "인간존재로부터는 분리될 수 없는 실체적 연약성"을 종종 의미하고 있으며[9] 본절에서도 이런 의미로 사용되고 있다. "육으로 난 것은 육이요 성령으로 난 것은 영이라"(참고, 6절; RSV)는 예수의 말씀은 신체적으로 태어난 것은 계속해서 중생치 못한 인간의 본성일 뿐이며 반면에 성령으로 태어난 것은 그 본질상 영적이라는 뜻이다. 오직 초자연적 신생을 통해서만 사람은 낮은 차원에서 높은 차원으로 지나갈 수 있다. 다시 말해서, 중생은 우리의 본성에 급격한 변화를 가져온다.

"'네가 거듭나야 하겠다'는 나의 말을 기이히 여기지 말라"(7절). 이 말씀은 종종 거듭나기 위하여서 우리의 힘으로 무엇인가를 해야 한다는 의미로 이해되어지곤 한다. 그러나 예수의 의미는 이런 것이 아니다. 니고데모에게 하신 예수의 말씀의 참뜻은, 하나님의 나라를 보고 또한 들어가려면 사람들은 마땅히 위로부터(아노덴) 태어나야 한다는 것이다.[10]

8절에서 예수는 중생에 있어서의 성령의 행위의 주전성과 신비성을 말씀하신다: "바람이 임의로 불매 네가 그 소리를 들어도 어디서 오며 어디로 가는지 알지 못하나니 성령으로 난 사람은 다 이와 같으니라." 사람을 거듭나게 하시는 성령의 활동은 바람이 임의대로 부는 것처럼 주권적이다. 또한 이 활동은 바람의 움직임처럼 신비롭기도 하다. 그러나 예수께서는 "너희가 그 소리를 듣는다"는 말을 덧붙이셨다. 아마 예수와 니고데모가 이 시점에서 휘몰아 치고 있는

---

9) Leon Morris, *The Gospel According to John*(Grand Rapids: Eerdmans, 1971), p. 219, n. 37. Cf. TDNT, 7:138~39.

10) Cf. Peter Toon, *Born Again*(Grand Rapids:Baker, 1987), p. 28.

바람소리를 들은 것은 아닐까? 죄우지간 우리는 바람의 움직임을 이해할 수는 없어도 소리는 듣는다. 이와 마찬가지로 우리는 새로 태어남에 대해 그 신비성을 이해하지는 못해도 우리가 거듭난 것에 대한 외형적 변화를 보고 말할 수 있는 것이다. 이러한 외형적인 표식들이 무엇인지 우리는 요한의 첫번째 편지를 통하여 배우게 될 것이다.

   5~8절을 요약하여 말하자면, 중생을 이루시는 신적 행위자는 성령이시며, 이러한 신생을 통해 얻어진 새생명은 단순히 생물학적 목숨과 근본적으로 다르며, 비록 중생이 신비롭게 발생한다 하더라도 우리는 그 열매들을 봄으로써 그것이 일어났다는 것을 알 수 있다.

   중생에 관해 바울은 무엇이라 가르치는가? 바울의 글 중에서 "중생"(*palingenesia*)이란 단어가 꼭 한 번 나온다: "우리를 구원하시되... 중생의 씻음과 성령의 새롭게 하심으로 하셨도다"(참고, 딛 3:5; RSV). 요한복음 3장에서 중생은 위로부터의 출생 혹은 신생(새로운 출생)으로 묘사되었다; 여기서도 비슷한 비유가 사용되고 있다: "팔링게네시아"는 "다시"라는 의미의 "팔링"과 "출생", "시작"을 뜻하는 "게네시스"의 합성어이다. 이 단어는 새로운 시작을 가리킨다. "중생의 씻음"이란 표현은 아마도 세례를 가리키는 것으로, 세례가 의미하고 있는 영적 실체를 의미한다고 생각할 수 있다.[11] "성령의 새롭게 하심"은 중생이란 죄로부터의 정결케 됨 뿐만 아니라 성령에 의해 우리 안에 역사하여 성화의 과정을 통하여 지속되게 될 영적인 새로워짐을 말하는 것이다.

   바울이 "중생"이란 단어를 사용하고 있는 곳이 유일하게 이 곳이긴 하지만 중생을 언급하고 있는 곳은 많이 있다. 에베소서 2:5에서 바울은 우리가 범죄함으로 죽었을 때에 하나님께서 그리스도와 함께 우리를 살리셨다고 확인하고 있다. 에베소서 2:10과 고린도후서 5:

---

11) 하이델베르그 교리문답 질문 73항에는 이 표현구가 세례를 가르치는 것으로 해석되고 있다.

17에서도 바울은 중생을 새로운 존재가 되는 것이라고 표현하고 있다. 너무나도 다른 차원의 존재이기 때문에 새로운 창조사건으로밖에는 달리 비교할 수가 없었던 것이다: "우리는 하나님의 만드신 바라 그리스도 예수 안에서 지음을 받았도다"; "그러므로 누구든지 그리스도 안에 있으면 새로운 창조"라. 이와 같은 바울의 말을 통해 볼 때, 중생은 성령의 정결케 하시고 새롭게 하시는 활동의 열매이며, 이 열매는 죽은 사람들을 살리시고, 그리스도와 연합하게 하며, 우리가 하나님의 놀라운 새로운 창조세계의 한 부분인 것을 의미한다.

베드로 사도도 그의 첫번째 편지에서 중생을 다루고 있다. "아나게나오"(anagennao)라는 단어를 사용하고 있는데 "다시 태어나게 하다", "다시 출생하다"라는 뜻이다: "그 많은 긍휼대로 예수 그리스도의 죽은 자 가운데서 부활하심으로 말미암아 우리를 거듭나게 하사 산 소망이 있게 하셨도다"(벧전 1:3). 베드로는 여기서 중생을 그리스도와의 연합, 그리고 우리의 소망과 연결시키고 있다. 우리가 다시 태어나게 된 것은 예수 그리스도께서 죽은 자 가운데서 부활하셨기 때문이라고 베드로는 말하고 있다. 그리스도의 부활은 우리의 새로운 영적 생명의 원천이다; 하나님께서 우리를 그리스도와 함께 다시 살리셨기 때문에 우리의 새생명은 그리스도의 부활 생명에 참여한 생명이다. 이러한 놀라운 사건을 통하여 우리는 살아있는 소망 속으로 다시 태어난 것이다. 이 소망으로 말하자면 결코 썩거나 상하거나 시들어 버리지 않는 영원한 기업 가운데 우리가 장차 들어가게 될 소망이다(4절). 이처럼 베드로는 종말론적 관점에서 중생을 바라보고 있다: 그리스도 안에서의 우리의 새 생명의 시작은 우리의 영원한 기업을 바라보게 하는 영광스런 전망대 역할을 하게 된다.[12]

요한 사도 역시 그의 첫번째 편지에서 여러번 중생을 언급하고 있

---

12) 베드로전서 1:23도 중생에 관해 다루는 구절인데 본장의 후반부에서 다루게 될 것이다

다. 이 구절들은 모두 한결같이 중생은 마땅히 구체적 행동들로 나타나도록 되어 있다고 가르치고 있다. 요한일서 2:29에 보면 거듭난 사람은 옳은 일을 계속해서 하는 사람이다: "너희가 그의 의로우신 줄을 알면 의를 행하는 자마다 그에게서 난 줄을 알리라." 여기서 "났다"로 번역된 동사는 완료시제인데 (gegennetai) 이러한 사람은 이미 과거에 중생되었으며 현재에는 거듭난 증거를 계속해서 보이고 있는 사람이란 뜻이다.[13]

요한일서 3:9에는 거듭난 사람들은 계속해서 죄 가운데 거하지 않는다고 한다: "하나님께로서 난 자마다 죄를 짓지 아니하나니 이는 하나님의 씨가 그의 속에 거함이요 저도 범죄치 못하는 것은 하나님께로서 났음이라." "계속적으로 죄를 짓는다"는 구절은 "*hamartian ou poiei*"의 번역인데 계속되는 동작을 묘사하는 현재형 동사를 포함하고 있다. 그 뜻은 다음과 같다: 방자하게 계속적으로 죄를 행함으로 죄를 즐기지 말라. "죄를 지을 수 없다"는 구절은 "*ou dynatai hamartanein*"의 번역으로 여기서 "죄를 짓다"는 동사의 시제는 현재형이다. 그렇다면 중생한 사람은 즐거운 마음으로 계속적으로 죄를 지을 수도 없고 그 죄 가운데 살 수도 없다는 뜻이다. "신자들도 죄 가운데 빠질 수는 있으나 그 가운데 행하지는 않을 것이다."[14]

요한일서 4:7에는 한 번 거듭난 사람은 자기의 동료 신자들을 사랑한다고 말하고 있다: "사랑하는 자들아 우리가 서로 사랑하자 사랑은 하나님께 속한 것이니 사랑하는 자마다 하나님께로서 나서 하나님을 알고." "사랑하다"란 단어는 헬라어로 "*agapao*"인데 그리스도께서 본을 보이신 바와 같은 자기희생적 사랑이다. 거듭난 사람은

---

13) 헬라어에서 완료형시제는 계속적인 결과를 지니는 과거동작을 의미한다. 신자들의 신생을 묘사하고 있는 나머지 요한일서에 나타난 동사들은 이와 비슷하게 완료형시제를 지니고 있다.,

14) John R. W. Stott, *The Epistles of John* (Grand Rapids: Eerdmans, 1964), p. 136.

동료 신자들을 이기심없이 계속적으로 사랑하는 자라고 요한 사도는 말하고 있다.

요한일서 5:1은 거듭난 사람을 가리켜 믿음을 소유한 자라고 말한다: "예수께서 그리스도이심을 믿는 자마다 하나님께로서 난 자라." 믿음이 중생보다 앞선다고 주장하는 사람들에 대해 반박하면서 사도 요한은 믿음이란 거듭남의 외형적 증거라고 말하고 있다.

요한일서 5:4에는 중생한 사람은 세상을 이긴다고 선언한다: "대저 하나님께로서 난 자마다 세상을 이기느니라." 다른 곳에서도 그렇지만 여기서도 사도 요한은 "세상"이란 단어를 하나님과 원수되는 대적자, 유혹과 죄의 근원 등의 의미로 사용하고 있다. 요한일서 2:15에서도 사도 요한은 그의 독자들에게 "이 세상이나 세상에 있는 것들을 사랑치 말라"고 경고하고 있다. 그러나 우리 앞에 놓여 있는 구절은 거듭난 사람은 세상의 유혹에 패배치 아니하고 오히려 승리하게 된다고 격려하고 있다.

요한은 요한일서 5:18에서 거듭난 사람은 그리스도의 보호하심을 받기 때문에 결코 믿음에서 떨어져 나가지 않을 것이라고 말한다: "하나님께로서 난 자마다 범죄치 아니하는 줄을 (ouch hamartanei; 현재형 동사) 우리가 아노라 하나님께로서 나신 자가 저를 지키시매 악한 자가 저를 만지지도 못하느니라." 3:9에서와 같이 여기서도 다시 태어난 사람은 죄 가운데 계속적으로 살지 않는다고 말한다. "하나님께로서 나신 자"는 독특한 방식으로 하나님의 아들이신 그리스도를 의미하고 있다. 그리스도께서 거듭난 사람들을 지키시기 때문에 악마가 결코 그들을 해할 수도 없고 치명적인 상처를 입힐 수도 없다(칼빈). 다시 말해서 위로부터 태어난 사람은 은혜로부터 떨어지지 않을 것이다. 그리스도께서 그를 지키시기 때문이다.

요한일서로부터 우리는 중생한 자가 다음과 같은 특성으로 옷입고 있다는 사실을 배웠다. 그 특성이란 옳은 일을 행하며, 죄 가운데 계속적으로 살지 않으며, 동료 신자들을 사랑하며, 예수를 그리스도라 믿으며, 계속적으로 세상을 이기는 것들이다. 만일 어떤 사람이 묻기를, "내가 거듭났는지 어떻게 알 수 있습니까?"라고 질문하거든, 그 사람은 먼저 위와 같은 증거들을 갖고 있나 살펴보라고 조언을 해주어야 한다. 이러한 것들이 다시 태어난 사람들의 표식들이라고 사도 요한이 말하고 있기 때문이다.[15]

중생에 관한 성경의 가르침을 요약해서 정리해 보자: 중생은 영적 죽음에서 영적 생명으로의 전적인 변화이며, 우리 가운데 계신 성령에 의해 역사되며 우리는 전적으로 수동적이다. 이러한 변화는 우리의 본성의 내면적 새로워짐을 말하는데, 이는 전적으로 하나님의 주권적 은혜의 열매이며 그리스도와의 연합을 통해서 일어난다.

이상과 같은 주석학적 연구에 기초를 두고 우리는 다음과 같이 힘 있게 말할 수 있다: 우리가 사용한 의미의 중생은(새로운 영적 생명의 심겨짐) 인간이 하나님과 함께 협력하여 일어나는 행위가 아니라 하나님만이 유일한 행위자이시다. 즉 중생은 "단일적"(monergistic)[16]인 하나님만의 일이지 하나님과 인간이 함께 협력하는 "신인협력적"(synergistic)[17] 행위가 아니다. 요한복음서와 서신서에서 보았듯이 중생을 묘사하는 동사는 수동형이었다: "*gennethe*", "*gennethenai*", "*gegennetai*", "*gegennemenos*". 일찍이 에베소서 2:5에서 우리는 매우 독특한 문구를 본 일이 있었다: "우리가 범죄함 가운데 죽었을 때 하나님께서 우리를 그리스도와 함께 살리셨도다." 보시다시피 죽었던 자들이 어떻게 스스로를 살릴 수 있겠는가? 죽은

---

15) 중생이 회개와 믿음으로 연결되기 전에 여러해 동안 중생이 한 사람 속에서 활동하지 않고 가만히 머물러 있을 수 있다고 아브라함 카이퍼가 말한 일이 있다(E. Smilde, *Een Eeuw van Strijd over Verbond en Doop*(Kampen:Kok, 1946), pp. 105~106을 보라). 그러나 가능성은 우리가 방금 살펴본 요한의 구절들에 의해 받아들여질 수 없다

16) 헬라어 두 단어의 합성어로 "홀로 일한다"는 뜻이다

17) 헬라어 두 단어의 합성어로 "함께 일한다"는 뜻이다

자들이 어떻게 하나님과 협력하여 자기 자신들을 회생시킬 수 있는가? 중생에 있어서 인간은 수동적이고 하나님만이 일하신다는 것이 성경의 가르침이다. 중생에 관한 성경의 가르침으로부터 우리는 구원론에 있어서의 하나님의 전적 주권을 배운다: 우리가 구원얻는 것은 처음부터 하나님의 일이다. 그러므로 그에게 모든 찬양을 드리자!

4. 중생의 본질

중생은 매우 신비스럽다. 첫째로 그 정의가 보여주듯이 하나님의 초자연적인 사역이기 때문이며, 둘째로 사람이 중생을 관찰하거나 경험할 수 없기 때문이다; 단지 중생의 결과들을 관찰할 뿐이다. 새 생명의 이식이라는 좁은 의미에서의 중생을 이해함에 있어서 우리는 언제 중생이 일어나는지 확증할 수 없다; 자기 자신에게는 몰라도 다른 사람에게 대해서는 더욱이 중생이 일어났다는 확실한 증거들을 잡기란 어렵기 때문에 추측할 뿐이다.

중생의 본질에 관해 세 가지로 언급하려 한다:

(1) 중생은 갑작스런 변화이다: 점진적인 성화처럼 점진적인 과정이 아니다. 영적 죽음에서 영적 생명으로의 변화라면 어찌 점진적일 수가 있겠는가? 다시금 에베소서 2:5을 생각해 보자. 중생은 죽은 죄인들이 다시 살아나는 것이라 하지 않았던가? "그리스도와 함께 우리를 살리셨다"는 구절의 동사는 (*synezoopoiesen*) 부정시제로서 순간적 동작을 가리킨다. 사도행전 16:14에는 루디아의 개종이 기록되고 있는데, "바울의 메시지를 듣고 주께서 그녀의 마음 문을 여셨다"고 하였다. 마음을 연다는 것은 분명히 중생을 가리킨다. "연다" (*dienoixen*)는 동사 역시 부정시제이다. 언제 중생이 일어나는지에 대해선 알 수 없으나 순간적임에는 틀림없다. 죽음과 생명 사이에는

중간지대가 없기 때문이다.

   (2) 중생은 초자연적인 변화이다: 알미니안들(처음에는 레몽스트랑트: Remonstrants라고 불리움)은 중생이 도덕적 설득에 의해 이루어지는 변화라고 돌트총회(synod of Dort)에서 주장하였다. 이 돌트회의에서는 이러한 주장을 펠라기우스주의이며 비성경적이라고 배척하였다:

> 돌트총회는 우리가 하나님께로 돌아서게 하는(여기서 "돌아선다"는 것은 "중생"과 동의어로 사용되고 있다) 은혜는 부드러운 설득 외에는 아무것도 없으며, 사람을 돌이키게 하는 하나님의 방법은 사람의 본성에 가장 적당하고 고상한 방법인 설득이라고 가르치는 자들의 오류들을 배척한다.[18]

돌트에 모였던 신학자들이 알미니안주의자들에 대답했던 내용들, 특히 그들이 볼 때 성경적 중생관은 인용할 만한 귀중한 가치가 있다.

> 이것이 중생이다. 즉 새로운 피조물, 죽은 자로부터 일어남, 다시

---

18) Canons of Dort, III~IV, 오류반박문 7항. 근자에 나온 알미니안적 중생론으로는 다음의 것이 있다: A. M. Hills, *Fundamental Christian Theology*(1931; Salem, OH:Schmul, 1980), 2:200~213; H. Orton Wiley, *Christian Theology*(Kansas City:Beacon Hill, 1958), 2:403~28. 특별히 Wiley의 다음과 같은 주장은 특이할 만하다: "알미니안주의자들은 중생이 고맙게도 도움을 받은 참회자들에게 믿음이라는 도구를 통하여 조건적으로 부여된 것이라고 간주한다"(op. cit. p. 421). 여기서 "고맙게도 도움을 받은"이란 뜻은 사람의 마음에 미리 작용하여 개종으로 이끄는 하나님의 은총(prevenient grace)을 말하는데 이 은총은 모든 사람에게 주어지며 사람은 믿음과 회개를 통하여 이 복음의 부르심에 응답할 수 있으며 또한 거절될 수도 있다(Ibid., pp. 344~47). 참고적으로 Toon, *Born Again*, pp. 118~20, 162~65, 171~73, 177~80을 보라

살아남 등은 너무나도 분명하게 성경 안에 선포되고 있다. 이것은 우리의 도움없이 우리 속에서 하나님께서 일으키신 것이다. 이 중생은 외적인 가르침, 도덕적 설득에 의해 일어나지 않는다. 또한 하나님께서 시작은 하시되 거듭나고 돌이키는 것은 사람의 능력에 달려있다고 말하는 것도 맞지 않다. 중생은 전적으로 초자연적 역사이다. 동시에 이것은 가장 강력하고, 가장 하나님의 마음에 맞고, 놀랍고, 비밀스럽고 표현될 수 없는 일로서 그 능력에 있어서 성경에서 가르치고 있는 창조사역이나 부활보다 결코 뒤떨어지거나 열등하지 않다.[19]

(3) 중생은 근본적(radical) 변화이다. "근본적"(radical)이란 영어는 라틴어 "우리"(radix)로부터 유래되었는데, 중생은 우리 본성의 뿌리부터 변화됨을 뜻한다.

(a) 중생은 새로운 영적 생명의 "이식"을 의미한다. 앞에서 살펴본 바와 같이 인간은 본성상 영적으로 죽었다(엡 2:1,5; 골 2:13; 롬 8:7~8). 죽은 죄인들이 영적으로 다시 살아나고, 하나님께 대한 저항이 없어지며 하나님을 향한 미움이 사랑으로 변화되는 것은 바로 중생의 순간이다. 중생은 그리스도 밖에 있던 사람이 이제 그리스도 안에 있다는 의미이다. 따라서 이것은 피상적인 변화가 아니라 근본적인 변화이다.

(b) 중생은 한 인격 전체에게 영향을 미치는 변화이다. 불란서 신학자인 요한 카메론(John Cameron:1579~1625)은 사람을 거듭나게 하는 일에 있어서의 성령의 역할은 단순히 사람의 마음이나 지성을 밝게 비추어서 사람의 의지가 결과적으로 도덕적, 영적 문제에 있어서 지성의 인도함을 따르게 된다고 가르쳤다. 이 주장은 대부분

---

19) Canons of Dort, III~IV, Art. 12. Art. 11도 보라. 개혁주의 신조들 가운데 나타난 중생에 관한 언급으로서는 하이델베르그 교리문답 질문 8항; 벨직 신앙고백문 24항(넓은 의미의 중생)이 있다. 웨스트민스터 신앙고백서는 일반적으로 "중생"이란 용어를 사용치 않는 대신 "유효적 부르심"이란 문구를 사용한다: X장 및 소요리문답 질문 31항을 보라

의 개혁주의 신학자들에 의해 배격되었다. 이 견해는 기능 구조 심리학(faculty psychology)을 잘못 대변하고 있을 뿐만 아니라 비실제적이기도 하다. 내 마음으로는 이러저러한 행동이 옳다고 확신할 수 있다. 그러나 내가 아직도 "죄와 범법함들 가운데서 죽어" 있다면 나는 결코 올바른 행동들을 따라 할 수는 없을 것이다. 돌트회의에 섰던 알미니안들은 중생에 있어서의 의지의 역할에 대해 온당치 못한 견해를 갖고 있었다. 사람의 의지는 죄의 영향을 절대로 받지 않으며, 사람이 해야 하는 것은 의지가 잘 기능할 수 있도록 모든 장애물들을 제거하는 것이라고 말했기 때문이다: 그들이 말한 장애물이란 "마음의 어두움과 억제되지 못한 감정들"[20]이다. 이러한 잘못된 주장들에 대해 개혁주의 신학자들은 중생은 전적 변화로서 한 인격 전체를 변화시키는 것이라고 주장했다. 성경적 용어를 빌리자면, 중생은 새로운 마음을 부여받는 것이다. 성경에서 마음은 한 인격의 중심부이며, 모든 내적 기능의 중앙으로 정신적, 영적 경험들의 물줄기가 흘러나오는 원천이다: 즉 생각, 느낌, 의지, 믿는 일, 기도하는 일, 찬양하는 일 등이 결국 마음으로부터 흘러나온다. 중생시에 새롭게 되는 것은 바로 이 원천이다. 그러나 잊지 말아야 할 것은 그렇다고 해서 모든 죄된 성향성들이 제거된다는 것을 의미하는 것은 아니다. 중생한 사람은 새로운 사람임에는 틀림없지만 아직까지 완전한 것은 아니다.[21]

(c) 중생은 의식 밑에서 일어나는 변화이다. 이 점은 우리의 자연적 상태를 묘사하고 있는 성경의 태도를 보면 분명해진다. 우리가 본성상 죄와 부패 가운데 죽어 하나님의 법에 복종하지 않고, 하나님의 영으로부터 오는 것들을 받아들일 수 없다면, 우리는 우리의 자연적 상태와 반대되는 것으로 우리 자신을 의식적으로 변화시키려고 결정할 수는 없을 것이다. 초자연적 방법으로 우리의 존재 밑바

---

20) Canons of Dort, III~IV, Rejection of Errors, Par. 3.
21) 중생과 죄된 성향들 간의 관계는 본서 12장에서 다루어질 것이다.

탕에서 변화가 일어나야 한다. 심리학자들이 소위 무의식이라고 말하는 영역에서 변화가 있어야 한다. 그리고 이 변화는 우리의 의식적 삶속에 반영되어야 함은 물론이다.

이러한 변화가 의식의 아래에서 일어나야 한다는 점은 중생을 묘사하고 있는 성경의 용어를 통해서도 자명해진다: "내가 새마음을 너에게 줄 것이라", "만일 사람이 위로부터 나지 아니하면", "육으로 난 것은 육이요 영으로 난 것은 영이라", "우리를 그리스도와 함께 살리셨도다." 이러한 종류의 표현구들은 중생시에 일어나는 변혁이 너무도 근본적이라서 우리라는 존재의 무의식의 뿌리로부터 변화가 있어야 함을 가리킨다. 그러므로 좁은 의미에서의 중생에 있어서 인간은 능동적이 아니라 수동적이다.

5. "저항할 수 없는 은혜"

칼빈주의자들은 소위 "불가항력적 은혜"를 믿는다. 이 문구는 소위 "칼빈주의 5대 교리"를 지칭하는 영어의 TULIP(튤립) 문자 중 네번째 약어에 속한다: 전적 부패(Total depravity), 무조건적 선택 (Unconditional election), 제한된 속죄(Limited atonement), 불가항력적 은혜(Irresistible grace), 성도의 견인(Perseverance of the saints).[22] "불가항력적 은혜"라는 용어는 중요한 성경의 진리를 담고 있다. 앞에서 본 바처럼 중생은 일방적이지 상호협력적인 사역이 아니다. 하나님과 인간이 함께 협력하여 이루어 나가는 일이 아니라 전적으로 하나님 혼자만의 사역이다. 인간의 타락한 자연상태, 유효적인 부르심, 사람을 거듭나게 하시는 하나님의 방법 등을 고찰해

---

22) 칼빈주의 5대 강령과 그 성경적 근거에 관한 책으로는; Edwin H. Palmer, *The Five Points of Calvinism*(Grand Rapids:Baker, 1972); also David N. Steele and Curtis C. Thomas, *The Five Points of Calvinism*(Philadelphia:Presbyterian and Reformed, 1965)를 보라

보면 한 가지 사실이 분명해진다: 우리를 거듭나게 하는 은혜는 참으로 거절할 수 없는 불가항력적 은혜라는 사실이다.

그러나 종종 "불가항력적 은혜"라는 말의 사용에 대해 반대 의사가 있어 오곤 한다. 그들의 첫번째 반대 이유는 이 용어는 하나님이 너무 일방적으로 독주하고, 심지어 인간의 의지를 무시하고 마치 인격체가 아닌 물건취급하는 듯한 인상을 주기 때문이라고 한다. 두번째 반대 이유는 하나님의 은혜도 때때로 저항될 수 있다는 주장이다. 성령을 거역한 자도 있다고 성경은 말하고 있지 않는가?(행 7:51)

그러나 이러한 반대 이유는 해명될 수 있다. 나는 첫번째 반대 의견에 대해 이미 유효적 부르심을 다루면서 취급한 일이 있다.[23] 하나님께서 우리의 의지마저도 무시하고 침범한다는 주장에 대해서는, 다음과 같이 답한다: 우리는 본성상 죄 가운데서 죽었으므로 우리의 의지마저도 새롭게 될 필요가 있다. 그래야만 마땅히 해야 할 하나님 섬김에 참여할 수 있게 된다. 그러므로 우리를 거듭나게 하는 일에 있어서의 하나님의 행위는 비유적으로 말하자면 숨이 멎은 사람에게 인공호흡을 해주는 것이라 할 수 있다. 헤르만 바빙크는 이 점을 잘 설명하고 있다: 하나님의 효력있는 부르심은 "너무도 강력하여서 결코 진화될 수 없으며, 너무도 강렬한 사랑이기에 모든 세력들을 물리친다."[24] 루이스(C. S. Lewis)의 말을 들어보자: "하나님의 딱딱하심은 사람의 부드러움보다 더 철저하다. 그 분의 강요는 곧 우리의 해방이다."[25]

두번째 반대 의견에 대해서는 다음과 같이 답변할 수 있다: "불가항력적 은총"이란 용어는 칼빈주의자들이 만든 것은 아니었다. 이 용어를 사용한 자들은 돌트총회 때(1618~19)의 레몽스트랑트(알미니안들)들이었는데 그들은 이 용어를 카톨릭의 예수회파로부터 빌려

---

23) 본서 pp. 150-54을 보라.
24) *Roeping en Wedergeboorte*(Kampen:Zalsman, 1903), p. 224.
25) *Surprised by Joy*(London:Collins, Fontana Books, 1960), p. 183.

중생에 관한 개혁주의적 입장을[26] 특징짓기 위해 사용한 것이다. 그러므로 그들은 "철벽같은" 혹은 "정복될 수 없는" 은혜라고 불렀으며, 하나님의 구원하시는 은혜는 "최종적으로 저항될 수 없다"고[27] 하였다. 하나님의 은혜는 사실상 거역될 수 있으나 세상의 창조 전부터 구원에 이르도록 그리스도 안에서 선택을 입은 자들은 하나님의 은혜를 거역하는 데 성공하지 못할 것이다. 코넬리우스 플란팅가 박사가 이 점을 매우 명쾌하게 설명하고 있다: "아무도 하나님의 은혜를 끝까지 막아설 수가 없다. 아무도 그 분을 능가할 수 없다. 모든 선택받은 자들은 앞으로 나와 '하나님은 하나님이시다'라고 인정하도록 되어 있다."[28]

6. 중생과 다른 교리와의 관계

(1) 중생과 효력적 부르심과의 관계: 어떤 개혁주의 신학자들은 중생과 효력적 부르심과를 구별하기를 원한다. 예를 들어 루이스 벌코프는 효력적 부르심은 좁은 의미의 중생을 뒤따른다고 말한다.[29] 그러나 존 머레이는 효력적 부르심이 중생을 선행한다고 주장하였다.[30]

나는 협의의 중생을 효력적 부르심과 동일한 것으로 취급하려 한다. 이미 17세기의 신학이 이 두 가지를 동일하게 취급하였다.[31] 최

---

26) Bavinck, *Dogmatiek*, 4:65.
27) Ibid., pp. 65~66.
28) Cornelius Plantinga, Jr., *A Place to Stand* (Grand Rapids:CRC Publications, 1979), p. 151.
29) Berkhof, ST, p. 471.
30) *Redemption*, pp. 115, 119~20.
31) Berkhof, ST, p. 470.

근의 학자들로는 스트롱(Augustus Hopkins Strong)[32]과 바빙크[33]를 들 수 있다. 효력있는 부르심은 하나님의 주권적 사역으로 이 사역을 통하여 복음초청을 듣는 자들이 회개와 믿음을 통하여 부르심에 응답하는 것이기 때문에, 중생과 별다를 바가 없다. 이 두 가지 용어는 결국 서로 다른 비유를 통하여 영적 죽음에서 영적 생명으로의 변화를 묘사하고 있을 뿐이다: 이 변화란 곧 새 생명의 부여(중생) 혹은 믿음으로 복음의 부르심에 응답할 수 있는 능력을 부여받음(효력적 부르심)을 말한다.

이 두 가지는 영적 성장으로 인도하는 새로운 출발이라는 점에서 서로 대응하고 있다. 중생은 돌이킴으로 발전하여 순종과 헌신의 삶으로 인도된다. 앞에서 본 바처럼, 효력적 부르심은 독특한 삶으로 우리를 불러낸다: 그리스도와의 교제의 삶, 거룩과 자유와 평화의 삶으로.[34]

(2) 중생과 돌이킴과의 관계: 좁은 의미에서의 중생은 돌이킴(회심, 개종)과 동일시될 수 없고 구별되어야 한다. 중생은 돌이킴에 이르게 된다(즉 회개와 믿음을 통하여). 다시 말해서 돌이킴은 중생이 일어났다는 외형적 증거라 할 수 있다.

예를 들기 위하여 사도행전 16:14을 다시 살펴보도록 하자:

"두아디라성의 자주 장사로서 하나님을 공경하는 루디아라 하는 한 여자가 듣고 있는 자들(*ekouen*: 미완료형) 중의 하나였는데 주께서 그 마음을 열어(*dienoixen*: 부정과거) 바울의 말을 청종하게 (*prosechein*: 현재형) 하신지라."

마음은 한 사람의 내면적 핵심을 말하고 있기 때문에 본문에서 마

---

32) *Systematic Theology*(Philadelphia:Griffith and Rowland, 1907), 3:793.
33) *Dogmatiek*, 4:59.
34) 본서 pp. 145-46을 보라.

음을 열었다 하는 것은 중생이라 말할 수 있다. 이 중생은 루디아로 하여금 바울이 전한 메시지를 믿는 마음으로 반응하게 하였다. 다시 말해서, 말씀을 받아들여 붙잡고 말씀따라 행하였다는 말이다. 이러한 반응과 응답을 우리는 돌이킴(개종, 회심)이라 부른다. 누가에 의해 사용되고 있는 동사의 시제들을 주의하여 보라: 루디아가 바울의 말씀을 듣는 동안(계속적인 행동) 주께서 순간적으로 그녀의 마음을 여셨으며(순간적 동작) 그때부터 루디아는 바울이 전한 말씀에 귀를 기울이기 시작한 것이다(계속되는 동작).

    루디아의 경우에서처럼, 중생과 돌이킴은 동시적으로 발생한다. 그러나 원인적인 측면에서 볼 때 중생이 돌이킴보다 "앞선다." 하나님께서 새 생명을 주신 후에야 비로소 사람은 회개와 믿음으로 응답할 수 있다. 비유를 들자면 수도꼭지를 틀면 수도물이 나오는 것과 같다 할 수 있다: 수도꼭지를 트는 것과 물이 나오는 것은 동시적이나 구태여 순서를 따지자면 수도꼭지를 트는 것이 먼저이고 그 후에 물이 나온다.

    그러므로 요한일서에서 본 것처럼 중생은 우리의 새로운 삶의 방향에서 나타나고 느껴지게 된다. 이러한 새 삶과 생명은 "하나님과 그리스도, 죄와 거룩함, 세상, 복음, 내세 등에 관한 새로운 관점"을 소유하도록 한다.[35]

    (3) 중생과 성화의 관계: 어떤 의미에서 볼 때 이 두 가지는 동일하다. 앞으로 보겠지만,[36] 성화는 단회적(definitive)이다. 단회적 성화는 한 순간에 일어난다. 어떤 특정한 한 순간에 우리가 죄에 대하여 죽고 그리스도와 함께 일으킴을 받게 된다는 뜻이다. 물론 죄없는 완전한 상태로 살 수 있게 되었다는 뜻은 아니다. 그리스도 안에

---

35) Charles Hodge, *Systematic Theology*(1871; Grand Rapids:Eerdmans, 1940), 3:34.
36) 본서 제 12장.

있는 사람들은 그들이 살고 있는 죄의 영역과는 근본적으로 철저한 결별을 하여 성령의 새롭게 하심을 따라 하나님을 섬길 수 있게 되었다는 뜻이다. 이와 같은 의미로 성화가 이해되어질 경우 중생과 성화는 동일한 것이다.

그러나 일반적으로 생각되듯이, 성화는 평생과정이라 할 수 있다. 이런 측면에서 성화를 이해하게 되면 중생이란 성화의 출발이라 할 수 있다.[37] 중생은 과정이 아니라 한 기점이다. 그러나 성결과 순종 안에서 성장의 삶으로 이어지게 된다. 이러한 성장은 성화의 많은 축복들 중의 하나이다. 이런 의미에서 중생은 점진적 성화의 첫번째 단계이다. 이 두 가지는 최초의 새로움과 그 후 계속되는 새로움이란 측면에서 서로 연결된다.

중생은 사회적 측면을 갖고 있다는 사실을 잊어서는 안된다. 우리는 흔히 "거듭난다"는 말을 개인주의적 의미로 "개인 구원"을 가리키는 대명사로 이해하는 경향이 있다. 그러나 중생은 우리로 하여금 그리스도의 몸의 지체들이 되도록 한다는 사실을 잊어서는 안된다.[38] 그렇다면 중생은 공동체적 사회성을 지니고 있고 그것이 함축하고 있는 여러가지 내용이 있음도 기억해야 한다. 중생의 사회성이 의미하는 바는, 우리는 서로 다른 사람들을 그리스도의 한 일원들로 사랑해야 한다는 뜻이다. 베드로는 이것을 우리의 중생과 결부시키고 있다: "마음으로 뜨겁게 피차 사랑하라 너희가 거듭났기 때문이라"(벧전 1:22~23). 바울은 이와 같은 사랑의 의무를 모든 사람들에게 확대시켜 나가라고 권면한다: "그러므로 우리는 기회있는 대로 모든 이에게 착한 일을 하되 더욱 믿음의 가정들에게 할찌니라"(갈 6:10).

---

37) 예를 들어, G. C. Berkouwer의 책 *Faith and Sanctification*, Trans. John Vriend(Grand Rapids:Eerdmans, 1952), 중생에 관한 부분 중 "*The Genesis of Sanctification*"이란 항목을 보라

38) 본서 pp. 82-85에 있는 고린도전서 12:13에 관한 논의를 참조하라

(4) 중생과 세례와의 관계: 신약성경은 종종 세례를 새로운 영적 생명과 관련을 맺고 있다. 로마서 6:3~4에서 바울은 "무릇 그리스도 예수와 합하여 세례받은 우리는 그의 죽으심과 합하여 세례받은 줄을 알지 못하느뇨 그러므로 우리가 그의 죽으심과 합하여 세례를 받음으로 그와 함께 장사되었나니 이는 아버지의 영광으로 말미암아 그리스도를 죽은 자 가운데서 살리심과 같이 우리로 또한 새 생명 가운데서 행하게 하려 함이니라." 골로새서 2:11~12에서 바울은 계속하여 "또 그 안에서 너희가 손으로 하지 아니한 할례를 받았으니 곧 육적 몸을 벗는 것이요…너희가 세례로 그리스도와 함께 장사한 바 되었도다"고 말한다. 베드로는 노아 홍수시의 물이 "이제 너희를 죄에서 구원하는 세례를 상징한다"고 확언하고 있다(벧전 3:21).

어떤 교회들은 실질적으로 세례시의 중생을 가르친다. 예를 들어 이것은 로마 천주교의 공식적 가르침이다: "세례의 또다른 효력들은 원죄와 실행죄의 용서와 이러한 죄들로 인한 형벌의 면제(Denzinger, 1316), 그리고 그리스도 안에서의 중생 혹은 양자로 입양되는 것 등이다."[39] 루터교도 세례시의 중생을 가르친다. 다음은 한 루터교 조직신학자가 이러한 가르침을 설명하고 있는 글이다:

세례는 죄의 용서를 부여하는 방법이다…세례는 믿음을 일깨워주고 강하게 해주는 도구이며 세례는 중생의 씻음과 성령의 새롭게 하시는 사역이다(딛 3:5)…죄의 용서와 중생으로서 세례가 도구로 부여됨을 관찰해 보라…그리스도의 몸으로 접붙임을 받는 것은 세례를 통하여 성령에 의해 이루어진다. 단순히 그렇게 된다고 묘사된 것만은 아니다.[40]

---

39) T. M. De Ferrari, "Baptism(Theology of)," in *The New Catholic Encyclopedia*(New York:McGraw-Hill, 1967), 2:65.
40) Francis Pieper, *Christian Dogmatics*, Vol. 3(St. Louis:Concordia, 1953), pp. 264, 269~70.

그러나 세례를 통해 받은 중생도 다시 상실될 수 있다고 로마 천주교와 루터교들은 말한다.

그러나 성례전에 관한 개혁주의의 입장은, "그것들이 우리가 볼 수 있는 거룩한 증표요 인(印)들이며, 하나님에 의해 제정되었고 그 성례들을 행함으로써 하나님께서 우리로 하여금 좀더 분명하게 복음의 약속을 이해하도록 하시며 그 약속 위에 그 분의 도장을 찍게 하시기 위함이다."[41] 개혁주의 신학은 세례를 중생이 부여될 때 수단으로 사용되는 도구로 간주하지 않는다. 세례는 우리의 중생에 대한 증표와 인이라 생각되어진다: "세례는 신약성경의 성례이다. 이 성례를 통해 세례는 세례받는 자에게 은혜의 언약, 또 그가 그리스도께 접붙임바 되었다는 사실, 중생했고, 죄를 용서받았고, 하나님께 자신을 드렸고 그리스도 예수 안에서 새 생명 가운데 걷게 된다는 증표와 도장으로 주어진다."[42]

그러므로 세례는 자동적으로 중생을 가져오지 않는다. 세례는 중생의 축복들을 그려주고(증표로서의 기능) 확인해 준다(인으로서의 기능). 성인으로서 세례받은 자들에게는 세례는 복음을 통해 제시된 그리스도 안에서의 새 생명에 관한 하나님의 약속을 계속적으로 믿음으로 받아들일 때 얻게되는 축복들을 확고히 해준다. 유아시에 세례받은 자들에게 성례는 그들이 받은 세례가 의미하고 있는 것을 훗날 믿음으로 받아들일 때 얻게되는 축복들을 확고하게 해주는 것이다.[43]

---

41) Heidelberg Catechism, Q. 66(1975 trans.)
42) Westminster Confession, XXVIII, 1.
43) 이 점에 있어서 유아세례에 대한 근거로서 세례 전 중생을 전제하는 아브라함 카이퍼의 견해를 주목할 필요가 있다. 그런 자녀들은 세례받기 전에 이미 중생했고 그래서 그들의 세례는 이미 받은 것으로 추정된 은혜의 표식으로 그는 가르쳤다(see Smilde, *Eeuw van Strijd*, pp.107, 114, 116~17). 그러나 이런 견해는 대부분의 개혁신학자들에게 받아들여지지 않는다. 개혁신학의 일반적인 입장을 유아세례는 그들이 은혜언

7. 중생과 설교자

이제 우리는 한 가지 문제에 직면하게 된다. 위에서 본 바처럼, 중생이 전적으로 하나님의 사역이며 결코 사람의 사역이 아니라면, 설교자는 중생에 관해 어떻게 설교할 수 있겠는가? 물론 교인들에게 거듭나야 한다고 설교해야 할 것이다(요 3:7). 그러나 그들 스스로 중생할 수 있다고 권고할 수는 없는 일이다. 스스로 중생할 수 없기 때문이다. 또한 거듭남을 받아야 한다고만 외칠 수도 없다. 성령께서만이 거듭남을 부여하실 수 있기 때문이다. 그렇다면 설교자는 중생의 교리를 어떠한 식으로 다루어야 하는가?

이 질문에 답하기에 앞서 나는 중생과 말씀과의 관계를 지적하려고 한다. 중생은 일반적으로 설교시나, 성경을 가르침받는 동안, 성경을 읽을 때 등에 일어난다. 사도행전 16:14에서 본 것처럼 루디아가 중생하게 된 것은 그가 바울의 복음 메시지를 듣고 있을 때였다.

다음으로 야고보서 1:18을 보자: "하나님이 진리의 말씀으로 우리를 낳으셨으니(apekyesen) 우리로 그의 피조물 중에 첫열매가 되게 하심이라." 여기에 사용된 "아포케인"이란 동사는 "출생하다"라는 의미가 아니라 "출생시키다"라는 뜻이다. 15절에도 사용된 바가 있는데 그곳에서 야고보는 죄가 성장하면 죽음을 낳게한다고 하였다. 그러나 각양 좋은 은사와 온전한 선물의 근원되신 하나님 아버지께서(17절) 우리에게 새로운 출생—우리가 새로운 영적 생명을 받았다는 증거—을 주심으로써 그의 넘치는 자비를 보여주셨다. 여기서 야고보가 말하고 있는 신생은 좁은 의미의 중생(새생명의 부여)이 아니라 넓은 의미의 중생, 다시 말해서 돌이킴을 통해 나타나게 된 새 생활의 첫번째 모습이라 할 수 있다.[44] 야고보가 여기서 말하고 있는 넓은 의미의 중생은 진리의 말씀, 성경을 통하여 우리 안에 일어나

약의 일원이기 때문에 베풀어지는 것이다.
44) 본서 pp. 156-57을 보라.

세 된다.

베드로가 이와 비슷한 언급을 하고 있다:

"너희가 진리를 순종함으로 너희 영혼을 깨끗하게 하여 거짓이 없이 형제를 사랑하기에 이르렀으니 마음으로 뜨겁게 피차 사랑하라 너희가 거듭난 것이(anagegennemenoi) 썩어질 씨로 된 것이 아니요 썩지 아니할 씨로 된 것이니 하나님의 살아있고 항상 있는 말씀으로 되었느니라"(벧전 1:22~23).

동사 "아나게나오"(anagennao)는 "다시 출생하다" 혹은 "다시 태어나도록 하다"라는 뜻이다. 본장의 3절에서처럼 본절에서의 의미도 일반적으로 두번째 의미로 이해되었고 NIV도 그렇게 번역하고 있다(to cause to be born again). 너희가 다시 태어난 것은 "하나님의 살아있고 항상 있는 말씀"으로 되었다고 베드로는 그의 독자들에게 주의를 환기시키고 있다; 25절을 통해 보면 베드로가 언급하고 있는 말씀은 설교된 말씀임에 틀림없다. 넓은 의미의 중생은 성경을 통한 설교에 의해 이루어진다고 할 수 있다. 돌트신경에는 복음을 가리켜 "중생의 씨앗"이라고 부르고 있다.[45]

그러므로 성령을 통하여 하나님께서 즉각적으로, 직접적으로, 철저하게 우리 안에 좁은 의미의 중생을 일으키시긴 하지만, 그러한 새로운 영적 생명의 최초의 외적 표출은 말씀을—그것이 전파된 말씀이든, 가르쳐진 말씀이든, 읽혀진 말씀이든 상관없이—통해서 존재하게 된다.[46] 새로운 영적 생명은 하나님에 의해 즉각적으로 부여

---

45) Canons of Dort, III~IV, Art. 17.
46) 그러나 이러한 규칙에도 예외는 있다. 유아시에 죽었기 때문에 말씀에 대해 반응할 수 없었던 신자들의 유아들은 말씀을 떠나서도 중생을 받을 수 있다. 웨스트민스터 신앙고백서 10장 3항을 보라: "택함입은 유아가 죽었을 경우 그는 주께서 기뻐하시는 때와 장소와 방법으로 그 안에

된다. 그러나 새로운 출생은 말씀을 통하여 차후적으로 일어난다.

　중생에 관한한 설교자의 의무는 무엇인가? 그는 복음을 선포해야 한다. 그러한 설교와 가르침은 필수적 요소이다: "그렇다면 저희가 믿지 아니하는 이를 어찌 부르리요 듣지도 못한 이를 어찌 믿으리요 전파하는 자가 없이 어찌 들으리요?"(롬 10:14). 설교자는 청중들에게 중생하라고 요구할 수는 없는 노릇이다. 설교자가 해야 할 일은 청중들에게 복음을 믿고 죄로부터 회개하라고 외쳐야 하는 것이다.

　예수께서는 바로 이런 일을 행하셨다. 니고데모에게 중생의 필요성에 관해 말씀하시기를 마치신 후(요 3:3,5), "하나님이 세상을 이처럼 사랑하사 독생자를 주셨으니 누구든지 저를 믿는 자는 멸망치 않고 영생을 얻게 된다"(16절)고 말씀하셨다. 베드로가 행한 오순절 설교도 이와 같은 맥락에서 이해될 수 있다: "회개하고 각 사람마다 세례를 받으라"(행 2:28). 바울도 마찬가지이다. 빌립보 감옥의 간수의 질문, "내가 어떻게 하여야 구원을 얻을 수 있을까"에 대한 바울의 대답은 "주 예수를 믿으라 그리하면 구원을 얻으리라"(행 16:30~31)였다. 니고데모와 빌립보 간수가 복음의 메시지를 믿었을 때 그들은 하나님께서 중생을 통하여 새 생명을 주셨다는 것을 깨닫게 되었다. 그들은 중생의 결과들을 통하여 그들이 받은 중생을 인식하게 된 것이다.

　그러나 사람이 자기 힘으로 할 수 없는 그 무엇을 그 사람에게 행하라고 어찌 요청할 수 있겠느냐고 반문할 수 있을 것이다. 그러나 우리는 하나님께서 복음을 듣는 사람들에게 회개하고 믿을 수 있는 능력을 주실 것이라고 확실히 믿는다. 좋은 예가 예수께서 고치신 중풍병자의 경우이다. 예수께서 그에게 말씀하시기를, "일어나 네

역사하시는 성령을 통하여 그리스도에 의해 구원받고 중생함을 받는다. 또한 말씀의 사역에 의해 외적으로 부르심을 받음에 응답할 처지가 못된 모든 택정함을 입은 사람들의 경우도 마찬가지다." Cf. Canons of Dort, I, 17을 보라

침상을 들고 집으로 가라"(마 9:6)고 명하셨다. 그 불쌍한 사람은 중풍병자로 일어날 수가 없는 형편이었다. 그러나 예수는 그에게 일어나라고 명하셨다. 그가 말씀하실 뿐만 아니라 그에게 일어날 수 있는 힘까지 부여하셨다. 이처럼 설교자들도 하나님께서 그의 청중들로 하여금 믿음으로 복음에 반응하도록 하실 것이라는 사실을 믿어야 한다. 또한 청중들도 하나님께서 그들에게 힘을 주시어 믿는 마음으로 전파된 말씀을 받아들일 수 있도록 하신다는 것을 믿어야 한다.

믿음을 가진 신자들에 대해서 갖는 설교자의 의무와 특권은 그들로 하여금 그들이 경험했던 기적적인 신생의 놀라운 측면들을 기억하고 상기하도록 하는 것이다. 우리는 종종 이러한 측면들을 인식하지 못한다. 그리스도 안에서 우리가 소유하고 있는 새로워짐에 대해 별로 고마워하지 않는 경향이 우리 가운데 종종 있다. 우리의 삶은 하나님의 광채로 빛나지 못하고 있다.

설교자는 중생에 관한 성경의 온전한 가르침을 시작해야 할 것이다. 이렇게 함으로써 그들이 그리스도 안에서 어떠한 존재가 되었는지에 대해 잘 이해하도록 해야 한다. 중생이란 새 생명(삶)을 의미한다. 사도들이 옥에 갇힌 후 주의 천사가 옥문을 열고 그들에게 말씀하시기를, "가서…이 새 생명의 말씀을 다 백성에게 전하라"(행 5:20)고 하였다. 우리가 그리스도와 연합하여 하나가 된 것은 "그리스도가 죽은 자 가운데서 아버지의 영광에 의해 일으킴을 받은 것과 같이 우리도 새 생명 가운데서 걷게 하려 하심이라"(참고, 롬 6:4; RSV)고 바울은 말하고 있다. 로마서 7:6에서 바울은 우리에게 상기시켜 주기를, "우리가 쓰여진 규정의 옛 것으로 하지 아니하고 영의 새로운 방법으로 섬기고 있다"고 하였다.

거듭난 백성으로서 우리는 이제 빛 안에서 살고 행한다. "진리를 좇는 자는 빛으로 오나니"(요 3:21). 하나님과 사귐이 있다고 하는 자마다 "빛 가운데 걷나니 이는 그가 빛 가운데 계시기 때문이라"

(요일 1:7). 거듭 태어난 사람들로서 우리는 마땅히 "어두움의 일들을 벗고 빛의 갑옷으로 입어야 한다"(롬 13:12).

다시 태어난 사람들은 하나님의 새로운 창조세계 가운데 한 부분이다. 우리는 그리스도 안에서 새롭게 지음을 받았다(엡 2:10). "할례나 무할례가 아무것도 아니로되 오직 새로 지음받은 자 뿐(새로운 창조)이로다"(갈 6:15). 우리가 현재 이렇다. 바울의 영광스런 트럼펫 소리를 들어보자: "그런즉 누구든지 그리스도 안에 있으면 새로운 창조물이라(new creation) 이전 것은 지나갔으니 보라 새 것이 왔도다"(고후 5:17).

그렇다면 하나님의 백성들로 하여금 이 빛을 바라보게 하자. 이것이 바로 다시 태어났다는 뜻이다. 물론 죄가 없는 완전함을 뜻하는 것은 아니다. 새로워졌다는 것을 의미한다. 그리스도 안에 있는 사람들은 진정으로(genuinely) 새로워졌다. 물론 전적으로(totally) 새로워진 것은 아직도 미래에 속하여 있긴 하지만 말이다.[47]

---

47) 중생의 교리에 관해서는 다음의 저술들을 보라: W. E. Best, Regeneration and Conversion(Grand Rapids:Baker, 1975); Helmut Burkhardt, *The Biblical Doctrine of Regeneration*, trans. O. R. Johnston (Downers Grove:Inter Varsity, 1978); Stephen Charnock, *The Doctrine of Regeneration*(1840; Grand Rapids:Baker, 1980); Johnnie C. Godwin, *What It Means to be Born Again*(Nashville:Broadman Press, 1977); Herman A. Hoyt, *Expository Messages on the New Birth*(Grand Rapids:Baker, 1961); Arthur W. Pink, *Regeneration or the New Birth*(Swengel, PA:Bible Truth Depot, n. d.).

제 8 장

돌이킴 (Conversion) *

어느 눈 내리는 일요일 아침 찰스 스펄죤 목사는 교회를 향하여 가고 있었다. 심하게 내리는 눈을 헤치고 마침내 자그마한 감리교회당에 도착하였다. 그때 구두수선쟁이나 양복점 주인 정도로 보이는 홀쭉한 사람이 설교하러 강단에 올라가고 있었다. 그 설교자는 이사야 45:22을 그의 설교의 본문으로 잡았다: "땅끝의 모든 백성아 나를 앙망하라 그리하면 구원을 얻으리라." 비록 설교의 어투와 문법들은 변변치 않았으나 그의 태도는 너무도 진지하여서 열두명 되는 교인들을 한꺼번에 다 통제하고 있었다. 마침내 그 설교자는 발코니에 앉아 있던 스펄죤을 쳐다보더니 소리치기를, "젊은 친구! 자네는 몹시도 비참하게 보이는군…만일 오늘의 성경본문에 순종하지 않는다면 자네는 계속해서 비참할 것이야. 예수 그리스도를 쳐다보게나! 그 분만을 쳐다봐. 그러면 살 것이야!" 그때 스펄죤은 믿음으로 그리스도를 바라보았고 그러자 그의 영혼에 덮혀있던 흑암은 굴러가 버리기 시작했다. 그는 구원을 찾은 것이다.[1)]

---

* 영어 Conversion을 돌이킴, 회심, 개종으로 교체적으로 번역함-역자주
1) Hugh T. Kerr과 John M. Mulder가 편집한 책, *Conversions* (Grand Rapids: Eerdmans, 1983), pp. 129~32에 찰스 스펄죤 자서전 요약에서 인출하였다.

스펄존의 개종에 관한 이야기는 우리들의 또다른 주제인 개종에 관한 좋은 서론이리라. 이미 앞서서도 말했거니와 돌이킴(개종)이란 거듭남(중생)의 외형적 증거이다. 돌이킴에 대해 말한다는 것은 곧 새로운 방향에서 그리스도인의 삶을 바라보는 것을 말하는 것이다: 죄를 멀리하고 하나님을 향하여 있는 것이다. 일반적으로 돌이킴은 회개와 믿음으로 구성되어 있다; 다음 장에서는 이 두 가지 측면에 대해 자세히 다루게 될 것이다. 본장에서는 개종에 관해 전반적인 고찰을 할 것이다.

1. 돌이킴이란 무엇인가?

간단하게 말해서 돌이킴이란 거듭난 사람이 의식적인 행동을 통하여 회개와 믿음 안에서 하나님께로 돌아가는 것이라 정의할 수 있다. 돌이킴은 두 가지 돌아섬을 의미한다: 하나는 죄로부터의 돌아섬이며 또다른 하나는 하나님을 향한 섬김에로의 돌아섬이다. 폭넓은 의미에서 돌이킴은 다음과 같은 요소들을 포함한다; (1) 마음이 조명을 받아 죄가 하나님을 불쾌하게 하는 행동이라는 참된 의미를 알게 되고; (2) 죄의 쓰라린 결과들에 대해 유감 정도로 그치는 것이 아니라 진정으로 죄에 대해 슬퍼하는 것이며; (3) 하나님께 대하여 그리고 우리의 죄로 인하여 상처를 입은 다른 사람들에 대하여 죄를 겸허하게 고백하는 것이며; (4) 죄를 증오하되 죄로부터 피하기 위하여 온갖 노력을 아끼지 않는 행위이며; (5) 하나님께서만 우리의 죄들을 용서하실 수 있다는 믿음 안에서, 그리스도 안에 계신 우리의 은혜로우신 아버지께 돌아가는 것이며; (6) 그리스도를 통하여 하나님 안에서 전심을 다하여 즐거워하는 것이며; (7) 하나님과 다른 사람들을 진정으로 사랑하며 하나님을 섬기는 일에 즐거움을 삼는 것을 말한다.[2]

---

2) Bavinck, *Dogmatiek*, 4:152.

2. 돌이킴: 하나님과 사람의 일

　돌이킴은 무엇보다도 하나님의 사역이다. 비록 돌이킴이 거듭남의 외형적 증거이긴 하지만 거듭남을 통하여 심겨진 새로운 생명은 오직 하나님께 의존함으로서만이 계속적으로 존재하게 된다. 우리의 힘으로는 그러한 새 생명을 유지할 수 없다. 우리 속에 계신 성령을 통한 능력으로 우리는 계속적으로 힘을 얻어야 할 것이다(엡 3:16).
　하나님께로 돌아서기를 원했으나 그러할 힘을 갖지 못했던 구약의 성도들은 오직 하나님만이 자기들을 하나님께로 돌이킬 수 있다는 사실을 깨달았다: "여호와여 우리를 주께로 돌이키소서 그리하시면 우리가 주께로 돌아가겠사오니 우리의 날을 다시 새롭게 하사 옛적과 같게 하옵소서"(애 5:21; 참고, 렘 31:18). 신약성경도 이와 비슷하게 이 점을 강조하고 있다. 예수께서는 거듭남을 통하여 얻게 된 새 생명은 우리가 그 분과 계속적으로 연합하여 있는 한 나타나게 된다고 가르치셨다: "나는 포도나무요 너희는 가지니 사람이 내 안에 내가 그 안에 있으면 이 사람은 과실을 많이 맺나니 너희가 나를 떠나서는 아무것도 할 수 없느니라"(요 15:5). 한 사람이 새로운 생명을 얻는 순간부터 그리스도가 구름타고 오시는 것을 보는 순간까지의 전 생애의 역사를 놀랄 만한 필치로 기술하고 있던 바울은 결론적으로 말하기를 "당신들 안에 착한 일을 시작하신 이가 그리스도 예수의 날까지 그 일을 이루실 줄을 확신한다"고 하였다(빌 1:6). 하나님의 이와 같은 주권적인 사역 속에는 우리의 돌이킴(개종)도 포함되지 않을 수 없다. 앞으로 보겠지만, 돌이킴(개종)의 두 가지 측면인 회개와 믿음도 하나님의 선물들이다.
　그러므로 우리는 다음과 같이 말할 수 있다: 우리의 돌이킴의 원인은 하나님이시다.

　　"그러나 '원인'이라는 단어는 냉혈적인 단어이다. 마치 어떤 사람이 원치도 않는 일을 그렇게 되도록 기계적으로 강요하는 것과 같은 느낌을 준다. 그러나 실제로는 좀더 복합적이고 신비적이며 실존적이다. 사람들이 후에나 알게 되듯이, 하나님께서는 사람을 감동시키시고 그를 자기에게로 이끄시고 가까이 오게 하신다. 사람들은 사실상 '하늘의 사냥개'에 의해 쫓김을 받는다고 할 수 있다. 그러나 사람들이 개종이라는 과정을 지나는 동안 하나님의 움직이심은 매우 '자연적'인 것처럼 보이는 사건들 속에 대부분 숨기워져 있다. 옛 친구가 온다든가; 당신이 책을 열어 본다든가; 지금 하고 있는 일에 대해 실망한 나머지 당신의 삶의 목표를 다시 점검한다든가; 좀더 많은 돈을 번다는 것이 삶을 만족시킬 수 없다는 것을 깨닫게 된다든가 하는 일들 속에서이다."[3]

좁은 의미에서, 돌이킴을 거듭남(중생)으로부터 구별짓는다면 돌이킴은 사람의 사역이라 할 수 있다. 사실상 신구약성경을 통하여 돌이킴은 하나님의 사역이라기보다는 사람의 사역으로 종종 묘사되곤 한다. 아브라함 카이퍼가 지적했듯이 "돌이키다"라는 의미를 지닌 구약의 단어인 "슈브"(shubh)는 사람이 하나님께로 돌아간다는 의미로 74번 사용되고 오직 다섯번만이 하나님의 행동으로서의 돌이킴을 지칭한다; 계속해서 그는 지적하기를, 신약성경에서도 마찬가지로 26번에 걸쳐 돌이킴을 인간의 행위로, 오직 두서너번 경우에 돌이킴을 하나님의 사역으로 묘사하고 있다고 했다.[4]

구약성경에서는 한 늙은 구두수선쟁이가 스펄존을 개종시켰던 구절을 떠올릴 수 있다: "땅 끝의 모든 백성아 나를 앙망하라 그리하면 구원을 얻으리라"(사 45:22; 참고, 55:7). 혹은 에스겔 33:11을 생

---

3) Cornelius Plantinga, Jr., *A Place to Stand*, Teacher's Manual(Grand Rapids: CRC Publications, 1979), pp. 114~15.
4) *Dictaten Dogmatiek*, 2nd ed. (Kampen:Kok, 1910), Vol. 4, *Locus de Salute*, p. 94.

각할 수 있을 것이다: "이스라엘 족속아 돌이키고 돌이키라 너희 악한 길에서 떠나라 어찌 죽고자 하느냐?" 신약성경도 돌이킴을 인간이 해야 할 필수적 일로 묘사하고 있다. 그 중 하나가 오순절에 행한 베드로의 설교 속에 있다: "회개하고 각각 예수 그리스도의 이름으로 세례를 받고 죄사함을 얻으라"(행 2:38). 빌립보 감옥 옥사장에게 전한 바울의 말을 들어보자: "주 예수를 믿으라 그리하면 너와 네 집이 구원을 얻으리로다"(행 16:31). 은혜로 구원을 얻는다는 귀중한 진리를 말하면서 바울은 다시금 각 개인이 믿음을 행사해야 할 것을 역설하고 있다: "네가 만일 네 입으로, '예수는 주님이시다' 라고 고백하며 또 하나님께서 그를 죽은 자 가운데서 살리신 것을 네 마음에 믿으면 구원을 얻을 것이라"(롬 10:9). 고린도후서에서 바울은 복음의 선포자들에게 앞으로 전진할 것을 외치고 있다: "그러므로 우리가 그리스도를 대신하여 사신이 되어 하나님이 우리로 너희를 권면하시는 것같이 그리스도를 대신하여 간구하노니 너희는 하나님과 화목하라"(고후 5:20).

이상과 같은 그외의 많은 구절들을 통하여 하나님은 우리가 돌이켜 그에게로 향하고, 회개하고 믿고 그 분과 화목하기를 요청하신다. 그러므로 개종이라는 교리에서 우리는 앞서 보았던[5] 역설의 한 예를 보게 된다. 돌이킴은 하나님의 일인 동시에 사람의 일이기도 하다. 하나님께서 우리를 돌이키셔야 한다. 그러나 우리도 그 분에게로 돌이켜야 한다; 이 두 가지가 진리이다. 우리는 역설의 어느 한 면도 버려서는 안된다. 그러므로 설교자는 부지런히 그리고 열정적으로 그의 청중들에게 돌이키라고 외쳐야 한다. 동시에 하나님께서 그들로 하여금 돌이키도록 하실 것을 믿으면서 그렇게 해야 한다. 돌이킴이 일어나는 때에, 복음전파자와 그의 청중들은 하나님께 모든 영광과 찬양을 돌려야 할 것이다.

---

5) 본서의 pp. 14-18을 보라.

3. 여러가지 형태의 돌이킴

우리는 돌이킴의 형태들을 여러가지로 구별할 수 있을 것이다. 위에서 정의내린 바처럼, **진정한 돌이킴**은 단회적 사건이다. 성경은 우리에게 많은 예를 제공한다: 나아만(왕하 5:15), 므낫세(대하 33:12~13), 삭개오(눅 19:8~9), 오순절의 삼천 명(행 2:41), 사울(행 9:1~19), 고넬료(행 10:44~48), 루디아(행 16:14), 빌립보 감옥의 옥사장(행 16:29~34).

성경은 이따금씩 소위 **민족적 개종**에 대해 언급하고 있다: 즉 전체 국가가 주님께로 돌아오는 때를 가리킨다. 이러한 예로는 여호수아 당시 이스라엘 백성들이 여호와만을 섬기고 그에게 복종하기를 서약한 경우를 들 수 있다(수 24:14~27). 또다른 민족적 개종의 예로는 히스기야 시대와(대하 29:10~36) 요시아 당시(왕하 23:1~3)를 들 수 있다. 또한 요나의 설교에 대해 회개하였던 니느웨 사람들의 개종을 회상할 수 있을 것이다(욘 3:1~10). 그러나 우리가 보다시피 이러한 민족적 개종들은 단명하기 일쑤였다. 그 나라에 속한 모든 백성 하나하나가 진정으로 돌이킨 것은 아니었다. 이스라엘의 경우 선한 왕 뒤에 악한 왕이 등극한 후 백성들은 다시 그들의 죄악된 길로 돌아가는 일이 허다하였다.

일시적 개종이란 것도 있다—진정한 회심이 아니라 잠정적으로 그렇게 보이는 경우를 말한다. 씨뿌리는 자의 비유를 통해 예수께서는 이러한 회심에 대해 말씀하신 일이 있다—바위 틈에 떨어진 씨를 받은 사람이라 할 수 있다. 이러한 종류의 사람을 가리켜 성경은 다음과 같이 말하고 있다: "말씀을 듣고 즉시 기쁨으로 받되 그 속에 뿌리가 없어 잠시 견디다가 말씀을 인하여 환난이나 핍박이 일어나는 때에는 곧 넘어지는 자요"(마 13:20~21). 다시 말해서, 종종 사람들이 회심하고 돌이키는 것 같으나 겉모양만 그렇다는 것이다.

신약성경은 이러한 일에 관해 실제적으로 몇 가지 예를 들고 있다: 후메내오와 알렉산더(딤전 1:19~20), 빌레도(딤후 2:17~18), "이 세상을 사랑하였던" 데마(딤후 4:1~10) 등이 그러한 종류의 인물들이었다. 실제로 사도 요한은 이러한 자들에 대해 슬픈 내용의 글을 쓰고 있다.

"저희가 우리에게서 나갔으나 우리에게 속하지 아니하였나니 만일 우리에게 속하였더면 우리와 함께 거하였으려니와 저희가 나간 것은 다 우리에게 속하지 아니함을 나타내려 함이니라"(요일 2:19).

또다른 종류의 개종으로 우리는 제 2의 회심을 말할 수 있다. 진정한 돌이킴은 다시 반복될 수 없는 것이지만 신자가 하나님으로부터 너무나 멀리 떨어져나가 있다가 하나님께로 다시 돌아가야 할 경우가 있을 수 있다. 다윗은 분명히 회심한 사람이었다. "하나님의 마음을 닮은 사람"(삼상 13:14)이라는 칭호가 그것을 잘 대변해 주고 있다. 그러나 그도 엄청난 죄악 속으로 빠져들어 갔다. 그러나 이러한 타락 후에 쓰여진 시편 51장은 그의 "제 2의 회심"을 기록하고 있다.

우슬초로 나를 정결케 하소서 내가 정하리이다 나를 씻기소서 내가 눈보다 희리이다…주의 얼굴을 내 죄에서 돌이키시고 내 모든 죄악을 도말하소서 하나님이여 내 속에 정한 마음을 창조하시고 내 안에 정직한 영을 새롭게 하소서…주의 구원의 즐거움을 내게 회복시키시고 자원하는 심령을 주소서(시 51:7, 9~10, 12).

제 2의 회심은 베드로의 생애 가운데서도 필요하였다. 수치스럽게도 주님을 부인하였을 때 예수께서 베드로에게 말씀하셨다: "시몬아, 시몬아, 보라 사탄이 밀까부르듯 하려고 너희를 청구하였으나 그러나 내가 너를 위하여 네 믿음이 떨어지지 않기를 기도하였노니 너는 돌이킨 후에 네 형제를 굳게 하라"(눅 22:31~32). 여기서 "돌이키다"라는 말은 베드로의 첫번째 회심을 말하는 것은 아니다. 이미 그는 그의 위대한 고백을 주께 드린 일이 있었고("주는 그리스도시요 살아계신 하나님의 아들이니이다"; 마 16:16) 또한 예수께서도 "네 믿음이 떨어지지 않으리라"고 말씀하신 일이 있기 때문이다. 여기서 예수께서 미리 예견하시는 것은 베드로가 수치스런 죄를 범한 후에 다시 주님께로 돌아올 것을 가리키는 말씀이다.

요한계시록에는 소아시아 일곱 교회에게 보내는 편지들이 기록되어 있다. 이 편지들에도 제 2의 회심에 관해 말씀한 흔적이 있다. 에베소에 보낸 편지에서 예수께서는 "회개하고 처음 행위를 가지라"(계 2:5)고 말씀하셨다. 이와 비슷한 촉구가 요한계시록 2:16; 2:22; 3:3; 3:19에 나타난다. 여기에 언급되고 있는 사람들은 처음에 그리스도에게로 돌아간 사람들이었으나 점차 성적 부도덕, 우상숭배, 형식적인 기독교인, 영적인 무기력 등과 같은 데로 빠져들어 갔던 사람들이었다. 이러한 죄들로부터 그들은 돌아서야만 했다.

이러한 종류의 제 2의 회심이 모든 신자들의 삶 속에서 반드시 일어나야 하는 것은 아니다. 그러나 그러한 일들이 일어나기도 한다. 그럴 때라고 해서 그들이 진정한 회심에서처럼 전적으로 죄로부터 돌이킨 것이라고는 할 수 없고 그들이 빠졌던 특정한 죄들로부터 돌아선 것이라고 보아야 한다.

돌트신경에 우리의 관심을 끄는 항목이 나온다. 그것은 성도의 견인을 확인하고 있는 바로 그 장에서 지금 우리가 논의하고 있는 상황의 유형들을 인정하고 있다는 것이다. 신자들은 반드시 깨어 기도하여 유혹에 빠지지 않게 되어야 한다고 역설한 후에 돌트신경은 계속해서 다음과 같이 말하고 있다.

"신자들이 이러한 일을 하지 못할 경우 그들은 육신과 이 세상과 사탄에 의해 죄들, 다시 말해서 좀더 심각하고 엄청난 죄속으로 끌려들어 갈 수 있을 뿐만 아니라 하나님의 공평하신 허락에 의해 그들은 때때로 그렇게 끌려간다—성경에 묘사된 것처럼 다윗, 베드로, 그리고 다른 성도들의 슬픈 경우가 바로 그렇다."⁶⁾

돌트신경은 내가 방금 전에 말한 제 2의 회심에 대해 계속해서 묘사하고 있다: "자비에 풍성하신 하나님께서 그의 불변의 선택 목적에 따라 자기의 사람, 심지어 그가 슬프게도 타락하였을 때에라도 그로부터 자기의 성령을 거두어 가시지 않는다…자기의 말씀과 성령으로 그는 확실히 그리고 효과적으로 그들을 회개에 이르게 하신다."⁷⁾

4. 돌이킴 형태의 다양한 변형들

진정한 돌이킴은 오직 한 번만 일어날 수 있겠지만 그 형태에 있어서는 매우 다양한 변형들이 있을 수 있다. 헤르만 바빙크는 위대한 개혁자들의 개종들 사이에 몇몇 흥미로운 차이점들을 지적하고 있다:

"루터의 개종은 깊은 죄책으로부터 그리스도 안에 나타난 하나님의 용서하시는 은총을 인식하게 되는 기쁨에로의 전환이었다. 쯔빙글리는 율법의 억매임으로부터 해방되어 자신이 하나님의 자녀라는 사실을 깨닫게 되는 행복으로의 변천으로 개종을 경험하였다. 그러나 칼빈의 돌이킴은 오류로부터 진리에로, 회의로부터 확실에로의 구출이었다."⁸⁾

돌이킴의 유형들은 다른 측면에서도 설명되어질 수 있다. 비록 돌이킴이 한 사람의 전 인격이 관영되는 일이긴 하여도 주로 지, 정,

---

6) 돌트신경 5권 4장.
7) 상계서 5권 6장, 7장.
8) Bavinck, *Dogmatiek*, 4:159.

의에 관계하고 있다. 주로 지성적인 개종의 좋은 예가 루이스(C. S. Lewis)의 경우이다. 그는 그의 영적 자서전이라 할 수 있는 Surprised by Joy에서 고백하기를, 지적인 문제들과 회의들과 씨름하였으나 결국 자신을 하나님께 항복하게 되었고 바로 그 때에 하나님은 "온 영국 땅덩어리에서 가장 낙담하고 끝까지 꺼려하는 그"[9]를 잡아 끄시고 소리지르시며 발로 차서 하나님의 나라 속으로 집어넣으셨던 것이다. 의지적인 개종의 좋은 예로는 어거스틴(Augustine)을 들 수 있다. 자기의 죄들에 대해 고민하고 갈등하였으나 아무런 열매를 맺지 못하던 그가 로마서 13:14을 읽게 된다("주 예수 그리스도로 옷입고 정욕을 위하여 육신의 일을 도모하지 말라"). 그 때 그는 그리스도 안에서 극복할 힘을 얻게 된다.[10] 그 본성상 주로 감성적인 개종의 예로는 존 번연(John Bunyan)을 들 수 있다. 그는 자기가 용서받을 수 없는 죄를 지었다는 심한 내면적, 정서적 갈등과 고통들의 세월들을 보낸 후 최종적으로 그리스도 안에 안식함으로써 영혼의 평안을 찾게 된다.[11]

회심에 있어서 가장 보편적인 구별은 점진적인 돌이킴과 급진적, 위기적 돌이킴이라 할 수 있다. 급진적인 회심의 가장 좋은 성경적 예는 바울이다. 바울의 개종보다 더더욱 극적인 회심을 어디에서 찾을 수 있을까!: 그리스도인들을 박해하기에 혈안이 되어 다메섹으로 가는 열광적 사울이 전광석화와 같은 빛, 하늘로부터의 음성을 통하여 선교사 바울이 된다(행 9:1~19; 22:3~14; 26:9~18). 루디아의 회심(행 16:13~14)과 빌립보 감옥의 간수(행 16:25~34)의 개종 역시 위기적 형태의 급진적 돌이킴이다. 바울과 그밖의 사도들에 의해 개종된 대부분의 이방인들 역시 위기적 회심을 한 것처럼 보인다.

---

9) Kerr and Mulder, *Conversions*, pp. 199~204을 보라.
10) Ibid., pp. 11~14.
11) Ibid., pp. 48~53. 다른 많은 흥미진진한 회심에 관한 이야기가 이 책에 실려 있다. 회심의 형태의 다양성을 잘 보여주고 있다.

왜냐하면 그들에게 있어서 돌이킴이란 단순히 예수를 그리스도로 인정하는 것에 머무르지 않고 죄로 점철된 과거의 생활로부터의 단절을 의미했기 때문이다(고전 6:11; 엡 2:11~13).

신약성경은 선교사들에 의한 교회의 설립을 묘사하고 있기 때문에 점진적 돌이킴에 관한 구체적 실례들을 우리에게 주고 있지 않다. 다시 말해서 많은 시간을 두고 일어나는 개종들에 대해 말할 여유가 없기 때문이었다. 아마 디모데를 생각할 수 있을 것이다. 그의 외조모 로이스와 어머니 유니게 역시 신자들이었으며(딤후 1:5) 디모데 역시 어려서부터 성경을 알았다고 기록되어 있다(딤후 3:15). 그러나 디모데 역시 그가 자라왔던 유대교적 신앙과는 구별되는 기독교 신앙을 아마도 어떤 특정한 때에 가지게 되었을 것이다―아마 루스드라에서 바울을 만났을 때가 아닌가 생각된다(행 16:1). 그러나 자녀들을 "주의 교양과 훈계로 양육하라"(엡 6:4)는 권면으로 미루어 볼 때, 그리스도인 부모들의 자녀들이 겪는 회심은 일반적으로 급진적인 위기심보다는 점진적인 형태의 회심이라 할 수 있다.[12]

그렇다면 다음과 같은 질문이 제기된다: 언약의 자녀들―그리스도인부모들의 자녀들―도 회심해야 하는가? 기독교 가정에서 줄곧 양육받아 온 자녀들에게서 우리는 급진적인 돌이킴을 예측하지는 않는다. 그와는 달리 그들이 점진적으로 성숙한 신앙으로 자라서 헌신된 그리스도인의 삶을 살게되는 것을 바라보게 된다. 그러나 그렇다고 해서 언약의 자녀가 돌이키지 않아도 된다는 것을 의미하지는 않는다. 모든 언약의 자녀들은 마땅히 개인적으로 그리스도께 헌신해야만 한다. 각자마다 죄에 대한 개인적인 인식이, 신앙의 깊어짐이, 구원의 축복들에 대한 감사가, 그리고 주님을 섬기는 일에 대한 헌신이 있어야만 한다.

그러므로 언약의 자녀들의 돌이킴은 일반적으로 점진적인 유형의 것이다. 그러나 두 사람이 결코 같지 않은 것처럼 그들의 돌이킴에

---

12) G. W. Bromiley, "Conversion," ISBE, 1:768~70을 보라.

있어서도 많은 차이점들이 있을 것이다.

"그리스도인 부모들의 자녀들이 후에 회심하게 되는 방식에 있어서 많은 다양성이 있다. 어떤 이들은 온순하게 땅을 진동하는 지진과 같은 소동이 없이도 어려서부터 청소년의 과정을 지나 그리스도 안에서 어른으로 성숙하여 간다. 그러나 죄된 생활을 드러내 놓고 살거나 혹은 기독교적 양육으로부터 이탈되어 나간 자들은 갑작스레 회심에 이르게 되는데 가슴을 찌르는 말씀이나 혹은 조여오는 환경을 통하여 돌이킴의 자리에 이르게 된다. 이때 종종 격렬한 정서적 갈등이 따르게 된다."[13]

앞에서도 말했듯이,[14] 언약의 공동체에 속해 있는 그리스도인들 사이에 다음과 같은 잘못된 경향들이 있다: 신자들의 자녀들은 모두 "자동적으로" 구원을 받는다. 왜냐하면 기독교 가정에서 그들이 양육받고 자랐기 때문이다. 이러한 잘못된 이해 때문에 언약을 중시하는 교회들에서는 설교가 구원받지 못한 자들을 향하여 신앙과 회개를 통하여 그리스도에게로 돌아오라고 강력하게 선포하는 일에 실패하고 있는 실정이다. 그러나 이것은 매우 심각한 불행이다. 믿는 부모들의 자녀이건 믿지 않는 부모들의 자녀이건 간에 그들은 개인적으로 그리고 의식적으로 그들의 마음을 그리스도에게, 그들의 생을 그 분을 위한 섬김에 드려야 하며 또한 그렇게 하도록 강단은 그들에게 촉구해야 한다. 다시 한번 바빙크의 말을 들어보자:

"교회를 향한 설교에 있어서 믿음과 회개를 역설하는 강력한 부르짖음이 결핍되어서는 안된다. 은혜의 언약을 기반으로 삼고 설교한다고 해서 회개와 믿음을 촉구하지 않는다면 설교자는 어떠한 핑계도 댈

---

13) Bavinck, *Dogmatiek*, 4:158.
14) 본서 p. 116-17를 보라.

수 없다…하나님께서 언약을 통해 주시는 축복이 아무리 크다손 치더라도—다시 말해서 태어날 때부터 우리가 은혜언약 속에 포함되고, 또 기독교 가정과 교회에서 태어나고 양육을 받아 세례를 받았다 하더라도—이러한 축복들로만은 충분치 않다. 궁극적으로 모든 것은 각 개인의 구원받는 믿음에 전적으로 달려있다; 오직 아들을 믿는 사람만이 영원한 생명을 소유한다. 그러므로 비록 교회 안에 있지만 각 사람은 자기자신을 살펴서 자기가 믿음 안에 있는가를 조사하고 입증하여야 한다."[15]

돌이킴은 구원의 과정 중의 한 국면으로 반드시 필요한 과정이다. 그러나 하나님의 모든 백성들이 동일한 방식으로 개종을 경험하는 것은 아니다. 그러므로 우리는 모든 사람을 위하여 규격품 식의 개종 양태를 설정해서는 안될 것이다. 경건주의자들이나 신비적 경향이 있는 사람들은 격렬하고 갈등하는 영혼의 고뇌를 지나 절망의 벼랑에 서본 경험이 있어야 비로소 진정한 회심을 거쳤다고 말할지도 모른다. 죄에 대한 진정한 슬픔을 소유해야 하는 것은 사실이지만 그렇다고 해서 모든 사람이 동일한 종류의 감정적인 회심 경험을 하는 것은 아니다. 어떤 이들은 주장하기를, 모든 그리스도인들은 자기가 회심한 날과 시간을 알아야 한다고 말할지도 모른다. 이러한 주장의 이면에는 오직 위기적 회심만이 진정한 것이라는 이해가 전제되곤 한다.

그러나 반드시 그러하지는 않다. 모든 사람에게 일률적인 패턴을 설정하는 것은 매우 위험천만한 일일 뿐 아니라 성경과도 상충된다. 돌이킴에 있어서 중요한 것은 그것이 어떻게 일어나는가도 아니고 그것이 언제 일어났는가도 아니라 그 돌이킴의 진정함에 있다. 만일 사람이 이미 잘못된 방향에 들어서서 가고 있다면 몇 골목을 돌아서

---

15) Herman Bavinck, *Roeping en Wedergeboorte* (Kampen:Zalsman, 1903), pp. 184~85.

갈 것인가 아니면 지금 곧바로 갈 것인가는 별로 중요하지 않다. 진정으로 중요한 문제는 궁극적으로 사람이 올바른 방향으로 가고 있는가 하는 것이다.[16]

---

16) 회심에 관한 최근의 연구서들로는 다음과 같은 저서들이 있다: W. E. Best, *Regeneration and Conversion* (Grand Rapids: Baker, 1975); Bernhard Citron, *The New Birth: A Study of the Evangelical Doctrine of Conversion in the Protestant Fathers* (Edinburgh: University Press, 1951); Hans Kasdorf, *Christian Conversion in Context* (Scottdale: Herald Press, 1980); Eric Routley, *The Gift of Conversion* (London: Lutterworth, 1957).
사교의 멤버가 진정한 그리스도인이 될 때에 일어나는 특수한 형태의 개종에 관해서는 다음의 저서가 있다: William J. Schnell, *Thirty Years a Watchtower Slave* (Grand Rapids: Baker, 1956); James R. Adair and Ted Miller, eds., *We Found Our Way Out* (Grand Rapids: Baker, 1964); Edmund C. Gruss, *We Left Jehovah's Witnesses* (Philadelphia: Presbyterian and Reformed, 1974).

제 9 장

회개

 마태복음서는 자기들의 죄들에 대해 슬퍼했던 두 사람에 관한 기사를 싣고 있다. 첫번째 사람은 자기의 주님을 부끄럽게도 부인했던 베드로이다. 주를 부인한 후 "밖에 나가 통곡하였던"(마 26:75) 인물이었다. 그러나 몇날 후에 예수께서는 그를 사도직에 다시 복귀시키면서 자기의 양을 기르라고 말씀하셨다(요 21:15~17).
 또다른 인물은 은 삼십 냥에 자기의 주인을 배반하였던 유다이다. 예수께서 재판정에서 정죄받는 것을 보고 그는 "스스로 뉘우쳐"(repented himself: KJV) 이르기를, "내가 무죄한 피를 팔고 죄를 범하였도다"(마 27:3). 그후 그는 은 삼십 냥을 성전에 던져버리고 달려나가 목매어 스스로 목숨을 끊었다.
 이 두 사람 사이에는 하늘과 땅의 차이가 있었다. 죄의 용서함과 회복이라는 선물을 받게 된 베드로의 회개는 참된 것이었다. 그러나 유다의 회개는 그렇지 못하였다. 자기의 잘못을 인식하기는 했으나 그가 자기의 죄를 예수께 고백하고 그에게 용서함을 구하였다는 증거가 없다. 흠정역(KJV)에 "회개하였다"(한글개역은 "스스로 뉘우치다")라고 번역된 헬라어는 "*metamelomai*"라는 동사형인데 직역하자면, "일이 일어난 후에 관심을 갖는다"는 뜻이다. 반면에 NIV역은 "그는 자책에 사로잡혀 있었다"고 번역하고 있다. 유다의 자살은 성경에 기록된 사건 중에 가장 슬픈 한 장을 장식하고 있다. 이 사건은 예수의 준엄하신 말씀을 상기시켜 주고 있다: "인자를 파는 그 사람에게는 화가 있으리로다 그 사람은 차라리 나지 아니하였더면 제게 좋을 뻔하였느니라"(마 26:24).

그러므로 우리는 참된 회개가 무엇인지를 알아야 할 것이다. 앞서 말했듯이 돌이킴(회심, 개종)은 두 가지 측면 즉 회개와 신앙으로 구성되어 있다. 이제 회개로 시작하여 우리는 이 두 가지 측면을 차례대로 살펴볼 것이다.

1. 회개의 중요성

신약성경이 회개를 촉구하는 말씀으로 시작하여(마 3:2) 회개의 촉구로 끝을 맺고 있는 것은(계 3:19) 매우 중요한 의미를 시사하고 있다. 윌리암 챔버래인(William D. Chamberlain)은 그의 탁월한 저서 "회개의 의미"(The Meaning of Repentance)에서 이 사실을 잘 지적해 주고 있다.

"신약의 첫 음조와 마지막 음조가 회개라는 사실은 매우 중요하다. 사실상 회개는 신약성경에서 가장 보편적인 음율이다. 아니 심지어 부활이라는 주제를 넘어서고 있다고 할 수 있다. 이 사실은 복음전파를 가능케 한 것이 부활신앙이었다는 사실에서 바라보면 더욱 놀랄 만하다. 회개는 복음전파에 그 분명한 목적을 제공하였기 때문이다."[1]

이러한 중요성을 좀더 분명히 하기 위하여 몇몇 대표적 성경구절을 찾아보기로 하자. 세례 요한과 예수의 공적 사역은 "회개하라 천국이 가까왔느니라"(마 3:2; 4:17)는 선포로 시작되었다. 산상에서의 설교 역시 천국에 들어가기 위하여 사람들은 그들의 죄된 행위들

---
1) *The Meaning of Repentance* (Philadelphia:Westminster, 1943), p. 80.

을 회개하고 그들의 생각 구조를 전적으로 바꾸어 예수께서 명하시는 것들을 따라야 한다는 것이 그 중심 흐름이었다. 부활하신 후 예수께서 제자들에게 나타나셨을 때도 그는 그들의 마음을 여시고 그들이 성경을 이해하도록 하시면서, "그리스도가 고난을 받고 제 삼 일에 죽은 자 가운데서 살아날 것과 또 그의 이름으로 죄사함을 얻게하는 회개가 예루살렘으로부터 시작하여 모든 족속에서 전파될 것이 기록되었도다"(눅 24:46~47)라고 말씀하셨다. 그렇다면 회개의 선포는 예수의 고난과 부활의 목적이었다고 할 수 있다.

바울의 사역의 목적은 무엇이었는가? 아그립바 왕 앞에서 행한 연설을 통하여 바울은 이것을 설명하고 있다:

"이스라엘과 이방인들에게서 내가 너를 구원하여 저희에게 보내어 그 눈을 뜨게하여 어두움에서 빛으로, 사단의 권세에서 하나님에게로 돌아가게 하고"(행 26:17~18).

그러므로 바울의 사역을 한 마디로 표현한다면 사람들을 회개에 이르게 하는 것이었다. 이런 관점에서 우리는 아덴에서 행한 바울의 말을 이해할 수 있게 된다: "우리가 다 하나님의 소생들이니 신을 금이나 은이나 돌에다 새긴 것들과 같이 여길 것이 아니니라…알지 못하던 시대에는 하나님이 허물치 아니하셨거니와 이제는 어디든지 사람을 다 명하사 회개하라 하셨도다"(행 17:29~30). 또한 로마서 2:4에 기록된 바울의 호소를 보자: "네가 하나님의 인자하심이 너를 인도하여 회개케 하심을 알지 못하여 그의 인자하심과 용납하심과 길이 참으심의 풍성하심을 멸시하느뇨?"

성경의 마지막 부분에는 라오디게아 교회를 향하여 말씀하시는 존귀하신 주님의 음성을 들을 수 있다. 그 음성은 회개를 촉구하는 엄한 음성이었다: "무릇 내가 사랑하는 자를 책망하여 징계하노니 그러므로 네가 열심을 내라 회개하라"(계 3:19). 또한 그리스도께서 아직 이 땅에 다시 오시지 않고 있는 이유에 대해 베드로는 주께서 사람들에게 회개하여 구원얻을 기회를 주시기 위함이라고 설명하고 있다: "주의 약속은 어떤 이의 더디다고 생각하는 것과 같이 더딘 것이 아니라 오직 너희를 대하여 오래 참으사 아무도 멸망치 않고 다 회개하기에 이르기를 원하시느니라"(벧후 3:9).

2. 회개와 믿음과의 관계

종종 다음과 같은 질문이 제기되곤 한다: 회개가 먼저인가 믿음이 먼저인가? 어떤 신학자는 회개가 믿음에 앞선다고 주장한다: "회개는 곧바로 구원받는 믿음으로 인도된다. 이 구원받는 믿음은 의롭다 칭함을 받는 조건이며 도구이다."[2] 그러나 다른 신학자들은 회개는 믿음을 따른다고 주장한다. 예를 들어 칼빈은 이 점을 매우 강력하게 주장하고 있다:

"회개는 끊임없이 믿음을 뒤따라야 할 뿐 아니라 믿음으로부터 나와야 한다. 이 점은 논쟁의 대상이 될 수 없는 명확한 사실이다…그러한 사람은 회개의 능력을 결코 알지 못하는 사람임에 틀림없다."[3]

실제적으로 우리는 어느 것이 우선인지 말할 수 없다. 회개가 믿음과 구별될 수 있고 또 마땅히 구별되어야 하지만, 이 두 가지는 결코 분리될 수 없다. 이 두 가지는 모두 중생(거듭남)으로부터 나오며 돌이킴(회심, 개종)의 두 가지 측면들이라 할 수 있다. 존 머레이는 이 점을 잘 지적해 주고 있다:

"구원으로 이끄는 믿음은 참회하는 믿음이며 생명으로 이끄는 회

---

2) H. Orton Wiley, *Christian Theology* (1940; Kansas City: Beacon Hill, 1958), 2:364.
3) *Inst.*, III. iii. 1.

개 역시 신앙적인 회개이다…믿음은 죄로부터의 구원을 얻기 위하여 그리스도를 믿는 믿음이다. 그러나 믿음이 죄로부터의 구원을 향한 것이라면 마땅히 죄를 증오하고 죄로부터 구원받아야 한다는 갈망이 있어야만 할 것이다. 죄에 대한 이러한 증오는 회개를 수반한다…다시 말해서 회개가 죄에서 돌이켜 하나님을 향하는 것임을 기억한다면 하나님을 향하여 돌이킨다는 것은 곧 그리스도 안에 나타난 바 된 하나님의 자비를 신뢰하는 믿음을 가리킬 수밖에 없다. 믿음과 회개를 격리시키는 일은 불가능하다. 구원받는 믿음은 회개 속에 깊이 잠겨져 있으며 회개 역시 믿음 속에 깊이 스며져 있다."[4]

3. 단어 연구

회개에 해당하는 구약의 단어는 "니함"(*nicham*), "수브"(*shubh*)이다. 니함은 나함이란 동사의 니팔형인데 "유감스럽게 여기다", "불쌍히 여기다", "잘못에 대해 회개하다"라는 뜻을 갖고 있다. 하나님에 대해 사용될 경우가 종종 있는데, 그 경우 하나님께서 자기의 계획을 바꾸신다는 뜻으로 사용된다: 창세기 6:6~7; 출애굽기 32:12, 14; 신명기 32:36; 사사기 2:18. 그러나 이 단어는 또한 인간의 입장에서 죄에 대해 슬퍼함을 가리키는 단어이기도 하다: 사사기 21:6, 15; 욥기 42:6; 예레미야 8:6; 31:19. 욥기의 구절은 두번째 의미의 단어 사용을 잘 반영해 준다: "그러므로 내가 스스로 한하고 티끌과 재 가운데서 회개하나이다."

회개에 대한 좀더 일반적인 구약의 단어는 "수브"이다. 이 단어는 "돌이킨다", "반대 방향으로 가다"라는 의미를 지니고 있다. 이 단어를 통해 보건대 회개는 방향을 바꾼다는 의미가 들어있다. 다시 말해서 잘못된 길에서 올바른 길로 방향을 바꾸어 간다는 뜻이다.

---

4) *Redemption-Accomplished and Applied* (Grand Rapids : Eerdmans, 1955), p. 140.

또한 죄와(왕상 8:35) 불의(욥 36:10), 그리고 범죄함(사 59:20)과 사악함(겔 3:19)과 악한 길(느 9:35)로부터 돌이키는 것을 말한다. 긍정적으로 "수브"는 하나님께로 향하는 것을 말한다: 시편 51:13; 이사야 10:21; 예레미야 4:1; 호세아 14:1; 아모스 4:8; 말라기 3:7. 마지막 언급한 구절의 하반절은 다음과 같다: "내게로 돌아오라 그리하면 나도 너희에게로 돌아가리라 만군의 여호와의 말씀이니라."

주님께로 돌아오는 일에 많은 축복의 약속이 주어졌다. 하나님의 백성이 주께로 돌아오면 하나님께서는 하늘에서 들으시고 그들의 죄를 사하시며 그들의 땅을 회복하고 치료하여 주실 것이라고 말씀하셨다(대하 7:14); 여호와께서 그들을 긍휼히 여기시며 넘치는 용사를 허락하실 것이며(사 55:11) 그들로 하여금 죽음을 면케 하신다고 약속하셨다(겔 33:11). 그러나 선지자는 말하기를 그러한 주께로의 돌이킴은 마땅히 마음(심령)의 돌이킴이어야 한다고 하였다:

"여호와의 말씀에 '너희는 이제라도 금식하며 울며 애통하고 마음을 다하여 내게로 돌아오라' 하셨나니 너희는 옷을 찢지 말고 마음을 찢고 너희 하나님 여호와께로 돌아올찌어다 그는 은혜로우시고 자비로우시며 노하시기를 더디하시며 인애가 크시도다"(욜 2:12~13).

회개에 해당하는 신약 원어로는 "메타노이아"(metanoia)와 "에피스트레포"(epistrepho)가 있다. "메타노이아"의 동사형은 "메타노에오"인데 칠십인경(구약성경의 헬라어역본)은 히브리어 "니함"을 이 단어로 번역하였다. 반면에 "에피스트레포"는 히브리어 "수브"의 헬라어 번역 단어라 할 수 있다. 두 단어 사이를 엄밀하게 구별한다는 것은 힘든 일이겠지만 일반적으로 "메타노이아"는 회개의 과정 중 내면적 변화를 지칭하며 "에피스트레포"는 내면적 변화가 외형적 생활로 나타나는 삶의 변화를 가리키는 단어라 할 수 있다.

이제 "메타노이아"와 "메타노에오"의 의미를 살펴보기로 하자. 일단 여러분의 주의를 환기시켜야 할 사항이 있다. 우리는 종종 신약

성경에 나타나는 "메타노이아"를 일차적으로 부정적인 느낌을 주는 용어로 이해하려는 경향이 있다. 마치 죄에 대해 슬퍼하고 죄로 인한 형벌을 두려워하여 후회와 유감의 마음을 갖는 등등. 이와 같은 내면적, 감정적 위기를 회개라고 이해하려 든다. 회개에 대한 이러한 일반적인 이해는 결국 그리스도인으로 하여금 앞을 바라보게 하는 대신 뒤를 바라보게 하고 외면적인 변화를 중시하는 것보다 내면만을 바라보게 하였다. 이러한 전통적인 견해는 각 사람의 관심을 다른 사람에게보다는 자기 자신에게만 고정시키게 하였고 따라서 경건한 기쁨보다는 우울과 어두움으로 인도하게 하였다.

이러한 오해가 일어나게 된 여러가지 이유들 중의 하나는 "메타노에오"란 동사가 어떻게 번역되었는가를 살펴보면 분명해진다. 라틴어 성경인 벌게이트(Vulgate)는 이 동사를 *poenitentiam agite*(문자적으로 "참회/고해하다")라는 문구와 연결시킴으로써 회개에 대한 외형적인 이해만을 추구하는 듯한 인상을 주었다. 다시 말해서 잘못을 저지른 사람이 어떤 일을 행함으로써 상대방에게 만족감을 준다는 뜻을 갖게 되었다. 1582년에 나온 소위 뒤아이 성경(Douai Bible)으로 알려진 로마 천주교 성경의 신약본은 "메타노에오"를 "참회/고해하다"로 번역함으로써 이러한 오류를 영속시키는 결과를 가져왔다. 루터의 독일어 성경도 벌게이트의 전통을 그대로 답습하고 있는데, 문제의 단어를 "참회하다"는 뜻을 가진 *thut Busse*로 번역하고 있다. 심지어 현대 독일어 역본들도 이러한 표현구를 사용하고 있다. 구 프랑스어 성경들도 "메타노에오"를 repentez-vous라고 번역하고 있는데 "한스럽게 여기다", "유감스럽다", "후회하다", "양심의 가책을 받다" 등의 의미이다. 동일한 경우가 구 스페인어 성경에도 해당된다(*arrepentios*). 영어본 성경은 일반적으로 "메타노에오"를 repent로 번역하고 있는데 이 단어는 너무도 감정적인 변화에 강조를 두고 있는 인상을 준다. 즉 지나간 죄에 대한 슬픔을 강조하는 경향이 많다. 챔버래인(Chamberlain)은 이러한 번역이 가져온 영향들을 다음과 같이 잘 요약해 주고 있다: "이러한 적당치 못한 번역은 많은 유럽과 북미주의 그리스도인들로 하여금 잘못된 음조에 맞추어 노래하도록 하였다: 후회, 유감, 탄식, 자책 등이 마치 진정한 경건의 특성들인양 간주되어 왔다."[5]

"메타노에오"와 "메타노이아"는 이러한 번역본들이 제시하는 것보다 더 풍요한 의미를 담고 있다. 명사형은 "메타"와 "누우스"의 합성어이다. "메타"란 …과 함께, …뒤에, …을 넘어서라는 뜻이다. 이 경우 이 단어는 뒤에 따르게 되는 변화를 가리킨다. "누우스"는 마음, 태도, 사고방식, 성향, 성품, 특성, 도덕적 의식 등을 의미한다. 문자적으로만 한다면 "메타노이아"는 마음과 심경의 변화를 의미한다. 단순히 죄에 대한 슬픔만도, 지적인 변화만도 아니다. 한 인간의 온전한 변화를 가리키는데 삶에 대한 인생관의 변화를 의미한다. 생각과 감정과 의지의 변화라 말할 수 있을 것이다. 필립스 (J. B. Phillips)는 "메타노에오"란 동사의 의미를 잘 파악하고 있었다: "여러분은 마음과 가슴을 바꾸어야 한다. 하나님의 나라가 이미 도착하고 있기 때문이다"(마 4:17, 필립스 역).

안트-깅그리히 헬라어 사전은 "메타노이아"를 다음과 같이 정의하고 있다: "마음의 변화, 회개, 돌이킴, 바꿈…대부분의 회개의 긍정적인 측면이며 새로운 종교적, 도덕적 삶의 출발이다."[6] 그러므로 "메타노이아"는 단지 악한 행동들로부터의 돌아섬만을 의미하지는 않는다. 오히려 적극적으로 새로운 방향에로의 돌아섬이다.[7] 예를

---

5) *Meaning of Repentance*, p. 29.
6) William F. Arndt and F. Wilbur Gingrich, *A Greek-English Lexicon of the New Testament*, 4th ed. (Chicago:University of Chicago Press, 1957), pp. 513~14.
7) VGT에는 "메타노이아"를 다음과 같이 정의하고 있다: "그 의미는 기독교와 함께 깊어진다. 신약성경에도 단지 '후회'한다는 이상의 의미를 갖고 있다. 영적으로 도덕적인 측면에서 하나님을 향한 태도의 온전한 변

들어 마태복음 3:8에서 세례 요한은, "회개에 합당한 열매를 맺으라"(karpon axion tes metanoias)고 외친다. 사도행전 11:18도 "삶에 이르는 회개"(metanoian eis zoen)에 관해 말한다. 고린도후서 7:10에도 "구원에 이르게 하는 회개"(metanoian eis soterian)에 대해, 디모데후서 2:25에는 "진리의 지식에 이르게 하는 회개"(metanoian eis epignosin aletheias)에 대해 언급하고 있다.

챔버래인은 회개에 관한 풍부한 성경적 의미들을 발전시키고 있는데, 회개는 소망과 기대 가운데 앞을 바라다 보는 것인 반면에 후회와 유감은 단지 수치 속에서 뒤를 돌아다 보는 것이라고 말하고 있다.[8] 회개는 행동의 변화 뿐만 아니라 우리의 행동의 원천들과 우리의 동기들의 근원들에 대해서도 일차적으로 다룬다.[9] 신약성경이 제시하는 회개에 의하면 사람의 마음은 하나님의 마음을 본받아야 하며 그렇게 함으로써 그들의 행동이 하나님의 뜻을 좇게 되며 그들로 하여금 하나님의 다스림에 참여하게 하기 위함이다.[10] 오순절에 베드로가 외쳤던 회개는 예수를 향한 유대인들의 판단을 뒤집으라는 외침이었다.[11] 아덴 사람을 향하여 외친 바울의 회개는 곧 하나님에 관한 그들의 관념을 버리고 하나님께로 돌아와 "그 분 안에서 살기도 하고 움직이기도 하고 그 분을 통하여 삶을 가지라"고 한 것이었다.[12]

성경적 의미에서의 회개란 곧 새로운 사람을 만드는 것을 의미한다고 챔버래인은 결론짓는다: "회개는 삶의 구조의 변경이다: 삶의 전체적 양태가 바뀌어진다; 삶의 목표가 달라지며 바라는 바가 달라진다.[13] 간단하게 말해서, 회개란 육신의 마음으로부터 그리스도의

화를 말하고 있다"(p. 404).
8) *Meaning of Repentance*, p. 47.
9) Ibid., p. 41.
10) Ibid., p. 55.
11) Ibid., p. 63.
12) Ibid., P. 68.

마음에로의 순례라 할 수 있다.[14] 회개가 무엇을 의미하는지에 관해서는 예수 핍박자 사울이 변하여 그리스도 안에 있는 사람이 된 사실보다 더 크고 감동적이고 극적인 예가 없다: "바울은 한 사람에게 회개가 무엇을 의미하고 있는지를 가장 잘 보여주었던 기독교 역사 중의 가장 위대한 표본이다."[15]

회개에 해당하는 신약의 또다른 단어로 "에피스트레포"가 있다. "에피스트레페"라는 동사의 명사형인 이 단어는 사도행전 15:3에 꼭 한번 사용되고 있다: "이방인들의 주께 돌아온 일에 관해 말하더라"(참고, RSV). 그러나 동사형은 자주 사용되고 있다. 동사의 기본적 의미는("에피"는…를 향하여; "스트레포"는 돌아서다는 뜻을 갖고 있다) "돌아서다", "향하여 돌다"이다. 신약성경에서는 종종 죄에서 돌이켜 하나님께 돌아서는 것을 묘사하는 데 사용되고 있다. "하나님께 돌아서다"(epi ton theon, 행 15:19 ; pros ton theon, 살전 1:9), "너희가 너의 영혼의 목자이시며 감독자에게로 돌아왔도다"(벧전 2:25) 등과 같은 문구에 반영되고 있는 단어이다. 아마 "에피스트레포"가 가장 생동력있게 사용되고 있는 구절은 사도행전 26:18이라 할 수 있다. 바울은 여기에서 아그립바 왕에게 다음과 같이 말하고 있다: "주께서 나를 이방에 보내심은 그들의 눈을 뜨게 하여 어두움에서 빛으로, 사단의 권세에서 하나님께로 돌아가게 하고 죄 사함과 나를 믿어 거룩하게 된 무리 가운데서 기업을 얻게 하게 하기 위함이었다."

그러므로 "에피스트레포"는 행동의 전적 변화, 사람의 생활양식의 전환, 온전한 돌아섬을 묘사하는 단어이다. 소극적으로 말하자면, 이 단어는 악한 길로부터의 돌아섬(행 3:26; 여기서는 "아포스트레포"가 사용됨), 혹은 자신의 오류로부터의 돌아섬을 의미한다(약 5:

---

13) Ibid., p. 38.
14) Ibid., p. 47.
15) Ibid., p. 67.

20). 긍정적인 면에서 본다면 이 단어는 주께로 돌아감(눅 1:16; 행 9:35; 11:21; 고후 3:16), 혹은 아비의 마음을 자식에게로, 거스리는 자를 의인의 슬기에 돌아가게 하는 것을 말한다(눅 1:17). 그러나 때때로 "*epistrepho*"는 소극적인 면과 적극적인 면을 모두 포함한다: 가치없는 일로부터 하나님께로 돌아서는 일(행 14:15), 우상으로부터 살아계신 하나님께로 돌아가는 일(살전 1:9), 어두움에서 빛으로 돌아서는 일(행 26:18)을 의미한다.

신약에서는 이 두 단어 중 한 가지만을 쓸 때도 있고 동시에 함께 사용할 때도 있다. 사도행전 15:3에는 단지 "*epistrephe*"만이 사용되고 있다. 사도행전 11:18에는 "*metanoia*"만 사용되고 있다: "하나님께서 심지어 이방인들에게까지 생명에 이르게 하는 회개를 주셨도다." 종종 이 두 단어가 함께 사용되기도 한다. 사도행전 3:19이 그 예인데, "솔로몬의 행각에 모인 무리들을 향하여 베드로가 외친 말 속에 담겨져 있다: "그러므로 너희가 회개(*metanoesate*)하고 돌이켜(*epistrepsate*) 너희 죄없이함을 받으라 이와 같이 하면 유쾌하게 되는 날이 주 앞으로부터 이를 것이라." 아그립바 왕을 향하여 행한 바울의 연설이 담겨져 있는 사도행전 26:20에도 이 두 단어가 함께 사용되고 있다: "유대인과 이방인에게까지 회개(*metanoein*)하고 하나님께로 돌아가라"(*epistrephein*)고 말하였도다. 그러므로 이 두 단어의 의미는 서로 겹치고 있음을 볼 수 있다.

4. 회개의 개념

회개란 중생한 사람이 온전한 삶의 변화를 통해서 새로운 사고와 감정과 의지를 반영하면서 죄로부터 돌아서서 하나님을 향하는 의식적인 돌아섬이라 정의를 내릴 수 있다.

회개는 단일적인 경험이다. 이 말이 의미하는 바는 회개는 여러 부분들로 나뉘어지지 않는다는 뜻이다. 그럼에도 불구하고 회개의 다음과 같은 측면들은 구별될 수 있다. 물론 분리될 수 있다는 말은 아니다.

(1) 지적인 측면: 참된 회개는 무엇보다도 먼저 하나님의 거룩하심과 존엄성을 아는 지식을 포함한다. 환상을 통하여 하나님의 거룩하심을 보았던 이사야는 "오호라 나는 망하였도다! 나는 입술이 부정한 자로다"(사 6:5)라고 소리쳤다. 회개는 마땅히 우리 자신의 죄와 죄책을 인정하는 일과 우리의 삶을 향하신 하나님의 뜻을 반역하고 하나님의 법을 범하였음을 고백하는 인식이 포함되어야 한다. 또한 우리의 죄를 기꺼이 사하시는 하나님의 의지와 자비하심에 대한 이해를 수반해야 한다. 왜냐하면 죄에 대한 이러한 이해와 지식이 없이는 공포와 절망에 이를 수밖에 없기 때문이다.

(2) 감정적인 측면: 단지 죄의 결과들에 대해서만 아니라 죄 그 자체에 대한 가슴저리는 슬픔이 있어야만 한다. 이것이 바로 바울이 "경건한 슬픔"이라 부른 것이다. 경건한 슬픔은 회개와 동일한 것은 아니지만 "구원에 이르게 하는 회개에 도달하게" 한다(고후 7:10). 이러한 형태의 슬픔은 "세상적인 슬픔"—죄가 가져온 불행한 결과들에 대해 후회하며 한스러워하는 일로 혼란과 착각에 빠지게 된다—과 구별되는데, 세상적인 바로 이런 유의 것이었다; 결국 그는 스스로 목숨을 끊지 않았는가! 경건한 슬픔의 근저에는 하나님을 향한 사랑이 가로 놓여져 있어야 한다: 우리가 하나님을 사랑하기에 우리가 지은 죄에 대해 심히 죄송스럽게 생각하는 것이며 그 분을 서운하게 해드린 일에 대해 슬퍼하는 것이다. 그러므로 죄에 대한 가장 깊은 슬픔은 십자가 밑에서 느껴지는 것이다.

그러나 우리의 죄에 대한 비탄에 또한 기쁨도 있어야 한다: 하나님의 용서하심에 대한 기쁨, 하나님의 뜻을 행하는 기쁨, 다른 사람과 갖는 교제를 인한 기쁨들이 그것이다. 챔버래인이 우리에게 상기시켜 주듯이, 기쁨이 상실되면 우리의 회개는 온전한 것이 아니다.

(3) 의지적인 측면: 죄로부터의 내면적인 돌아섬과 용서를 추구함이 있어야만 한다. 그러나 목적과 동기의 변화도 있어야 한다. 내면적인 변화는 반드시 외형적으로 나타나야 한다. 우리는 감사하는 순종을 통하여 하나님께로 돌아가야 한다; 우리는 마땅히 회개의 열매들을 맺어야 한다. 회개는 변화된 생활 속에 표현되어야 한다.

진정한 회개는 전적 헌신이라고 예수께서 분명히 말씀하신 일이 있다: "아비나 어미를 나보다 더 사랑하는 자는 내게 합당치 아니하고 아들이나 딸을 나보다 더 사랑하는 자도 내게 합당치 아니하고 또 자기 십자가를 지고 나를 좇지 않는 자도 내게 합당치 아니하니라. 자기 목숨을 얻는 자는 잃을 것이요 나를 위하여 자기 목숨을 잃는 자는 얻으리라"(마 10:37~39). "아무든지 나를 따라 오려거든 자기를 부인하고 자기 십자가를 지고 나를 좇을 것이니라"(마 16:24). "너희 중에 누구든지 자기의 모든 소유를 버리지 아니하면 능히 내 제자가 되지 못하리라"(눅 14:33).

진정한 회개에 관해 하이델베르그 교리문답은 "옛사람이 죽어 없어지며 새로운 사람으로 살아나는 것"[16]이라고 표현하고 있다. 옛자아의 죽어 없어짐은 "진정으로 죄에 대해 슬퍼하는 것이며 죄를 더욱더 미워하는 것이며 죄로부터 멀리 피하는 것이다."[17] 회개를 가리켜 "육신을 죽이며(mortification) 영을 살리는 것"(vivification)이라고 표현했던 칼빈은 이 점을 좀더 확장시켜 다음과 같이 말하고 있다:

"여기서 '죽인다'(mortification)는 말은, 우리가 처절하게 성령의 검에 의해 살해되어 아무것도 아니게 될 때에 비로소 우리는 하나님에 대한 두려움에 이르게 되며 또한 경건의 초보를 배우게 된다는 것을

---

16) Heidelberg Catechism, Q. 88.
17) Ibid., Q. 89.

말한다. 마치 하나님께서 '너희가 나의 자녀 중의 하나로 인정함을 받기 위하여서는 너희의 일반적 본성들이 마땅히 죽어야 한다'고 선언하는 것이라 생각하면 된다."[18]

하이델베르그 교리문답은 새로운 자아로 살아나는 것을 "그리스도를 통하여 하나님을 전심으로 기뻐하는 것이며 하나님께서 우리로 하여금 행하시기를 원하시는 각종 선한 일들을 행하려는 즐거움"[19]이라고 설명하고 있다. 칼빈은 이것을 우리가 그리스도의 부활에 그와 하나가 되는 것과 연결시키고 있다:

"만일 우리가 그리스도의 부활에 함께 참여한다면 우리는 그것을 통하여 하나님의 의로우심에 응답하기 위하여 새로운 생명으로 일으킴을 받게 된다. 그러므로 나는 회개를 중생이라 해석하는데 이것의 유일무이한 목적은 아담의 범죄로 인하여 일그러지고 거의 지워져 버린 하나님의 형상을 우리 속에 다시 회복하는 것이다."[20]

5. 회개: 하나님과 사람의 일

성경은 회개를 가리켜 하나님의 사역인 동시에 인간의 사역이라고 말한다. 우리는 이미 앞서 회개를 사람의 일로 묘사하고 있는 여러 성경구절들을 찾아본 일들이 있다. 이 구절들에 의하면 회개가 촉구되고 있고 하나님께로 돌아오라고 요청되고 있다(사 55:7; 겔 33:11; 마 4:17; 행 3:19; 17:30; 26:18; 26:20). 그러나 사도행전 11:

---

18) *Inst.*, III. iii. 8.
19) Heidelberg Catechism, Q. 90.
20) *Inst.*, III. iii. 9. 여기서 칼빈은 우리가 전적으로 새로워지는 것을 묘사하기 위해 중생이란 단어를 사용하고 있는 것이지 단순히 새로워짐의 첫부분만을 가리키는 것은 아님을 유의해야 한다.

18에서는 회개가 하나님의 사역으로 분명히 기술되고 있다. 아니, 하나님께서 사람으로 하여금 행하도록 하시는 사역으로 묘사되고 있다: "그러면 하나님께서 이방인에게도 생명얻는 회개를 주셨도다." 디모데후서 2:24에도 이와 동일한 논조가 피력되어 있다. 바울은 디모데에게 그를 방해하는 자들을 온유함으로 다스리도록 권고하면서 "혹시 하나님께서 저희들에게 회개함을 주사 진리를 알게 하실지"도 모른다고 하였다. 죄인들은 마땅히 회개해야 한다. 그러나 하나님께서 그들로 하여금 회개하도록 하셔야만 한다.

그렇다면 회개에 있어서 인간의 책임성은 무엇인가? 성경은 분명히 가르치기를 사람들이 회개해야만 한다고 하고 있다. 신약성경에 나타난 "에피스트레포"는 회개를 우리 인간이 마땅히 해야하는 것으로 묘사하고 있다. "메타노에오"와 "메타노이아"는 대부분 인간의 책임성을 강조하는 데 사용된다.

회개에 있어서 인간의 행동을 돌트신경이 어떻게 묘사하고 있는가를 살펴보는 일은 우리에게 도움이 될 것이다. 하나님께서 초자연적인 방법으로 중생을 가져 오시는 것을 설명한 후에 돌트신경은 계속해서 말하기를, "이제 새롭게 된 의지는 하나님에 의해서 가동되고 동기를 부여받을 뿐만 아니라 그 의지 자체 역시 능동적이 된다. 이런 이유 때문에 인간은 그가 받은 바 그 은혜를 인하여 믿고 회개하도록 촉구되는 것이다."[21]

회개에 관해 설교자가 갖는 책임성은 무엇인가? 설교자들은 매우 긴급하게 그들의 청중들로 하여금 회개하도록 촉구해야 한다는 것이 신약성경의 가르침이다. 예를 들어, 선교위임 명령에서 보는 바와 같이 예수께서는 그의 제자들에게(그들을 통해 모든 시대의 교회들에게) "모든 족속으로 제자를 삼도록" 지시하셨다(마 28:19). 바울도 고린도교회에게 보낸 두번째 편지에서 "이러므로 우리가 그리스도를 대신하여 사신이 되어 하나님이 우리로 너희를 권면하시는 것

---

21) Canons of Dort, III~IV, 12(1986 trans.).

같이 그리스도를 대신하여 간구하노니 너희는 하나님과 화목하라"
(고후 5:20)고 호소하고 있다. 고린도전서 9:22에서 바울은 이것을
좀더 강한 어조로 말하고 있다: "여러 사람에게 내가 여러 모양이
된 것은 아무쪼록 몇몇 사람들을 구원코자 함이라." 야고보 사도도
"죄인을 미혹한 길에서 돌아서게 하는 자가 그 영혼을 사망에서 구
원하며 허다한 죄를 덮을 것이니라"(약 5:20)고 하였다.

요한복음 6:65에 의하면, "내 아버지께서 오게 하여 주지 아니하
시면 누구든지 내게 올 수 없다"고 예수께서 친히 말씀하셨다. 고린
도전서 3:6에서도 바울은, "나는 심었고 아볼로는 물을 주었으되 오
직 하나님은 자라나게 하셨다"고 말하였다. 그러므로 사람으로 하여
금 회개하여 믿게 하시는 분은 바울도, 아볼로도 아니라 오직 하나
님이시다.

여기서 우리는 다시 역설을 보게 된다. 설교자는 마땅히 사람들이
회개하고 돌이켜야 할 것에 대해 선포해야 한다. 그러나 오직 하나
님만이 그들로 회개케 하실 수 있는 능력을 부어주신다. 우리는 항
상 다음과 같은 진리의 양면성을 염두에 두어야 한다: (1) 사람들로
하여금 회개토록 촉구하는 것이 설교자의 엄숙한 의무이다; (2) 회개
의 은사를 사람들에게 주권적으로 부여하시고 그들로 자기에게 돌아
오게 하실 수 있는 분은 하나님이시다.

6. 회개는 한평생 계속 지속되어야 한다.

루터의 유명한 95개조항 중 첫번째 항목은 다음과 같다; "우리 주
예수 그리스도께서 *Poenitentiam agite*라고 말씀하셨을 때 그는 신자
의 전 생애가 회개이어야 한다는 의지를 표명하셨다."[22] 이 말은 회
개에 관한 가장 중요한 점을 지적하고 있다. 또다른 위대한 개혁자

---

22) *The Works of Martin Luther*, Philadelphia Edition (Philadelphia: Muhlenberg Press, 1943), 1:29.

인 칼빈도 이와 비슷한 점을 지적하고 있다:

> "실제로 하나님의 형상의 회복은 한 순간이나 하루나 한 해에 일어나지 않는다; 오히려 계속적이고 때로는 느린 행보를 통하여 하나님은 그의 택한 자들 속에 있는 육신의 부패들을 제거하시며, 그들로부터 죄책을 깨끗게 씻기시며, 그들을 성전들로 자기에게 봉헌시키시고 그들의 모든 마음을 참된 성결로 새롭게 하신다. 그럼으로써 그들은 그들의 평생을 통하여 회개를 실행하고 이러한 전쟁(회개)이 오직 임종시에나 끝이 나게 된다는 것을 알게 하시도록 하신다.[23]
>
> 그러므로 나는 하나님께서 자기에게 대하여 가장 몹쓸 짓을 했다는 사실을 배운 사람에게 대하여 가장 크게 혜택을 주신다고 생각한다. 그들이 이러한 진흙탕 속에 갇혀서 한 걸음도 앞으로 나아갈 수 없기 때문이 아니라 오히려 하나님께 급히 쫓아가 그 분을 갈망하기 때문이다. 그렇게 함으로써 그들은 그리스도의 삶과 죽음 속으로 접붙여진 후에 계속적으로 회개에 이르게 하기 위함이다."[24]

우리 자신을 부인하고 십자가를 지고 자기를 따르라고 요구하신 그리스도의 요청은 우리가 마땅히 평생토록 해야할 일이 무엇인가를 보여준다. 바울도 그의 독자들에게 이 세상을 본받지 말고 마음을 새롭게 함으로 변화를 받으라고(롬 12:2) 말한 적이 있다. 이 말은 우리들이 한평생 이루어 나가야 할 사명이며 도전을 말한다. 하이델베르그 교리문답이 회개를 옛 자아의 죽음과 새로운 자아의 새 생명으로의 다시 태어남으로 묘사한 것은 우리의 생애가 끝날 때까지 결코 끝날 수 없는 행위를 지칭하고 있는 것이다.

회개가 평생의 작업이라는 사실은 몇몇 매우 중요한 의미를 함축하고 있다.

---

23) *Inst.*, III. iii. 9.
24) *Inst.*, III. iii. 20.

첫째로 그리스도인 생활의 초반부에 있는 처음 회개와 그뒤 평생토록 계속되어지는 회개 사이에 구별이 필요하다는 것을 암시한다. 한 사람이 기독교인이 되어 순례의 길을 시작하게 될 때 죄로부터 하나님께로의 전환이 있는 것은 사실이다. 그러나 그 순례의 전체 여정을 특징짓고 있는 전환이 있는 것도 사실이다. 그러므로 회개를 구원과정에서의 단일한 한 개의 단계로 생각해서는(ordo salutis에 관한 구시대적 인식에서 그러한 것처럼[25]) 안된다. 적어도 우리는 회개가 전체과정에 대한 한 측면으로 바라보아야 한다. 그리스도인의 삶 전체는 회개의 삶이다.

둘째로 평생에 이르는 의미에서의 회개가 근본적으로 성화와 다르지 않다는 것을 관찰할 필요가 있다. 물론 평생을 통한 회개가 성화의 과정을 독특한 각도에서 구현시키고 있는 것임에는 틀림없다. 회개에 관해 언급된 여러가지 요점들이 성화에도 그대로 적용된다; 죄로부터 하나님께로의 돌아섬, 삶의 패턴의 변화, 육신의 마음으로부터 그리스도의 마음에로의 순례, 옛 자아를 벗고 새 자아를 입는 일, 다시 말해서 구원의 과정을 묘사하는 데 성경이 사용하고 있는 용어들은 그 의미에 있어서 서로 겹친다. 구원은 여러가지 일이 아니라 오직 한 가지 일이다. 그러나 여러 다른 관점에서 관찰될 수 있다.

셋째로 회개는 결코 우리에 의해서 완전하게 이루어질 수 없다는 사실을 기억해야 할 것이다. 우리가 언제 전적으로 죄에서 돌아서 하나님께 향하고 육신의 마음에서 돌아서 그리스도의 마음으로 가겠는가? "우리가 정말로 죄를 철저하게 미워하는가? 언제 우리가 옛 성품으로부터 솟아오르는 충동들과 격정들로부터 온전히 자유롭게 되는가? 언제 우리가 그리스도와 함께 일으킴을 받아 가능케 된 새로운 자아를 아무런 흠없이 그대로 보전하며 반영하겠는가? 분명코

---

[25] 본서 제 2장을 보라.

이 현재의 삶에서는 이루어질 수 없다. 하이델베르그 교리문답이 엄숙하게 인정하듯이, "이생에서는 가장 거룩한 사람이라 할지라도 매우 작은 순종을 시작할 뿐이다."[26] 날마다 우리는 우리 죄 뿐만 아니라 우리의 회개의 불완전함에 대해서도 하나님의 용서하심을 구해야 한다. 성경에 기록되어 있는 회개는 높은 이상이다; 우리는 마땅히 그것을 드러내도록 계속해서 노력해야만 한다. 그러나 이생에서는 결코 온전히 도달할 수 없을 것이다.

그러나 하나님을 찬양하자. 우리가 구원받은 것은 우리의 회개가 완전하기 때문이 아니다. 우리가 구원받은 것은 우리의 공로적 행위 때문이 아니라 다만 예수 그리스도의 공로들 때문이다: "너희가 그 은혜를 인하여 믿음으로 말미암아 구원을 얻었나니…행위에서 난 것이 아니니 이는 누구든지 자랑치 못하게 함이니라"(엡 2:8~9). 회개는 참으로 구원을 이루는 데 필수적이다. 그러나 반드시 완전한 회개일 수는 없다. 만일 그렇다면 누가 구원을 얻을 수 있겠는가?

---

[26] Heidelberg Catechism, Q. 114(1975 trans.).

제 10 장

믿 음

　한 선교사가 세상을 절망적으로 보면서 자신의 책상에 앉아 있었다. 그는 자신의 사역지인 부족의 언어로 요한복음서를 번역하고 있었는데 그들의 말로 "믿음"(faith)이 무엇인지를 알지 못해 고심하고 있는데 한 부족인이 선교사의 초막으로 들어와 의자에 앉으면서 "저는 지금 이 의자 위에 저의 모든 무게를 두고 있습니다"라는 의미가 있는 말을 했다. 그러자 그 선교사는 벌떡 일어나 기쁨으로 춤을 추면서 외치기를 "나는 단어를 얻었습니다! 믿음이란 그리스도에게 당신의 모든 무게를 두는 것입니다"라고 했다. 믿음에 관하여 더 많은 말을 할 수 있겠지만 이 이야기는 믿음의 핵심을 담고 있다.

1. 믿음의 중요성

　구원의 과정에 있어서 믿음의 중요성을 강조한다는 것은 그리 어려운 일이 아니다. 신약에서 보통 믿음으로 사용된 명사와 동사(피스티스⟨*pistis*⟩와 피스튜에인⟨*pisteuein*⟩)은 약 240번 나온다. 믿음은 회개와 함께 돌이킴의 본질적 측면에서 구원의 필수 요건이다.
　히브리서 저자가 말한 것같이 믿음이 없이는 하나님을 기쁘게 해

드릴 수 없다(히 11:6). 믿음은 하나님께서 우리에게 요구하신 유별난 "행위"(work)로(요 6:29) 그리스도를 믿는 것은 하나님께서 우리에게 행하도록 명하신 일이다(요일 13:23). 요한의 말처럼 복음서 저자들의 목적은 "예수께서 하나님의 아들 그리스도이심을 믿게 하려 함이요 또 너희로 믿고 그 이름을 힘입어 생명을 얻게 하려 함이니라"(요 20:31)는 것이다

그러므로 믿음은 우리가 구원받는 방법이며(롬 10:9) 확실한 소망으로 가는 길이다(히 11:1). 우리가 부활할 때까지 믿음을 통하여 하나님의 능력에 의해 보호를 받는다(벧전 1:5). 그리스도인의 삶에 있어서 의뢰할 수 있는 유일한 것은 바울이 말하는 것처럼 사랑을 통하여 역사하는 믿음이다(갈 5:6). 누가는 나아가 그리스도인들을 가리켜 "믿는 자들"(believers)이라 부름으로써 믿음의 중요성을 강조하고 있다(행 2:44).

2. 단어 연구

구약의 단어들을 찾아보기 전에 먼저 워필드(B. B. Warfield)가 지적한 것처럼 비록 자주 함축되고 흔히 의역되어 있으나 구약에서 "믿음"(faith)[1]이라고 불릴 수 없는 믿음과 신뢰의 태도에 대해서 살펴보자

가장 흔히 사용된 구약에서의 믿음이란 용어는 헤에민($he^{'e}min$)과 빠타크(batach) 그리고 차사아(chasah)이다. 헤에민은 아멘(aman)의 히필(hiphil) 형태이다. B. D. B. 히브리 사전(the Brown-Driver Briggs Hebrew lexicon)에 의하면 이 단어의 기본형인 칼(Qal)은 "확립하다" 혹은 "지속하다"의 의미이다. 그러므로 히필 형태는 "지

---

[1] Benjamin B. Warfield, "Faith," in *Biblical and Theological Studies*, ed. Samuel Craig(Philadelphia: Presbyterian and Reformed, 1952), pp. 410-11.

속을 유지시키다" 혹은 "확립케 하다"의 뜻으로 사람에게 적용하면 "누구로 하여금 당신을 존속케 하도록 하다"는 것을 뜻하기에 "누군가를 믿거나 신뢰하다"라는 의미가 된다. 이 단어는 창세기의 잘 알려진 구절인 "아브라함이 여호와를 믿으니 여호와께서 이를 그의 의로 여기셨다"(창 15:6)는 곳에서 사용되었다. 또한 이사야 7:9과 하박국 2:4; 시편 78:22을 보라

또다른 단어는 빠타크(batach로 이 단어는 "신임하다, 의지하다, 신뢰하다"를 의미한다. 사용된 예는 시편 25:2로 "나의 하나님이여 내가 주께 의지하였사오니 나로 부끄럽지 않게 하옵소서"가 그것이다. 또한 시편 13:5; 84:12; 잠언 16:20 그리고 이사야 26:3~4를 보라

믿음으로 때때로 사용된 구약의 언어는 차사아(chasah)로 "피난처를 찾다"는 의미이다. 한 예로 시편 57:1에서 "이 재앙이 지나가기까지 주의 날개 그늘 아래서 내가 피하겠나이다"라고 한다. 또한 시편 2:12; 25:20; 31:1 그리고 91:4을 보라

신약을 살펴보면 신약시대를 가리켜 "믿음이 도래한"(갈 3:25) 시대라고 바울이 묘사하고 있다. 그는 이 시점 이전에는 믿음이 없었다는 것을 말하는 것이 아니라 다만 우리 믿음의 주된 대상되신 예수 그리스도께서 역사의 무대에 나타나셨다는 것을 강조하려는 것이다

신약에서 믿음으로 가장 자주 사용된 단어들은 피스티스(*pistis*)란 명사와 피스튜에인(*pisteuein*)이란 동사이다. 피스티스는 먼저 "우리가 믿는 믿음"(*fides qua creditur*)의 의미로 참된 것에 대한 확신을 나타내는 데 사용된다. 하나님에 관해서는 하나님이 존재하시며 그분이 창조주시며 만물의 통치자로 그리스도를 통하여 구원을 섭리하신다는 확신이다. 그리스도에 관해서는 예수께서 메시야로 우리가 그분을 통해 구원을 얻을 수 있다는 믿음을 뜻한다. 이것이 가장 일반적인 사용이다. 예로 사도행전 11:24; 로마서 3:28 그리고 에베소서

2:8을 보라. 그러나 때때로 피스티스는 "신앙되는 믿음"(fides quae creditur) 즉 신앙되는 내용을 기술하기도 한다. 유다서 1:3에서 "성도에게 단번에 주신 믿음의 도를 위하여 힘써 싸우라"고 그렇게 사용되었다. 또한 갈라디아서 1:23과 디모데전서 4:1을 보라

피스튜에인이란 동사는 (1) 참이라고 생각하다(마 24:23), 혹은 (2) 하나님의 전도자들에 의해 주어진 소식을 받아들인다(행 24:14)는 것을 뜻한다. 아무튼 가장 특징적으로 그것은 (3) 예수를 메시야로, 하나님에 의해 지명된 영원한 구원의 저자로 받아들인다는 것을 뜻한다(요 3:16). 이런 의미에서 믿음이란 메시지를 사실이라고 믿는 것을 포함할 뿐만 아니라 나아가 또한 그리스도를 믿고 그에게서 안식하며 그를 의지하는 것을 포함한다

요약하면 신약의 의미에서 신앙은 증거하는 사도들이나 다른 자들의 증거의 근거가 참된 체계로 받아들이며 또한 그리스도를 구속주로서 인격적으로 신뢰하는 것이다

피스튜에인은 신약에서 다양한 구조로 나타난다. 여격 문장 속에서 대명사와 함께(마 21:25), 명사절을 이끄는 호티(hoti)와 함께(롬 10:9), 엔(en)과 함께(엡 1:13), 에피(epi)와 목적격과 함께(롬 9:33) 그리고 에피(epi)와 여격과 함께(롬 4:5) 그것이 사용된다. 그러나 가장 일반적인 구조는 에이스(eis)와 목적격과 함께 사용된 것이다(요 3:16, 36).

3. 여러 성경 저자들에 의해 묘사되고 있는 믿음

믿음은 신약시대 뿐만 아니라 구약에서도 하나님 백성의 삶에서 중심이었다. 일명 "어머니 약속"으로 불리는 창세기 3:15을 보자. 이 최초의 은혜언약의 계시는 하나님의 백성을 향하여 믿음의 응답을 촉구하고 있다. 히브리서에서 언급된 것처럼 아벨은 하나님께 믿음으로 보다 나은 제사를 드렸고(히 11:4), 믿음으로 에녹은 하나님과 동행했으

며(5절), 그리고 믿음으로 노아는 의의 상속자가 되었다(7절

 족장 시대를 살펴보면 아브라함이 구약에서 뛰어난 믿음의 본으로 나타나기에 "믿는 자들의 조상"으로서 알려졌다. 바울은 아브라함이 믿음으로 의롭게 되었으며(롬 4:1~3) 모든 믿는 자는 아브라함의 자녀라고(갈 3:7) 가르친다. 사라, 이삭 그리고 야곱 이런 모든 자들도 믿음으로 살았다

 출애굽한 후의 이스라엘 역사를 은혜의 시대보다는 율법의 시대였다고 주장하는 자들이 있다. 그러나 이것은 사실이 아니다. 바울은 갈라디아서 3:17에서 "하나님의 미리 정하신 언약을(족장 시대로부터) 430년 후에 생긴 율법이 없이 하지 못하여 그 약속을 헛되게 하지 못하리라"고 말한다. 요점은 이것이다. 즉 시내산에서 주어졌던 율법이 아브라함과 이삭 그리고 야곱에게 하셨던 약속을 폐할 수 없었다. 이런 약속들의 중심은 아브라함을 의롭게 했던 믿음의 대상인 구속주의 오심이었다. 하나님을 믿는다는 것은 그리스도를 대망하는 믿음으로 모세시대와 그 이후에도 여전히 요구되었다

 시편에서 믿음은 여러 가지로 묘사되어 있다. 하나님을 신뢰하며 그 분 안에서 피난처를 찾으며 그 분께 우리 자신을 맡기며 그 분께 피하는 모습으로 묘사되고 있다. 선지자들은 반복하여 자신들의 말을 듣는 자들에게 이스라엘의 하나님을 믿는 것으로 다시 돌아오라고 외치는데 우상에서 돌이켜 정의에 대하여 관심과 필요한 백성들에 대한 사랑 그리고 하나님을 섬기는 데 새로운 헌신으로 참다운 회개를 나타내는 그런 믿음을 외쳤다. 히브리서 11장에 의하면 구약시대의 영적인 위인들을 믿음의 영웅들로 보았다

 만약 구약에서의 믿음이 하나님께 대한 아멘을 말하고 있다면 신약에서의 믿음은 복음에 대한 아멘을 말하고 있는 것이다. 공관복음서에 의하면 예수께서는 자기를 믿으라고 믿음을 촉구하셨다. 종종 기적을 행하시면서 이러한 촉구를 하셨다. 그러나 공관복음서에 나타난 믿음은 기적을 바라보고 따르는 믿음만을 국한시켜 말하고 있는

것은 아니다. 마가복음 1:15에 의하면 예수께서 "회개하고 복음을 믿으라"고 말씀하셨다. 후에 예수께서 베드로에게 말씀하시기를 "내가 너를 위하여 네 믿음이 떨어지지 않기를 기도하였노니"(눅 22:32)라고 하셨다. 다른 시기에 우리의 주님께서는 "수고하고 무거운 짐진 자들아 다 내게로 오라 내가 너희를 쉬게 하리라"(마 11:28)고 말씀하셨다고 기록되어 있다. 비록 "믿음"이란 단어가 이 구절에서는 사용되어 있지 않지만 예수께서는 자신에 대한 인격적인 신앙의 필요성을 분명히 가르치고 계신다

요한복음에서 피스튜에인(pisteuein)이 거의 백번 정도 나오는데 이것은 요한의 중요 단어들(key words) 중 하나이다. 여기에서 강조점은 이적적인 신앙이 아니라 구원하는 신앙이다. 성경에서 가장 잘 알려진 구절은 아마 요한복음 3:16 "하나님이 세상을 이처럼 사랑하사 독생자를 주셨으니 이는 저를 믿는 자마다 멸망치 않고 영생을 얻게 하려 하심이라"일 것이다. 이 단어를 비슷하게 사용한 구절은 요한복음 3:18,36; 6:47; 7:38 그리고 11:25~26을 참고하라. 요한복음서에서 피스튜에인(pisteuein)은 그리스도를 아버지께서 세상에 보내신 분으로 인정하며, 그 분에게 매달리고 그 분만을 신뢰하는 것을 뜻한다. 그런 믿음을 통하여 미래의 소망으로써 뿐만 아니라 현재의 소유로써 영생을 획득한다

사도행전에서의 믿음은 적어도 다음의 두 가지를 포함한다. (1) 그리스도에 관한 사도적 증거를 받아들이는 것이며 (2) 구원에 대하여 그리스도를 인격적으로 신뢰함이다. 오순절날의 베드로의 설교나 바울의 설교 모두에서 첫번째 제시된 것은 복음의 사실들이며 그 다음에 그리스도를 믿고 죄를 회개하며 구원을 받으라고 권고한다

바울은 그 당시 랍비들이 갖고 있던 공적있는 선행으로써 믿음에 대항하여 논쟁했었다. 그가 강조한 것을 다음과 같이 말할 수 있다. (1) 우리는 율법의 행위와는 상관없이 오직 믿음으로 의롭게 여겨진다(롬 3:28). (2) 그리스도와의 연합은 믿음을 통해서 체험되며 유지

된다(엡 3:17). (3) 믿음은 사랑과 경건한 삶으로 표현되어야 한다 (갈 5:6). 달리 말하면 회개의 합당한 열매가 있어야 하며(마 3:8) 또한 성장하는 믿음의 열매가 있어야 한다. 여기에서 바울의 강조점이 야고보의 것과 일치함을 알 수 있다

히브리서 저자에 의해 경고된 위험한 믿음은 특히 뒤로 물러서 떨어져 율법주의나 불신앙으로 빠질까 하는 것이다(히 10:38~39). 그래서 그는 오늘날 신앙 생활을 위한 자극으로써 과거의 믿음의 영웅들을 제시한다(11장). 그들에 의해 자극을 받아 우리 앞에 당한 경주를 인내(휘포모네, hypomone)로써 계속해야 한다(12:1). 그러므로 히브리서에서 믿음은 그리스도인의 삶의 동력으로 그려지기에 신자들은 끝까지 인내할 수 있는 힘이 된다

믿음이란 진리에 대한 단순한 지적인 찬동이라는 점에 반대하여 야고보는 행위가 없는 믿음은 죽은 것이라고 주장한다(2:26). 그의 무뚝뚝한 말들은 우리의 만족을 뒤흔든다. "내 형제들아 만일 사람이 믿음이 있노라 하고 행함이 없으면 무슨 유익이 있으리요 그 믿음이 능히 자기를 구원하겠느냐"

베드로전서는 믿음을 소망과 결합시킨다. 기록되기를 "너희 믿음과 소망이 하나님께 있게 하셨느니라"(1:21)고 했다. 믿음을 통하여 우리는 "말세에 나타내기를 예비하신 구원을 얻기 위하여 믿음으로 말미암아 하나님의 능력으로 보호하심을 입었다"(1:5). 마지막 구원이란 사실상 믿음의 종착점이다

단순한 믿음보다 지식을 훨씬 위에 놓으려 했던 초기 영지주의에 반대하여 요한은 그의 서신서들에서 참 믿음은 그 속에 지식을 포함하고 있다는 점을 강조한다. 즉 "내가 하나님의 아들의 이름을 믿는 너희에게 이것을 쓴 것은 너희로 하여금 너희에게 영생이 있음을 알게 하려 함이라"(요일

그러므로 성경 저자들이 믿음을 기술한 여러 방법에서 풍부한 다양성을 발견한다. 이런 다양성 가운데 근본적인 통일성이 있다. 비

록 구약시대에는 오실 구속주를 기대하는 믿음이었고 신약시대에는 이미 오신 구속주를 회고하는 믿음이라 할 수 있으나, 양자 모두에서 구원은 오직 그리스도에 대한 산 믿음을 통해서만 획득되었다.

4. 신약의 다른 부분에서 언급된 믿음

신약에 있어서 믿음의 정의를 가장 잘 보여주는 곳이 히브리서 11:1이다: "믿음은 바라는 것들의 실상이요 보지 못한 것들의 증거니." "보증"(확신, assurance, RSV 개역은 실상)이라 번역된 말은 휘포스타시스(hypostasis)인데 동사 휘피스타마이(hyphistamai)의 명사형으로 "받침대처럼 서있다"라는 뜻이다.[2] 이 구절에서 휘포스타시스는 "실체"(reality) 즉 소망하는 것의 실체를 뜻한다.[3] 초기 기독교 세기들의 파피루스에서 이 단어는 자주 가옥증서같은 소유권의 증거를 구성하는 문서를 지시하는 데 사용된다. 실제로 모울턴(Moulton)과 밀리건(Milligan)은 본 구절의 앞 부분을 "믿음은 소망하는 것들의 권리증서(the title-deed)이다"로 번역할 것을 제안한다.[4] 그러므로 여기에서 언급된 것처럼 믿음은 신앙인들에게 언젠가는 그들이 소망하는 것이 탁월한 실체들로 소유하게 될 것이라는 보장을 준다

"증거"(확신, conviction, RSV)란 본 구절의 후반부에 있는 단어는 엘렌코스(elenchos)란 희랍어를 번역한 것으로 "증거"나 "확신"을 뜻한다.[5] 이런 두 가지 의미를 결합한다면 이 말은 "확신있는 증거물"로 번역될 수 있다. 보통 우리는 감각들의 증거에 의해 사물들

---

2) Helmut Köster, "*hypostasis*," *TDNT*, 8:572.
3) Ibid., pp. 585-87.
4) VGT, p. 660.
5) William F. Arndt and F. Wilbur Gingrich, *A Greek-English Lexicon of the New Testament*, 4th ed. (Chicago: University of Chicago Press, 1957), p. 248.

의 존재를 확신한다. 그러나 여기의 믿음은 보이지 않는 사물들의 존재, 즉 믿음의 대상물인 영적이고 미래적인 실체들을 분명한 증거물로써 묘사하고 있다. 본 장의 나머지 부분은 이런 종류의 믿음이 그 곳에 언급된 영웅들의 놀라운 능력으로 모든 불리한 것을 인내할 수 있었다고 지적한다

믿음은 신약에서 수많은 현저한 특징들로 묘사되어 있다. 그것은 "그리스도께 나아가는 것"으로 묘사된다. "아버지께서 내게 주시는 자는 다 내게로 올 것이요 내게 오는 자는 내가 결코 내어 쫓지 아니하리라"(요 6:37). 이런 관점에서 믿음은 그리스도에게 우리 자신이 가는 것으로 더이상 자신을 의뢰하지 않고 오직 그 분만 의뢰하는 것이다. 그것은 그리스도 안에서 구원의 소망과 가장 깊은 즐거움과 삶의 목적을 찾는 것을 의미한다

믿음은 나아가 "그리스도를 먹는 일"로 묘사된다: "나는 하늘로서 내려온 산 떡이니 사람이 이 떡을 먹으면 영생하리라 나의 줄 떡은 곧 세상의 생명을 위한 내 살이로라 하시니라"(요 6:51). 여기서 믿음은 그리스도를 나누어 소유하는 것으로 묘사되고 있다. 빵을 먹음으로 우리의 일부가 되는 것처럼 그리스도를 믿음으로 받아들임으로 또한 그 분이 우리의 일부가 된다. 믿음은 그렇게 절실한 필요에서 생기며 믿음을 통하여 영적 음식물을 받는 것이다

믿음은 또한 "그리스도를 마시는 것"으로 묘사된다: "내가 주는 물을 먹는 자는 영원히 목마르지 아니하리니 나의 주는 물은 그 속에서 영생하도록 솟아나는 샘물이 되리라"(요 4:14). 목말라 죽어가는 사람에게 절대적으로 물이 필요하듯이 우리는 그리스도 안에서 생명을 긴급히 찾을 필요가 있다. 그리스도를 믿음이 삶의 가장 깊은 필요들을 충족시키는 것을 다시 본다. 일단 이 생명의 물을 마시면 영적 갈증은 영원토록 해결된다

또한 믿음이란 "그리스도 안에 있음"을 말한다: "저가 내 안에 내가 저 안에 있으면 이 사람은 과실을 많이 맺나니 나를 떠나서는 너

희가 아무 것도 할 수 없음이라"(요 15:5). 열매맺는 가지가 포도나무에 붙어있는 것처럼 우리는 그리스도 안에 있어야 한다. 믿음은 그리스도 안에서 쉼과 그 분에게 기댐, 그리고 항상 그 분으로부터 힘을 얻으며 또한 그 분과 계속적인 교제 속에서 산다는 것을 의미한다. 믿음은 아주 오래 전에 그리스도께서 우리를 위해 중요한 어떤 것을 했다는 것만을 믿는 것이 아니라 그것은 그리스도께서 우리 가운데 지금도 살아계시며 우리가 그 분 안에 지금 살고 있다는 것을 인정하는 행위를 포함한다. 믿음은 그리스도가 우리를 위한 분일 뿐만 아니라 우리 안에 계신다는 것을 붙잡는다.[6]

이런 특징들은 매우 풍부하다. 각각 우리가 믿음을 이해하는 데 도움이 되는 독특한 어떤 것을 가지고 있다. 그럼에도 불구하고 이런 모든 것들은 믿음이란 우리 자신 대신 그리스도 안에서 하나님을 의지하며 신뢰하며 또한 안식하는 것이라는 한 면에서 일치한다. 믿음이란 순간적인 결정 그 이상이라는 점은 아주 분명하다. 믿음은 또한 지적인 진술들을 받아들이는 것 이상이라는 것이 명백하다. 믿음은 전 인격(whole person) 뿐만 아니라 삶 전체(whole of life)를 포함한다.

5. 믿음에 관한 스콜라주의의 견해

스콜라주의(Scholasticism)란 11세기부터 14세기까지 중세 유럽에서 가르쳐졌던 신학과 철학에 대한 이름이다. 스콜라 신학자들의 가르침들은 트렌트 회의의 규범과 신조(1563년)에서 요약되었다. 이런 규범들이 설정한 믿음은 다음과 같이 표현될 수 있다

(1) 믿음은 항상 지성의 행위이다. 비록 그것이 의지에 의해 존재할지라도 믿음은 지성에 그 자리를 둔다. 믿음은 믿을 수 있도록 하나님께서 제안한 모든 것에 대한 찬동(assent)이다. 믿음의 대상은

---

6) 이 점에 관해서 더 상세히 알고 싶으면 4장을 보라.

(object) 그리스도라는 인격이라기보다는 오히려 지적으로 이해해야 할 어떤 진리들이다

(2) 하나님의 진리에 대한 이런 찬동을 통하여 하나님의 은혜에 대해 협력하는(그래서 보상이 있는 선행이 되며) 인간은 스스로 칭의를 준비한다(노트: 괄호 안의 삽입구에 대해서는 인정하거나 부인하는 스콜라 신학자들이 있다

(3) 그러나 이러한 "정함없는 믿음"으로는 의롭다 칭함 받기에는 충분치 않다(fides informis). 이러한 믿음은 하나님이나 그리스도와 인격적 관계를 포함하지 않으며 단지 계시된 지식들에 대한 지적인 찬동일 뿐이다. 이러한 믿음은 치명적인 죄에서조차도 온전하게 유지될 수 있다

(4) 믿음에는 사랑이 더해져야 한다. 즉 "정함이 없는 믿음"(frides informis)은 "사랑을 통해 형태를 갖춘 믿음"(fides formata caritate)이 되어야 한다. 이 사랑을 받는 것과 온전하게 형태를 갖춘 믿음을 받는 것은 세례식을 통해서인데 이러한 믿음만이 칭의를 받을 수 있는 유일한 믿음이다. 그러므로 의롭게 하는 것은 믿음이기보다는 성례이다

(5) 보통의 신자들은 교회에 의해 제안된 신앙의 모든 조항들을 이해할 수 없기에 그들은 그것을 확실한 믿음으로 다 파악할 필요는 없다. 만일 있다면 교회가 가르치는 것을 단지 수긍하고 찬동하는 정도의 맹목적 믿음(fides implicita)이면 족하다

(6) 신자는 개인의 구원에 관하여 절대적인 확신을 소유할 수 없고, 있다면 구원의 상실의 가능성을 배제하지 않는 추측적인 확신 정도이다.

6. 칼빈의 견해

존 칼빈은 믿음에 관한 스콜라주의적 견해를 맹렬하게 반대했다. 그는 믿음을 단지 찬동으로 생각되어야 한다는 것이나[7] 교회의 가르침들에 대한 참된 이해가 없이 맹목적인 복종을 의미하는 단지 "맹신적 믿음"(implicit faith)으로 생각한다는 그런 믿음의 개념을 거절한다. 그는 이런 종류의 "믿음"을 지식이라기보다는 무지로 부르며 이런 개념은 참된 믿음을 묻을 뿐 아니라 무참히 파괴하는 것이라고 말한다.[8] 그는 또한 "정함이 없는 믿음"(fides informis)과 사랑에 의해 단단해진 믿음"(fides caritate formata)을 구분하는 것을 거부한다. 정함이 없는 믿음(fides imformis)이란, 그가 환언하기를, 참된 믿음이 전혀 아니라 할 수 있다. 그 이유는 그것에 의해서는 신자가 구원에 필요하다고 여전히 말할 수 있는 하나님에 대한 경외심이나 경건심을 누구도 가질 수 없기 때문이다.[9] 칼빈은 그런 "정함이 없는 믿음"(unformed faith)을 믿음의 그림자나 형상일 뿐 진짜 믿음은 아니라고 말한다.[10]

그는 말하기를 참된 믿음이란 하나님을 아는 지식(knowledge of God), 특히 그 분의 자비를 아는 지식으로 구성된다고 한다. 이런 점에서 그는 잘 알려진 믿음의 정의를 다음과 같이 내린다. "우리를 향한 하나님의 자비하심에 대한 확고하고 분명한 지식은 그리스도 안에서 값없이 주어진 진리에 기초한 것으로, 성령을 통하여 우리의 생각에 계시되었고 우리의 마음에 인쳐진 것이다."[11] 칼빈이 생각과 마음을 구분하여 언급할 때 마음은 의지와 감정들을 뜻한다

---

7) *Inst.*, III. ii. 1.
8) *Inst.*, III. ii. 2-3.
9) *Inst.*, III. ii. 8.
10) *Inst.*, III. ii. 10.
11) *Inst.*, III. ii. 7.

비록 믿음의 이런 구분이 지성주의적으로 들릴지라도 칼빈은 믿음이란 단순히 지적인 지식이라고 말하는 것을 뜻하지 않는다. 루터처럼 그는 신뢰가 믿음의 본질이라고 주장한다. 그의 로마서 10:10 주석에서 칼빈은 믿음이란 단지 지적인 지식이 아니라 "확실하고 효력있는 신뢰"라고 단언한다. 기독교 강요에서 그는 다음과 같이 첨가한다:

만약 마음이 하나님의 능력에 의해 강하게 되고 유지받지 않는다고 하는 한, 생각이 하나님의 영에 의해 조명받는다는 것으로는 생각하기에 충분하지 않다. 이 문제에 관한 한 그 학자(스콜라주의자)는 완전히 길을 잘못 가고 있는 것이다. 그는 믿음을 지식에 대한 겨우 단순한 찬동으로 동일시하며 마음의 확신과 보증을 제거시키고 있는 것이다.[12]

다른 장에서 그는 말한다. "그것(그리스도에 대한 지식)은 입술로만의 교리가 아니라 삶의 교리이다. 그것은 다른 교훈들처럼 이해와 기억에 의해서 감지된 것이 아니라 그것이 전 인격을 사로잡아 마음의 가장 깊은 영향에 자리를 두고 그 곳에 좌정할 때에만 받는 것이다."[13]

믿음에 대한 칼빈과 스콜라주의자들과의 차이를 요약하면 칼빈은 믿음을 (1) 하나님과 그리스도와의 인격적 관계, (2) 전혀 알지 못하거나 반쯤 아는 진리들에 대한 단순한 찬동이 아니라 그리스도 안에서 하나님의 사랑과 자비를 확실하게 앎이며, (3) 의심에 반대하는 견고한 확신이나 신뢰가 그것이다. 또한 주목해야 할 것은 (4) 칼빈은 믿음에 대한 어떤 공로도 모두 반대한다.

7. 믿음의 개념

구원하는 신앙이란 하나님의 부르심에 대한 반응으로서 전 인격

---

12) *Inst.*, III. ii. 33.
13) *Inst.*, III. vi. 4.

즉 구원에 있어서 복음의 진리에 대한 확신과 그리스도 안에서 하나님에 대한 신뢰 그리고 그리스도와 그 분의 섬김에 대한 참된 서약으로 그리스도를 받아들임이라고 정의할 수 있을 것이다

다음과 같은 믿음의 여러 측면은 비록 분리될 수는 없으나 구분될 수 있을 것이다. (1) 지식(Knowledge). 우리가 알지 못한 자나 잘못 알고 있는 자를 믿을 수 없다는 것은 분명하다. 한 문맹의 호주 원주민이 "그 분에 관해서 아는 것은 없으나 나는 그리스도를 믿는다"라고 말했다. 이것이 참된 믿음일까? 한 여호와 증인은 다음과 같이 말했다. "나는 그리스도를 믿는다." 그러나 그가 믿는다고 한 것은 신이 아닌 단지 한 피조물로서 믿는다는 것이다. 이것이 참된 믿음인가? 우리는 우리가 믿는 자는 누구이며 그리스도께서 우리를 위해 행하신 것이 무엇인지를 충분히 알아야 한다

성경은 지식이 없이는 참된 믿음이 있을 수 없다고 분명히 가르친다. 예수께서 부활 후 제자들에게 나타나실 때 고난받고 죽음에서 살아나셔야 할 이유를 설명하셨다. "이에 저희 마음을 열어 성경을 깨닫게 하시고"(눅 24:45). 바울이 아덴에서 전파할 때 청중들에게 "알지 못하는 신에게"라 새긴 단을 상기시켰다. 그런 다음 "그런즉 너희가 알지 못하고 위하는 그것을 내가 너희에게 알게 하리라"(행 17:23) 하면서 참된 하나님이 누구이며 무엇을 하셨는가, 그리고 그 분이 원하시는 회개가 어떤 종류인지를 전했다. 그리고 로마서에서 바울은 구원하는 믿음을 아는 중요성에 대하여 다음과 같이 언급한다:

> 누구든지 주의 이름을 부르는 자는 구원을 얻으리라 그런즉 저희가 믿지 아니하는 이를 어찌 부르리요 듣지도 못한 이를 어찌 믿으리요 전파하는 자가 없이 어찌 들으리요…그러므로 믿음은 들음에서 나며 들음은 그리스도의 말씀으로 말미암았느니라(롬 10:13~14, 17).

하나님은 무한하신 분이시며 믿음은 하나님과 우리를 위한 그 분의 구원하신 사역을 붙잡는 것이기에, 믿음에 포함된 지식은 포괄적

이해를 뜻하는 것은 아니다. 바빙크의 교의학(Dogmatics)에서 신론의 첫 부분을 "하나님의 불가해성"이라고 제목한 것은 의미심장하다. 이 저자는 계속해서 말하기를 "하나님께서 자연과 성경에서 자신을 계시하신 것은 인간의 이해를 훨씬 초월하는 진리"라고 한다.[14] 칼빈도 이 점을 동일하게 인식한다:

> 우리가 믿음을 "지식"이라 부를 때 그것은 인간의 감각에서 일어나는 그런 종류의 이해를 뜻하지 않는다. 그는 (바울이 지식을 능가하는 그리스도의 사랑에 관해서 말할 때) 믿음으로 우리의 마음에 품는 것은 모든 면에 있어서 무한하며 모든 이해를 능가하는 그런 종류의 지식을 뜻한다. 이것으로부터 우리는 믿음의 지식이 이해보다는 확신으로 구성된다고 결론내릴 수 있다.[15]

믿음에 있어서 지식의 특징은 과학이나 수학에 있어서의 지식과는 다르다. 그것은 소위 에밀 브룬너가 말한 것처럼 나와 그것(I-it)이 아닌 나와 너(I-Thou)란 사실이다.[16] 그것은 하나님께서 그리스도 안에서 나와 형제 그리고 자매들, 나아가 그리스도 안에서 아직 형제나 자매가 아닌 자들을 위해서 행하신 것을 포함한 지식이다. 누군가 그것은 사랑을 포함한 지식이라고 말했었는데 동일하게 반대로 말하자면 하나님께서 우리를 아신다는 말은 그 분께서 우리를 사랑하신다는 것을 뜻한다. 그러므로 칼빈이 믿음이란 "우리에게 향하신 하나님의 자비하심에 대한 견고하고 확실한 지식"이라고 말할 때, 그리고 하이델베르그 요리문답이 참된 믿음이란 "하나님께서 그 분의 말씀에서 계시하신 모든 것이 참되다는 지식과 확신"이라고 확언

---

14) Bavinck, *Dogmatiek*, 2:1 [trans. mine].
15) *Inst.*, III. ii. 14.
16) *The Christian Doctrine of the Church, Faith, and the Consummation*, trans. D. Cairns (Philadelphia: Westminster, 1960), p. 259.

할 때[17] 언급되고 있는 유형의 지식을 말한다

이 시점에서 얼마나 많은 지식이 필요한가라고 질문할 수 있다. 살펴본 바와 같이 믿음은 복음의 진리와 우리를 위한 그리스도의 구속 사역을 포함해야만 한다. 그러면 복음을 어느 정도 알아야 구원을 받는가? 이것은 말하기 쉽지 않다. 우리는 구속이 필요한 죄인이며 스스로 구원할 수 없고 오직 그리스도만이 죄와 하나님의 진노로부터 우리를 구원하실 수 있으며 그리스도께서 우리를 위해 죽으시고 살아나셨다는 것을 실감할 수 있는 충분한 지식을 가져야 한다. 우리의 지식이 십자가 상의 강도의 그것만큼 빈약할 수 있는데(눅 23:42) 그럼에도 불구하고 그는 구원받을 충분한 믿음을 가졌다

지식에 있어서 성장이란 영적 성장을 의미하는가? 대답은 지식의 의미가 무엇이냐에 따라 다르다. 만약 그것이 단순히 추상적이며 지적인 지식, 기계적인 암기 지식, "하찮은 성경상식"이라면 충분치 못하다. 사실상 바울은 "교만하게 하며" 덕을 세우지 않는 종류의 지식에 대해 말한적이 있다(고전 8:1). 그러나 만약 지식에 있어서 성장이 그리스도께서 우리를 위해 행하신 것이 무엇이며 성령께서 우리 안에서 행하고 계시는 것이 무엇이며 또한 하나님을 위해 우리가 행할 것과 되어야 할 것을 그 분께서 원하시는 것이 무엇인지를 이해한 것에서 성장함을 의미한다면 지식에 있어서 성장이란 반드시 영적인 독자들에게 베드로후서 3:18에서 "오직 우리 주 곧 구주 예수 그리스도의 은혜와 저를 아는 지식에서 자라 가라"고 권면할 때 지식의 유형이다

믿음의 둘째 측면은 (2) 찬동(assent)이다. 찬동이란 하나님 말씀의 가르침들을 참되다고 확고히 받아들이는 행위를 뜻한다. 그런 찬동은 전 인격 즉 우리의 전 주체가 성경이 가르치는 죄, 그리스도의 구원 그리고 우리의 생을 위한 하나님의 목적들을 진리로서 받아들

---

17) Heidelberg Catechism, Q. 21(1975 trans.).

임이 포함되어야 한다

믿음의 셋째 측면은 (3) 신뢰(trust)이다. 이것이 믿음의 왕관이다. 참된 믿음은 신뢰를 포함한다는 것은 성경에서 믿음에 대해 사용된 단어들과 믿음을 기술하는 데 사용된 비유들 그리고 믿음에 포함된 활동력의 본질이 증거한다. 믿음은 자신을 보지 아니하고 구원하시는 그리스도를 전적으로 의지하는 것이다. 그것은 그리스도와 그 분의 공로들을 인격적으로 받아들이는 것이다. 그것은 그리스도께서 완성하신 사역을 의지하며 그 분께서 행하신 것을 우리를 위해 행하신 것으로 받아들이는 것을 뜻한다. 하이델베르그 교리문답에서 믿음이란 "복음을 통해서, 성령으로 말미암아 내 마음 속에 창조된 뿌리깊은 확신이기도 하다. 이 확신이란 나의 죄가 용서되었고 하나님과의 올바른 관계가 영원히 수립되었으며 구원이 나에게 주어졌다는 것이다. 이 사실은 나 뿐 아니라 다른 사람에게도 마찬가지이다."[18]

신뢰에는 순종이 또한 포함된다는 것을 첨가시켜야 한다. 이것은 히브리서 3:18~19에서 온 것이 분명한데 그곳에서 불신 때문에 가나안 땅에 들어가지 못했던 자들을 불순종한 자들이라고 말한다. 전적인 반대로 "믿음으로 아브라함은 부르심을 받았을 때에 순종하여 장래 기업으로 받을 땅에 나갈새 갈 바를 알지 못하고 나갔으며"(히 11:8)라고 했다. 로마서 1:5에서 사실상 바울 또한 "믿음의 순종"(RSV 개역은 "믿어 순종케")에 관해 말한다. 그러므로 믿음은 그리스도의 왕국에서 순종하는 섬김으로 가야만 하기에 야고보의 말처럼 행함이 없는 믿음은 죽은 것이다

비록 자주 믿음이 수동적이라고 말해져도(왜냐하면 그리스도께서 우리를 위해 행하신 것을 믿음으로 구원을 받기에) 믿음은 능동적이라는 의미도 있다. 믿음은 순종함으로 능동적이다

이런 믿음의 세 가지 측면들은 비록 때때로 어느 한 면이 다른 면

---

18) Ibid.

보다 더 중요할지라도 분리될 수는 없다. 루이스(C. S. Lewis) 같은 자는 믿음의 지식의 면을 중요시 여겼는가 하면 반면에 존 번연(John Bunyan) 같은 자는 신뢰의 면을 중요시했다. 그러나 믿음은 전 인격을 포함한다는 것을 기억한다는 것이 중요하다. 실로 믿음보다 우리의 생명의 질에 있어서 더욱 결정적인 것은 아무것도 없다.

8. 믿음의 중심적 신비

믿음의 중심적 신비란 의미는 믿음이 하나님의 선물이면서도 동시에 인간의 일이라는 사실이다. 여기에 또다시 하나님의 주권과 인간의 책임이라는 역설이 있다

(1) 하나님의 선물로서의 믿음―특정한 성경 본문들이 믿음은 하나님의 선물이라고 가르치는 것을 찾기란 어렵다. 우리가 다른 모든 것에서처럼 우리의 구원에 있어서 전적으로 하나님을 의지한다는 사실은 하나님께서 우리에게 참된 믿음을 소유하도록 하지 않으시면 우리가 그런 참된 믿음을 소유할 수 없다는 것을 분명히 포함한다. 수많은 성경 구절이 우리에게 이것을 직접 가르쳐준다

믿음은 하나님의 선택의 열매이다. 바울과 바나바는 비시디아 안디옥에 있었다. 유대인들이 복음을 거절한 후에 그들은 현재 있는 이방인들에게 발길을 돌렸는데 "이방인들이 듣고 기뻐하여 하나님의 말씀을 찬송하며 영생을 주시기로 작정된 자는 다 믿더라"(행 13: 48). F. F. 브루스의 이 구절에 관한 주석은 중요하다.

"영생을 주시기로 작정된 자는 다"라고 기록된 본 구절의 예정적 관점을 무시하려는 자들(Alford, ad loc. 처럼)에 우리는 동의할 수 없다. 희랍어 분사형인 테타그메노이(*tetagmenoi*)는 타쏘(*tasso*)에서 온 것으로 "새기다" 혹은 "기입하다"라는 의미가 이 동사에 있음을 증거하는 파피루스가 있다.[19]

영어 번역본들은 이 동사를 영원한 생명에 대한 "ordained"(KJV, ASV, RSV), "chosen"(Today's English Version), "destined" (phillps, JB), "marked out"(NEB) 혹은 "appointed"(NASB, NIV) 로 바르게 번역한다고 나는 결론한다. 만약 이것이 그렇다면 믿었던 이방인들의 믿음은 신적 선택의 열매로 분명히 하나님의 선물이었 다

믿음은 중생의 결과이다. 사도 요한은 우리에게 말한다. "예수께 서 그리스도이심을 믿는 자마다 하나님께로서 난 자니"(요일 5:1). "난 자"(*gegennetai*)로 번역된 말은 희랍어의 완료시제로 이미 이루 어진 과거의 행위를 나타낸다. 믿음이 있는 자는 누구나, 요한은 말 하기를 하나님으로부터 태어난 자로 여전히 중생된 상태로 있다는 것 을 보여준다. 하나님만이 중생의 유일한 창시자이시며 오직 중생된 자들만 믿을 수 있기에 믿음은 하나님의 선물이라는 것을 다시 본 다.

믿음은 성령의 역사의 결과이다. 영적 은사들에 관한 가르침의 시 작에서 바울은 말한다. "그러므로 내가 너희에게 알게 하노니 하나 님의 영으로 말하는 자는 누구든지 예수를 저주할 자라 하지 않고 또 성령으로 아니하고는 누구든지 예수를 주시라 할 수 없느니라" (고전 12:3). "예수는 주님이시다"라는 문장은 분명히 믿음의 고백 이기에 성령의 능력이 아니고는 그리스도를 그 누구도 믿을 수 없다 고 우리는 결론한다

아버지께서 우리로 그리스도에게 갈 수 있도록 하신다. 이전에 살 펴본 바대로 예수께 오는 것은 믿음에 대한 성경적 상징이다. 요한 복음 6:65에 따르면 예수께서 자신의 제자들에게 "내 아버지께서 오 게 하여 주지 아니하시면 누구든지 내게 올 수 없다"고 말씀하셨다. 그것은 그리스도를 믿는 능력은 아버지에 의해 주어져야 하며 만약

---

19) *Commentary on the Book of Acts*(Grand Rapids: Eerdmans, 1955), p. 283, n. 72.

이 능력이 주어지지 않으면 아무도 믿을 수 없다는 것이다

    예수님은 믿음의 창시자이다. 히브리서 12:2에서 예수님은 "우리 믿음의 주님이시며 완전케 하시는 분"으로 묘사되어 있다. "주님"으로 번역된 단어는 아르케곤(archegon)으로 이 구문에서는 "기원자" 혹은 "창시자"를 뜻한다

    하나님은 믿음을 주시는 분이시다. 두 문장을 여기서 살펴보자. 첫째는 빌립보서 1:29이다. "그리스도를 위하여 너희에게 은혜를 주신 것은 다만 그를 믿을 뿐 아니라 또한 그를 위하여 고난도 받게 하심이라." 여기에서 두 가지를 이 서신의 독자들에게 값없이 주셨다고 말한다. 즉 그리스도를 믿는 것과 그를 위해 고난을 받는 것이다. 믿음은 하나님에 의해 우리에게 값없이 주신 것으로 묘사된다

    다른 구절은 에베소서 2:8이다. "너희가 그 은혜를 인하여 믿음으로 말미암아 구원을 얻었나니 이것이 너희에게서 난 것이 아니요 하나님의 선물이라." 본문의 뒷 부분은 희랍어로 다음과 같다. 카이 투토 우크 엑스 휘몬 테우 토 도론(kai touto ouk ex hymon, theou to doron). 카이 투토(kai touto)는 "그리고 이것은"으로 번역된다. 문제는 여기에서 카이 투토가 무엇에 대한 언급이냐 하는 것이다. 어떤 사람들은 믿음에 대한 것이라 말한다. 때때로 이 해석은 다음의 주장, 즉 이 점 이전에 바울이 구원은 하나님의 값없는 선물이라고 이미 말했다는 것으로 보호받는다. 그러나 이제는 새로운 것인 믿음을 제시한다. "그리고 이것 또한"이라고 그가 계속하는 것은 (즉 당신을 구원받게 하는 이 믿음) "당신 자신의 행위가 아니라 오직 하나님의 선물이다."

    결국 두 가지의 해석이 있다. (1) 투토(touto)는 중성인데 믿음이란 희랍어 피스티스(pistis)는 여성형이며 (2) 카이 투토란 표현은 강조형 형용사적 구로 이전의 구절을 강조하고 있기에[20] "그리고 이것을 명심하라"로 번역될 수 있었다. 그러면 바울이 여기에서 강조하

---

20) Cf. Arndt and Gingrich, *Greek-English Lexicon*, p. 601 under g; also

고자 하는 것을 바꾸어 써보면 다음과 같다. 은혜로 믿음을 통해 너희는 구원을 얻었다. 그리고 이런 모든 것(즉 너희가 은혜로 믿음을 통해 구원을 얻었다는 것)은 너희 자신의 행위가 아니라 오직 하나님의 선물이다. 믿음이 포함되어 있기에 이 구절이 믿음이란 하나님의 선물임을 간접적으로 가르치고 있다는 점을 말할 수 있었다.[21]

(2) **인간의 행위로서의 믿음**—믿음을 인간의 행위로서 또한 기술된 점을 모두가 배워야 한다는 것을 성구사전에서 "믿음"이나 "믿다"란 단어를 찾아 본다는 것이며, 가장 평범한 믿음은 인간이 복음에 대한 반응으로써 무엇인가를 해야한다는 것을 살피는 것이다. 예로 믿음이 요한복음 3:16에서는 다음과 같이 기록되었다. "하나님이 세상을 이처럼 사랑하사 독생자를 주셨으니 누구든지 저를 믿으면 멸망하지 않고 영생을 얻게 하려 하심이니라." 또는 로마서 3:28에서 바울의 말들을 생각해보자. "그러므로 사람이 의롭다 하심을 얻는 것은 율법의 행위에 있지 않고 믿음으로 되는 줄 우리가 인정하노라." 요한은 그의 첫번째 서신에서 다음과 같이 말한다. "세상을 이긴 이김은 이것이니 우리의 믿음이니라"(요일

선포자와 선교사 그리고 그리스도인 개개인의 증거에 있어서 가장 중요한 책임은 선포되고 교육되고 읽혀진 말씀에 의해 믿음이 성장된다는 사실이다. 그의 복음서에 기록되지 않는 많은 이적이 있다고 언급한 후에 요한은 계속해서 말하기를 "오직 이것을 기록함은 너희

A. T. Robertson, *A Grammar of the Greek New Testament in the Light of Historical Research* (Nashville: Broadman Press, 1934), p. 1182: "특별히 에베소서 2:8을 보라. *kai touto ouk ex hymon*에서 *touto*는 *chariti*가 아니라 전체적인 개념을 언급하는 말이다."

21) Herman Ridderbos는 빌립보서 1:29과 에베소서 2:8의 번역에 대해서 약간 반대 의견을 제시한다(그의 책 *Paul: An Outline of His Theology*, trans. J. R. De Witt〔Grand Rapids: Eerdmans, 1975〕, p. 234, n. 57을 보라).

로 예수께서 하나님의 아들 그리스도이심을 믿게 하려 함이요"(요 20:31)라 한다. 그리고 바울은 "믿음은 들음에서 나며 들음은 그리스도의 말씀으로 말미암았느니라"(롬 10:17)고 가르친다. 믿음이 어디에서 발생하느냐에 대한 대답으로 하이델베르그 교리문답은 "성령께서 거룩한 복음의 선포에 의해 그것을 우리의 마음에 생산한다"[22]고 답한다.

비록 복음을 믿는 것이 우리의 책임이지만 우리의 믿음이란 전혀 공로에 의한 것이 아니다. 구원받는 것은 에베소서 2:8~9에서 배운 것처럼 은혜로 인해 믿음으로 말미암는 것이기에 우리에게서 말미암는 것이 아니라, 전적으로 "그것은 하나님으로 선물로 행위에서 난 것이 아니기에 누구든지 자랑치 못하게 하려 함이다." 워필드는 이 점을 생생하게 한다:

> 그것(믿음)은 엄격히 말하자면 구원하시는 그리스도를 믿음이 아니라 오히려 믿음을 통해서 구원하시는 그리스도이시다. 구원하는 능력은 믿음의 행위나 믿음의 태도나 믿음의 본질에 있는 것이 아니라 오직 믿음의 대상에만 있기에 믿음을 언급함에 있어서 최소량의 구원하는 능력도 성경에서는 오로지 그리스도 그 분에게만 있다고 하여 그것(믿음)을 오해하지 않도록 했다.[23]

9. 구원의 확신

로마 교회는 개인이 그런 효과에로 특별한 계시를 받지 않았다면 믿는 자가 구원에 대한 확신을 가질 수 있다는 것을 공적으로 부인한다. 다음의 트렌트 회의 법규와 신조를 살펴보라:

---

22) Heidelberg Catechism, Q. 65(1975 trans.).
23) "Faith," p. 425. Cf. also J. Gresham Machen, *What Is Faith?* (Grand Rapids: Eerdmans, 1946), pp. 174, 180.

아무도 자기가 하나님의 은혜를 얻었다는 사실을 오류없는 분명한 믿음을 가지고 알 수 있는 사람은 없다.[24]

더욱이 이 세상에 살고 있는 한 아무도 하나님의 예정의 비밀스런 신비를 알아 자기가 예정자들 속에 속해 있다고 확신할 사람은 없다. 특별한 계시가 아니고는 하나님께서 자신을 선택하셨느냐에 대해서 알 수 없는 것이다.[25]

만약 누군가 다시 태어나고 의롭게 된 자를 믿음이 예정된 자들 가운데 확실히 있다고 믿게 한다면 그에게 저주가 있으리라.[26]

비록 트렌트 회의가 16세기에 개최되었으나 그 가르침은 지금의 로마 카톨릭 관점에서도 근본적으로 변하지 않았다. 증거로 최근 로마 카톨릭 신학 사전에서 한 부분을 인용한다:

구원의 확실성: "칭의를 굳건히 믿는 개신교 신학의 개념이다. 이러한 신념은 인간이 궁극적 구원에 대해 의심을 품을 수 있다는 것과 상충된다. 이러한 구원의 확신—카톨릭신학에서는 확신이란 용어 대신 '절대적'이라고 묘사함—교리는 트렌트 종교회의에서 배격되었다. 예수 그리스도를 통해서 행하신 하나님의 사역이나, 온 세상을 향한 그의 구원의지에 대해 신자들은 절대 의심해서는 안되지만, 그렇다고 해서 자기 개인의 영원한 구원에 대해 의심해 볼 수 없다는 것은 아니다"[27]

---

24) Canons and Decrees of the Council of Trent, Chap. 9(Denzinger, *Enchiridion Symbolorum*(36th ed.), 1534); translation from Philip Schaff, *Creeds of Christendom*(New York: Harper, 1877), 2:99.
25) Ibid., Chap. 12(Denzinger, 1540), translation from Schaff, *Creeds*, 2:103.
26) Ibid., Canon 15 on Justification(Denzinger, 1565); translation from Schaff, *Creeds*, 2:113.
27) Karl Rahner and Herbert Vorgrimler, *Dictionary of Theology*, 2nd ed.

우리는 여기에서 로마 카톨릭과 개신교간의 구원의 개념에 있어서 가장 깊고 아주 근본적인 차이가 있음을 본다. 벌카우워(G. C. Berkouwer)가 그의 "로마와의 갈등"(Conflict with Rome)[28]이라는 책에서 이런 문제에 대해서 꽤 의미심장한 것들을 말해준다. 그는 구원의 확실성의 문제에 있어서 로마 카톨릭교인들은 매우 부정적 반응을 보이고 있다고 지적한다. 교회론에 관하여 그들은 우리 개신교인들이 진정한 사도적 전승이 없으며 또한 하나의 참된 교회의 무오한 권위를 우리가 깨닫지 못하기 때문에 개신교신자들의 주장은 정통성이 없다고 주장한다. 그러나 아무튼 구원의 확실성 문제에 관한 한 그들은 우리가 너무 확실성을 가지고 있다고 빈정거리면서 비난한다. 그들에 따르면 특별한 계시없이는 아무도 자기의 구원에 대해 확신을 가질 수 없다고 한다. 다른 말로 하면 로마교인들은 교회의 가르침과 교리에 대해서는 확신을 갖지만, 자기들이 구원받았는지에 관해서는 확신할 수 없다는 것이다.

벌카우워는 로마교회가 구원에 대한 확신을 부정하는 것이 로마교회의 구원관과 서로 밀접한 연관을 맺고 있다는 사실을 지적하고 있다. 로마교회는 구원을 하나님과 인간의 협력으로 인간의 선행에 의해서만 획득할 수 있는 복으로 생각하기에 신자에게 당신은 당신의 구원을 절대적으로 확신할 수 없다고 말하고 있음이 확실하다.[29] 왜냐하면 만약 구원의 "확신"이 선행의 수행에 근거되어야 한다면, 그러한 확신이란 기껏해야 로마교회가 가르치고 있는 "추측적인 확실성"이다. 이 점을 벨직 고백서 24항에서 생생하게 진술한다:

(New York: Crossroad, 1981), p. 63.
28) *Conflict with Rome*, trans. David H. Freeman (Grand Rapids: Baker, 1958), Chap. 5, "The Problem of the Assurance of Salvation," pp. 113-51.
29) Ibid., pp. 118-20.

더욱, 비록 우리가 선행을 하지만 그것들에 우리의 구원을 두지 않는데 왜냐하면 우리는 우리 육신을 정결케 하거나 형벌에 상당한 것을 제거할 어떤 일도 할 수 없기 때문이다. 만약 우리가 주님의 고난과 죽으심의 자비에 의지하지 않는다면 항상 의심하며 확신이 없이 이리저리로 흔들리며 약한 의식은 끝없이 괴로움을 당할 것이다.[30]

구원의 확신에 대한 로마교회의 부정적 태도는 결국 복음의 핵심을 건드리는 문제였기 때문에, 개혁자들은 이 문제에 있어서 로마교회의 가르침을 신랄하게 공격했다. 여기에 포함된 근본 문제는 인간이 은혜로만 구원을 얻느냐 아니면 부분적으로 자신의 구원이 공적이 되는 선행에 좌우되느냐 하는 것이다.[31] 후자가 사실이라면 누구도 구원을 확신할 수 없다. 그러나 개혁자들의 가르침처럼 전자가 사실이라면 비록 항상 구원의 확신에 가득차 있지는 않다고 해도 구원을 확신할 수 있다

구원의 확신에 관한 칼빈의 입장은 무엇인가? 칼빈은 구원의 확신을 단지 가능성으로만이 아니라 믿음의 본질에 속하는 것으로 가르친다. 그의 로마서 8:14 주석에서 다음과 같이 말한다. "하나님의 성령에 의해 인도받는 모든 자들은 하나님의 아들들이며, 하나님의 모든 아들들은 영생의 상속자들이기에 하나님의 성령에 의해 인도받는 모든 자들은 영생에 대한 확신을 가져야 한다"[32] 기독교 강요에서 칼빈은 이것을 다음과 같이 강조한다:

> 하나님은 선하시며 호의로우신 아버지로 그 분의 관대함에 근거하

---

30) Belgic Confession, Art. 24(1985 trans.).
31) 오늘날도 로마카톨릭 신학자들은 여전히 인간의 선행이 공로가 될 수 있다고 주장하고 있음은 다음과 같은 말로 보아 알 수 있다. "선행을 통해서 은혜 안의 성장이 야기된다…우리의 선행으로 은혜의 증가를 '얻는다'"(Rahner and Vorgrimler, *Dictionary of Theology*, p. 305).
32) *Romans and Thessalonians*, trans. Ross Mackenzie(Grand Rapids:

여 모든 것들을 약속하시는 분이라는 확신을 가지고 신적 복의 약속들을 의지하면서 구원에 대하여 의심없이 기대하는 그런 자만이 참된 신자이다. 단언하노니 자신의 구원을 확신하며 마귀와 사망을 확실히 물리치는 자 외에는 신자가 아니다.[33]

안토니 레인(Anthony Lane)은 이 점에 관한 칼빈의 견해들을 다음과 같이 요약한다. "칼빈은 확신을 불가능한 것이 전혀 아니라 구원의 본질적인 요소로 생각했다…칼빈은 구원하는 신앙과 용서받았다는 확신 사이에 어떤 분열도 허락하지 않았음이 분명하다. 믿음과 확신을 분리하려는 것은 태양빛과 태양열로부터 태양을 분리시키는 것과 같다."[34]

그러나 칼빈은 신자가 때때로 구원의 확신이 부족할 수 있음을 부인하지 않는다. "우리가 믿음은 확실해야 된다고 가르치지만 의심이 전혀 없는 그런 확신이나 걱정이 전혀 엄습하지 않는 그런 믿음을 뜻하는 것이 아니다. 오히려 반대로 신자란 자신의 불신과 함께 끝없이 갈등하는 자라고 말할 수 있다."[35] 그는 신자가 특별계시의 방법 이외에는 구원의 확신을 가질 수 없다고 하는 로마교회에 동의하지 않는다. 그는 모든 신자는 자신의 구원의 확실성에 안심해야 한다고 주장한다. 그러나 그는 모든 신자가 그런 완전하거나 이상적인 방법으로 자신의 믿음을 항상 체험하는 것은 아니라고 덧붙인다. 신

Eerdmans, 1973), p. 167.
33) *Inst.*, III. ii. 16.
34) "Calvin's Doctrine of Assurance," *Vox Evangelica*, Vol. 11(1979), p. 32. Lane은 웨스트민스터 신앙고백에 따라 확신은 신앙의 본질이 아니라 부차적인 것으로 믿는다(Ibid., pp. 47-48). John Murray는 이 견해에 동의한다("The Assurance of Faith," *Collected Writings of John Murray*(Carlisle, PA: Banner of Truth, 1977), 2:265). 그러나 Louis Berkhof는 이 견해를 반박한다(ST, P. 508).
35) *Inst.*, III. ii. 17.

자는 의심과 분명히 씨름할 수 있지만 여기에서 칼빈과 로마교회의 차이가 분명하게 나타나는데 신자는 이런 마음의 의심에 가득한 틈에서 남아 있거나 그것을 적절한 성경적 겸손의 증거로써 영광을 돌린다고 만족해서는 안되며 오직 이런 의심과 싸워서 더욱 큰 확신을 얻도록 해야 한다
 이제 확신의 문제에 대하여 성경의 가르침이 무엇인지를 세 가지 유형의 구절들을 살펴보자.

 (1) 이상적으로 믿음은 확신을 수반해야 한다는 것을 보여주는 구절들:
 히브리서 11:1, "믿음은 바라는 것들의 실상이요 보지 못하는 것들의 증거니." 이전에 살펴본 이 본문에 의하면 당연히 되어야 할 것은 영적 실제들에 대하여 확실성을 가지며 소망하는 구원에 대한 확신과 신념을 말한다
 요한일서 5:13, "내가 하나님의 아들의 이름을 믿는 너희에게 이것을 쓴 것은 너희로 하여금 너희에 영생이 있음을 알게 하려 함이라." 신자가 구원의 확신을 가질 수 있음을 부인하는 자는 누구든지 본문이 어렵게 될 것이다. 지식이란 단순한 믿음을 훨씬 초월한 것이라 주장했던 초기 영지주의에 반대하여 요한은 그리스도를 믿는 자는 또한 지식을 소유한 자이며 이 지식은 영원한 생명을 가진 지식임을 주장한다. 신자들 가운데 엘리트 집단 뿐만 아니라 또한 어떤 특별한 계시를 받은 자들만이 아니라 모든 참된 신자는 영생을 자신들이 소유하고 있음을 알 수 있으며 알아야 한다.

 (2) 참 신자들도 때때로 확신이 부족할 수 있다는 것을 보여주는 구절들:
 예수께서 다음과 같은 말씀을 하심으로 가끔 제자들을 책망하셨다. "오! 믿음이 적은 자여"(마 6:30; 8:26; 14:31; 16:8; 눅 12:28). 누가복음 17:5에 따르면 제자들은 예수께 "우리의 믿음을 더하여 주옵소서"라고 간청했다. 마가복음 9:24는 "내가 믿나이다 나의 믿음 없는 것을 도와 주소서"라고 예수께 간청한 자의 말을 기록한

다. 히브리서 저자는 독자들에게 "형제들아 너희가 삼가 혹 너희 중에 누가 믿지 아니하는 악심을 품고 살아계신 하나님에게서 떨어질까 염려할 것이요"(히 3:12)라고 경고한다. 이런 구절들과 다른 곳들로부터 우리는 신자가 단번에 구원의 완전한 확신을 소유하지 않을 수 있다는 것과 잠시 동안 즐긴 후에 그 확신을 빼앗길 수 있다는 것을 배운다.

(3) 구원에 대한 더 큰 확신으로 성숙해야 할 필요를 보여주는 구절들:

베드로는 "그러므로 형제들아 더욱 힘써 너희 부르심과 택하심을 굳게 하라"(벧후 1:10)고 기술한다. 그는 여기서 독자들에게 자신들이 효과적으로 부름받았으며 하나님에 의해 구원으로 선택되었다는 확신을 강하게 할 것을 요구한다. 그러므로 구원의 확신은 가능하며 바람직한 것임에 틀림없다

이런 종류의 또다른 구절은 로마서 8:16에 있다. "성령이 친히 우리 영으로 더불어 우리가 하나님의 자녀인 것을 증거하시나니." "함께 증거하다"로 번역된 숨마르투레이(Symmartyrei)란 단어는 현재시제로 이것은 끝없는 증거를 뜻한다. 여기에 언급된 성령의 증거는 우리 영의 증거와 함께 연합된 증거이다. 달리 말하면 거룩한 영이 우리가 하나님의 자녀라는 우리 자신의 영의 증거를 확증한다. 그러나 이런 성령의 확증시키는 증거는 오직 단 한번, 홀연히, 극적으로 혹은 어떤 무아경의 감정적 경험이라는 그런 것이 아니다. 본 시제는 현재형으로 계속되는 행위를 묘사하고 있다. 성령은 우리가 하나님의 자녀임을 우리의 영과 함께 계속해서 증거한다. 이것은 전 생애 동안 계속되는 증거로 말씀을 통해서 역사하며 다양한 유형의 경험들과 시련들을 통하여 온다

요약하자면 성경은 이상적으로 믿음이 구원의 완전한 확신을 가져올 수 있을 뿐만 아니라 또한 잠시 동안 신자가 그런 확신이 부족할

수도 있음을 가르친다. 이런 경우에 우리는 더 큰 구원의 확신을 구해야 하며 우리가 하나님의 자녀인 것을 성령이 보증하며 증거함을 우리가 명확하게 분별할 수 있도록 간구해야 한다

　개혁주의 신조들은 확신의 이런 문제에 대하여 무어라 하는가? 우리가 살펴본 바대로 하이델베르그 교리문답서는 확신이라는 용어로 구원하는 믿음을 묘사한다(Q. 21). 비록 벨직 신앙고백서는 믿음의 정의를 내리지 않지만 믿음을 다루는 제 22항에서 참된 믿음은 확신을 포함하고 있다는 것을 암시한다. "믿음을 통하여 예수 그리스도를 소유할 자는 그 안에 온전한 구원을 소유하고 있다." 돌트 신조에서는 이 문제를 언급한 다른 두 신조들보다 더 충분히 취급한다. 먼저 신자가 구원의 확신을 소유할 수 있음을 주장한다:

　구원으로 선택된 자들의 보존과 믿음으로 참된 신자의 보존에 관해서 신자는, 교회의 참되며 살아있는 지체이며 동시에 항상 그렇게 남아 있을 수 있음과 또한 죄사함 받음과 영생을 소유하고 있음을 확고히 믿음으로 자신의 믿음의 분량에 일치하여 스스로 확신할 수 있고 확신하게 된다.[36]

　본 신조는 그런 확신을 얻을 수 있는 길을 계속해서 진술한다:

　이런 확신은 성경을 초월하거나 벗어난 어떤 사적인 계시로부터 오는 것이 아니라 오직 우리의 위로를 위해 그 분의 말씀대로 매우 풍부하게 계시하신 하나님의 약속들을 믿음으로부터와 우리가 하나님의 자녀이며 후사임을 우리의 영과 함께 증거하는 성령의 보증으로부터 (롬 8:16~17) 그리고 청결한 양심과 선한 행위의 전지하고 거룩한 추구로부터 결국은 오는 것이다.[37]

---

36) Canons of Dort, V, 9 (1986 trans.).
37) Ibid., V, 10.

신자가 항상 이런 온전한 확신을 느끼는 것은 아니라는 점을 나아가 진술함으로 실제적인 면을 보여준다:

> 한편 성경은 신자가 생애 동안 여러 가지 육적인 의심들에 봉착했음과 심각한 유혹 아래 이런 온전한 믿음의 확신과 보존의 확실성을 항상 체험한 것은 아니라는 점을 가르친다. 그러나 모든 안위의 아버지이신 하나님께서는 감당할 수 없는 시험으로 유혹받지 않도록 하시며 오히려 유혹당할 때 또한 피할 길을 내시며(고전 10:13) 성령께서 그들 안에서 보존의 확신을 소생시키신다.[38]

메이첸(J. Gresham Machen)은 "우리의 구원은 우리 믿음의 강도에 좌우되지 않는다"고 말했다.[39] 이것이 진정 사실이지 않는가? 우리 믿음의 연약함이나 우리가 무가치하다고 한 생각 모두 구원의 확신을 흔들 수는 없다. 그 확신의 배경은 우리에게 있는 것이 아니라, 오직 그리스도 안에서와 우리를 위한 그 분의 구원 사역 안에서 온전히 발견된다.[40]

---

38) Ibid., V, 11.
39) *What is Faith?*, p. 251.
40) 확신의 문제에 관해서는 다음의 것들을 참고하라. Herman Bavinck, *The Certainty of Faith*, trans. Harry der Nederlanden(1901; St. Catharines: Paideia Press, 1980); Louis Berkhof, *The Assurance of Faith*(Grand Rapids: Smitter, 1928); G. C. Berkouwer, "Election and the Certainty of Salvation," in *Divine Election*, trans. Hugo Bekker (Grand Rapids: Eerdmans, 1960), pp. 278-306; C. Graafland, *De Zekerheid van het Geloof*(Wageningen: Veenman, 1961); John Murray, "The Assurance of Faith," *Collected Writings*, 2:264-74.

제 11 장

칭의

마틴 루터(Martin Luther)는 딱딱한 마루에서 잠자는 것과 금식 그리고 심지어 로마에서는 손과 무릎으로 계단을 오르기까지 모든 것을 해 보았지만 아무 소용이 없었다. 그는 그의 주석에서 영혼의 평안을 소유하기 위해 모든 것을 했었다고 말한다. 그러나 그는 평안이 없었다. 죄의식은 여전히 깊었다.

그는 시편을 공부했었다. 시편에서는 "하나님의 의"가 자주 언급되었다. 그것이 하나님의 형벌적인 의로 죄인들을 벌하시는 것을 뜻한다고 생각했다. 그리고 루터는 자신이 죄인임을 알았다. 그래서 그가 성경에서 의로움이란 단어를 보았을 때 또한 붉은 색을 보았다.

어느날 그는 로마서를 펼쳤다. 그 곳에서 그는 구원에 관하여 하나님의 능력인 그리스도의 복음에 대하여 읽었다(1:16). 이것은 얼마나 좋은 소식인가! 그러나 그 다음 절을 읽었다. "왜냐하면 하나님의 의가 나타나서." 그 곳에 다시 의로움이 나쁜 단어로 있으니! 그러자 루터는 다시 낙담했다. 이 낙담은 하나님의 진노가 모든 불의한 사람들에게 하늘로부터 나타났다는 것을 읽을 때 더욱 커졌다(18절).

그래서 루터는 다시 17절로 돌아갔다. 바울은 그런 무서운 단어들을 어떻게 쓸 수 있었을까? 루터 그가 그것을 오해했을까? "왜냐하면 하나님의 의로움이 믿음으로부터 믿음으로 계시되나니 기록된 것처럼 의로운 자는 믿음에 의해 살게 될 것이다(For therein is the righteousness of God revealed from faith to faith: as it is written, The just shall live by faith"(KJV)). 갑자기 분명하게 되었다. 바울이 여기에서 생각한 "하나님의 의로우심"이란 죄인들을 벌하기 위한 하나님의 형벌적인 의가 아니라 오히려 필요한 죄인에게 하나님께서 주시는 의로움으로 죄인이 믿음으로 받는 것이다. 이것은 흠없는 완전한 의로 그리스도께서 획득하셨고 하나님께서 모든 믿는 자에게 은혜로 주시는 것이다. 루터는 더이상 자신의 선행으로 영혼에 있어서 평안의 기준을 찾고자 노력할 필요가 없었다. 이제는 자신으로부터 떠나서 그리스도를 바라볼 수 있었고 두려움으로 기는 것 대신 믿음으로 살았다.

그 때에 종교개혁이 탄생했다. 종은 루터의 영혼에서 울리기 시작했다. 평강과 기쁨이 그에게 넘쳤다. 로마서 1:17은 이제 그에게 낙원의 문이 되었고 성경을 여는 열쇠였다.

그러므로 루터가 믿음으로 의롭게 된다는 교리를 "건전하거나 타락한 교회의 표준"으로 불렀다는 것은 우리에게 놀라운 것이 아니다. 함축된 의미는 만약 교회가 이 교리에 바르다면 다른 가르침들에서도 근본적으로 바를 것이나 만약 이 교리에 그르다면 다른 모든 가르침 또한 그를 것이라는 뜻이다. 비슷하게 칼빈도 칭의의 교리를 "종교의 중요한 전환점"이라 했고[1] 머레이(John Murray)도 칭의의 교리에 의해 대답되는 것보다 더 중요하거나 궁극적인 문제는 없다고 단언한다.[2] 제임스 패커(James Packer)는 칭의의 의미를 다음과 같이 포괄적으로 요약한다:

---

1) *Inst.*, III. xi. 1.
2) "Justification", *Collected Writings of John Murray*(Carlisle, PA: Banner of Truth, 1977), 2:203.

종교개혁자들과 그 후계자들에 의해 이해되었던 것처럼, 그리고 내가 읽은 바울에 의하면 이 주제(칭의)는 신학적으로 놀라운 은혜의 사역을 선포하며 인류학적으로 우리 스스로 구원할 수 없음을 제시하며 기독론적으로 성육신과 속죄를 의지하며 성령론적으로 그리스도와 연합하여 성령 안에서 믿음으로 뿌리를 내리며 교회론적으로 교회의 정의와 건전함을 결정하며 종말론적으로 지금 여기에서 하나님의 참된 최후의 은혜를 선포하며 복음적으로 고통하는 영혼에 영원한 평강을 초대하며 목회적으로 사죄받은 죄인의 교제의 기준으로써 주체성을 확립하며 그리고 예배에 있어서 성례전의 해석과 성례전적 섬김을 형성하는데 결정적이다. 성경의 교리 중에 그것(칭의)만큼 중요하고 생기를 주는 것은 없다.[3]

오늘의 세계는 죄의 성경적 교리를 거의 강조하지 않는다. 사실상 1973년에 정신과 의사인 칼 멘닝거(Karl Menninger)는 "무엇이 죄를 구성하는가?"(Whatever Became of Sin?)란 제목의 책을 출판했다.[4] 그러나 죄감각과 하나님의 진노에 대한 감각이 얇은 자는 칭의 교리를 필요하거나 이해하지도 못한다. 제임스 부카난(James Buchanan)은 이렇게 말했다. "이 교리(칭의)를 연구하기 위한 최적의 준비는 큰 지적인 능력이나 많은 학자적 지식이 아니라 하나님의 시각에서 죄인으로서 실제적인 상태에(놓여 있다는) 감정으로 이해하는 자각이다."[5] 신학자의 자질에 관한 루터의 말이 생각난다. "신학자란 사고나 독서나 추론에 의해서가 아니라 삶과 죽음 그리고 저주받음으로 만들어진다"(그의 시편 제 5편 강의로부터).

---

3) James Packer et al., *Here We Stand*(London: Hodder and Stoughton, 1986), p. 5.
4) New York: Hawthorn Books, 1973.
5) *The Doctrine of Justification*(1867; Grand Rapids: Baker, 1955), p. 222.

1. 단어 연구

구약에서 보통 "의롭게 하다"를 차따크(tsadaq)의 힙힐(hiphil)인 히츠띠크(hitsdiq)란 단어를 사용했다. 히브리 사전인 B. D. B. (Brown, Driver, and Briggs)에서는 이 단어가 힙힐로 사용된 예로 "의롭게 하다", "의로움으로 전환시키다"는 의미의 한 예만 목록화 했는데 즉 다니엘 12:3, "많은 자를 의로 인도한 자들은 별처럼 영원토록 빛날 것이다"가 그것이다. 다른 방법으로 이 말은 항상 법정이나 법적 의미로 "정당한 혹은 의롭게 하다"가 아니라 "법과 일치한 사람을 의롭게 선포한다"는 의미로써 사용된다. 예를 들자면 신명기 25:1에서 "사람과 사람 사이에 시비가 생겨서 재판을 청하거든 재판장은 그들을 재판하여 의인은 의롭다(hitsdiqu)하고 악인은 정죄할 것이다"(ASV)에서 볼 수 있다. 여기 히츠띠크는 "정죄하다"는 의미의 단어와 대조되어 이처럼 법적 의미가 의도되었다. 잠언 17:5에서 "악인을 의롭다(matsdiq) 하며 의인을 정죄하는 이 두 사람은 여호와의 혐오를 받느니라"(RSV)고 기록되었다. 여기의 "의롭다"는 말은 "의롭게 하다"의 의미가 될 수 없다. 확실히 악인을 의롭다고 하는 자는 여호와의 혐오를 받았었다. 분명히 법정적 의미는 "의롭다고 선포하다 혹은 선언하다"는 뜻이다.[6]

신약에서 "의롭다"는 동사는 디카이오오(dikaioo)로 39번 사용되었다. 누가복음 18:14의 "이 사람은…하나님 앞에서 의롭다 여김을 받고 집으로 갔다"는 것에서 그것은 "누군가를 의롭다고 선포하는" 의미로 사용된다. 바울(Pisidian Antioch Paul)은 그의 설교에서 "그 (예수)를 통하여 믿는 자마다 모세의 율법으로부터 의롭게 될 수 없었던 모든 것들로부터 의롭게 된다"(행 13:39)고 말한다. 죄 용서에 대한 이전 구절에서 언급은 "죄로부터 의롭게 되다"라는 죄 때문에

---

[6] hitsdiq의 법정적 용법의 실례들에 관해서는 욥기 32:2; 33:32; 출애굽기 23:7; 열왕기상 8:32; 그리고 이사야 53:11을 보라.

받은 정죄로부터 자유를 뜻하는 것을 포함한다.

 바울 서신에서 본 단어 디카이오오(dikaioo)는 죄인이 의롭게 됨을 선언하는 것으로서 법정적이거나 법적 의미로 분명히 사용되고 있다. "정죄"의 반대 의미로 로마서 8:33~34에서 "누가 능히 하나님의 택하신 자들을 송사하리요 의롭다 하신 이는 하나님이시니 누가 정죄하리요"(죽으실 뿐 아니라 다시 살아나신 이는 그리스도 예수시니 그는 하나님 우편에 계신 자요 우리를 위하여 간구하시는 자시니라)라고 한다. 아무튼 정죄의 반대는 "의롭게 하다"가 아니라 "의롭다 선포함"이다. 디카이오오의 법정적 의미는 로마서 4:5의 "일을 아니할지라도 경건치 아니한 자를 의롭다(dikaiounta) 하시는 이를 믿는 자에게는 그의 믿음을 의로 여기시나니"에서 매우 분명하게 자란 것이다. "여기신다(logizetai)"로 번역된 말은 법적 용어이다. 여기의 디카이오오는 "의롭게 하다"가 아니라 "의롭다, 선포하다"는 뜻으로 이 사람의 믿음을 의로움으로 여긴다는 것이다. 디카이오오로 바울은 그리스도의 의로움을 믿는 죄인에게[7] 법적으로 전가하는 것(imputation, 덧입힘)[8]으로 사용한다.

 모울턴(Moulton)과 밀리건(Milligan)은 그들의 파피루스 사본들로부터 예증된 희랍어 성경의 어휘(Vocabulary of the Greek Testament Illustrated from the Papyri)에서[9] 바울이 사용한 것과 밀접한 디카이오오의 수많은 사용들을 보여준다. 예를 들자면 이 단어가 주후 1세기 중엽에서부터 법정의 판정을 언급하는 데 파피루스에서 사용되는데[10] 바울이 사용하는 것과 놀랍게도 일치하고 있다. 한 예외가 있는데 본 단어가 신비종교들에서는 특별한 방법으로 사용되

---

7) dikaioo의 법률적 용법의 실례들에 관해서는 로마서 3:20, 24, 26, 28; 5:1, 9; 8:30; 고린도전서 6:11; 갈라디아서 2:16; 3:24; 디도서 3:7을 보라.
8) 죄의 전가에 관한 문제는 본 장 후반부에서 논의될 것이다.
9) Grand Rapids: Eerdmans, 1957; orig. pub. 1930.
10) P. 162. The papyrus is P Ryl II 119[14.]

나 기독교 초대 세기들의 파피루스에서 디카이오오는 "은혜의 주입" (an infusion of grace)과 같은 그런 뜻은 전혀 없고 항상 법적 혹은 법정적 의미를 가진다.

쉬렝크(Cottlob Schrenk)는 다음과 같이 말한다:

> 바울에게 있어서 디카이오오의 법적 사용은 분명하고 명백하다. 바울에게 있어서 디카이오오란 단어는 도덕적 질의 주입…(혹은) 의로운 행동의 창조를 뜻하는 것이 아니다. 그것은 그리스도의 죽으심과 다시 사심으로 하나님의 의롭다 하신 행위의 기준에서 믿는 불경건한 자의 칭의를 포함한다.[11]

2. 칭의에 대한 성경의 가르침

먼저 구약을 살펴보자. 칭의를 다루고 있는 현저한 구절로 창세기 15:6을 들 수 있다. 하나님께서 아브람에게 그의 몸에서 한 아들이 태어나 그의 후사(heir)가 될 것과 그의 후손들이 하늘의 별들처럼 많아질 것이라고 말씀하셨다. 창세기 저자가 진술하기를 "아브람이 여호와를 믿으니 여호와께서 이를 그의 의로 여기셨다(하사브 〈chachabh〉의 동사 형태)"고 한다. 수많은 씨의 약속이 그로 인해 땅의 모든 백성이 복을 얻은 것이라고 한 자의 출생의 약속이 포함되었음이 틀림없기에(창 12:3) 여기의 아브람의 믿음은 오실 자이신 메시야를 믿었음(비록 그 분의 오심과 사역에 대한 상세한 항목들은 아직 계시되지 않았지만)을 포함했다는 것을 알 수 있다.[12] 하나님의 약속을 믿는 이 믿음으로 하나님께서 아브람을 의롭다 여기셨는데 말하자면 믿음으로 아브람은 의롭게 되었다. 바울은 로마서 4:3과

---

11) "Dikaioo", TDNT, 2:215.
12) 예수가 유대인들에게 "너희 조상 아브라함은 나의 때 볼 것을 즐거워하다가 보고 기뻐하였느니라"(요 8:56)고 말한 것은 아마도 창 12:3을 언급하는 말일 것이다.

22절 그리고 갈라디아서 3:6에서 믿는 자들의 조상 아브라함이 행위가 아닌 믿음으로 의롭게 된 것을 제시하기 위하여 로마서 15:6을 인용한다. 야고보는 또한 그의 목적은 바울의 인용과 다르지만 아브라함의 칭의를 언급할 때 창세기 15:6을 (약 2:23에서) 언급하고 있다.

하나님께서 우리의 죄를 용서하신다는 것은 구약의 여러 곳에서 분명히 가르치고 있다. 비록 "칭의"란 단어가 시편 103:8~12에서 사용되지는 않으나 하나님께서 우리를 우리의 죄대로 다루시지 않으시며 우리의 허물과 일치하여 보응하지도 않으실 뿐만 아니라 또한 우리의 죄를 동이 서에서 먼 것처럼 멀리하실 것을 말씀하여 확실히 칭의 즉 우리의 모든 죄가 용서함 받았다는 복을 강조함이 이런 구절들에서 확신을 주었다. 동일한 안위의 메시지가 미가 선지자의 예언의 결론에서 나온다 (7:18~19). 이사야 선지자가 우리의 모든 허물을 지실 고난당한 종을 하나님께서 내실 것과 (53:6) 의로운 종이 많은 자들을 의롭게 하실 (히츠띠크⟨*hitsdiq*⟩의 한 형) 것이라는 지식 (53:11)을 말할 때 미래의 비밀이 되는 한 환상인 믿음으로 의롭게 됨의 교리를 예언의 언어로 비슷하게 선포하고 있는 것이다.

신약에서 칭의를 살펴보자. 이 교리의 뛰어난 해설가는 사도 바울로 아마 그는 하나님 앞에서 우리가 참된 의를 획득할 수 있는 길을 이해하는데 그런 돌연한 만남을 경험했기 때문이었던 것 같다. 먼저 로마서 3:21~28을 살펴보자.

비록 로마서는 신앙에 의한 칭의 그 이상의 책이지만 아주 명확하고 정밀하게 이 교리를 개진한다. 바울은 인간의 모든 불경건함과 사악함에 대하여 하나님의 진노가 하늘로부터 나타났음을 언급함으로 로마서를 시작한다. 이방인의 죄에 대하여 몹시 비난한 후에 그는 유대인의 죄를 토론한다. 그는 3:9에서 유대인과 이방인 모두 동일하게 죄 아래 놓여있다고 진술함으로 그의 기소를 요약하며 또한 비록 율법이 죄를 알게 하나 율법을 준수함으로 (문자적으로 "율법의 행위들로") 하나님의 면전에서 의롭게 되거나 의롭다고 선포될 수 있는 인간은 아무도 없다는 것을 더한다(3:20에서).

21절을 살펴보자. "그러나 이제는 율법 외에 하나님의 한 의가(디카이오수네 데우⟨*dikaiosyne theou*⟩) 나타났으니 율법과 선지자들에게 증거를 받은 것이다." 디카이오수네 데우가 무엇을 의미하는가? 하나님의 속성이 우리의 행위대로 온전히 판단하시며 또한 그 분의 율법을 지키지 못할 때 우리를 정죄하시는 분인가? 그렇지 않다. 바울은 율법을 통해서는 죄를 안다고 말하며 그가 지금 언급하고 있는 의로움이란 율법과는 별도로 안 것이라 한다. 더욱 이 의로움은 율법을 지킴으로 얻을 수 없는 것이다. 반대로 그것은 22절에서 배운 바대로 예수 그리스도를 믿음으로 획득된 의이다. 이 원인에 관해서 NIV역은 "하나님으로부터 온 의"(a righteousness from God)로 디카이오수네 데우를 바르게 번역한다. 이 하나님으로부터 온 의는 그러므로 하나님께서 공급하시는 의로움이 되어야 하며 그리고 그것은 선포적이며 법정적이다. 달리 말하면 이 구절은 믿음에 의한 칭의를 직접 다룬다.

이 구절로부터 칭의에 관한 다음의 것들을 알 수 있다.

(1) 이 교리는 구약에 그 기원이 있다. 즉 "율법과 선지자들이 증거했다"(21절). "율법과 선지자들"에 의해 바울은 구약성경을 뜻한다.[13] 유대주의에 반대하여 바울의 믿음에 의한 칭의 교리는 하나의 혁신으로 바울은 구약에 의해 이 교리가 증거되고 있음을 고수한다. 그는 이에 대한 증거를 4장에서 밝힌다.

(2) 이 칭의는 믿음에 의한 것이다. 즉 "예수 그리스도를 믿음으로 말미암아 모든 믿는 자에게 미치는 하나님으로부터 온 이 의로움"(22절)이다. 그런데 이것은 율법을 지킴으로부터가 아닌 하나님

---

13) 비록 구약성경의 모든 내용이 "율법서, 선지서, 그리고 서신서"이지만 바울은 여기서 구약성경 전체를 율법서와 선지서로 지칭하고 있다. 이와 같은 예를 마태복음 5:17; 7:12에서 볼 수 있다.

의 선물이며 믿음으로 받는 의다.

(3) 이 칭의에 대한 필요성은 22절과 23절의 마지막 부분에서 확언된다. 즉 "차별이 없느니라 왜냐하면 모든 사람이 죄를 범하여 하나님의 영광에 이르지 못했기 때문이다." 첫번째 동사 "죄를 범했다" (헤마르톤⟨hemarton⟩)는 부정과거(aorist) 시제인데 개괄적인 부정과거 (a summary aorist)로 이해되어야 할 것이다. 바울이 인류를 볼 때 그는 예외없이 모두가 죄를 범했다고 결론을 짓는다. 두번째 동사 "이르지 못하다"(휘스테룬타이⟨hysterountai⟩)는 현재시제로 계속적인 행동을 기술한다. 그러므로 다음과 같이 바꿔 쓸 수 있을 것이다. 즉 "계속해서 하나님의 영광에 이르지 못한다." 이 마지막 표현 (그것은 신약 어느 곳에서도 발견되지 않는다)의 해석은 비록 다르지만 그것이 더 좋은 견해인 것은 자신의 뜻을 불완전하게 행함으로 하나님을 영화롭게 하는 데 미치지 못하고 있다는 것을 의미하기 때문이다.[14] 달리 말하면 비록 사람들은 여러가지 길에서 다르나 모두 이와 같이 그들은 죄인이기에 필사적으로 이 칭의가 필요하다.

(4) 이 칭의의 근거는 예수 그리스도의 속죄 사역이다. 여기에서 두 단어가 특히 고려되는데 아폴루트로시스(apolytrosis)와 힐라스테리온(hilasterion)이 그것이다,. 아폴루트로시스는 24절에서 "구속" (redemption)으로 번역되어 "그리스도 예수에 의해 온 구속으로 말미암아"라고 했다. 원래 이 단어는 죄인을 다시 사서 그에게 속전의 지불을 통하여 자유를 주는 과정을 기술했다. 이 특징은 여기서 그리스도의 사역에 적용되었다. 즉 2절이 자신의 고귀한 피를 값으로 지불하여 우리를 속함으로 그 분께서 우리를 사셨다.[15]

다른 단어 힐라스테리온은 KJV역과 ASV역에서는 "propitiation"

---

14) 이와 같은 표현의 예는 고린도전서 6:20(RSV); 10:31; 에베소서 1:12; 빌립보서 1:11 에서 볼 수 있다.

15) 베드로전서 1:18~19을 참고하라. "너희가 알거니와 너희 조상의 유전한 망령된 행실에서 구속된(동사 elytrothete는 lytron로부터 파생된 것이다)

(보상)으로 RSV역에서는 "expiation"(속죄)로 그리고 NIV역에서는 "sacrifice of atonement"(대속의 희생제사)로 번역되어 "하나님께서 그를(그리스도) 대속의 희생으로 주셔서 그의 피를 믿음으로"(25절)라고 했다. NIV의 난외는 "대속의 희생"을 "그 분의(하나님) 진노를 가라앉혔고 죄를 제거한 분"을 뜻하는 것으로 설명한다. 힐라스테리온은 70인경(구약의 헬라어 역본)에서 대속죄일(the Day of Atonement)에 피를 뿌렸던 장막의 언약궤의 뚜껑(소위 시은좌─은혜의 자리)인 카포렛(kapporeth)을 번역하는 데 사용한다. 대속일은 구약 예배에서 매우 중요했다. 즉 백성의 죄를 위해 그 날에 드려졌던 희생제사는 독특하게 그리스도를 예표했다. 속죄제 염소의 피는 백성의 죄를 제거하기 위해 은혜의 자리에 뿌려졌다. 바울이 하나님께서 그리스도를 힐라스테리온으로 주셨다고 말할 때 그는 우리의 죄에 대한 하나님의 진노가 십자가에서 그리스도의 대속제사를 통하여 돌려졌고 우리의 허물이 제거되었다는 것을 뜻한다. 힐라스테리온을 RSV에서 expiation(속죄)으로 번역했는데 이 말은 간단하게 "죄의 말살"을 뜻한다. 그러나 이 번역은 다드(C. H. Dodd)가 잘 지적한 것 같이[16] 헬라어 용어에 아주 적절한 것은 아니다. "expiation"이란 단어는 우리의 죄에 대한 하나님의 진노의 존재를 인식하지 못한다. 하나님께서 죄에 대하여 진노하신 분이라는 것은 구약과 신약 모두에서 분명한 가르침이다. 바울은 친히 로마서 1:18, 24, 26과 28에서 하나님의 진노를 언급하며 에베소서 2:3에서 우리 모두 본질상 "진노의 대상"이라고 단언하며 데살로니가전서 1:10에서는 예수께서 "임박할 진노로부터 우리를 구원하시는 분"이라고 강조하고 있다. 하나님은 거룩하신 분이시기에 우리의 죄는 그 분의 진노를 반드시

것은 은이나 금같이 없어질 것으로 한 것이 아니요 오직 흠 없고 점 없는 어린 양 같은 그리스도의 보배로운 피로 한 것이니라."

16) *The Bible and the Greeks*(London: Hodder and Stoughton, 1935), pp. 82-95.

자아낸다. 그러나 하나님께서 우리에게 자신의 아들을 주시기까지 지극히 사랑하사 그리스도의 피를 흘리심을 통하여 우리에 대한 아버지의 진노가 제거될 수 있었다.[17]

그러므로 우리는 그리스도께서 자신의 희생으로 증오의 하나님을 사랑의 하나님으로 변화시켰다고 말해서는 안된다. 바울은 여기에서 우리에게 말하기를 하나님께서 그리스도를 우리를 위한 속죄의 희생으로 주셨다고 한다. 달리 말하면 하나님께서 친히 보상의 희생을 제공하셨다. 그리스도의 사역 배후에는 하나님의 사랑이 있다. "이 것이 사랑이니 우리가 하나님을 사랑했던 것이 아니고 오직 그 분께서 우리를 사랑하사 자신의 아들을 우리 죄를 위한 대속의 제물로 주셨다"는 요한일서 4:10을 묵상하라. 영원은 우리를 구속하신 놀라운 사랑의 아버지와 아들을 충분히 찬양하기에 너무나 짧을 것이다!

(5) 이 구절에 우리의 칭의의 의가 있다. 비록 칭의가 하나님의 은혜의 사역("그의 은혜로 값 없이 의롭다 하심을 얻은 자 되었느니라"〈24절〉)이지만 그럼에도 불구하고 모든 것을 공평하고 바르게 행하시는 하나님의 신실성을 이해할 때 공의가 없는 것이 아니다. 하나님의 공의와 은혜의 관계가 우리의 칭의에 있어서는 갈등이 없는데 그것은 양자가 그리스도의 십자가에서 만나기 때문이다. 하나님께서 (은혜로) 희생을 제공하시고 그리스도께서 우리의 죄에 대한 형벌을(하나님의 공의를 만족케 하는) 지신다.

---

17) 그리스도께서 우리 죄를 위해 이루신 속죄는 역시 다른 성경 저자들에 의해서도 가르쳐지고 있다. 히브리서 2:17; 요한1서 2:2; 4:10을 보면 *hilasterion*과 같은 어원의 단어들이 사용되고 있다. *hilasterion*에 대한 보다 적합한 번역에 대해서는 다음과 같은 것들을 보라. Roger Nicole, "C. H. Dodd and the Doctrine of Propitiation," *Westminster Theological Journal*, Vol. 17, No. 2, pp. 117-57; Leon Morris, *The Apostolic Preaching of the Cross*(Grand Rapids: Eerdmans, 1956), pp. 125-85; Leon Morris, "Propitiation," EDT, p. 888.

먼저 구약 성인들의 죄에 대한 언급이 여기에 있다. "이는 하나님께서 길이 참으시는 중에 전에 지은 죄를 간과하심으로 자기의 의로우심을 나타내려 하심이니"(25절). 구약 신자들의 죄는 의롭게 벌하지 않은 채 남겨두셨는데 후에 올 그리스도의 희생의 관점에서 그러했다. 둘째로 오늘의 신자들의 죄를 용서하시는 데 있어서 하나님의 공의를 말한다. "곧 이 때에 자기의 의로우심을 나타내사 자기도 의로우시며 또한 예수 믿는 자를 의롭다 하려 하심이니라"(26절). 오늘날은 하나님께서 공평하게 죄인들을 의롭게 하실 수 있으니 이는 그리스도께서 신적 공의의 형벌을 그의 백성을 위해 온전히 만족시키셨기 때문이다.

전체의 결론은 28절에 진술되어 있다. "그러므로 사람이 의롭다 하심을 얻는 것은 율법의 행위에 있지 않고 믿음으로 되는 줄 우리가 인정하노라."

또다른 중요한 바울의 구절은 갈라디아서 2:16에 있다. 믿음에 의해 의롭게 된다는 언급을 여기서 하게 된 이유는 안디옥에서 베드로의 불일치한 행위 때문이었다. 그 곳에서 바울은 베드로의 행위가 (먼저 이방인 그리스도인들과 먹다가 유대 음식법을 아직도 준수한 유대인 그리스도인들과 함께 먹는 것) 오직 믿음으로 의롭게 된다는 교훈을 위태롭게 했기에 베드로를 면책했다. 바울의 행위는 행위에 의해서도 부분적으로 의롭게 된다고 가르쳤던 유대주의자들을 지지하는 것으로 해석될 수 있었다.

갈라디아서 2:15에서 바울은 "본래 유대인이요 이방 죄인이 아니다"라고 자신과 다른 사도들을 언급한다. 여기에서 유대인들에 대한 암시의 요점은 이것이다. 율법을 준수해야 한다고 가르침 받았던 유대인들인 우리조차도 지금은 오직 믿음으로만 의롭게 된다는 것을 깨달았다는 의미이다.

16절을 보자. "사람이 의롭게 되는 것은 율법의 행위에서 난 것이 아니요 오직 예수 그리스도를 믿음으로 말미암는 줄 아는고로 우리도 그리스도 예수를 믿나니 이는 우리가 율법의 행위에서〈엑스 에르곤 노무〈ex ergon nomou〉〉아니고 그리스도를 믿음으로써〈에크 피스테오스 크리스투〈ek pisteos Christou〉〉의롭다 함을 얻으려 함이라 율법의 행위로서는 의롭다 함을 얻을 육체가 없느니라." 여기에서 "믿음으로"와 "행위로"가 대조된 것을 주의하라. 칭의는 그리스도를 믿음에 의한 것이지 행위로써가 아니다.

아마 바울에게 있어서 칭의 교리를 가장 극적으로 진술된 경우는 빌립보서 3:8~9일 것이다. 비록 빌립보에서는 갈라디아에서처럼 그런 유대인들의 위협은 없었으나 그럼에도 불구하고 3:2에서 그들을 주목하게 하여 독자들에게 "육체의 훼손자들"(손 할례당)에 대하여 경고한다. 그는 신자는 그리스도 예수를 자랑하고(영화롭게 하고) 육체를 신뢰하지 말 것을 주장한다(3절). 만약 누가 육체를 신뢰할 만한 것이 있다면 자신은 확실히(더욱) 그러하다고 바울은 계속해서 말한다. 그는 일곱 가지를 열거하는데 출생과 관련해서 네 가지를(5절) 그리고 도덕적 성취와 관련해서 세 가지를(5~6절) 말한다. 모든 것 중 최고의 "성취"는 "율법의 의로는 흠이 없는 자로다"라고 마지막에 언급된 것이다.

그러나 바울은 7절에서 계속하여 "그러나 무엇이든지 내게 유익하던 것을 내가 이제 그리스도를 위하여 다 해로 여긴다"고 말한다. 즉 나는 한때 그렇게 중요했던 이런 특권들과 자랑스런 성취들을 신뢰한 모든 부분들을 기꺼이 버렸다. 이제는 사실상 이전의 모든 것들을 "배설물"(rubbish, 쓰레기)로 나는 여긴다(8절).

8절과 9절 이하에서는 바울이 왜 이전의 것들을 하찮은 것으로 여겼는가 하는 이유가 나온다. "그리스도를 얻고 그 안에서 발견되려 함이니 내가 가진 의는 율법에서 난 것이 아니요 오직 그리스도를 믿음으로 말미암는 것이니 곧 믿음으로 하나님께로서 난 의라" "그 안에서 발견된다"는 단어는 이전 장에서 살펴본 바대로 그리스도와 연합하여 칭의로 맺어졌다. 바울이 율법을 준수하고자 애쓴 자신과 믿음으로 얻은 것 사이의 명확한 대조를 다시 고찰하라. 부가되어 관련된 대조는 "내 자신의 의"와 "하나님으로부터 온 의" 사이에 있다. 그러므로 가장 명백하게 이 구절은 우리가 의롭게 된 것은 우리 자신의 어떤 행위의 기준에 의한 것이 아니라 오직 우리를 위해 그리스도께서 행하신 것에 근거한 것이라고 한다. 믿음을 통해서 이처럼 획득된 하나님의 의는 우리가 버린 모든 것들과 비교할 때 비교할 수 없는 무한한 가치의 보화이다.

칭의에 대한 야고보의 가르침은 무엇인가? 야고보 2:14~26과 바울의 칭의의 가르침을 비교할 때 양자 사이에는 실제적인 대조가 있는 것 같다. 갈라디아서 2:16에서 바울은 "율법의 행위로 의롭게 되는 자는 없다"[18] 그러나 야고보는 2:21에서 "우리 조상 아브라함이 그 아들 이삭을 제단에 드릴 때에 행함으로 의롭다 하심을 받은 것이 아니냐?"라고 한다. 로마서 3:28에서 바울은 "사람이 의롭다 하심을 얻는 것은 율법의 행위에 있지 않고"라고 했는데, 반면 야고보는 2:24에서 "사람이 행함으로 의롭다 하심을 받고 믿음으로만 아니니라"고 한다.

이 문제에 대한 해결책으로 세 가지의 유형이 제시되어 왔다. 즉 (1)야고보와 바울의 가르침이 대립된다는 설, (2)칭의에 관해 바울의 가르침의 도덕률 폐기론의 오해를 야고보가 반복한다는 설, (3)바울과 야고보가 각기 다른 문제들을 다루기에 상호 대립되지 않는다는 설이 그것이다.

바울과 야고보 사이를 대립으로 보는 첫번째 해결의 적용자들은 성경에서 대립된 가르침이 있을 가능성을 단순히 받아들이거나(칼 바르트는 이 차이를 바울과 야고보 사이의 차이의 예로 삼는다)[19] 혹

---

18) 나는 야고보서의 이 논점에 관해서는 RSV를 사용하였다. 왜냐하면 *ex ergon*, "by works"의 번역이 NIV의 "by what he does"보다 더 문자적인 번역이기 때문이다.

은 야고보서를 성경의 정경으로 인정하지 않으려 한다. 이런 주장들은 어느 것도 용납될 수 없다.

일반적으로 인정된 것처럼 야고보서가 로마서보다 먼저 쓰여졌기에 양자의 설명이 같지 않다. 가장 만족스런 세번째 것으로 바울과 야고보는 다른 문제들을 다루고 있다는 점이다. 바울이 직면한 문제는 바울 자신이 바리새인 시대에 친히 행했던 것처럼 구원을 위해 율법을 준수해야 한다고 믿는 자들에 대한 반대였기에 그는 구원을 얻는 한 수단으로써 율법이 아닌 오직 믿음으로써 사람이 의롭게 된다는 것을 가르친다. 반면 야고보는 기독교 진리에 대하여 단지 지적인 신앙이 구원에 충분하다고 생각했던 사람들과 논쟁했던 것이다. 야고보 2:14을 보면 "내 형제들아 만일 사람이 믿음이 있노라 하고 행함이 없으면 무슨 유익이 있으리요 그 믿음이 능히 자기를 구원하겠느냐?"라고 했다. 야고보는 다음과 같이 말함으로 이런 종류의 사람들에게 대답하고 있다. "행함이 없는 믿음은 죽은 것이니라"(26절).

아무튼 야고보가 언급하고 있는 행위와 바울의 마음에 있는 행위가 동일한 것이 아니라는 점에 주의해야 한다. 이것과 관련해서 바울은 항상 다음과 같은 표현을 한다. "그 율법의 행위들"(works of the law)이나 "율법의 행위들"(works of law; *erga nomou*)이라 하여 행위와는 상관없이 의롭게 되었다고 말할 때 이 단어들을 사용한다(롬 3:20, 28; 갈 2:16). 야고보는 행위들을 말할 때 이와는 달리 "율법의 행위들"이라 하지 않고 단지 "행위들"(에르가⟨*erga*⟩)이라고만 한다. 루터는 이런 구분에 대한 해결점을 다음과 같이 제시한다:

> 그는(바울) 이런 행위들을 믿음과 은혜와는 상관없으며 형벌의 두려움이나 그에 상응한 보상이라는 매혹적인 약속 때문에 율법이 재촉하는 그런 율법의 행위들이라고 부른다. 그러나 신앙의 행위를 그는

---

19) *Church Dogmatics* (Edinburgh: T. and T. Clark, 1956), I/2, p. 509.

자유의 영 안에서 행해지며 오직 하나님의 사랑에서 온 행위들이라 부른다. 이런 것들은 오직 신앙에 의해 의롭게 된 자들에 의해서만 행해질 수 있다. 그러나 율법의 행위들은 어느 누구도 의롭게 할 수 없으니 진실로 그것들은(율법들) 자신이 불의한 자이며 칭의가 필요한 자라는 것을 알게 하기에 그것들(율법의 행위들)에는 큰 장애가 있다.[20]

야고보가 행위가 없이 오직 믿음으로만 의롭게 될 수 없다고 말했을 때 여러 면에서 동일한 생각을 표현한 바울과는 다른 무엇을 말하고 있는 것이 아니다. 한 구절을 인용한다면 "그리스도 예수 안에서는 할례나 무할례가 효력이 없되 사랑으로써 역사하는 믿음 뿐이니라"라고 한 갈라디아서 5:6이 그것이다.

아무튼 야고보가 행위에 의해 의롭게 된다고 말할 때(2:21, 24) 무엇을 의미하는가 하는 의문이 남아 있다. 여기에서 그는 바울을 반대하고 있는가? 야고보가 사용한 의롭게 하다(dikaioo)라는 단어의 의미를 정확히 알 수는 없다. 야고보가 아들 이삭을 제단에 드린 행위로 아브라함이 의롭게 되었다는 것을 말할 때(21절) 이 사건이 있기 오래 전의 "아브람이 여호와를 믿으니 여호와께서 이를 그의 의로 여기시고"라는 창세기 15:6에 일치하여 실제로 아브라함이 의롭게 된 것을 부인하지 않고 있다(23절). 야고보가 지적하는 것은 "믿음은 행위에 의해 온전케 되었다"(에텔레이오쎄〈eteleiothe〉, 그 목적에 이르다)는 점이다(22절). 즉 달리 말하면 이삭을 드리는 행위는 아브라함이 의롭게 여김을 받았던 믿음이 살아있는 믿음이었다는 것을 나타냈다. 이 행위는 아브라함의 의로움이 참되다는 것을 보여주었다. 그러므로 내가 제안하는 것은 야고보에게서 디카이오오를 "의롭게 된 것처럼 나타내어져야 한다"를 뜻한다는 점이다. 제임스 패

---

20) *Lectures on Romans*, Vol. 15 of the *Library of Christian Classics*, trans. and ed. by Wilhelm Pauck (Philadelphia: Westminster, 1961), p. 101.

커(James Packer)는 그것을 다음과 같이 말한다:

> 야고보 2:21, 24~25에서 그것(디카이오오)의 언급은 인간의 행위가 의롭다고 여기는 하나님께 살아있으며 역사하는 그런 신앙을 소유하고 있음을 보일 때 하나님께서 주신 것을 그가 받아들였다는 증거이다. 야고보에게 있어서 칭의는 하나님에 의해 신자를 최초로 용인함(orignal acceptance)이 아니라 신자의 생활에 의해 신앙의 공언을 한 그 후의 입증(the subsequent vindication)이다. 야고보와 바울 간에 차이가 있는 것은 사고가 아닌 용어상이다.[21]

그러므로 24절 "이로 보건대 사람이 행함으로 의롭다 하심을 받고 믿음으로만 아니니라"가 표현될 수 있었다. 그것은 사람이 단지 믿음으로 의롭게 되는 것이 아니라 기쁜 순종의 역사로 그의 진실함을 나타내는 그런 믿음에 의한 것이다.

바울과 야고보 사이에 명백한 논쟁이 있음에도 불구하고 둘은 이렇게 깊고도 근본적인 통일성이 있다. 오직 살아있는 믿음만이 의롭게 된다는 점에서 바울은 야고보와 일치했다. 바울과 야고보는 "그러므로 의롭게 되는 것은 오직 믿음 뿐이지만 그러나 의롭게 되는 믿음은 홀로인 것은 아니다"라는[22] 칼빈의 말에서 일치되었다.

---

21) "Justification,"EDT, P. 594. 야고보서의 *dikaioo*에 관한 비슷한 이해에 대해서는 다음과 같은 것들을 보라. Calvin, *Commentary on James*, trans. A. W. Morrison(Grand Rapids: Eerdmans, 1980), p. 285; James Buchanan, *The Doctrine of Justification*(Grand Rapids: Baker, 1955), p. 247; R. V. G. Tasker, "James, Epistle of,"*The New Bible Dictionary*, ed. J. D. Douglas (Grand Rapids: Eerdmans, 1962), p. 598.

22) Calvin, "Antidote to the Canons of the Council of Trent," in *Tracts and Treatises in Defence of the Reformed Faith*, trans. Henry Beveridge (1851; Grand Rapids: Eerdmans, 1958), 3:152.

3. 칭의에 대한 로마교회의 견해

16세기 로마교회는 루터와 칼빈에 의해 발전되었던 개신교의 그런 칭의의 가르침에 대하여 날카롭게 반대했다. 이런 반대는 부분적으로 트렌트 종교회의 제 6회기에서 나온 규범들과 칙령들 속에 표현되었다. 이 여섯번째 회기는 1546년 6월 21일부터 1547년 1월 13일까지였다. 1547년 후기에 존 칼빈은 트렌트 회의 의사록 논평(Acts of the Council of Trent with the Antidote)[23]을 출판했는데 이 책에서 그는 칭의의 교리에 대한 로마교회의 입장을 신랄하게 공격했다. 칼빈이 반대한 이유를 트렌트 회의(the Council of Trent)의 6기 회기에서 설정한 칭의의 견해를 요약하여 살펴봄으로써 분명하게 될 것이다.

(1) 트렌트 신조에 일치한 로마교회 신학에서 칭의는 하나님께서 그리스도의 의를 신자에게 전가시킨 선포적 행위로써 보다는 인간의 영적이며 도덕적인 본질에 변화를 주는 은혜의 주입(an infusion of grace)으로써 주로 생각된다. 이런 관찰의 증거로 6회기의 7장으로부터 인용한 다음의 것을 살펴보라. "의롭게 되는 그 행위에서 죄가 제거되는 동시에 예수 그리스도를 통하여 개인은 그와 연결되며 믿음의 주입된 은사들과 소망 그리고 자비를 받는다."[24] 비록 죄의 제거가 여기에서 언급되고 있으나 강조점은 믿음과 소망 그리고 자비나 사랑의 주입된 은사들(infused gifts)이다. 7장 앞부분에서는 다음과 같이 기록되어 있다. "칭의란 죄의 제거일 뿐만 아니라 은혜와 은사들을 자발적으로 받아들임을 통하여 또한 인간 내부의 성화

---

23) 성화는 *Tracts and Treatises*, 3:19-162에서 다룬다.
24) *The Church Teaches, Documents of the Church in English Translation*, by John F. Clarkson et al. (St. Louis: B. Herder, 1955), p. 234.

(sanctification)와 회복(renovation)이다."[25] 여기에 기술된 칭의란 단순히 제거일 뿐만 아니라 속사람의 성화와 갱신도 된다. 이 점에서 개신교인인 우리가 부르는 칭의와 성화를 혼동하고 있음을 발견한다. 우리는 칭의에서 죄의 제거와 성화에서 갱신을 말하나 트렌트 신학에서는 성화와 갱신을 칭의의 국면으로 생각한다.

칭의의 신조를 트렌트의 가르침에서는 적극적으로 진술하고 있는 반면 뒤에 나오는 규범서들(the canons)에서는 이런 가르침들을 소극적으로 표현한다. 규범 11(Canon 11)에서 거절하는 것은 다음과 같다:

> 만일 누군가 인간이 그리스도의 의로움의 전가를 통해서만 혹은 죄의 제거를 통해서만 의롭게 된다하여 성령에 의해 인간 심장에 부어진 은혜와 자비를 그리고 그들 안에 본래 속하거나 혹은 우리를 의롭게 하는 은혜 또한 오직 하나님의 선한 뜻임을 제외시킨다면 그 자에게 저주가 임하리라.[26]

여기에서 트렌트 신조는 개신교 입지를 신랄하게 공격한다. 로마서 4:5~6의 가르침에 반대하여 로마교회는 오직 그리스도의 의의 전가만을 통해서 인간이 의롭게 된다는 것을 명백하게 부인한다. 규범 9(Canon 9)도 동일하다. "만약 누군가 죄인이 오직 믿음으로만 의롭게 된다고 말한다면 그에게 저주가 있으리라"[27] 이렇게 트렌트 신조에 참여한 자들은 오직 믿음으로 의롭게 된다는 종교개혁의 중요한 원칙을 거부했었다.

칭의에 있어서 트렌트의 중요한 것은 죄의 용서보다는 남자와 여자의 영적이며 도덕적인 갱신이라고 결론한다. 칭의란 법정적으로나

---

25) Ibid., p. 233.
26) Ibid., p. 243.
27) Ibid.

선포적으로 생각한 것이 아니라 성화를 발생하는 은혜의 주입이라는 것이다.

(2) **그러므로 믿음은 칭의에 있어서 중심적 의미가 아니라 부차적이다.** 성경은 로마서 3:23에서처럼 믿음에 의해서 의롭게 된다고 가르친다. 반면 트렌트 신조는 믿음에 의해 의롭게 된다는 의미가 있으나 그 강조는 극히 약하다. "믿음으로 의롭게 된다고 했을 때의 의미는 '믿음은 인간 구원의 시작'으로 모든 칭의의 근본이며 원천이다…"(8장).[28] 이것은 믿음이 칭의의 일곱 단계의 첫째로서 인식되고 있다고 확언할 수 있다(6장을 보라). 아무튼 이 단계(칭의를 위한 예비 단계)에서 믿음은 단지 "형체없는 믿음"(fides informis)으로 칭의에 불충하다. 그것은 이전에 보았듯이 의롭게 되는 믿음이 되지 못하는데 오직 세례로 주입된 은혜를 받을 때에만 발생하는 "사랑에 의해 형성된 믿음"(fides caritate formata)이 아니기 때문이다.[29] 트렌트 신조의 가르침에서 진실로 의롭게 되는 것은 믿음이 아니라 세례인 것이다. 개신교도들은 칭의의 방법이 믿음이라 하나 트렌트 신조는 세례라고 한다(7장).[30]

(3) **칭의의 은혜는 한 번 받으면 다시 잃지 않는다.** 성경은 분명히 가르치기를 로마서 8:30에서 하나님께서 의롭게 한 자를 또한 영화롭게 하실 것이라고[31] 하나 트렌트 신조는 이것에 반대하여 칭의를 잃어버릴 수 있다고 한다. "또한 주장하나니…칭의의 은혜를 한번 받았다해도 믿음을 상실케 하는 불신 뿐만 아니라 믿음은 잃지 않았

---

28) Ibid., p. 235.
29) "The Scholastic View of Faith" on pp. 138-39을 보라.
30) *The Church Teaches*, pp. 233-34.
31) 비록 이 구절에 나오는 *edoxasen*("he glorified")의 시제가 부정과거시제이지만 그것은 미래를 지향하고 있는 예기적 부정과거시제(proleptic aorist)로 이해되어져야 한다(참고. John Murray, *The Epistle to the Romans*(Grand Rapids: Eerdmans, 1959), 1:321).

다해도 어떤 다른 도덕적인 죄에 의해서도 상실된다"(15장).[32] 로마 교회가 말하는 "도덕적 죄"에 의해서란 완전한 지식과 신중한 의도를 가지고 중요한 방법으로 하나님의 계명을 어기는 죄를 뜻한다. 그런 죄를 범함으로 그는 하나님의 자녀로서는 죽는 것인데 그 이유는 하나님의 사랑이 소멸되었기 때문이다. 비록 칭의는 도덕적인 죄를 범할 때 사라지나 믿음은 그 죄가 불신의 죄가 아닌 한 사라지지 않는다. 결국 믿음이란 구원에 충분하지 않으며 단지 "정함이 없는 믿음(unformed faith)"일 뿐이다.[33]

(4) **칭의로 받은 의 또는 의로움은 향상될 수 있다.** 여기에서 다시 트렌트 신조를 따르는 로마교회의 신앙과 개신교회의 신앙 사이의 차이점이 명백히 드러난다. 우리는 어떤 사람이 칭의를 받았다 또는 안받았다고 말하거나 만약 그 사람이 칭의를 받았다면 칭의 가운데서 성장할 필요가 있음을 말하지 않는다. 그러나 트렌트 신조는 신자들이 칭의 가운데서 성장할 수 있음을 주장한다. "그러므로 칭의받고, 하나님의…친구가 되고…그들은 하나님과 교회의 계명에 대한 순종과 선행을 동반한 믿음을 통해서 그리스도의 은혜로 인하여 받은 칭의 가운데서 성장하며 더욱 의롭게 되어진다…."(10장).[34] 같은 논점이 규범 24에는 부정적으로 진술되어 있다. "수동적으로 얻어진 칭의가 하나님 앞에서의 선행을 통하여서 보존되지 않을 뿐 아니라 증가되지도 않는다고 말하는 사람이 있다면, …그에게 저주가 있을 것이다."[35] 트렌트 신조는 신자가 칭의로 받는 의를 그리스도의

---

32) *The Church Teaches*, p. 240.
33) 그러나 로마카톨릭에 의하면 만약 어떤 사람이 사제 앞에서 죄를 고백하면 칭의가 그 고해성사를 통해서 다시 회복될 수 있다는 사실을 기억해야만 한다-Session 6의 14장을 보라.
34) Philip Schaff, *The Creeds of Christendom*(New York: Harper, 1877), 2:99.
35) *The Church Teaches*, p. 245.

완전한 의의 전가로 보지않고 신자의 선행을 통해 증감될 수 있는 우리 속의 주관적 자질로 보는 것이 분명하다.

(5) 칭의는 신자들로 하여금 영생을 받을 수 있게 해주는 공로가 된다. 바울의 가장 강력한 주장들 중의 하나는 어느 누구도 그 자신의 공로에 의해서 영생을 받을 수 없다는 것이다. 여기에서 다시 로마교회의 트렌트 신조와 개신교 신앙 간에 차이가 분명하게 나타난다. 에베소서 2:8~9을 생각해 보자. "너희가 그 은혜를 인하여 믿음으로 말미암아 구원을 얻었나니 이것이 너희에게서 난 것이 아니요 하나님의 선물이라 행위에서 난 것이 아니니 이는 누구든지 자랑치 못하게 함이니라" 그러나 트렌트 회의는 의로운 자는 선행으로 말미암아 영생이 보장된다고 가르친다.

이 점은 규범 32(Canon 32)에서 부정적으로 서술되어 있다:

> 만약 누군가 의롭게 된 자의 선한 행위들은 하나님의 선물이지 의롭게 된 자 스스로의 선한 공적이 아니라고 말하거나 그가 행한 선한 행위들이 하나님의 은혜와 예수 그리스도의 공로로(산 지체로) 되었다고 하여 그 의롭게 된 자가 참으로 은혜와 영생을 향상할 수 없다고 하면서 그가 영생과 심지어 영광의 향상까지 소유하여 은혜의 상태에서 죽는다고 말한다면 그에게 저주가 있으리라.[36]

트렌트 회의는 여기서 이 칭의된 사람이 행하는 선행들이 하나님의 선물이라는 것과 또한 그가 하나님의 은총과 예수 그리스도의 공로로 말미암아 그것들을 행할 수 있을 뿐임을 인정한다. 그러나 그 회의는 계속하여 말하기를 이 선행들은 동시에 그 칭의된 사람 자신의 선한 공적들이라고 한다. 이 선행들로써 그는 이제 더 큰 은총, 영생, 그리고 더 나은 영광까지를 받기에 합당하게 되었다는 것이다.

---

36) Ibid., p. 246.

사람이 "자기의 공로로써 더 큰 은총을 받을" 수 있다는 개념은 그 용어들 자체에 모순이 있는 것 같다. 왜냐하면 만약 어떤 것이 은총의 성격을 지닌다면 그것이 어떻게 어떤 공로에 대한 당연한 대가로서 주어질 수가 있는가? 그리고 만약 은총이 공로에 대한 대가로 주어진다면 어떻게 그것이 여전히 은총일 수가 있단 말인가? 더구나 사람에게 영생을 얻기에 합당한 자격 혹은 공로가 있을 수 있다는 가르침은 분명히 성경에 반대되는 것이다. "우리를 구원하시되 우리의 행한 바 의로운 행위로 말미암지 아니하고 오직 그(하나님)의 긍휼하심을 좇아 중생의 씻음과 성령의 새롭게 하심으로 하셨나니"(딛 3:5). 결정적인 말씀은 로마서 6:23이다. "죄의 삯은 사망이요 하나님의 은사는 그리스도 예수 우리 주 안에 있는 영생이니라."

이제는 종교개혁자들이 칭의에 대한 로마 카톨릭의 개념을 왜 그토록 맹렬하게 공격했는지가 명백해진다. 그들은 이 문제에 대한 로마교의 가르침이 칭의의 은혜스러운 성격을 흐리게 하며 위협하였고, 그리고 신자들이 그리스도의 공로에다가 필수적으로 그들 자신들만의 어떤 공적을 또 추가해야 하는 것으로 만들었다고 깨달았기 때문이다. 트렌트 회의의 가르침에서는 우리가 오직 은혜로 구원받는다는 고귀한 진리—이것이 바로 복음의 심장인 것이다—가 위태로운 경지에 처한 정도가 아니라 산더미 같은 선행들 아래 묻혀 버린 것이다.

칼 바르트(Karl Barth)가 제기하는 의문은 너무나도 적절하다:

성례전을 통하여 주입되어서 이제는 자기의 본래적인 것이 되어버린 의와 같은 어떤 것을 바울에게서 찾아볼 수 있는가? 그가 참된 기독교 신앙을 단지 "구원의 시작"(*initium salutis*)일 뿐인 것으로, 그래서 칭의와 관계해서는 넘치도록 더 채워져야만 하는 어떤 것으로 묘사했을까? …자신을 위한 은혜가 존재하는지를 물으면서, 비록 그리스도인이 하나님의 자비와 그리스도의 공효, 성례전의 효력을 의심해서는 안된다 하더라도, 그래도 … 믿음에조차도 "그 자신의 은혜와 관계되는"(*de sua gratia*) 어떤 절대적인 보증도 있을 수 없다고 어디에서 그가 말한 적이 있으며, 그리고 과연 그가 어떻게 해서 그렇게 말할 수 있었을까? 무엇보다도 어디서 그가 그리스도인의 성화와 그의 칭의의 관계를, 트렌트 종교회의의 단호한 가르침—곧 칭의는 성화되어 가는 중에 완성될 뿐인데, 칭의의 은혜에 의해 제공되고 가능해지고 실행되는 선하고 공로적인 행위들을 행하면서 완성된다는 가르침의 본질을 이루는 그런 관계로 만든 적이 있던가…?

사랑을 실천하고 어떤 공적을 이룩함으로써 칭의의 은혜가 증대되며(*incrementum or augmentum*), 그러한 것들이 영원세계에서 기대되는 영광에 대해서도 추가적인 우월한 영광을 가져오는 것이라고 과연 바울이 말했을까? 그렇지 않으면 모든 그리스도인들의 삶 속에서 계속해서 실제적으로 발생하는 상황, 곧 은혜로부터 떨어져 타락하는 현실적인 그런 관점에서… 결국 칭의의 반복을 말했단 말인가…?[37]

로마 카톨릭 교회는 최근까지, 특히 제 2차 바티칸 공의회(Vatican II) 이래로 어떻게 발전되어 왔을까? 그들은 자신들의 교리적 입장에 어떤 변화를 주지는 않았을까? 이것은 답하기에 쉬운 문제는 아니다. 우리는 한스 큉(Hans Küng)의 중요한 저서인 "칭의: 칼 바르트의 교의와 카톨릭의 반성"(Justification: The Doctrine of Karl Barth and a Catholic Reflection)을 주목함으로 논의를 시작하려는데 그 책은 1957년에 처음 출간되었다.[38] 다른 것은 차치하고서라도 그 책은 로마 카톨릭과 개신교 간의 대화의 새로운 가능성을 확실하게 열어주었다는 것은 말할 수 있다. 큉(Küng)의 논지는 신학계에 대단한 논란을 불러 일으켰는데 그것은 칭의에 대한 바르트의 가

---

37) *Church Dogmatics*, IV/1, p. 625.
38) 내가 참고한 책은 New York에서 Thomas Nelson에 의해서 1964년에 출판된 영어 번역판이다.

르침이 그 교리에 대한 로마 카톨릭 교회, 특히 트렌트 종교회의의 가르침과 근본적으로 일치한다는 것이었다. 누구든 그 책을 처음 읽으면 때때로 자신이 지금 로마 카톨릭이 아니라 오히려 개신교의 연구 서적을 읽고 있는 것과 같이 느껴진다.

예를 들자면 큉(Küng)은 구약의 의(tsadaq)와 신약의 의(dikaioo)의 본래의 성경적 의미가 법정에서 사용하는 법적인 개념이라는 것과 그래서 성경적 이해로는 칭의가 "의롭다고 선언하는 것"(declaring just)임을 인정한다.[39] "오직 믿음으로"(sola fide)에 대하여 다루는 한 장에서 그는 인간이 오직 하나님의 은혜에 의해서, 행위가 아닌 믿음을 통해서 의롭게 된다는 것을 받아들인다.[40] 그는 또한 "오직 하나님께 영광"(Soli Deo Gloria)이라고 제목을 붙인 한 장에서는 사람이 하는 모든 것이 하나님께로부터 오며, 그러므로 하나님께서 마땅히 모든 찬양을 받으셔야 한다고 역설한다.[41] 나아가서 자신은 공로(merit)라는 말을 보상이라는 성경적 개념 이외의 다른 아무 의미로도 사용하지 않으며, 그러므로 우리가 단어에 대해서 논쟁할 필요는 없다고 말한다.[42]

우리가 이 모든 것에 대해서 뭐라고 말해야 할 것인가? 큉(Küng)이 이 책을 출간함으로, 그리고 제 2차 바티칸 공의회(1962~65)가 소집된 이래로 생겨난 로마 카톨릭과 개신교 간의 새로운 개방에 대해서 우리는 마땅히 분명한 사의를 표해야 한다. 우리는 지금 로마 카톨릭 교회 내에서 발견되는, 평신도 성경공부에 대한 지대한 강조를 기쁨으로 환영할 뿐이며, 이 성경공부가 과거보다 더 성경에 기초한 신학으로 결과가 나타나도록 바랄 뿐이다.

그러나 큉(Küng)에 대한 논의를 계속하면 몇가지 심각한 난점들

---

39) Küng, *Justification*, pp. 209-12.
40) Ibid., p. 252.
41) Ibid., p. 265.
42) Ibid., p. 270-73.

이 있다. 루돌프 에를리히(Rudolf J. Ehrlich)가 큉(Küng)의 견해에 대해서 충분하고도 견실하게 연구를 하고나서 큉(Küng)의 가르침은 트렌트 종교회의와 일치하지 않는다는 결론에 이르렀다.[43] 그는 이렇게 표현했다. "로마교회가 칭의에 대한 종교개혁의 가르침의 참됨을 인식하게 된 고로…이제는 그 자신의 교의 체계에 개신교적 개념들을 기꺼이 반영시켰다는 것을 큉(Küng)이 보여주려 한 것으로 이해했다면 개신교인들은 전적으로 큉(Küng)을 오해한 것이다."[44] 스토트(John R. W. Stott)는 그의 새로운 저서 "그리스도의 십자가"(The Cross of Christ)에서 칭의에 대한 큉(Küng)의 견해는 개신교의 것과 어떤 면에서 동일하지 않다고 논박했다.[45] 거기에 덧붙여서 스토트(Stott)는 "그(큉)의 책이 나온지 4반세기가 훨씬 지났지만, 로마 카톨릭 교회 내에 오직 은혜로 오직 믿음을 통하여 칭의된다는 복음이 얼마나 넓게 선포되었는지는 한 사람도 알지 못한다"고 말했다.[46]

칭의에 대한 로마교회의 가르침에 어떤 기본적인 변화라도 있었는지의 여부를 알기 위해 최근의 로마 카톨릭 신학자들의 칭의에 대한 몇가지 진술들을 살펴보자. 칼 라너(Karl Lahner)는 일반적으로 카톨릭 신학에서의 새로운 경향들을 대변하는 자로 알려져 있는데, 그는 이렇게 말한다: "하나님의 행위로 알려져 있는 칭의는 사람을 그의 존재의 가장 깊은 근저에까지 끌어내려서 그를 신성하게 변형시키고 신화시키는 것이다. 바로 이런 이유 때문에 칭의된 사람은 '의인이면서 동시에 죄인'이 아닌 것이다."[47] 이것이 칭의에 대한 개신

---

43) *Rome: Opponent or Partner?* (London: Lutterworth, 1965), pp. 189-98.
44) Ibid., p. 104.
45) *The Cross of Christ* (Downers Grove: InterVarsity, 1986), pp. 184-86.
46) Ibid., p. 186.
47) Karl Rahner, "Justified and Sinner at the Same Time," in *Theological Investigations*, trans. K. and B. Kruger (Baltimore: Helicon Press,

교의 견해가 아닌 것은 명백하며, "신성화하다"(divinises) 는 용어는 피조물과 창조주의 경계선이 완전히 치워져 없어진 가능성을 암시하기까지 한다. "새 카톨릭 백과사전"(New Catholic People's Encyclopedia)에서 우리는 칭의에 대한 다음과 같은 정의를 찾아볼 수 있다. "칭의는 사람이 그의 죄된 상태로부터 구원받으며 신성하게 하는 은혜를 통하여 그리스도 안에서 중생하는(거듭나는) 과정이며 그를 하나님 보시기에 의롭게 혹은 정당하게 만드는 한 과정이다."[48] 개신교의 견해와는 달리 여기서는 칭의가 중생과 성화를 포함하는 하나의 과정으로 일컬어진다. 최근의 카톨릭 출판물인 라너 (Rahner)와 포르그리믈러(Vorgrimler)의 "신학 사전"(Dictionary of Theology)에서 우리는 칭의에 대한 이런 간략한 해설을 찾게 된다.

…칭의는 하나님께서 그 안에서 값없는 사랑의 행위로서 사람으로 하여금 자신과의 관계―하나님께서 사람에게 요구하시는 거룩한 관계이다―를 맺게 하시는 행위인 것이다 …하나님은 자신의 신적 본성 중의 일부를 사람에게 나누어 줌으로써 그렇게 하신다. 이것은 하나님께서 성령으로 하여금 양자되게 하는 영으로서, 자유롭게 하고 거룩하게 하는 영으로서, 그를 신성화하는 영으로서 인간 존재의 깊은 곳에 효력있게 거주하도록 하실 때 일어난다. 그리고 하나님께서는 사람에게 … 신앙의 말씀과 성례의 상징들을 통하여 이 새로운 창조의 증거를 주신다. 단지 법적인 방식으로 전가되는 것이 아니라 사람을 참으로 의롭게 만드는 이 의는 동시에 사죄인 것이다…. 어떤 개인에게도 자기에게 귀속된 구원의 확실성이란 것은 아무것도 있을 수 없다…. 또한 하나님이 주셔서 받게 된 이 의는 만약 사람이 심각한 죄를 지어 거룩한 사랑에 반역하게 되면 잃어질 수도 있는 것이다…. 인간은 그

1969), 6:222.
48) 1973년에 카톨릭 출판사에 의해서 출판되었다. 그 인용은 2:523에서 하였다.

것(칭의)를 유지할 수도 있고 끊임없이 증대시킬 수도 있는 것이다.[49]

그러므로 칭의에 대한 로마 카톨릭의 가르침에는 본질적인 변화가 조금도 없다. 그 가르침이 성경과 기본적으로 일치하지 않는다는 것이 보여졌기 때문에 우리는 즐거운 일은 아니지만 이 엄중한 교리 문제에 대해서 로마교회에 계속해서 이의를 제기하고 계속해서 반대해야 하는 것이다.[50]

이 주제를 넘어가기 전에 우리는 로마 카톨릭 신학자들이 개신교의 칭의에 대한 견해에 반박하여 제기한 주된 비판들 중의 하나를 직시해야 한다. 그들은 칭의에 대한 순수한 법적인 혹은 선언적인 이해는 사람들을 전적으로 변화되지 아니한 상태로 있게 하며, 그러므로 죄로부터의 완전한 구원에 이르지 못한다고 논박한다. 그래서 그들은 개혁파 혹은 루터파의 교리는 단지 "법적인 가설"(legal fiction)에 지나지 않으며, "송장 위에 던져진 옷"(robe thrown over a corpse"이라고 말한다.

그 반론에 대한 대답은 이것이다. 칭의는 다만 우리의 구원이 드

---

49) Karl Rahner and Herbert Vorgrimler, *Dictionary of Theology*, 2nd ed. (New York: Crossroad, 1981), pp. 260-61.

50) Cf. R. G. England, *Justification Today: the Roman Catholic and Anglican Debate*(Oxford: Latimer House, 1979). Küng과 Trent에 관해서 약간 길게 논의한 후에 그는 다음과 같이 말한다. "성공회의 복음주의자들이 Trent의 교의 때문에 갖는 어려움을 로마 카톨릭 신학자들이 완화시켰다고 하지만 근본적인 어려움들이 저절로 없어지지는 않았다"(p. 40). 역시 다음과 같은 논문을 보라. "U.S. Lutheran-Roman Catholic Dialogue on Justification by Faith," the result of five years of discussion, in *Origins*, N.C. *Documentary Service*, Vol. 13, No. 17 (October 6, 1983), pp. 279-304. 비록 두 그룹이 상당한 일치점들을 찾았으며 그리고 각자의 입장을 보다 잘 이해하였어도 근본적인 불일치는 남아있다.

러내는 한 양상일 뿐이다. 믿음으로 칭의된 사람은 동시에 성령으로 새롭게 되는 일이 진행중인 사람이다. 이전의 장(章)에서 지적되었듯이[51] 구원의 과정에는 병행되는 많은 국면들이 있다. 그리스도 안에 있다는 것은 칭의 뿐만이 아니라 신생, 회개, 성화, 그리고 견인을 포함한다. 그리스도 안에 있는 사람은 사실상 새로운 피조물로서 새로운 삶의 동기와 새로운 표준들과 새로운 목표들을 가지고 산다. 칭의를 하나님의 선언적인 행위로 이해하는 것은 우리가 행위로써가 아니라 오직 은혜로 구원받는다는 고귀한 가르침을 안전하게 보장해 주는 것이다. 그러나 이렇게 이해한다고 해서 하나님의 백성들의 삶 속에서 그들을 새롭게 하고 변화시키는 성령의 사역을 배제하는 것은 결코 아니다.[52]

4. 개혁주의 고백서들에 나타난 칭의

교회는 성경의 가르침들을 요약 정리하고 기독교 신앙을 분명히 알 수 있도록 표현하기 위해서 고백서들 혹은 신경들을 작성한다. 16, 17세기의 개혁주의 고백서들은 종교개혁 개신교의 칼빈주의파의 사고를 반영하고 있다. 이런 고백서들이 칭의에 대해서 뭐라고 말하는가를 검토해 보면 우리는 이 교리에 대한 그것들의 입장과 트렌트 종교회의의 교회법과 법령들의 입장간에 근본적인 차이가 있음을 알게 될 것이다.

A. 하이델베르그 교리문답(The Heidelberg Catechism). 게르만

---

51) 본서 제 2장을 보라. 그리고 p. 30의 도표를 참조하라.
52) 이 점에 관해서는 역시 다음과 같은 글들을 보라. G. L. Carey, "Justification and Roman Catholicism," in James Packer et al., *Here We Stand*, p. 124; John R. W. Stott, *The Cross of Christ*, pp. 187-89.

선제후령의 선거후인 프레데릭 3세(Frederick the Third)의 요청으로 하이델베르그 대학의 교수인 자카리아스 울시누스(Zacharias Ursinus)와 왕실 목사인 카스파 올레비아누스(Caspar Olevianus)에 의해 작성된 이 교리문답은 종교개혁의 신경들 중에서 가장 목회적이고 각 개인을 향한 정서적인 것으로 알려져 있다. 문답 60번에 있는 칭의에 대한 서술은 이제껏 작성된 가장 감동적인 것들 중의 하나이다:

Q. 당신은 어떻게 하나님 앞에 의롭게 됩니까?

A. 오직 예수 그리스도께 대한 참된 신앙에 의해서입니다. 나의 양심이 내가 하나님의 모든 계명들을 거스려 심하게 범죄했던 것들로, 또한 그것들 중의 어떤 것도 결코 지킨 일이 없었던 것으로 나를 고소한다고 해도, 그리고 내가 모든 악에 여전히 마음이 쏠리는 경향이 있다고 해도, 그럼에도 불구하고, 내가 그것을 받을 만한 자격이 전혀 없는데도, 순전한 은혜로, 마치 내가 죄를 지은 적이 전혀 없었거나 죄인이 아니었던 것처럼, 그리스도께서 나를 위해 순종하셨던 것과 같이 온전하게 순종했던 것처럼 하나님께서는 나에게 그리스도의 완전한 속죄와 의와 거룩을 주시고 그 공로를 내게 돌리십니다. 내가 해야 할 필요가 있는 전부는 믿는 마음으로 이 하나님의 선물을 받아들이는 것입니다.[53]

이 대답에 대해서 다음과 같이 고찰할 수 있다. (1) 우리의 칭의를 받아들이는 것은 죄에 대한, 그리고 끊임없이 죄에 빠지는 우리의 타락한 본성의 경향에 대한 깊은 자각과 함께 어울려 진행된다.[54]

---

53) Heidelberg Catechism, Q. 60(1975 trans.).
54) 루터는 같은 관점에서 칭의를 받은 신자는 의인이면서 동시에 죄인이라고 말하였다(*simul justus et peccator*).

(2) 칭의는 우리로서는 받을 자격이 없는 전적으로 하나님의 은혜의 선물이다. (3) 여기서 칭의는 은혜의 주입이 아니라 신앙있는 죄인에 대한 그리스도의 완전한 속죄와 의의 전가[55]로 정의되었다; (4) 칭의의 소극적인 면과 적극적인 면이 다 진술되었는데, 하나님께서 우리의 모든 죄를 다 용서해 주셨다는 것과 이제는 우리가 마치 그리스도께서 순종하셨던 것과 똑같이 온전하게 순종해 왔던 것으로 간주해 주신다. (5) 우리는 이런 복을 오직 믿음으로 받는 것이다.

B. **벨직 고백서**(The Belgic Confession, 1561). 이 고백서는 벨지움(Belgium)의 개혁교회에 속한 목사인 과도 드브레(Guido de Bres)에 의해 작성되었는데 이는 로마 카톨릭 정부에 의해 핍박을 받고 있었던 개혁교회 그리스도인들의 신앙에 대한 개요인 것이다. 칭의에 대한 설명은 두개의 조항에서 찾을 수 있다. 22조로부터 다음과 같이 발췌한다.

 그러므로 우리는 바울을 따라 우리가 오직 "오직 믿음으로" 혹은 "행위에 있지 않고"(apart from works) 믿음으로(롬 3:28) 의롭다고 인정받게 됨을 참으로 언명하는 바이다. 그러나 정확하게 말해서 우리를 의롭다고 인정받게 하는 것이 믿음 그 자체임을 의미하지 않는데 그것은 믿음이란 우리의 의이신 그리스도를 영접하여 신봉하는 수단일 뿐이기 때문이다. 그러나 예수 그리스도는 우리를 위하여 그리고 우리를 대신해서 그가 행하셨던 모든 거룩한 일들과 그의 모든 공로들이 우리에게 유효하도록 만드시므로 우리의 의로움이 되시는 것이다. 그리고 믿음이란 그의 모든 은택들을 공유하도록 우리를 그 분과 연합시

---

55) 그 교리문답의 보다 오래된 영문번역은 "grants and imputes(*schenket und zurechnet*) to me the perfect satisfaction...of Christ," 반면에 1975년의 번역에는 "zurechnet"가 "credits to me"로 번역되어 있다. "imputation"에 대해서는 본 장의 후반부를 보라.

키는 도구이다. 그 은택들이 우리의 것이 되었을 때 그것들은 우리의 죄들을 완전히 사면하고도 남는다.[56]

여기서 흥미있는 점들은 우리가 행위로가 아니라 "오직 믿음으로만" 의롭다고 인정받는다는 것, 그리스도가 우리의 의라는 것, 믿음은 공로적인 행위가 아니라 단지 도구일 뿐이라는 것, 그리고 그리스도의 은택들은 우리의 모든 죄들을 덮어버리기에 충분하고도 남는다는 것이다.

23조로부터 우리는 행위로 말미암지 않은 의를 우리에게 수여하신다는 것을 더 배운다: "우리는 우리의 복됨이 예수 그리스도 때문에 우리의 죄들을 용서받는 데 있으며, 또한 거기에 우리가 하나님 앞에 의롭게 되는 것이 포함되어 있음을 믿는데 그것은 다윗과 바울이 행위에 관계없이 하나님께서 의롭다고 인정하시는 사람이 복되도다고 언명하면서 우리에게 가르친 대로이다(시 32:1; 롬 4:6).

C. 웨스트민스터 신앙고백서(The Westminster Confession of Faith, 1647). 런던(London)의 웨스트민스터 사원에서 131명의 목사들과 30명의 평신도들에 의해 작성된 청교도적 칼빈주의자의 신경인 이것은 고전적인 종교개혁 고백서들 중 최후의 작품이다. 칭의를 다루는 장들에서 다음과 같은 진술들을 인용한다:

> 하나님께서는 효력있게 부르신 자들을 또한 값없이 의롭다고 칭하시는데 그들 속에 의를 주입함으로써가 아니라 그들의 죄들을 사하시고 그들의 인격들을 의롭다고 간주하시고 받아들이심으로써이며; 또한 그들 안에서 이루어졌거나 그들에 의해 행해진 어떤 것 때문이 아니라 오직 그리스도 때문이며;…그리스도의 순종과 대속을 그들에게 전가시키심으로써, 또한 그들이 믿음으로 그리스도와 그의 의를 받아들이고

---

56) The text is from the 1985 translation.

의지하는 것으로써 의롭게 되는데, 그 믿음도 그들 스스로 갖게 된 것이 아니고 하나님의 선물이다. [57]

여기서 우리는 다음과 같은 점들에 주목하게 된다. (1) 칭의는 효력있는 부르심과 결부되어 있다(우리가 이전에 살펴본 대로 효력있는 부르심은 중생과 동일시되기 때문에[58] 이 고백서는 중생과 칭의가 결코 분리될 수 없다고 말하고 있는 것이다). (2) 칭의는 의의 주입이 아니라 신자들에게 대한 그리스도의 순종의 전가의 의미로 이해된다. (3) 칭의의 소극적이고 적극적인 면들이 다 언급되는데 죄의 용서와 신자들을 의로운 자들로 인정하는 것이다. (4) 칭의는 믿음으로 받으며 의존할 수 있다. 그리고 (5) 이 믿음은 인간의 공적이 아니라 하나님의 선물이다.

그 장은 계속해서 말하기를:

이와 같이 그리스도와 그의 의를 받아들여 의지하는 신앙은 칭의의 유일한 기구이다. 그래도 그 신앙은 칭의된 인물 안에 단독으로 존재하는 것이 아니라 다른 모든 구원하는 은총들을 항상 동반하는데, 그래서 죽은 믿음이 아니라 사랑으로 역사하는 믿음인 것이다. [59]

여기서 두가지 점을 추가할 수 있는데: (6) 신앙이란 칭의를 받는 유일한 도구이다. (7) 그러나 이 신앙은 결코 홀로 있기만 하는 것이 아니라 사랑을 통해 역사하는 것이다.

그 장의 뒷부분에서 고백서는 다음과 같이 확언한다.

하나님은 칭의된 자들의 죄들을 용서하시기를 계속하신다. 그리고

---

57) Westminster Confession, XI, 1.
58) 본서 pp. 175-76을 보라.
59) Westminster Confession, XI, 2.

비록 그들이 칭의의 상태로부터 결코 타락할 수는 없으나 그래도 그들이 범죄하면…자신들을 낮추고, 자신들의 죄를 고백하며 용서를 빌고 자신들의 신앙과 회개를 새롭게 하기까지 하나님이 아버지로서 불쾌하게 여기시는 상태로 그들이 떨어져 있을 수 있다.[60]

트렌트에 반하여 웨스트민스터 회의의 성직자들은 이 문제에 대해서 (8)신자들이 칭의의 상태에서 결코 떨어져 나갈 수 없다는 것, (9)그러나 칭의된 자들은 계속해서 자신들이 범죄한 것들을 자백해야 한다는 것, (10)하나님께서 계속해서 그들의 죄를 용서하실 것임을 확신을 가지고 주장했다.

5. 칭의의 개념

칭의는 은혜로우면서도 법적인 하나님의 행위이다. 이로써 하나님은 믿는 죄인들을 의롭다고 선언하시는데 그것은 그리스도의 의에 근거해서 그렇게 하시는 것이다. 곧 그리스도의 의가 그들의 것으로 양도되고, 그들의 모든 죄를 다 용서하시며 그들을 자기의 자녀로 입적시키고, 또한 그들에게 영생을 누릴 권리를 주는 것이기 때문이다.

그러면 우리는 칭의라는 교리를 어떻게 이해하면 되는가? 많은 고찰들이 다음에 열거된다:

(1) 칭의의 교리는 "하나님의 진노의 실상"에 대한 인식을 전제로 한다. 우리가 관계하고 있는 그 하나님은 바로 거룩하신 하나님이셔서 우리의 죄에 대하여 진노하실 수밖에 없다. "주께서는 눈이 정결하시므로 악을 참아 보지 못하시며 패역을 참아 보지 못하시거늘…."(합 1:13). 우리가 범했던 그리고 여전히 범하고 있는 죄들에 대하여 하나님의 진노가 쌓여져 있다는 사실을 심각하게 깨닫지 못

---

[60] Ibid., IX, 5.

하고서는 우리가 칭의되어야 할 필요성을 결코 알 수 없을 것이다. 우리가 이미 살펴본 대로[61] 성경은 하나님께서 우리의 죄에 대하여 당신의 분노를 겨냥하고 계신다고 명백하게 가르치고 있다. 하나님이 어떤 분이신가를 더할 나위 없이 궁극적으로 계시하는 분인 예수 자신도 아들을 순종치 아니하는 자들 위에 하나님의 진노가 머물러 있다고 엄숙하게 언명하셨다(요 3:36). 바울은 우리 모두가 다 본질상 하나님의 진노의 대상이라고 말한다(엡 2:3). 그 진노는 하나님께 불순종하는 자들에게 닥치는 것이다(엡 5:6). 그래서 우리를 하나님의 진노에서 구해줄(롬 5:9) 그리스도에 의해 구속받기까지 그 하나님의 진노 때문에 우리는 하나님에게서 악한 행실로 멀리 떠나 있고(골 1:21), 하나님의 저주 아래 있다고(갈 3:10) 말해지는 것이다. 렘브란트의 유화 작품을 보면 어두컴컴한 배경 속에서 대상이 밝게 돋보이는 것처럼 우리는 칭의의 교리를 하나님의 진노라는 암울한 배경에서 빛나는 은혜로운 메시지로 이해해야 한다.[62]

(2) 칭의는 하나님의 "**선언적**" 혹은 "**법적인**" 행위이지 어떤 과정이 아니다. 이것은 이 장의 초반부에서 용어를 연구하면서 그리고 칭의에 대한 성경의 가르침을 다루면서 분명해졌다. 하나님께서는 우리를 의롭다고 선언 혹은 선고하시는데 우리 자신들이 사실상 어떤 존재냐는 것에 의거하지 않고, 또 우리의 착한 행실 때문이 아니라 오직 그리스도의 의에 근거하여 하신다. 이렇게 이 복은 전적으로 무조건적이어서 "내 손에 아무것도 없으나 오직 당신의 십자가만

---

61) 본서 pp. 258-59를 보라.
62) 하나님의 진노에 관해서는 다음과 같은 것들을 보라. Leon Morris, *Apostolic Preaching*, pp. 161-66; and his *The Cross in the New Testament*(Grand Rapids: Eerdmans, 1965), pp. 189-92; James Packer, "The Wrath of God," in *Knowing God*(Downers Grove: InterVarsity, 1973), pp. 134-42; John Stott, *The Cross of Christ*, pp. 102-10; W. C. Robinson, "Wrath of God," EDT, pp. 1196-97.

붙듭니다"라고 노래하는 것이다. 이 선언으로 우리는 하나님의 진노에서 구원을 받으며 하나님과 화목되는 것이다(골 1:22). 우리의 칭의 때문에 이제는 그리스도 안에 있는 우리에게 정죄함이 없는 것이다(롬 8:1). 그 저주로부터 구속을 받았기 때문에 우리가 이제는 아브라함의 복을 공유한 자가 된 것이다(갈 3:13~14).

칭의는 과정이 아니라 어떤 사람이 믿음으로 그리스도를 영접할 때 단 한번 일어난다. 그렇지만 신자는 끊임없는 믿음의 실천으로 계속해서 자신의 칭의에 걸맞게 살아야 한다. 그러므로 칭의라는 복은 그것이 받아들여진 후로는 위로와 평화와 기쁨의 끝없는 원천이 되는 것이다.

(3) 칭의는 "오직 믿음으로만" 받을 수 있으며 우리 자신들의 선한 행위로는 어떤 방법으로도 그것을 받기에 합당하지 않다(롬 3:28). 이 관계에 대해서 중요한 목회 경험이 그것을 시사해 준다. 많은 신자들은 자신들이 칭의된 사실을 계속 받아들이기가 쉽지 않다는 것을 알고 있는데 왜냐하면 여전히 죄에 빠지곤 하는 그들의 체험이 칭의된 사실을 거짓인 것처럼 보이게 하기 때문이다. 그러나 기억해야 할 것은, 하이델베르그 교리문답서에 의하면 끊임없이 죄로 굽어지는 우리의 본성은 우리에게서 우리의 칭의에 대한 확신을 빼앗을 수 없다는 것이다. 더욱 핵심적인 것은 헨드리쿠스 벌코프(Hendricus Berkhof)의 견해로서 우리가 믿음으로 칭의를 받아들인 것은 실제적으로는 칭의를 체험할 수 없다는 것을 함축한다는 것이다.

칭의란 우리가 의식적으로 체험할 수 있는 사건인가? …칭의의 근원은 우리 밖에, 그리고 그리스도 안에 있다. 성경과 교회의 해석에 의하면 이 사건은 우리에게 "메세지" 또는 "말씀"으로 온다. 칭의는 우리 자신에게서부터 생겨난 것이 아니라는 것이다. …우리의 믿음으로 말미암아… 우리는 우리의 경험세계 바깥으로 발을 내딛는 것이다.

우리는 우리가 경험한 것의 정반대를 받아들이는 것이다. 우리의 경험과 전적으로 모순되는 어떤 것에 직면했을 때 우리는 항상 반복해서 이것이 말해지도록 할 필요가 있다. 그러나 우리가 우리 자신들을 그렇게 말해지도록 승인하는 경우에(우리의 경험으로는 우리가 의롭지 않지만 하나님이 우리를 의롭다고 인정하셨으므로 이제는 우리가 의롭게 되었다고 말하는 것을 의미한다, 역자 주) 칭의는 자유의식과 기쁨과 해방감, 그리고 안전감이 되어 우리의 경험세계로 들어온다.[63]

(4) 칭의는 "그리스도와의 연합"에 뿌리를 두고 있다. 그리스도의 의가 우리에게 전가되어서 우리의 소유가 될 수 있는 것은 우리가 그리스도와 함께 하나가 되었기 때문일 뿐이다. 이런 개념은 전 장에서 더욱 충분하게 전개되었다.[64]

(5) 칭의는 우리를 위한 "그리스도의 대속적 사역"에 기초를 두고 있다. 그것은 그리스도께서 우리와 자리를 바꾸어 우리의 신분과 입장이 되신 것과 우리가 받아 마땅한, 죄에 대한 하나님의 진노를 우리 대신 받으신 것을 포함한다. 이것은 이미 이사야 53장에서 가르치고 있는 것인데 그 장은 때로 "구약의 복음"이라고 불리워지며 그곳에서 우리는 "주께서 그(고난받는 종으로서 행 8:35에 의하면 예수 그리스도이다)에게 우리 모두의 죄악을 담당시키셨다"(6절)는 것과 이 종이 "많은 사람의 죄를 떠맡았다"(12절)는 것을 읽게 된다. 그 선지자의 말씀을 베드로는 자기의 말처럼 그대로 되풀이하여 그리스도께서 친히 나무에 달려 그 몸으로 우리 죄를 담당하셨다고 증언했으며(벧전 2:24), 히브리서의 저자는 그리스도가 많은 사람들의 죄를 담당하시려고 드리신 바 되었다고 확증했다(히 9:28). 인자가 온 것은 "자기 목숨을 많은 사람 '의'(anti는 영어 for로 번역되었는

---

63) Hendrikus Berkhof, *Christian Faith*, trans. Sierd Woudstra, rev. ed. (Grand Rapids: Eerdmans, 1986), pp. 437-38.
64) 본서 pp. 102-104를 보라.

데 그것은 '대신에'(instead of 혹은 in the place of)를 의미한다) 대속물로 주려 함이니라"(마 20:28; 막 10:45 참조)고 말씀하시면서 그리스도 자신도 당신이 우리 대신 죽게 될 것을 명백하게 가르치셨다. 바울은 다른 전치사를 사용하여서 비슷한 사상을 표현한다. 그는 그리스도께서 모든 사람을 대신하여(hyper, "[…의 이익]을 위하여"(in behalf of 혹은 for the sake of)의 의미, 고후 5:15) 죽으셨으며 우리를 대신하여 그리스도께서 죄가 되셨다고(고후 5:21) 말했다.

그리스도가 우리의 대속물이셨다는 것은 "그리스도께서 우리를 위하여(hyper hemon) 저주를 받은 바 되사 율법의 저주에서 우리를 속량하셨다."는 갈라디아서 3:13이 도저히 부인할 수 없이 명료하고 힘있게 가르치고 있는 바이다. 우리는 그 저주를 받아 마땅한데 왜냐하면 우리는 하나님의 율법을 온전히 순종하지 않으며 할 수도 없기 때문이다(10~11절). 그러나 그리스도는 우리 대신, 우리의 대속물로 그 저주를 담당하셨는데, 우리를 위하여 저주가 되시기까지 그리하신 것은 그 저주로부터 우리가 구원을 받게 하려 하심이다. 루터는 갈라디아서 3:13을 잊을 수 없도록 생생하게 묘사한다.

우리의 가장 자비하신 아버지께서 우리가 율법의 저주로 억눌려지고 압도당하여 그것에 매인 바 되어 우리 자신의 힘으로는 결코 그것을 벗어날 수 없었던 것을 아시고 당신의 독생자를 세상에 보내셨으며 모든 사람의 모든 죄를 그에게 담당시키시며 말씀하셨다. "너는 부인한 자 베드로가 되어라, 또한 박해자이며 신성모독자이며 잔인한 압제자인 바울이, 그 간음자 다윗이, 낙원에서 선악과를 먹었던 그 죄인이, 십자가에 달렸던 그 도둑이 되라. 곧 간단히 말해서 너는 모든 사람들의 죄를 다 범한 죄인이 되어라. 그래서 네가 그들을 대신해서 그 값을 치르고 변제한다고 생각하라."[65]

---

65) Martin Luther, *Commentary on St. Paul's Epistle to the Galatians*

(6) 칭의는 "그리스도의 의가 우리에게 전가되는 것"을 포함한다. "전가"라는 말은 칭의에 대하여 진술된 많은 신경들에서, 그리고 성경의 고대 영역본에서 발견된다. 예를 들면, King James Version에서는 헬라어 *logizomai*("to reckon", 간주하다)를 번역하기 위해서 8회 사용되었다. "전가"라는 말은 법적 용어 혹은 재판정에서 쓰이는 용어로서 다른 사람의 것으로 간주한다는 의미이다. 그 용어는 신약에서 세 경우와 연관되어서 사용되었다. 아담의 죄가 그 후손들에게 전가된 것과, 그의 백성의 죄들이 그리스도께 전가되는 것, 그리고 그리스도의 의가 그의 백성에게 전가되는 것이다.[66] 칭의는 이 마지막 의미로서의 전가를 포함한다.

특히 바울이 칭의에 의해 그리스도의 의가 우리에게 전가된다는 사상을 발전시켰다. 그는 그리스도의 의라는 말로써 그리스도께서 우리의 죄에 대한 하나님의 진노를 감당하시고 하나님의 율법에 온전히 순종하심으로 획득하신 공로를 의미한다. 로마서 4:6과 11장에서 바울은 행위로 말미암지 않은 의를 하나님께서 신자들에게 "양도하시는 것" 혹은 "전가하시는 것"(*logizomai*)을 말하고 있다. 그는 창세기 15:6을 인용하여 "아브라함이 하나님을 믿으매 이것이 저에게 의로 여기신(*elogisthe, logizomai*의 한 형태) 바 되었느니라"(롬 4:3)고 말했다. 여기서 바울은 아브라함의 행위 때문이 아니라 그가

(1981; Grand Rapids: Baker, 1979), pp. 274-75. 우리를 대속하신 그리스도에 관해서는 다음과 같은 것들을 보라. Berkhof, ST, pp. 376-79; Leon Morris, *The Cross in the New Testament*, pp. 173-75, 220-24, 379-81, 404-19; Herman Ridderbos, *Paul*, trans. J. R. De Witt (Grand Rapids: Eerdmans, 1975), pp. 190-93; James I. Packer, "What Did the Cross Achieve? The Logic of Penal Substitution," *Tyndale Bulletin*, Vol. 25(1974), pp. 3-45; John Stott, *The Cross of Christ*, pp. 141-49; 344-46.

66) Cf. C. W. Hodge, "Imputation," ISBE, 2:812-15.

"경건치 않는 자를 의롭다 하시는"(혹은 "범죄자를 무죄로 인정하시는", NEB) 하나님을 신뢰했기 때문에 이 의를 아브라함이 받게 되었음을 지적했다(롬 4:4~5).

계속해서 바울은 시편 32:1~2에서 전가의 사실을 다루는 관련문을 찾아내는데 특히 "주께서 그 죄를 인정치 아니하실 사람은 복이 있다"(RSV의 롬 4:8은 70인역에서 인용한 것이다, "Blessed is the man to whom the Lord imputes no iniquity")는 말씀에서이다. 바울은 이 복을 적극적인 방식으로 해석하여 다윗은 여기서 "하나님께서 행위와 관계없이 그를 의롭다고 여기시는(*logizetai*)" 복있는 사람을 언급하고 있다고 말한다(6절). 여기서 의의 전가라는 복은 다윗 시대의 구약 신자들이 먼저 받았으며(6~8절), 다음에는 할례받지 못한 모든 신자들이(11절), 그리고 최종적으로는 예수를 죽은 자 가운데서 일으키신 분을 믿는 모든 자들이 받았다고(23~24절) 말한다.

로마서 4장에서 바울은 적극적으로 *logizomai*라는 단어를 사용하여 우리가 행위와 관계없이 의를 받을 수 있는 방식을 표현하는 것은 이렇게 의를 우리에게 전가하거나 혹은 의를 우리의 것으로 돌리는 등의 일을 하시는 분은 하나님이신 것을 확증하는 것이다. 고린도전서 1:13에서 바울은 우리가 칭의 때 받은 의는 그리스도의 의임을 지적하여, "예수는 하나님께로서 나와서 우리에게 지혜—곧 우리의 의와 거룩과 구속이 되셨다"고 말한다. "그리스도께서 우리의 의가 되셨다"는 것은 그리스도의 완전한 의가 우리의 몫(소유)으로 계산되었다는 말의 다른 표현 방법일 뿐이다. 또한 "하나님이 죄를 알지도 못하신 자로 우리를 대신하여 죄를 삼으신 것은 우리로 하여금 저의 안에서 하나님의 의가 되려 하심이니라"는 고린도후서 5:21에서 그리스도의 의의 전가는 그 분과 우리가 하나됨에 기초한다는 것이 분명해진다. 이 구절을 주석하면서 제임스 패커(James Packer)는 그 사실을 잘 설명한다.

하나님은 신자인 그들을 의롭다고 선언하시는데 그것은 당신이 그들을 의롭다고 간주하기 때문이며 의를 그들의 것으로 계산하시기 때문이다. 그런데 그것은 하나님께서 그들이 당신의 율법을 개인적으로 준수한 것으로 간주하시기 때문이 아니라(만약 그렇다면 그것은 거짓된 심판이 된다) 그들이 대표적으로 율법을 준수하신 자와 연합된 것으로 간주하시기 때문이다(이것은 참된 심판이다). 바울에게 있어서 그리스도와의 연합은 근거없는 공상이 아니라 사실로서, 실제로 기독교의 기초를 이루는 사실이다. 그리고 전가된 의라는 교리는 그것의 법정적인 성격에 대하여 바울이 알기 쉽게 해설한 것이다.[67]

(7) 칭의에서는 "하나님의 자비와 공의가 함께" 나타난다. 성경은 때때로 하나님의 본성에 속한 이 두가지 상호보완적인 성격을 함께 드러낸다. 하박국 선지자는 하나님께서는 진노 중에서도 자비를 잊지 않으신다는 것을 우리에게 상기시켜준다(합 3:2). 우리는 하나님의 호의와 엄격하심을 다 주목해야 하며(롬 11:22), 우리가 우리의 죄를 고백할 때 하나님은 신실하시고 의로우셔서 그 죄들을 용서하신다는 것을 깨달아야 한다(요일 1:9). 우리의 칭의에서 이 두가지 성격이 다 충족된다. 칭의는 이렇게 하나님의 은혜와 자비의 놀라운 선물이어서 그것은 전적으로 우리가 받을 자격도 공로도 없는데 주어지는 과분한 것이다. 그래도 이 선물은 하나님의 공의를 무시하거나 희생시키는 것이 아니다. 하나님께서 당신의 공의를 절대 포기하시거나 혹은 완화시키는 것조차 하실 수 없다. 왜냐하면 하나님은 거룩하시기 때문이다. 그래서 당신의 공의가 충족되지 않으면 우리의 죄를 용서하실 수 없다.

그러므로 성경은 하나님께서 우리를 의롭게 하실 수 있는 것은 오직 당신의 공의가 우리를 위한 그리스도의 속죄, 즉 하나님의 독생자가 우리가 받아 마땅한 하나님의 진노를 감당하신 것으로써, 또한

---

67) "Justification," EDT, p. 596.

그리스도께서 율법을 완전히 순종하심으로써—이것도 우리가 마땅히 행해야 했으나 행할 수 없었던 순종인데—실제적으로 충분하게 만족되었기 때문이라고 가르친다. 그래서 바울이 로마서 3장에서 밝히기를 하나님께서 우리를 "그리스도 예수 안에 있는 구속으로 말미암아 하나님의 은혜로 값없이" 의롭다 하신 것은 "자기의 의로우심을 나타내사 자기도 의로우시며 또한 예수 믿는 자를 의롭다 하려 하심이니라"(24, 26절)고 한다. 그러므로 그리스도의 십자가에서 "하나님의 공의와 사랑이 동시에 드러난다."[68] 이와 마찬가지로 우리의 칭의에서 하나님의 호의와 엄격함이 서로 다정하게 입맞추는 것이다.

(8) 칭의는 "소극적인 면과 적극적인 면"을 다 가지고 있다. 소극적인 면에서 칭의는 우리의 죄에 대한 용서를 의미한다. 적극적인 면에서는 우리가 하나님의 자녀들로서 입적되는 것과 우리가 영원한 생명을 누리는 권리를 받게 되는 것을 포함한다. 이 장의 후반부에서 이 두가지 면들이 더 충분하게 다루어질 것이다.

(9) 칭의는 "종말론적인 것"들을 내포하고 있다. 그것은 하나님께서 마지막 심판의 날 우리에게 선고하실 판결을 현재로 옮겨온 것을 의미한다. 그러므로 우리는 심판 날을 두려워할 필요가 없는데 그리스도를 믿는 우리는 죽음에서 생명으로 옮기워졌기 때문이다(요 5:24). 우리가 하나님의 자녀들로 입적된 것은 우리의 칭의의 열매들 중의 하나인데 하나님의 양자되는 복(롬 8:23)이 장차 완성될 것을 예시한다. 또한 우리의 칭의가 부여하는 영생 얻는 권리는 결단코 끝나지 않는 어떤 선물을(요 11:25~26) 가져다 준다. 그래서 그리스도인은 일단 한번 받은 칭의를 결코 잃을 수 없는 것이다.

(10) 칭의가 "성화로부터 절대 분리되어서는 안되지만" 이 두 복은 "서로 구별된다." 여기서 우리가 깨달아야 할 첫째는 칭의와 성화가 결단코 분리될 수 없다는 사실이다. 바울이 고린도전서 1:30에

---

68) G. C. Berkouwer, *The Work of Christ*, trans. C. Lambregtse (Grand Rapids: Eerdmans, 1965), p. 277.

서 확증한 대로 하나님은 자신이 의롭다고 하신 사람을 반드시 성화도 시키신다. 이러한 복들은 우리가 그리스도와 연합한 것이 어떠한 성질의 것인가를 나타내는 것이다. 칭의는 우리가 그리스도와 하나된 결과들 중의 하나이지만, 우리가 그리스도와 연합되어 있다면 반드시 동시에 성화의 과정, 즉 그리스도께서 자기의 영을 통하여 우리가 당신의 형상을 점차적으로 닮아가도록 만드시는 이 일에 우리가 몰두하게 된다. 이런 사상은 구원의 서정을 다루는 장에서 이미 충분하게 논의되었다.[69]

존 칼빈(John Calvin)은 이 문제에 대해서 알기 쉽게 이렇게 말했다.

> 그러면 왜 우리가 믿음으로 의롭게 되는가? 그 이유는 우리가 믿음으로 그리스도의 의를 붙잡으며 그것으로써 우리가 하나님과 화목하게 되기 때문이다. 그러나 당신이 이것을 붙잡게 되면 반드시 동시에 성화도 똑같이 붙잡게 된다. 왜냐하면 그리스도는 "우리에게 지혜와 의로움과 거룩함과 구속함이 되셨기"(고전 1:31) 때문이다. 그러므로 그리스도는 의롭다고 하신 자를 반드시 동시에 거룩하게 하시는 것이다. 이러한 은택들은 영원히 풀리지 않는 결속력으로 함께 결합되어 있어서 그리스도가 자기의 지혜로 마음을 조명한 자들을 구속하시며, 구속하신 자들을 의롭다고 하시고, 의롭다고 하신 자들을 성화시키시는 것이다. 그리스도께서는 의롭다고 하신 자를 반드시 동시에 성화시키시는 것이다.[70]

칭의와 성화는 항상 함께 발생하지만 그것들은 역시 서로 주의깊게 구별되어져야 한다. 칭의에 대한 전통적인 로마 카톨릭의 가르침

---

69) 본서 제 2장을 보라.
70) 그러나 우리가 어떤 시점에 발생하는 것으로서의 결정적인 성화에 대한 분별력이 있다. 본서 pp. 333-43을 보라.

이 범한 잘못들 중의 하나는 우리가 아는 바와 같이 칭의와 성화가 구별되지 않는다는 것인데 그 이유는 칭의가 신자의 신생과 변화를 포함한다고 말하기 때문이다. 이 견해가 가진 문제점은 칭의 때 받는 죄의 용서를 사람이 성화된 생활로 들어가는 진행 과정에 어떤 의미에서는 종속되게 만든다는 것이다.

다음과 같은 칭의와 성화의 차이점들이 인식되어야 한다.

(a) 칭의는 죄에 대한 책임을 제거하는 반면 성화는 죄로 인한 오염을 제거하여 신자들이 그리스도를 닮아 자라갈 수 있도록 한다.

(b) 칭의는 신자의 밖에서 일어나며 신자의 법적 신분 혹은 법정에서의 상태에 대한 성부 하나님의 선고이다. 그러나 성화는 신자의 안에서 일어나며 점진적으로 신자의 성품을 새롭게 하는 것이다.

(c) 칭의는 평생에 단 한번 일어나며 어떤 과정이나 반복되는 사건이 아니다. 그러나 성화는 일반적으로 이해하듯이 생애에 걸쳐서 계속되는 과정이며 현생이 끝나기까지 완성되지 않는다.[71]

이런 구별을 견지하는 것이 왜 중요한가? 첫째, 이런 구원론적인 복들에 대한 성경의 가르침의 진가를 충분히 드러내기 위해서이다. 더 나아가서 칭의는, 믿음을 가진 신자들에게 그들의 행위와는 전혀 관계없이 그리스도의 의가 전가되는 것을 의미한다는 진리를 강조하기 위해서이다. 달리 말하자면 우리의 칭의는 오직 예수 그리스도의 고난과 순종에 기초하며 우리 자신의 선행들에는 조금도 기초하지 않는다.

6. 칭의의 소극적인 면과 적극적인 면

칭의의 소극적인 면이란 죄를 용서받는 복을 말한다. 이 점을 확대시켜 말하자면 칭의는 하나님과 우리의 법정적 관계의 영구적인

---

71) See below, p. 202.

변화인데 이로써 우리가 죄과를 사면받으며, 하나님께서 예수 그리스도의 완성된 사역에 근거하여 우리의 모든 죄를 용서하시는 것이다. 그리스도가 없이는 하나님과 우리의 법정적인 관계는 정죄일 뿐이다. 즉 우리는 우리의 원죄와 자범죄 때문에 정죄받은 상태에 있게 된다.[72] 그러나 우리가 칭의될 때 하나님과 우리의 법정적 관계는 유죄에서 무죄로 바뀐다. 이런 법정적 변화의 소극적인 면은 우리의 죄를 용서받거나 사면받는 것이다.

이것은 다음과 같은 의문을 야기시킨다. 칭의에서는 어떤 죄들이 용서되는가? 원죄의 책임까지를 포함하여 과거와 현재의 죄들만 용서되는가? 혹은 미래의 죄까지 용서되는가? 어떤 개신교 신학자들은 신자들의 모든 미래의 죄까지 칭의의 때 용서받는다는 생각을 반대해 왔는데 그것은 왜냐하면 그런 가르침이 신자들로 하여금 도덕적으로 문란해지고 죄와의 싸움에서 게을러지도록 만들 것을 염려해서이다. 이런 이유로 어떤 사람들은 칭의란 단회적인 행위가 아니라 신자가 자기의 죄를 고백할 때마다 반복되어야 하는 행동이라고 가르쳤다.

이런 입장의 대표격으로 두드러진 사람은 윌리암 아 브라켈(William a Brakel)이다. 그는 1700에 최초로 출간된 자기의 책 "합당한 경배"(Redelijke Godsdienst)라는 책[73]에서 화목(reconciliation)과 칭의를 구별한다. 그는 택자들의 화목은 그리스도 안에서 완전하여 그들이 믿기 시작한 후에 범한 어떤 죄들로 인하여서도 파기될 수 없다고 말한다. 그러나 그는 주장하기를 칭의는 죄인들을 사면한

---

72) 원죄는 인류의 시조 아담의 죄에 대한 정죄를 포함한 우리가 태어났을 때의 죄악된 상태이다. 자범죄는 우리 자신이 행동, 말, 또는 생각으로 범한 죄이다. 나의 책 *Created in God's Image* (Grand Rapids: Eerdmans, 1986), pp. 143-54, 162-64, 172-73을 보라.

73) W. a Brakel, *Redelijke Godsdienst*, ed. J. H. Donner (Leiden: D. Donner, 1893), 1:872-82.

다는 선고이며 이 선고는 죄를 고백한 후마다 반복되어져야 한다고 말한다. 그렇게 해서 신자들은 한번만이 아니라 매일, 아마 더욱 자주까지라도 칭의되어야 한다. 브라켈(Brakel)은 매일 죄를 고백할 것과 죄 용서를 비는 기도의 필요성, 우리의 변호자로서 그리스도의 사역을 언급하는 성경구절들과 칭의와 믿음을 결부시킨 본문들에 자신의 견해의 근거를 둔다.[74] 그러나 한번 의롭게 된 신자는 자신이 죄를 범할 때마다 다시 화목하지 못한 상태로 몰락하는 것은 아니라는 것과 처음 받은 칭의는 신자들이 계속하여 범죄하는 것도 역시 하나님께서 다 용서하실 것을 실제적으로 함축하고 있다는 것을 그도 인정한다.[75]

이것은 칭의와 우리의 죄 고백과의 관계에 있는 난해한 점 때문에 상당히 중요한 문제이다. 만약 우리가 단번에 칭의된다면 왜 우리가 여전히 우리의 죄들을 고백해야만 하는가? 반면에 우리가 매일 죄들을 고백하는 것이 필요하다면 이것은 미래의 죄들은 우리의 칭의에 포함되지 않았다는 것을 의미하지 않겠는가?

이와 관련된 신약성경의 구절들에 대한 연구는 칭의가 신자의 생애에서 반복되는 것이 아니라 단한번 일어난다는 것을 드러내 줄 것이다. 로마서 8:30, "부르신 그들을 또한 의롭다 하시고(edikaiosen; 단 한번의 행동을 의미하는 부정과거 시제) 의롭다 하신(edikaiosen) 그들을 또한 영화롭게 하셨느니라." 확실히 바울은 여기서 날마다 반복되는 칭의에 대해서 기록한 것이 아니다. 로마서 5:1, "그러므로 우리가 믿음으로 의롭다 하심을 얻었은즉 우리 주 예수 그리스도로 말미암아 하나님으로 더불어 화평을 누리자." 여기서 바울은 마찬가지로 칭의를 단한번 일어나는 것으로 묘사한다. 실제로 그 다음 절은 이 생각을 더욱 굳게 해준다. 로마서 5:2, "또한 그로 말미암아 우리가 믿음으로 서 있는 이 은혜에 들어감을 얻었으며 하나님의

---

74) Ibid., pp. 877-80.
75) Ibid., p. 881.

영광을 바라고 즐거워하느니라." 단번에 의롭다 함을 받았기 때문에 우리는 하나님과의 새로운 은혜의 관계를 가지게 되었으며 새로운 소망 가운데서 하나님의 영광을 나누어 받는 것을 즐거워한다(롬 5:9~11 참고). 그 동일한 궁극성과 영원성의 개념이 로마서 8:1에 나타난다. "그러므로 이제 그리스도 예수 안에 있는 자에게는 결코 정죄함이 없나니."

그렇다면 미래의 죄들에 대한 용서는 어떻게 되는가? 로마서 8:33~34은 다음과 같이 말한다. "누가 능히 하나님의 택하신 자들을 송사하리요 의롭다 하신 이는 하나님이시니 누가 정죄하리요?" 여기서 바울은 하나님께서 의롭다고 하신 자들에 대하여서는 어떠한 고소도 결코 성공할 수 없다고 의기양양하게 주장한다. 사단은 하나님의 택함을 받은 자들 중 한 사람의 칭의도 그의 고소로 결코 무너뜨릴 수 없다. 그러므로 하나님의 관점에서 보면 하나님이 어떤 사람을 의롭다고 하실 때에 하나님께서는 그 사람의 과거의 죄 뿐만 아니라 미래의 죄까지도 다 용서하신다는 말에는 어떤 반대도 있을 수 없다. 왜냐하면 그 신자의 미래의 삶도 펼쳐진 책과 같이 하나님 앞에 놓여져 있기 때문이다.

쉐드(Shedd)는 이 사실을 이와 같이 설명한다.

> 죄인을 의롭다 하시는 것은 하나님의 포괄적인 행위이다. 신자가 칭의될 때 그의 과거, 현재, 미래의 모든 죄가 다 용서된다. 그가 짓는 죄의 전체 합계는 하나님께서 그를 의로운 사람으로 선고하실 때 하나님의 거룩한 눈 앞에 드러나는데 그 모든 것이 하나님의 한 번의 행위로 다 지워져 버리거나 덮혀져서 보이지 않게 된다. 따라서 칭의를 행하시는 하나님의 마음에 반복이란 있을 수 없는데 그것은 칭의가 기초를 두고 있는 그리스도의 속죄의 죽음이 반복될 수 없는 것과 마찬가지이다.[76]

---

76) William G. T. Shedd, *Dogmatic Theology* (1888; Grand Rapids:

그러나 성경은 하나님께서 신자들의 죄를 미래에 곧 신자들이 칭의된 후에도 용서하시기로 약속하셨다고 가르친다. 예수는 다른 사람이 죄를 범할 때 그들을 우리가 용서하면 우리의 천부께서도 우리를 용서해 주시리라는 것을 가르치셨다(마 6:14). 또한 사도 요한은 우리가 우리 죄를 고백하면 하나님께서 그것들을 용서하신다고 가르친다(요일 1:9). 그리고 야고보도 그를 위해서 믿음으로 기도가 드려진 병자에 대해서 말하면서, "혹시 죄를 범하였을지라도 사하심을 얻으리라"(5:15)고 하였다. 찰스 핫지(Charles Hodge)는 죄가 범해지기 전에도 그 죄들이 용서받을 수 있는지의 여부에 대한 문제를 논의하면서 말하기를, "죄들이 범해지기 전에 이미 다 용서된다고 말하는 것보다는, 하나님께서 신자가 범죄하는 것에 대응하여 그를 다루지 않겠다는 약속을 칭의 때 받게 된다고 말하는 것이 아마 더욱 정확한 진술일 것이다."라고 하였다.[77]

신자들의 관점에서 본다면, 나는 칭의라는 것이 과거와 현재의 모든 죄들을 용서하는 것을 의미하며, 미래의 죄들에 대해서는 그것들이 용서받을 수 있는 법적인 근거를 의미한다고 말하는 것이 더 좋다고 생각한다. 우리의 죄들을 고백하도록 하는 성경의 많은 짧은 권면들은 우리가 진실로 날마다 참회하는 중에 사죄를 간청하면서 하나님의 은혜의 보좌로 돌이켜야 함을 가르치는 것이다. 그러나 그 경우에도 칭의의 때 우리에게 적용된 그리스도의 공로에 기초해서 그렇게 하는 것이다. 그런데 그런 경험도 새롭게 된 칭의가 아니라 우리의 칭의가 새롭게 적용된 것일 뿐이다. 우리가 슬프게도 죄를 범하면 우리는 죄를 용서받았다는 의식을 잃으며 하나님과의 화평한 마음을 잃게 된다. 그러나 우리가 하나님께 우리의 죄를 고백하면 그는 우리에게 사죄의식을 일깨우시며 우리가 단번에 의롭게 되었다는 확신을 새롭게 불러일으키신다.

Zondervan, n. d.), 2:545.
77) *Systematic Theology*(1872; Grand Rapids: Eerdmans, 1949), 3:164.

그래서 칭의된 신자는 계속해서 날마다 사죄를 위해 기도한다. 그러나 자신이 은혜에서 떨어졌다고 생각하는 절망감으로가 아니라 사랑하는 천부께로 가까이 가는 어린아이의 확신감으로 기도하는 것이다. 이렇게 칭의는 단번에 일어나지만 죄를 고백하는 것과 사죄를 위해 기도하는 것은 반복되어야만 한다.[78]

그러나 칭의가 사죄만을 포함하는 것은 아니다. 칭의는 그 적극적인 면에서 우리가 하나님의 자녀들로 입양되는 것과 영생의 권리를 부여받는 것을 또한 품고 있는 것이다. 이런 관계에서 우리를 위한 그리스도의 사역의 두가지 성격을 살펴야 하는데 보통 그의 능동적 순종과 수동적 순종을 일컫는다. "수동적 순종"(passive obedience)이라는 용어는 때때로 오해되기도 하는데, 많은 사람들이 그리스도께서 순종함에 있어서 능동적이 아니라 "피동적"으로, 곧 "마음에 없으면서 어쩔 수 없이 하는 순종"(obedience of passivity)을 하셨다고 생각한다. 그러나 이것은 이 표현에서 "수동적"(passive)이라는 형용사가 전달하고자 의도한 것이 아니다. "수동적 순종"이라는 용어는 17세기 루터파와 개신교 신학자들의 라틴어 저작물들에서 비롯되었다. 그들 중 하나인 요하네스 볼레비우스(Johannes Wollebius)는 수동적 순종(*passiva obedientia*)이라는 표현을 "고난을 받다"(to *passio*, suffering, 여기서는 그리스도의 고난으로 사용되었다)와 같은 뜻으로 사용하였다.[79] 그러므로 우리는 수동적 순종을 결국은 십자가에 죽게 되는 그리스도의 고난이라는 의미로 이해해야 한다. 그러나 그런 오해를 피하기 위해서 나는 "고난받는 순종"(suffering obedience)이라는 용어를 쓰기를 좋아한다. "능동적 순종"은 그리스도가 하나님의 율법을 완전하게 지키신 것으로 이해해야 한다. 그래

---

78) Cf. Buchanan, *The Doctrine of Justification*, pp. 251-52.
79) From his *Christianae Theologiae Compendium* (Basel, 1626), 81, in Heinrich Heppe, *Reformed Dogmatics*, ed. Ernst Bizer, trans. G. T. Thomson (London: Allen and Unwin, 1950), p. 462.

서 나는 "율법준수의 순종"(law-keeping obedience)이라는 용어를 제안한다.

핫지(A. A. Hodge)는 그리스도의 순종의 두가지 성질을 다음과 같이 요약하였다. "한편으로는 형벌을 감수하는 면을 강조하기 위하여 그 순종을 수동적이라고 부르고, 다른 한편으로는 요구된 것들을 성취하신 면을 강조하기 위해서 그 동일한 순종을 능동적이라고 부른다."[80] 또한 그는 우리에게 이 두가지 면을 분리시키지 말도록 경고하며 다음과 같이 말한다. "그리스도의 능동적이면서 수동적인 순종, 곧 죄의 용서를 위해서 그 형벌을 감당하신 것과 생명을 위해서 율법을 지키신 것은… 두가지 측면의 만족을 이루지 않고, 전 율법을 그리고 율법과 관련된 모든 것을 완전하게 만족시키는 하나의 완성된 만족을 이룬다."[81]

그러므로 우리는 그리스도께서 그의 고난받는 순종을 통하여 우리의 죄들에 대한 형벌을 대신 받으셨으며 우리를 대신하여 저주를 받으셨다고 말할 수 있다(갈 3:13, 롬 3:24~26; 5:8~10과 비교해 보라). 그렇게 해서 그는 우리를 위하여 죄들을 용서받을 수 있는 공로를 이루셨다. 또한 그리스도께서 자기의 율법준수의 순종을 통하여 우리를 대신하여 율법을 완전하게 지키심으로 우리를 위하여 하나님의 자녀들로 입적되는 권리와 영생을 누릴 권리를 획득하셨다. 그러나 우리가 결코 잊어서는 안되는 것은 고난을 감당하는 것과 율법을 준수하는 것은 하나의 순종행위의 두 국면들이라는 사실이다.

사죄는 오직 그리스도의 수동적 순종을 통하여서만 받을 수 있고 영생은 오직 그의 능동적 순종을 통해서만 얻을 수 있다고 말하는 것이 꼭 정확하지는 않다. 왜냐하면 그리스도의 고난은 형벌을 감수하는

---

80) *The Atonement* (Philadelphia: Presbyterian Board of Publication, 1867), p. 254.
81) Ibid., p. 264.

것 뿐만이 아니라 율법을 성취하는 것이기도 하다. 또한 그의 사역은 율법을 성취하는 것만이 아니라 율법의 형벌을 감당하는 것이기도 했다. 그가 행하신 것은 고난받는 일이었고 그는 고난받는 것이 곧 일이었다. 그리스도께서 완성하신 것은 하나의 일이었다.[82]

앞에서 내가 지적했듯이 우리가 칭의되었을 때 우리에게 전가된 혹은 우리의 것이 된 그리스도의 의는 우리의 죄에 대한 하나님의 진노를 받으심으로 그리고 하나님의 율법을 완전하게 지키심으로 우리를 위해 획득하신 공로이다. 그러므로 그리스도의 의는 두가지 성질을 지니는데 바로 대속과 순종이다. 신약성경은 그리스도를 우리의 "둘째 아담" 혹은 "마지막 아담"(고전 15:45, 롬 5:15~21 참조)으로 말한다. 우리를 구원하시기 위해 그리스도는 이중적 사역을 이루셔야만 했는데, 아담의 죄와 그의 백성들이 범했던(아직도 범하고 있는) 모든 죄들에 대한 형벌을 받으셔야만 했으며, 또한 아담이 수행해야 했었으나 실패하여 이루지 못했었던 하나님의 율법에 대한 그 완전한 순종을 하나님께 바쳐야만 했다. 그러므로 우리가 칭의를 받을 때 우리의 몫으로 돌려진 것은 그리스도께서 우리의 죄들의 형벌을 다 치르신 것 뿐만 아니라 그가 하나님의 율법을 완전하게 순종하신 것도 포함된다. 그리스도의 율법준수의 순종이 우리에게 전가되었기 때문에 하나님께서는 이제 그리스도께서 우리를 위해 순종하셨던 것과 똑같이 우리가 완전하게 순종했던 것인양 우리를 그렇게 보아주시는 것이다.[83]

그러나 어떤 신학자들은 그리스도의 능동적 혹은 율법을 준수한 순종이 우리에게 전가된다는 것을 부인한다. 그들 중에서 독일 개신교 신학자인 요하네스 피스카토르(Johannes Piscator, 1546-1625)와 알미니안 신학자들인 리챠드 왓슨(Richard Watson)[84], 힐스(A. M.

---

82) Bavinck, *Dogmatiek*, 3:440[trans. mine].
83) Heidelberg Catechism, Q. 60(1975 trans.).

Hills)[85], 오르톤 뷜리(H. Orton Wiley)가 있다.[86]

이 신학자들은 이 가르침에 대해서 어떤 논쟁들을 개진했는가? (1) 이 교리의 성경적 근거가 없다고 말한다. 그러나 조금 뒤에 우리는 이 교리의 성경적 증거를 살펴볼 것이다.

(2) 이런 가르침은 하나님의 율법을 준수해야 한다는 의무감을 약화시키며 부주의한 생활을 초래하기 쉽다.[87] 그러나 그 동일한 반대가 하나님께서 우리의 모든 죄를 용서하신다는 가르침에도 적용될 수 있다. 누구든지 이 교리를 제멋대로 곡해해서 그 교리를 마음대로 죄를 지어도 좋다는 허가증으로 삼을 수 있을 것이다. 그러나 그런 있음직한 오용의 사례를 들어 그 가르침이 잘못되었다고 증명할 수는 없다. (3) 세번째 반대는 "그 가르침이 우리의 구원의 근거를 그리스도의 속죄의 죽음을 조건으로 하는 대신 그리스도의 능동적 순종에 두며, 그렇게 때문에 그리스도께서 대신 고난받으셔야 할 아무런 이유도 남기지 않는다는 것이다."[88] 그러나 확실하게 그리스도의 능동적 순종과 그의 대리적 고난은 양자택일의 일이 아니다. 그리스도는 둘 다를 행하셔야만 하셨다.

그리스도께서 율법을 준수하신 순종이 우리에게 전가된다는 가르침의 성경적 근거는 무엇인가? 먼저 로마서 5:18~19을 보면,

(18) 그런즉 한 범죄로 많은 사람이 정죄에 이른 것 같이 의의 한 행동으로 말미암아 많은 사람이 의롭다 하심을 받아 생명에 이르렀느니라 (19) 한 사람의 순종치 아니함으로 많은 사람이 죄인된 것같이

---

84) *Theological Institutes* (New York: Carlton and Porter, 1857), 2:215-34.
85) *Fundamental Christian Theology* (1931; Salem, Ohio: Schmul, 1980), 2:188-89.
86) *Christian Theology* (Kansas City: Beacon Hill, 1958), 2:396-97.
87) A. M. Hills, *Fundamental Christian Theology*, 2:189.
88) Ibid.

한 사람의 순종하심으로 많은 사람이 의인이 되리라

바울은 "의의 한 행동"을 그리스도의 전적인 순종, 말하자면 꼭 우리의 죄들에 대한 형벌을 담당하신 것 뿐만이 아니라 하나님의 율법을 온전히 지키신 것의 의미로 말한다. 그리스도의 순종의 결과는 "생명에 이르게 하는 칭의"이다. 우리가 이 칭의를 받는 것은 곧 우리의 둘째 아담이며 우리의 새로운 머리이신 그리스도의 순종이 우리에게 전가되거나 또는 우리의 몫으로 돌려지기 때문이다. "의의 한 행동"이 "한 범죄"와 대조를 이루기 때문에 전자의 표현은 그리스도께서 율법을 준수하신 순종을 가리키는 것이 틀림없다.

아담을 통해 우리에게 생긴 것과 그리스도를 통해 우리에게 생긴 것의 대조는 19절에서 계속된다. 아담의 불순종으로 우리는 죄인이 되었다. 여기서 "되었다"(were made)로 번역된 헬라어 카띠스테미(*kathistemi*)는 "정해지다"(be appointed), "…로 되어 있다"(be constituted), 혹은 "어떤 신분이나 상태에 놓여지다"(be placed in the status of)를 뜻한다. 여기서 바울은 법정적 혹은 법적 개념을 표현하고 있다. 아담의 불순종으로 인하여 아담 안에 있는 우리는 죄인의 신분에 처해졌으며 그러므로 정죄를 받는다(18절을 보라). 그 절의 후반부에서 우리는 그리스도의 순종으로 말미암아 우리가 의롭게 "된다"(be constituted, 다시 *kathistemi*의 한 형태가 쓰여졌다)는 것을 배운다. 19절의 전반부에서 법적 혹은 법정적 개념을 묘사했기 때문에 후반부에서도 비슷한 방법으로 역시 그렇게 묘사한 것이 틀림없다. 그래서 그리스도 안에 있는 우리가 이제 의롭다고 간주되거나 선포되는 것은 그리스도의 능동적 순종 혹은 율법준수의 순종이 우리에게 전가되었기 때문이다.

이 장의 앞 부분에서 나는 빌립보서 3:8하~9을 다루었다.[89] 바울

---

89) 본서 pp. 261-62를 보라. 또한 p. 104를 참조하라.

이 거기서 언급한 "하나님께로서 난 의"는 죄의 전가를 해소시키는 것 그 이상임을 여기에서 덧붙이는 바이다. 그 장에서 바울이 특별히 찬양한 것은 그가 그 자신의 의, 곧 율법으로부터 난 것을 도무지 가질 수 없었으나 그는 이제 믿음을 통하여 하나님께로부터 난 의를 소유하게 된 것이었다. 마찬가지로 그리스도 안에서 발견된 우리 모두는 하나님으로부터 난 의, 곧 우리가 칭의될 때 우리의 것으로 만들어주신 그 의를 소유하고 있다.

고린도후서 5:21에서 바울은 "하나님이 죄를 알지도 못하신 자로 우리를 대신하여 죄를 삼으신 것은 우리로 하여금 저의 안에서 하나님의 의가 되게 하려 하심이니라"고 말했다. 그러므로 바울이 단정하는 것은 그리스도께서 자신을 우리의 죄와 동일시하신 것은 우리로 하여금 당신 안에서 우리가 하나님의 의와 동일시되게 하려고 그렇게 하셨다는 사실이다. 다시 말해서 이것은 우리의 죄들을 용서받도록 하신 것만이 아니라 그 이상을 의미하는 것이다. 이것은 그리스도의 대속적 사역으로 인하여 하나님의 의가 이제는 우리의 것으로 계산되거나 또는 전가되어서 우리가 실제적으로 그 의가 "되는" 놀라운 결과가 일어났음을 의미한다. 이 구절에 대한 루터의 주석은 인용할 만한 가치가 있다.

> 이것은 죄인들에 대한 하나님의 은총이 풍성한 신비로서 놀라운 변화에 의해서 우리의 죄들이 더이상 우리의 것이 아니라 그리스도의 것이 되며, 그리스도의 의는 그리스도의 소유가 아니라 우리의 소유가 되는 것이다. 그가 그 자신에게서 자기의 의를 비우신 것은 우리에게 그것을 입히시며, 그것으로 우리를 채우시려 함이다.[90]

바울이 고린도전서 1:30에서 그리스도께서 우리에게 하나님께로서

---

90) Martin Luther, *Works*, J. B. Knaske et al., eds. (Weimar edition), 5: 608.

온 지혜가 되셨을 뿐 아니라 또한 우리의 의가 되셨다고 말할 때, 하나님이 우리를 그리스도 안에서 완전히 의로운 것으로 간주하신다는 것을 다시 한번 말하고 있지 않는가? 이런 어법은 그리스도의 흠 없는 의, 그것은 곧 그의 온전한 순종의 의인데, 그것이 우리가 칭의될 때 우리의 것이 된다는 사상을 다시 한번 드러내지 않는가?

칼빈은 그것을 이렇게 설명한다.

> 우리가 오직 그리스도의 의의 중재로써만 하나님 앞에서 의롭게 된다는 것은 역시 명백하다. 이것은 사람이 스스로는 의롭지 않고 그리스도의 의가 전가시키는 방식으로 그에게 전달되기 때문에 의롭다고 말하는 것과 동일하다. …우리가 그리스도에 의해서만 의롭게 여겨진다고 선언하는 것은 우리의 의를 그리스도의 순종에 의탁하는 것 외에 아무것도 아닌데, 그것은 그리스도의 의가 마치 그것이 우리 자신의 소유였던 것처럼 우리의 것으로 간주되기 때문이다. [91]

7. 우리가 하나님의 자녀로 입적됨

우리가 전에 언급한 바 칭의의 두가지 적극적인 은택으로 돌아가서 그 중 우리가 하나님의 자녀들로 입양되는 것을 먼저 살펴 보자. 7장에 기술했듯이 나는 양자되는 것이 우리가 중생을 통해 하나님의 자녀들이 되는 영적인 거듭남이라고 말하지 않는다. 양자됨이란 말은 곧 우리가 하나님의 아들들과 딸들의 신분에 놓여져서 그 신분에 수반되는 모든 특권들을 받을 자격이 주어진다는 법적인 의미를 가진다.

양자되는 복을 표현하는 신약의 헬라어 단어는 휘오데시아(*huiothesia*)이다. 성경 외의 문헌에서 이 단어는 법적으로 양자됨을 의미하며 상속권과 같은 특권과 양자로 삼아준 부모를 공양하는 것

---

91) Inst., III. xi. 23.

과 같은 의무를 동시에 지닌다.[92] 신약에서 그 단어는 오직 바울만이 쓰고 있으며, 하나님께서 그의 백성을 당신의 자녀라는 법적인 상태에 두시는 것을 언급하는 것이다.

웨스트민스터 소요리문답은 양자됨을 다음과 같이 정의한다. "양자가 된다는 것은 하나님이 값없이 주시는 은혜의 행위로서 이로써 우리가 하나님의 자녀들의 수효 중에 들게 되고 하나님의 자녀로서의 모든 특권을 누릴 권리를 갖게 되는 것입니다."[93] 하이델베르그 교리문답은 그리스도의 아들됨과 우리가 하나님의 양자녀들이 됨을 다음과 같이 구별한다. "그리스도만이 홀로 하나님께로부터 직접 출생하신 영원한 아들이다. 그러나 우리는 그리스도 덕분에 은혜로 인하여 입양됨으로 하나님의 자녀들이 되었다."[94] 우리를 의롭다 하실 때 우리를 양자녀들로 삼으신 분은 성부 하나님이시다. 여기서 나는 하나님의 구속적 부격(아버지 되심)을 말하고 있다. 신약성경은 다음과 같은 말로 그것을 찬양하고 있다. "보라 아버지께서 어떠한 사랑을 우리에게 주사 하나님의 자녀라 일컬음을 얻게 하셨는고"(요일 3:1) 이것은 우리가 말하는 하나님의 보편적 부격, 즉 우주만물을 창조하심으로 인하여 모든 인류의 아버지가 되시는 것과는 마땅히 구별되어야 한다.

그러면 양자됨의 교리의 성경적 근거는 무엇인가? 엡 1:5~6은 "그 기쁘신 뜻대로 우리를 예정하사 예수 그리스도로 말미암아 자기의 아들들이 되게 하셨으니 이는 그의 사랑하시는 자 안에서 우리에게 거저 주시는 바 그의 은혜의 영광을 찬미하게 하려는 것이다"고 기록되어 있다. 여기서 우리가 우리가 하나님의 자녀들로 입양된 것

---

92) Eduard Schweizer, "*huiothesia*," TDNT, 8:397-98; cf. also VGT, PP. 648-49.
93) Question 34. Text from Schaff, *Creeds of Christendom*, 3:683.
94) Heidelberg Catechism, Q. 33. From the older translation, found in Schaff, *Creeds*, 3:318.

은 하나님의 영원한 예정에 그 근원을 두고 있으며, 하나님의 은혜의 영광을 찬양하는 것을 그 목표로 하고 있다는 것을 주목해야 한다.

갈라디아서 4:4~7에서 바울은 우리의 양자됨의 의미를 정통한 솜씨로 설명하고 있다.

"때가 차매 하나님이 그 아들을 보내사 여자에게서 나게 하시고 율법 아래 나게 하신 것은 율법 아래 있는 자들을 속량하시고 우리로 아들(huiothesian)의 명분을 얻게 하려 하심이라 너희가 아들인고로 하나님이 그 아들의 영을 우리 마음 가운데 보내사 아바 아버지라 부르게 하셨느니라 그러므로 네가 이 후로는 종이 아니요 아들이니 아들이면 하나님으로 말미암아 유업을 이을 자니라"

"율법 아래 태어나다"(즉, 율법 준수의 의무를 지다)는 말은 그리스도의 능동적 혹은 율법 준수의 순종을 시사한다. 바울이 여기서 우리에게 가르치는 것은 그리스도께서 율법 아래 있는 자들(즉, 그의 백성)을 그들이 지킬 수 없었던 율법의 속박으로부터 구원하기 위해서 우리를 대신하여 율법을 지키신 것이다.

그리고 그리스도의 이 율법 준수의 순종은 이제 우리의 양자됨과 결부되어 있다. "우리로 아들의 명분을 얻게 하심이라"—말하자면, 우리가 하나님에 의해 그의 자녀들로 입적되어서 그 자녀됨에 내포된 모든 권리를 받도록 하기 위함이다. 이렇게 자녀됨을 받는 것은 성령을 받는 것에 동반되며, 성령께서는 우리의 마음과 삶에 그리스도께서 우리를 위해 획득하신 그 구속을 적용하시는 것이다. 그 영은 우리가 믿음으로 우리의 양자됨을 받아들일 수 있도록 할 뿐만 아니라 하나님을 우리 아버지라고 부름으로써 우리의 양자됨을 표현할 수도 있게 하신다. 그리고 우리는 하나님에 의해 하나님의 아들들과 딸들로 입양되었으며 또한 하나님의 상속자가 되었기 때문에 그 자녀됨에 따르는 모든 특권과 혜택들을 누릴 자격을 갖게 된 것이다. 이렇게 그리스도 안에서 갖게 된 우리의 풍요함을 어찌 표현할 수 있으리요?

갈라디아서의 것과 어느 정도 유사하면서 우리의 양자됨을 감동적으로 표현하는 구절들은 로마서 8:15~17이다.

"너희는 다시 무서워하는 종의 영을 받지 아니하였고 양자(huiothesias)의 영을 받았으므로 아바 아버지라 부르짖느니라 성령이 친히 우리 영으로 더불어 우리가 하나님의 자녀인 것을 증거하시나니 자녀이면 또한 후사 곧 하나님의 후사요 그리스도와 함께한 후사니 우리가 그와 함께 영광을 받기 위하여 고난도 함께 받아야 될 것이니라"

바울은 "양자의 영"을 신자들이 인도함을 받는 성령의 의미로 말한다(롬 8:14). 그리스도 안에 있는 우리 모두는 그 영을 받았으며 그 영을 통하여 우리는 기쁨으로 하나님을 우리 아버지라 부르는 것이다. 그 동일한 성령이 우리가 실제적으로 하나님의 자녀들임을 우리 자신의 영들과 더불어 계속하여 증거하신다(여기의 동사 *symmartyrei*는 "증거하다"로 번역되는데 현재 시제로서 계속된 동작을 의미한다). 그리고 이 증거는 말씀을 통하여, 생활의 체험을 통하여, 또한 매일 맛보는 자비와 매 시간마다 주시는 힘과 변치 않는 기쁨을 통하여 우리에게 전달된다. 다시 한번 바울은 자녀인 우리가 또한 상속자들임을 강조한다. 그러나 이제는 새로운 사실을 하나 더 하여 우리가 그리스도와 함께 공동 상속자들임을 밝힌다. 히브리서 1:2에 의하면 그리스도는 "만유의 후사"로 세워졌다. 그러므로 그리스도가 상속받은 것은 은혜롭게도 당연히 우리의 것이 되었다. 그러면 그렇게 상속받은 것이 어디에 존재하는가? 그것은 "그리스도와 함께 영광을 받는 것"(롬 8:17), "영생의 소망"(딛 3:7), "그리스도의 나라"(엡 5:5)를 의미하며, 곧 "썩지 않고 더럽지 않고 쇠하지 아니하는 기업"인데 우리를 위하여 하늘에 간직하셨다(벧전 1:4).

그러나 이 양자됨은 종말론적인 면을 또한 지니고 있다. 로마서

8:23에 보면 우리는 성령의 처음 익은 열매를 이미 받았지만 "양자(huiothesian)될 것 곧 우리 몸의 구속을 간절히 기다린다." 여기서 바울은 양자됨이란 것이 우리가 지금 누리고 있는 것 뿐만 아니라 우리가 아직 소유하지 못한 무엇이라고 말한다. 우리가 이미 하나님의 아들들과 딸들이지만 "우리가 그의 계신 그대로 볼 것이기 때문에 그와 같게 될"(요일 3:2) 때를 기쁘게 기대하면서, 죄의 모든 결과들로부터 그리고 우리에게 지금 괴로움과 압박을 가하고 있는 모든 제약들로부터 몸의 완전한 구원을 간절히 기다리고 있다. 다른 말로 하면 우리의 자녀됨은 너무 영광스러워 말로는 표현할 수 없는 미래를 즐거움으로 기대하는 것이다.

우리가 하나님의 자녀들로 입양되면 어떤 혜택들이 뒤따르는가? (1) 이제 우리는 확신을 가지고 은혜의 보좌에 나아갈 수 있는 권세를 가진다(히 4:16, 요일 5:14). (2) 우리가 하나님의 방호와 보호의 복을 누리게 된다(마 6:25~34, 벧전 5:7). (3) 우리가 여전히 겪어야 하는 역경들은 우리의 죄에 대한 형벌이 아니라 하나님의 아버지로서의 훈육이다(히 12:5~11). (4) 우리는 성령으로 인쳐졌으며 그래서 하나님의 능력으로 지켜진다(고후 1:22, 엡 1:13; 4:30).[95]

---

95) 양자의 교리에 관해서는 다음과 같은 것들을 참고하라. R. A. Webb, *The Reformed Doctrine of Adoption* (Grand Rapids: Eerdmans, 1947), John Murray, "Adoption," in *Redemption-Accomplished and Applied* (Grand Rapids: Eerdmans, 1955), pp. 165-73; James Cook, "The Concept of Adoption in the Theology of Paul," in James Cook, ed., *Saved by Hope* (Grand Rapids: Eerdmans, 1978), pp. 133-40; T. Rees, "Adoption; Sonship," ISBE, 1:53-55; P. H. Davids, "Adoption," EDT, p. 13. A pastorally helpful discussion can be found in James Packer, *Knowing God*, pp. 181-208.

8. 영생의 권리

이제 우리가 살피고자 하는, 칭의의 두번째 적극적인 혜택은 영생에 대한 우리의 권리이다. 이것 역시 우리가 하나님의 양자된 결과들 중의 하나이다. 갈라디아서 4:7에서 우리가 배운 것은 우리가 그리스도 안에 있으면 더이상 종들이 아니라 하나님의 아들들과 딸들이며, 그러므로 또한 하나님께서 우리를 상속자로 삼으셨다는 사실이다. 더 나아가서 디도서 3:7에서 바울은 우리의 상속자 됨이 곧 영생에 대한 권리를 의미하며 이 권리는 우리가 의롭다고 인정받음으로 말미암은 열매들 중의 하나라고 말한다. 즉 하나님이 우리를 구원하신 것은 "우리로 저의 은혜를 힘입어 의롭다 하심을 얻어 영생의 소망을 따라(가진) 후사가 되게 하려 하심이라."

영생은 자기의 아들을 믿는 모든 자들에게 주시는 하나님의 선물이다(요 3:16). 그러나 또한 영생은 예수 그리스도께서 그의 백성들에게 주시는 것으로 사도 요한이 이렇게 묘사했다. "내가 저희에게 영생을 주노니 영원히 멸망치 아니할 터이요"(요 10:28). 사실 요한은 믿음을 통해 백성들이 영생을 얻도록 인도하는 것이 자신의 복음(요 20:31)과 서신(요일 5:13) 둘 다의 주된 목표라고 단언했다.

영생(aionios zoe)은 성경에서 육체적 목숨과 대조되며, 육체적 목숨은 때때로 헬라어 bios로 묘사된다. 그래서 예를 들자면 누가복음 8:14에서 예수님은 복음을 듣는 어떤 부류의 사람들을 "듣기는 하지만 자기의 길을 계속 가면서 이생(bios)의 염려와 재리와 일락에 기운이 막혀 온전히 결실치 못하는 자들"로 묘사한다. 영생은 단순한 육체적 생명과는 기간 뿐만 아니라 질에 있어서도 차이가 난다. 예수님이 소위 대제사장의 기도에서 "영생은(그리스도의 백성들이) 곧 유일하신 참 하나님과 그의 보내신 자 예수 그리스도를 아는 것이니이다"(요 17:3)라고 말씀하실 때 이것을 분명히 하신다.

그러므로 영생은 신약에서 현재 소유하는 것이며 또 미래의 소망인 것으로 함께 서술된다. 영생이 현재 소유하는 것이라는 사실은 "아들을 믿는 자는 영생이 있고"라는 요한복음 3:36에 분명히 진술되어 있다. 바울은 이 점을 목회적 권면의 기초로 삼아서, "네가 그것을 위하여 부르심을 입은 그 영생을 계속 붙잡고 있으라(개역의 "영생을 취하라"는 번역은 오히려 영생을 소유하지 못하고 있는 상태를 전제로 하는 것처럼 들린다, 역자 주)"(딤전 6:12)고 하였다.[96]

그러나 만약 이 생명이 우리가 죽을 때 끝나는 현재의 복일 뿐이라면 그것을 영원하다고 부르는 것은 아무런 의미가 없을 것이다. 그러나 사실 그것은 미래의 소망이기도 하다. 따라서 예수님은 "저희는 영벌에 의인들은 영생에 들어가리라"(마 25:46)는 말씀으로 마지막 심판에 대한 극적인 묘사를 마치셨다. 그리고 요한은 예수님께서 "자기 생명(psychen)을 사랑하는 자는 잃어버릴 것이요 이 세상에서 자기 생명(psychen)을 미워하는 자는 영생(zoen aionion)하도록 보존하리라"(요 12:25)고 말씀하신 것을 전한다.[97]

그러므로 그리스도에 의해 우리가 그것을 받을만한 자격이 생겼고 우리가 칭의될 때 우리에게 부여되었던 영생의 권리는 하나님의 양자된 복과 마찬가지로 현재와 함께 미래의 것을 함께 가리킨다. 질적인 면으로 말하자면 우리는 영생을 현재 여기에서 소유하고 있는데, 그것은 하나님의 놀라운 은총을 깨달으며, 신뢰하고 예배하며 기도하고 찬송하는 중에 그와의 귀중한 교제를 체험하는 것이다. 그러나 우리가 지금 그것을 소유하고 있는 것은 다가올 대추수의 단지 첫열매로서만이다. 몸의 부활 후에 우리는 전적으로 충만하고 완전한 영생을 누리게 될 것이다. 그때 믿음은 직접 보는 것으로 바뀌게 되고 죽음과 슬픔은 잊혀질 것이며, 우리가 하나님을 온전히 알게 되며 하나님을 온전히 즐기고, 또한 하나님을 온전히 섬기는 상태에

---

96) 요한복음 5:24; 6:40; 6:54; 12:50(RSV); 17:3; 요한1서 5:13을 보라.
97) 마가복음 10:29~30; 누가복음 18:29~30; 갈라디아서 6:8; 유다서 1:1~2.

이르게 될 것이다. 그리고 그 상태가 결코 끝이 없으니 하나님을 찬양하라![98]

9. 믿음과 칭의와의 관계

이 관계를 신약은 세가지 표현 방법으로 묘사하고 있다. 우리는 "믿음으로 말미암아, 믿음으로"(ek pisteos, through faith) 또는 "믿음으로"(dia pisteos or pistei, by faith) 의롭게 된다고 한다. 다음의 예들을 주의해 보라. (1) ek pisteos: "그러므로 우리가 믿음으로 의롭다 하심을 얻었은즉 우리 주 예수 그리스도로 말미암아 하나님으로 더불어 화평을 누리자"(롬 5:1) (2) dia pisteos: "사람이 의롭게 되는 것은 율법의 행위에서 난 것이 아니요 오직 예수 그리스도를 믿음으로 말미암는 줄 아는고로"(갈 2:16) (3) pistei: "그러므로 사람이 의롭다 하심을 얻는 것은 율법의 행위에 있지 않고 믿음으로 되는 줄 우리가 인정하노라"(롬 3:28).

이상의 각각의 표현은 무엇을 강조하는가? Ek는 "…에서 밖으로"(out of) 혹은 "…을 통해서"(through)의 의미인데 이것은 그 믿음이 이 칭의를 자기의 소유로 받아들이는 "도구(기구)"라는 사실을 강조한다. dia pisteos 와 pistei(명사 pistis의 여격 단수) 둘 다 우리가 믿음의 수단으로 의롭게 된다는 생각을 나타낸다. 그러나 한가지의

---

[98] 영생에 관해서는 다음과 같은 글들을 보라. R. Bultmann, "The Concept of Life in the New Testament," TDNT, 2:861-72; G. E. Ladd, "Eternal Life," *A Theology of the New Testament*(Grand Rapids: Eerdmans, 1974), pp. 254-59; H. G. Link, "Life," *New International Dictionary of New Testament Theology*, ed. Colin Brown(Exeter: Paternoster, 1976), 2:480-84; J. F. Walvoord, "Eternal Life," EDT, pp. 368-69; R. J. Wallace, "Eternal," ISBE, 2:160-62; E. F. Harrison, "Life," ISBE, 3:129-34.

표현 방법 *dia ten pistin*(on account of, "때문에" 혹은 "…으로 인하여")은 신약성경에 전혀 등장하지 않는다는 것을 깨닫는 것이 중요하다. 말하자면 믿음을 우리가 칭의될 수 있는 공로적인 근거로는 절대 말하지 않는다.

그러면 우리는 칭의와 믿음과의 관계를 어떻게 표현해야 하는가? 이 관계를 설명하기 위해서 여러 단어들이 사용되어 왔다. 칼빈은 믿음을 그릇에 비유하여 말하기를, "우리는 믿음을 일종의 그릇으로 비유한다. 왜냐하면 우리가 자신을 비우고 우리 영혼의 입을 열어 그리스도의 은총을 갈구하지 않으면 우리가 그리스도를 영접하는 것이 불가능하기 때문이다"라고 했다.[99] 벨직 고백서는 믿음을 도구라 칭하여 "믿음은 그것으로써 우리의 의이신 그리스도를 받아들이는 도구일 뿐이다"라고 하였다.[100] 존 머레이(John Murray)는 믿음을 하나의 수단으로 말하여 "믿음은 칭의와의 관계에서 분리될 수 없는 수단이다"라고 한다.[101] 제임스 패커(James Packer)의 말을 빌면 믿음은 "그리스도를 영접함으로 의를 받아들이기 위해 앞으로 내민 빈손이다."[102] 믿음이 칭의의 공로적인 근거로 말해지지 않는 한은 이런 표현들 중 어느 것이라도 사용될 수 있다.

이 문제는 하이델베르그 교리문답 61문에 잘 나타나 있다.

왜 당신은 오직 믿음으로만 당신이 의롭게 된다고 말하는가?

내가 하나님께 받아들여질 수 있는 것은 내 믿음의 가치 때문이 아니라 오직 그리스도의 대속과 의와 거룩하심이 하나님 앞에서 나의 의가 되기 때문이다. 그리고 나는 다른 어떤 방법으로는 절대 아니되

---

99) Inst., III. xi. 7.
100) Belgic Confession, Article 22(1985 trans.).
101) *Redemption*, p. 159.
102) "Justification," EDT, p. 596.

고 오직 믿음으로만 그리스도의 그것을 받아들여 내 자신의 것으로 만들 수 있다.[103]

우리의 칭의의 근거에 대해서 한 마디 해야 한다. 그 근거는 우리의 덕있는 행실들이 혹은 "불완전한 믿음의 순종"도 아니다.[104] 또한 우리가 정확히 아는 바대로 우리의 믿음이라는 가치있는 일도 아니다.[105]

창세기 15:6, "아브람이 여호와를 믿으니 여호와께서 이를 그의 의로 여기시고" 그리고 신약에서 이 구절을 인용한 것들[106]을 처음 보면 이런 믿음이 어떤 의미에서는 우리의 칭의의 근거임을 시사하는 것처럼 보일지도 모른다. "그의 의로 여기시고"라는 것은 생각컨대 아브라함의 믿음이 그럴만한 가치가 있어서 의롭게 여김을 받을 만했거나 자기의 의를 획득한 것으로 고려되었다는 의미로 해석될지도 모른다. 그러나 반면에 그 문제에 대해서 신약의 가르침이 비평하는 전부는 그런 해석을 기각해 버린다. 이와 관련된 성경 본문들을 연구하면서 우리가 알게 된 것처럼 우리가 행하는 어떤 것도 그것을 근거로 하나님이 우리를 의롭다고 하실 수 있는 공로가 결코 될 수 없다. 제임스 패커(James Packer)는 그것을 다음과 같이 잘 설명했다.

바울이 이 절(창 15:6)을 아브라함의 믿음이 의로 간주되었다(롬 4:5, 9, 22)는 가르침으로 쉽게 설명하여 쓸 때 우리가 깨닫도록 그가

---

103) Text from Schaff, *Creeds*, 3:327.
104) Canons of Dort, II, Rejection of Errors, Par. IV(1986 trans.).
105) Heidelberg Catechism, Q. 61.
106) "Abraham believed God, and it was credited to him as righteousness" (Rom. 4:3); cf. also Romans 4:5, 9, and 22; Galatians 3:6; and James 2:23.

의도한 것 전부는 바로 이것이다. 즉 믿음이란 하나님의 은혜로운 약속을 단호하게 전심으로 의지하고 신뢰하는 것(18절 이하)으로서 그에게 전가되는 의의 수단과 계기가 되었다. 여기에는 믿음이 칭의의 근거가 된다는 어떠한 암시도 없다.[107]

그러면 우리의 칭의의 근거는 무엇인가? 여러가지 의견들이 개진되었다. 예를 들면 존 스토트(John Stott)는 그리스도의 고난받는 순종을 강조하면서 그리스도의 피라고 주장한다.[108] 존 머레이(John Murray)는 그리스도의 율법 준수의 순종을 강조하면서 그리스도의 순종이라고 확언한다.[109] 루이스 벌코프(Louis Berkhof)와 같이 우리의 칭의의 근거는 예수 그리스도의 완전한 의라고 말하는 것이 아마 가장 좋을 것이다.[110] 그리스도의 완전한 의라는 것은 그가 우리의 죄들이 받아 마땅한 형벌들로 고난받으시면서 또한 우리를 대신해서 하나님의 율법을 온전히 지키시면서 그리스도가 우리를 위해 하신 모든 것을 의미한다. 이 완전한 의라는 것은 믿음을 통하여 그리스도와 함께 하나가 되었을 때 우리에게 전가되거나 우리의 것으로 계산되는 것인데 이것이 바로 우리의 칭의를 위해서 전적으로 충분한 근거가 되는 것이다.

이제 우리는 루터가 믿음으로 칭의된다는 교리를 재발견했을 때 왜 그의 영혼 속에서 종들이 울려대기 시작했는지를 더욱 분명하게

---

107) "Justification," EDT, p. 596. 이것과 관련해서 나는 로마서 3:30 상반부에 대한 RSV의 번역에 강한 이의를 갖는다. "그(하나님)가 믿음으로 인하여 할례자들을 의롭게 하실 것이다"(롬 3:30, RSV). *ek pisteos*에 관한 이 번역은 어떤 의미에서 믿음이 우리의 칭의에 대한 근거라고 확실히 주장하는 것 같다.
108) *The Cross of Christ*, p. 140.
109) *Redemption*, p. 154.
110) Berkhof, ST, P. 523.

알게 되었다. 여기에 실로 복음의 심장이 있으며, 이곳에 낙원으로
통하는 관문이 있도다.

>어느 곳위에 내 소망을 두리오
>예수의 피와 의로우심밖에는 없다오,
>내가 어찌 달콤한 기분을 의지하리오
>오직 예수의 이름을 의지할 뿐이라오.
>
>그리스도 위에, 그 견고한 반석위에 내가 선다오
>다른 모든 기초는 힘없이 무너지는 모래밭이니. [111]

---

[111] 칭의에 관한 교리에 대해서는 다음과 같은 글들을 보라. John Owen, *Justification by Faith*(1677; Grand Rapids: Sovereign Grace Publishers, 1959); Berkhof, ST, pp. 510-26; Edward Boehl, *The Reformed Doctrine of Justification*, trans. C. H. Riedesel(1890; Grand Rapids: Eerdmans, 1946); G. C. Berkouwer, *Faith and Justification*, trans. L. B. Smedes(Grand Rapids: Eerdmans, 1954); Markus Barth, *Justification*, trans. A. N. Woodruff III(Grand Rapids: Eerdmans, 1971); J. I. Packer et al., *Here We Stand: Justification by Faith Today*(London: Hodder and Stoughton, 1986).

제 12 장

성 화[1]

구약시대에 하나님은 모세에게 다음과 같이 이스라엘 백성들에게 전하라고 말씀하셨다: "너희는 거룩하라 나 여호와 너희 하나님이 거룩함이니라"(레 19:2). 베드로는 그의 첫째 서신에서 "오직 너희를 부르신 거룩한 자처럼 너희도 모든 행실에 거룩한 자가 되라 기록하였으되 '내가 거룩하니 너희도 거룩할찌어다' 하셨느니라"(벧전 1:15~16)라고 되풀이해서 말했다. 하나님은 그 자신이 거룩하기 때문에 그의 형상대로 창조함을 받은 우리들에게도 역시 거룩해지기를 바라신다. 우리는 성도들을 거룩하게 하시는 하나님의 사역을 성화(sanctification)라고 부른다.

1. 정의

우리는 우리의 책임있는 참여를 포함하여 하나님의 형상에 따라서

---

[1] Melvin E. Dieter, Anthony A. Hoekema, Stanley M. Horton, J. Robertson McQuilkin, and John F. Walvoord (*Five Views on Sanctification*) 개정 증보판. "The Reformed Perspective"(개혁주의 전망)을 다룬 장 참고. Copyright© 1987 by the Zondervan Corporation. Used by permission.

죄의 오염으로부터 우리를 건지시며, 우리의 본성 전체를 새롭게 하시어서 우리가 주님을 즐겁게 하는 삶을 영위할 수 있도록 하시는 성령의 은혜로운 역사를 성화라고 정의한다.

　나는 이런 일차적인 정의에 입각해서 우선 성화란 죄의 오염(pollution)과 관계가 있다고 생각한다. 우리는 일반적으로 죄와 관련하여 죄책과 오염을 구별한다. 우리는 이런 죄책(guilt)에 의해서 하나님의 율법을 위반하였기 때문에 정죄를 받아야 하며 또 형벌을 면할 수 없는 상태에 있음을 깨닫는다. 그러나 하나님의 선언적 행위인 칭의에 의해서 우리의 죄책은 예수 그리스도의 속죄 사역의 토대 위에서 제거되었다.[2] 그렇지만 죄의 오염 때문에 우리는 우리의 본성이 부패하고 또 이로 인해 계속 범죄하게 됨을 깨닫는다. 우리의 시조가 처음 타락한 결과로 인해 우리 모두는 부패한 상태로 태어난다; 우리가 지은 죄는 부패를 초래할 뿐만 아니라 역시 부패를 증가시킨다. 그러나 비록 오염이 가까운 장래에 완전히 제거되지 않을지라도 성화에 의해서 제거되는 과정 속에 있다.

　더욱이 성화는 우리 본성을 새롭게 하는 데 영향을 미친다. 즉 본체상의 변화라기보다는 오히려 방향상의 변화라 할 수 있다. 성화의 주체가 되시는 하나님은 전에 우리가 소유했던 것과 전적으로 다른 어떤 능력과 재능을 우리에게 부여하시지 않으신다. 오히려 하나님은 우리에게 주신 은사들을 죄된 방법 대신 올바른 방편으로 사용하도록 역사하신다. 성화는 하나님께 영광돌리는 방편으로 생각하고 결심하며 사랑할 수 있는 능력을 우리에게 부여한다. 즉 주님을 본받아 하나님과 같이 생각하며, 하나님의 뜻대로 순종할 수 있도록 해준다.

　성화는 역시 하나님을 즐거워하며 살 수 있게 된다는 것을 의미한다. 일반적으로 우리의 성화를 위해서 하나님은 우리로 하여금 선한

---

2) 제 11장. 칭의와 성화의 차이점을 참고하라.

일을 수행할 수 있도록 역사하신다고 일컬어진다. 이들 선행들은 구원을 위한 공로가 될 수 없으며, 또 어떤 오점이나 결함이 없이 완전하게 수행되지 않는다. 그러나 선행은 필수적이다. 사실 선행은 에베소서 2:10에서 우리 구원의 열매로서 묘사되었다. "우리는 그의 만드신 바라 그리스도는 예수 안에서 선한 일을 위하여 지으심을 받은 자니 이 일은 하나님이 전에 예비하사 우리로 그 가운데 행하게 하려 하심이니라." 달리 표현해서 우리는 우리의 선행 때문에 구원받은 것이 아니라 선행들을 위하여 구원받았다. 그러나 선행이라는 표현이 어떤 공로적인 것으로 해석되어질 수 있기 때문에(즉, 우리가 하루 동안 이런저런 선을 행해야 함을 암시하게 되는 경우처럼) 나는 성화가 우리로 하여금 하나님을 즐거워하며 살 수 있도록 해준다고 말하는 것을 더 좋아한다.

2. 거룩의 성경적 의미

"성결하게 하다"라는 단어(sanctify)는 "거룩하게 하다"(이 말은 "거룩하다"는 sanctus와 "만든다"는 focere의 두 라틴 말에서 유래함)는 의미가 있기 때문에 우리는 성경이 인간 존재 속에 있는 거룩에 대해서 어떻게 가르치고 있는지 다음에 관찰해야 한다. 거룩(holy)이라는 구약의 주된 단어는 콰데쉬(qadosh)인데 이 단어로부터 동사와 명사가 유래하였다. 이 단어의 근본적인 의미는 "다른 것으로부터 분리, 즉 어떤 영역이나 범주 속에 있는 일반적이고 세속적인 사물이나 사람으로부터의 구별이다. 초기에 기록된 구약성경에는 하나님 백성들의 거룩이 보통 의전적인(ceremonial) 용어로 정의되었다. 즉 거룩은 제사장들이 그들의 특별한 직무를 위해서 구별되게 있는 경우와, 백성들이 제사의식을 통하여 자신을 성결하게 하는 방편으로 기술되었다. 그러나 후대에 기록된 구약성경, 특히 시편이나 선지서에는 하나님 백성들의 거룩이 근본적으로 의롭게 살고, 진리를 말하며, 정직하게 행동하며, 자비를 베풀고, 하나님과 겸손하게 동행하는(시 15:1~2; 미 6:8) 행위가 포함된 윤리적인 용어로 묘사되었다. 그러므로 콰데쉬라는 단어가 우리에게 전달하는 의미는 다음과 같다. 하나님의 백성은 하나님께 봉사하기 위하여 구별되게 있어야 하며, 하나님을 노엽게 하는 일이라면 무엇이든지 피해야 한다.

거룩에 관한 신약의 중요한 용어는 하기오스(hagios)이며, 이 단어는 파생된 용어이다. 비록 다양한 의미로 사용되었지만 가끔 이 단어는 에베소서 5:25~26에 기록된 바와 같이 신자들의 성화를 묘사한다. "그리스도께서 교회를 사랑하시고 교회를 위하여 자신을 주셨으니 이는 곧…거룩하게(hagiase) 하시고…" 신약에서 거룩이 이같은 의미로 사용됨에 있어서는 다음과 같이 두가지 의미를 지닌다. (1) 현재 이 세상의 죄된 행위로부터의 구별이다. (2) 하나님께 봉사하기 위한 성별이다. 고로 일반적인 생각과는 달리 성경적 의미에 있어서 거룩은 범죄하지 않고 거룩하게 산다는 의미보다는 오히려 죄 가운데 있는 모든 것으로부터의 영적인 성별이며, 전적으로 하나님께 헌신해야 한다는 것을 의미한다.[3]

다음으로 우리는 우리의 거룩을 위한 방편에 대해서 성경이 가르치는 바를 추구하고자 한다. 우리는 우선 그리스도와 함께 연합한 가운데(in union with Christ) 우리가 거룩해 진다는 것에 대해서 주의해야 한다. 바울은 우리가 그리스도의 죽음과 부활 안에서 그와 함께 연합되었기 때문에 거룩하게 되어진다고 가르친다. 어떤 바울의 반대자들은 이신칭의에 관한 그의 가르침을 비평하기 위해서 은

---

3) Johannes G. Vos, *The Separated Life; A Study of Basic Principles* (Philadelphia; Great Commission Publications, n. d.) 그리스도인의 구별된 삶에 관한 간단하면서도 예리한 연구서임. 이 책임에서 보스는 성도의 구별된 생활은 근본적으로 어떤 물질적인 것으로부터 분리라고 주장하는 신자에 대조하여 성경이 죄된 행동 자체로부터 영적인 분리를 요구한다고 주장한다.

혜를 더하게 하기 위해서 계속 죄 가운데 살자(참고, 롬 6:1)고 하면서 바울의 가르침을 왜곡시킨다. 이에 대해서 바울은 "그럴 수 없느니라 죄에 대하여 죽은 우리가 어찌 그 가운데 더 살리요?"(2절)라고 대답한다. 바울은 우리를 위해서 십자가에서 죽은 그리스도와 함께 연합된 우리는 죄에 대하여 죽었다고 계속 증거한다. "그러므로 우리가 그의 죽으심과 합하여 세례를 받음으로 그와 함께 장사되었나니…우리 옛 사람이 예수와 함께 십자가에 못 박힌 것이다"(롬 6:4~6). 그러므로 성화는 죄에 대하여 단번에 죽으신 그리스도 안에서 그리고 그리스도와 함께 죄에 대하여 죽은 것으로 이해되어져야 한다(롬 6:10).

그리고 같은 장에서 바울은 역시 그리스도의 부활 안에서 우리가 그와 함께 연합한다고 다음과 같이 증거한다:

    우리가 그의 죽으심과 합하여 세례를 받으므로 그와 함께 장사되었나니 이는 아버지의 영광으로 말미암아 그리스도를 죽은 자 가운데서 살리심과 같이 우리로 또한 새 생명 가운데서 행하게 하려 함이니라 만일 우리가 그의 죽으심을 본받아 연합한 자가 되었으면 또한 그의 부활을 본받아 연합한 자가 되리라(롬 6:4~5).

지금 우리는 그리스도와 함께 부활했으며, 그와 함께 그의 부활의 생명을 분배받았기 때문에 새 생명으로 살도록 부르심을 받았다. 이같은 사실이 골로새서 3:1에도 언급되었다. "그러므로 너희가 그리스도와 함께 다시 살리심을 받았으면 위엣 것을 찾으라 거기는 그리스도께서 하나님 우편에 앉아 계시느니라"(참고, 엡 2:4~6). 이같은 짧은 구절들이 그리스도가 우리 위해 죽으셨고, 또 우리를 위해 부활했을 뿐만 아니라 우리는 그와 함께 죽고 살아남, 즉 죄에 대해서는 그와 함께 죽었으며 새 생명에 대해서는 그와 함께 부활하였다고 고백해야 할 것을 우리에게 상기시키고 있다.

우리는 그리스도와 함께, 보다 더 완전하고 충분한 연합을 통하여 성화되어 간다. 바울은 우리를 위한 하나님의 계획이란 곧 "오직 사랑 안에서 참된 것을 하여 범사에 그에게까지 자랄지라 그는 머리니 곧 그리스도라"(엡 4:15)라고 우리에게 말한다. 바울은 성화란 단지 각자 개별적으로 고립된 상태에서 이루어지는 것이 아니라 하나님 백성의 전체적인 공동 생활체 속에서 진보한다는 것을 계속 명백히 강조하고 있다. "그에게서 온 몸이 각 마디를 통하여 도움을 입음으로…그 몸을 자라게 하며 사랑 안에서 스스로 세우느니라"(엡 4:16). 우리가 그리스도에게로 점점 성장함으로써 우리는 서로에게 영향을 주며 같이 성장한다. 우리는 우리와 같이 그리스도 안에 있는 성도들과의 교제를 통하여 성화되어 간다.[4]

그리스도와 함께 연합한 가운데 우리의 성화는 진보한다. 이 점이 고린도전서 1:30에 훌륭하게 요약되어 있다. "너희는 하나님께로부터 나서 그리스도 예수 안에 있고 예수는 하나님께로서 나와서 우리에게 지혜와 의로움과 거룩함과 구속함이 되셨다." 여기 "거룩"이라고 번역된 단어는 헬라어로 하기아스모스(hagiasmos)이다. 이 단어가 다른 영어 성경(KJV. ASV. NASB. RSV)에서는 "성화"라고 번역되었다. 여기서 바울은 놀랍게도 우리를 사로잡고 있다. 바울이 말한 그리스도는 우리에게 성화를 가지고 왔을 뿐만 아니라 우리의 성화이시다. 만약 우리가 그리스도와 함께 연합되었다면 우리는 성화되어지는 과정에 있다. 즉 우리가 성화되어질 수 있는 유일한 방법

---

4) 사실 여러 성도들과의 교제는 성화의 가장 중요한 수단 중의 하나라고 생각된다. 우리 기독교인 생활에 있어서 영적인 성장은 우리 스스로에 의해서가 아니라 그리스도 몸의 지체들과의 교제를 통해서 이루어진다. 우리는 상호간에 격려하며, 서로 바르게 하며, 서로 같이 슬퍼하고 기뻐한다. 그리고 우리는 서로를 위하여 본보기가 된다. 이와 관련하여 다음 책을 참고하라. Dietrich Bonhoeffer의 약간 고전적인 책, *Life Together*, John W. Doberstein 번역(New York: Harper and Row, 1954); 역시 나의 저서 *The Christian Looks at Himself*(Grand Rapids: Eerdmans, 1975). 제 9장과 12장을 참고하라.

은 그리스도와 함께 연합을 통해서이다. 칼빈은 이 점을 훌륭하게 설명하였다. "우리가 그리스도 밖에 있고 그로부터 떠나 있는 한 아무리 그가 인류의 구원을 위하여 고난을 받고 일을 수행했다 해도 그 모든 것이 우리에게 아무 유익이나 가치가 없다는 사실이다."[5]

우리는 역시 진리로 말미암아 거룩해진다. 예수는 소위 그의 대제사장적 중보 기도를 통해서 그의 제자들을 위해 다음과 같이 기도하셨다. "저희를 진리로(또는 진리에 따라서) 거룩하게 하옵소서 아버지의 말씀은 진리니이다"(요 17:17). 하나님의 구원의 진리를 증거하기 위해서 이 땅에 오신 그리스도는 그의 구속적 진리의 영역 속에 있는 그의 제자들을 성부께서 지켜주시도록 기도하셨다. 이제 그리스도는 그의 진리가 하나님 말씀 속에서 발견되는 이 땅에 더이상 계시지 않으신다. 그러므로 그리스도는 "당신의 말씀은 진리니이다" 라고 말씀하셨다. 이제 우리는 하나님 말씀인 성경을 통하여 거룩해지는 가운데 성장해야 한다. 하나님께서 그의 백성을 성화시키는 중요한 방편 중의 하나가 성경이다. 이 점을 디모데후서 3:16~17에서 명백히 가르친다. "모든 성경은 하나님의 감동으로 된 것으로 교훈과 책망과 바르게 함과 의로 교육하기에 유익하니 이는 하나님의 사람으로 온전케 하며 모든 선한 일을 행하기에 온전케 하려 함이니라." 나는 이 장 후반부에서 우리의 성화에 대한 하나님 말씀의 역할을 논의할 것이다.

성경은 역시 우리가 신앙에 의하여 성화된다고 가르친다. 종교개혁 속에서 선언된 가장 중요한 진리 중의 하나는 이신칭의였다. 고로 우리는 믿음에 의하여 성화된다고 하는 점도 역시 동등한 진리이다. 바울은 다메섹으로 가는 도중에 자기에게 나타나셔서 말씀하신 예수

---

5) *Inst.*, III. i. 1. 그리스도와의 연합과 성화의 관계에 대하여, 역시 아래 책들을 보라. James S. Stewart, *A Man in Christ* (New York: Harper, 1935), 그리고 Lewis B. Smedes, *Union with Christ* (Grand Rapids: Eerdmans, 1983).

님의 말씀을 생생하게 증거하였다. 바울은 "그 눈을 뜨게하여 어두움에서 빛으로 사탄의 권세에서 하나님께로 돌아가게 하고 죄 사함과 나를 믿어 거룩하게 된 무리 가운데서 기업을 얻게…"(행 26:18) 할 목적으로 그리스도가 자기를 이방인에게로 보내셨다고 말하였다. 헤르만 바빙크는 "신앙은 성화의 뛰어난 방편이다"고 말했다.[6]

신앙은 어떻게 성화의 방편이 되는가?

첫째, 우리는 믿음으로 그리스도와 우리의 연합을 계속 유지한다. 전적으로 하나님의 사역인 중생을 통해서 우리는 그리스도와 연합되며 주님을 믿게 된다. 그러나 우리는 이 신앙의 실행을 통해서 그리스도와 연합한 가운데 계속 살아간다. 예컨대 우리는 에베소서 3:17에서 믿음으로 말미암아 그리스도께서 우리 마음 속에 계신다는 사실을 배운다. 바울은 이 진리를 갈라디아서 2:20에서 생생하게 표현한다. "내가 그리스도와 함께 십자가에 못 박혔나니 그런즉 이제는 내가 산것이 아니오 오직 내 안에 그리스도께서 사신 것이라 이제 내가 육체 가운데 사는 것은 나를 사랑하사 나를 위하여 자기 몸을 버리신 하나님의 아들을 믿는 믿음 안에서 사는 것이라."

둘째, 우리는 믿음으로 말미암아 죄는 그리스도 안에서 우리를 더 이상 지배하지 못한다는 사실을 받아들인다. 신자는 "우리의 옛 사람이 예수와 함께 십자가에 못 박힌 것은 죄의 몸이 멸하여 다시는 우리가 죄에게 종노릇하지 아니하려 함이니…"(롬 6:6)와 우리가 법 아래 있지 아니하고 은혜 아래 있기 때문에 더이상 죄가 우리를 주관하지 못한다는 진리를 단지 지적으로 인식할 뿐만 아니라 완전하고 명백하게 받아들인다(롬 6:14).

셋째, 믿음으로 말미암아 우리는 죄를 극복하게 하시고 하나님을 위하여 살 수 있도록 역사하시는 성령의 능력을 움켜 잡는다. 신앙을 통해서 우리는 아래와 같이 용기를 주는 진리를 자기의 것으로

---

6) Herman Bavinck, *Dogmatiek*, 4:277.

만들 수 있다. 즉 우리는 성령으로써 육체의 죄된 행실을 죽일 수 있다(롬 8:13). 그리고 만일 우리가 성령에 의하여 산다면 우리는 죄된 본성의 욕망을 만족하게 제어할 수 있으며, 성령의 열매를 맺을 수 있는 능력을 받게 될 것이다(갈 5:16, 22~23). 사실 믿음은 우리가 "악한 자의 모든 화전을 소멸할 수 있는"(엡 6:16) 방패이다.[7]

마지막으로 믿음은 수용하는 기능(organ)일 뿐만 아니라 작동하는 능력이다. 그 자체의 본성 때문에 믿음은 영적인 열매를 산출한다. 바울은 "그리스도 예수 안에서는 할례나 무할례가 효력이 없되 사랑으로써 역사하는(energeo는 문자적으로 "효과를 내다"는 뜻임) 믿음뿐이니라"(갈 5:6)고 확언한다. 믿음은 일하게 만든다(살전 1:3). 우리에게 내린 하나님 명령의 목적은 사랑이다. "경계(명령)의 목적은 청결한 마음과 선한 양심과 거짓이 없는 믿음으로 나는 사랑…" (딤전 1:5)이다. 야고보는 "영혼 없는 몸이 죽은 것같이 행함이 없는 믿음은 죽은 것이니라"(약 2:26)라고 선언한다. 우리는 이 말씀을 가끔 인용한다. 하이델베르그 교리문답은 다음과 같이 이 진리를 표현한다. "참된 신앙으로 말미암아 그리스도와 하나가 된 이들에게서 감사의 열매가 산출되지 않는 것은 불가능하다."[8]

그러므로 우리는 종교개혁의 원리가 되는 이신칭의 뿐만 아니라 신앙에 의한 성화도 깊이 인식해야 한다. 사도 요한은 신앙의 의미를 요약하여 "세상을 이긴 이김은 이것이니 우리의 믿음이니라"(요일 5:4)고 하였다.

---

7) 성화에 있어서 성령의 사역에 관하여는 위의 3장을 보라. 특히 "성령의 열매"와 "성령의 충만"에 관한 부분을 참고하라.
8) 하이델베르그 교리문답 제 64문항(1975 번역).

3. 성화의 모형

성화의 모형(Pattern)은 하나님을 닮는 것이다. 예수 그리스도는 하나님의 완전한 형상이시다(요 14:8~9; 고후 4:4; 골 1:15; 히 1:3). 그래서 우리는 성화의 모형이 그리스도와 같다고 말할 수 있다.

태초에 하나님은 자기의 형상과 모양대로 사람을 창조하셨다(창 1:26~27). 그러나 타락을 통해서 죄가 들어왔기 때문에 인간에게 있던 하나님의 형상은 악화되었다. 구속의 과정 가운데 특히 중생과 성화를 통해서 하나님의 형상은 다시 회복된다.[9]

성화에 대해서 계속 고찰하는 가운데 우리는 지금 하나님의 형상의 역사 변천의 세번째 국면, 즉 형상의 회복에 우리의 관심을 두고자 한다. 성화는 우리들이 하나님의 형상에 일치되도록 회복되는 것을 의미한다. 즉 환언해서 우리는 점점 더 하나님과 같이, 또는 하나님의 완전한 형상인 그리스도와 같이 되는 과정 중에 있다. 그러나 우리의 형상 회복은 우리 속에서의 하나님의 역사와 우리가 능동적으로 노력하는 과정이라는 두 관점으로 고찰되어야 한다.

(1) 하나님의 역사: 성경은 성화시키는 하나님 자신이 우리를 그리스도와 같이 변화시켜 자기의 형상대로 회복시킨다고 가르친다. 사실 우리를 택하신 하나님의 목적은 우리가 그리스도와 같이 되는 것이다. 우리는 로마서 8:29에서 이 사실을 배운다. "하나님이 미리 아신 자들로 또한 그 아들의 형상을 본받게 하기 위하여 미리 정하셨으니 이는 그로 많은 형제 중에서 맏아들이 되게 하려 하심이니라." 하나님은 그들이 존재하기도 전에 그의 선택된 백성들을("미리 사랑하셨다"는 의미에서) 미리 아셨다. 하나님은 미리 알고 있는 이

---

[9] 하나님의 형상에 대하여는 다음 책들을 보라. G. C. Berkouwer, *Man: The Image of God*, trans. Dirk W. Jellema(Grand Rapids: Eerdmans, 1962), 그리고 나의 저서 *Created in God's Image*(Grand Rapids: Eerdmans, 1986).

들을 그의 독생자와 같이 만들기 위해서 미리 운명을 정하였거나 예정하셨다. 그의 독생자는 완전하게 성부를 반영하기 때문에 "그 아들의 형상"은 "그 자신의 형상"과 동일하다. 그러므로 우리를 선택하신 하나님의 목적은 우리를 완전히 그의 독생자와 같이 그래서 온전히 그 자신과 같은 그러한 많은 그리스도의 형제 자매로 만드시는 데 있다.

우리의 성화의 이러한 모형에 관한 가장 생생한 묘사는 고린도후서 3:18에서 발견된다. "우리가 다 수건을 벗은 얼굴로 거울을 보는 것같이 주의 영광을 보매 저와 같은 형상으로 화하여 영광으로 영광에 이르니 곧 주의 영으로 말미암음이니라." 바울은 오늘날 하나님의 백성인 우리들이 계속 수건을 벗은 얼굴로 주 예수 그리스도의 영광을 반영하고 있다고 말한다. 우리 각자는 "그리스도의 편지니 이는 먹으로 쓴 것이 아니오 오직 살아계신 하나님의 영으로 한 것이…"(고후 3:3)기 때문에 사람들이 우리를 주목할 때에 그리스도의 어떤 영광을 보기도 한다. 우리가 계속적으로 그의 영광을 반영하고 있는 동안 우리는 역시 같은 정도의 영광에서 또 다른 영광에 이르기까지 그리스도와 같은 형상으로 변화되고 있다. 더욱이 이같은 변화는 영이신 주님에 의해서 우리 속에서 일어난다.

(2) 우리의 능동적인 노력: 우리는 역시 하나님의 형상의 회복을 위해서 노력해야 할 책임이 있다. 즉 우리는 그리스도의 모본에 따라서 더욱더 그리스도와 같이 되기 위해서 분투해야 한다. 환언하자면, 하나님 형상의 회복은 직설법인 동시에 명령법이다.

예수님은 우리가 그의 본을 따라야 한다고 우리에게 말씀하셨다. 예수님은-제자들 중에 아무도 해본 적이 없는 천한 일—그의 제자들의 발을 씻기시고 나신 후 제자들에게 다음과 같이 말씀하셨다. "내가 주와 또는 선생이 되어 너희 발을 씻겼으니 너희도 서로 발을 씻기는 것이 옳으니라 내가 너희에게 행한 것같이 너희도 행하게 하려 하여 본을 보였노라"(요 13:14~15). 이같이 말씀하시면서 예수님은 교회가 관습적으로 해야 할 세족식을 제정하신 것은 아니었다. 그러나 예수님은 그의 제자들에게 그리고 모든 신자들에게 겸손히 자기의 모범을 따르도록 지시하셨다(참고, 눅 22:25~27).

비록 바울은 죄악으로부터 구원하시는 우리 구세주로서 그리스도의 사역을 매우 강조하였지만 역시 그는 우리가 그리스도의 모범을 따라야 하며, 더욱더 하나님과 같이 되도록 노력해야 할 것을 가르쳤다. 예컨대 바울은 "그러므로 사랑을 입은 자녀같이 너희는 하나님을 본받는 자가 되라"(엡 5:1)고 말한다. 참으로 하나님께서 우리를 더욱더 그의 형상으로 변화시키는 동안 역시 그의 백성인 우리들은 하나님을 본받는 데 최선을 다해야 한다. 물론 하나님과 꼭 같아질 수 없는 그러한 방면이 있다. 예를 들면 하나님의 전지, 편재, 전능 같은 절대적 속성들이다. 그러나 역시 우리가 할 수 있고 또 하나님과 같이 되어질 수 있는 방면이 있다. 이들 방면 가운데 어떤 것은 다음과 같은 구절 속에 자세히 기술되어 있다. "서로 인자하게 하며 불쌍히 여기며 서로 용서하기를 하나님이 그리스도 안에서 너희를 용서하심같이 하라"(엡 4:32). 우리는 우리에게 악을 행한 사람을 용서함으로써 하나님의 발자취를 따라가야 한다. 하나님의 모본을 따르는 다른 한 가지 방면은 "그리스도께서 너희를 사랑하신 것같이 너희도 사랑 가운데서 행하라"(엡 5:2)는 말씀 가운데 있다. 우리가 다른 사람을 사랑하는 것만으로는 충분하지 않다. 우리는 그리스도가 우리를 사랑하신 것같이 이웃을 사랑하지 않으면 안된다.

바울은 "내가 그리스도를 본받는 자 된 것같이 너희는 나를 본받는 자 되라"(고전 11:1)고 말했다. 우리는 스스로 자진하여 그 자신을 한 모범으로 높이는 바울을 보고 놀라게 된다. 그러나 바울은 우리의 궁극적 모범이 되신 그리스도의 뒤를 따라서 예수의 삶을 모범으로 삼으려고 노력하였다.

바울이 그리스도의 모범을 가르친 다른 한 방면은 "그리스도의 마음"으로 알려진 구절 속에 있다(빌 2:5~11). 바울은 그의 독자들에게 "너희 안에 이 마음을 품으라 곧 그리스도 예수의 마음이니…"(빌 2:5)라고 권면하였다. 바울은 예수님이 이 땅에 계실 때 보여주신 겸손히 섬기는 태도로서의 그리스도 마음에 대하여 계속 설명하고 있다.

베드로는 이 점을 유사하게 묘사하였다. "이를 위하여 너희가 부르심을 입었으니 그리스도도 너희를 위하여 고난을 받으사 너희에게 본을 끼쳐 그 자취를 따라오게 하셨느니라"(벧전 2:21). 그러므로 그리스도의 발자취를 따라가는 것은 기독교인 생활의 부수적인 양상이 아니라 본질적인 양상이다.[10] 또한 역시 하나님과 같이 되고, 그리스도와 같이 되는 것은 성화의 모범임에 틀림없다.

4. 성화에 있어서 하나님과 그의 백성

성화는 누구의 사역인가? 성화의 모형에서 관찰한 바와 같이 우리는 성화가 하나님의 사역이며, 또한 그의 백성의 책임이라는 점을 숙지하였다.

성경은 명백하게 하나님이 성화의 주체이시라고 교훈한다. 성화의 사역은 성부, 성자, 성령 삼위가 공히 담당하신다고 묘사되었다. 예수님은 "저희를 진리로 거룩하게 하옵소서"(요 17:17)라고 성부께 기도하셨다. 이 구절은 성부가 성화의 주체임을 드러내고 있다. 히브리서 기자도 동일한 관점에서 다음과 같이 기록하였다. "저희는 잠시 자기의 뜻대로 우리를 징계하였거니와 오직 하나님은 우리의 유익을 위하여 그의 거룩하심에 참여케 하시느니라"(히 12:10). 여기 기록된 "징계"(파이데이아⟨*paideuo*⟩는 문자적으로 '아이들을 훈련시킨다'는 뜻임)는 고난, 역경, 인내와 같은 의미임을 시사한다.

---

10) 그리스도의 본을 따르는 것에 관하여는 Berkouwer가 저술한 책 *Faith and Sanctification* 중에서 "The Imitation of Christ"장을 보라. trans. John Vriend(Grand Rapids: Eerdmans, 1952). pp. 135-60.

이러한 훈련의 목적은 우리를 하나님의 거룩에 참여시키는 것이기 때문에 우리는 여기에 묘사된 훈련 과정을 성화라고 부르며, 또한 하나님은 성화의 방편으로써 고통과 아픔과 같은 것들을 사용하신다고 결론내린다. 앞에 절에서 하나님을 "우리 영의 아버지"로 묘사하고 있는 바와 같이 여기서도 하나님은 우리를 훈련시키는 주체가 되신다고 말한다.

그러나 우리가 에베소서 5:25~27에서 보는 바와 같이 역시 성자는 성화의 주체가 되신다고 묘사되었다. 여기서 바울은 그의 독자들에게 "남편들이여 아내를 사랑하라"고 말한다:

"남편들아 아내 사랑하기를 그리스도께서 교회를 사랑하시고 위하여 자신을 주심같이 하라 이는 곧 물로 씻어 말씀으로 깨끗하게 하사 거룩하게 하시고 자기 앞에 영광스러운 교회로 세우사 티나 주름잡힌 것이나 이런 것들이 없이 거룩하고 흠이 없게 하려 하심이니라"(엡 5:24~27).

삼위의 두번째 분이신 그리스도는 "물로 씻어 말씀으로" 교회를 깨끗하게 하시는 성화의 주체자로 계시되었다. 거의 모든 주석가들은 이 구절들 중 첫째 표현을 세례식에 관한 언급이라고 이해한다; 그러므로 이 구절들은 성례(세례와 성찬) 역시 성화의 방편이라는 점을 제시한다. "말씀으로"(말씀을 통하여)라는 말씀은 "깨끗하게 한다"라는 동사와 연결이 되어야 한다. 따라서 그리스도는 말씀이라는 방편을 통하여 그의 교회를 죄악으로부터 정결하게 하신다. 이와 같은 성경의 증거에 따라서 교회는 "더러움과 구김살 또는 어떤 오점도 없이" 언젠가 거룩해지라는 사실을 아는 것이 흥미롭다.

비록 성화라는 단어가 디도서 2:14에 사용되지 않았지만 역시 본문은 예수님을 성화의 주체자로 제시한다. "그가(그리스도) 우리를 대신하여 자신을 주심은 모든 불법에서 우리를 구속하시고 우리를 깨끗하게 하사 선한 일에 열심하는 친백성이 되게 하려 하심이니라."고린도전서 1:30에서도 역시 그리스도는 우리에게 의로움과 거룩함이 되셨다고 언급되었다.

성령 하나님 역시 우리 성화의 주체가 되신다. 여러 성경 구절을 통하여 이 점이 명백해진다. 베드로는 하나님의 백성들에게 "하나님 아버지의 미리 아심을 따라 성령의 거룩하게 하심으로 예수 그리스도의 피 뿌림을 얻기 위하여 택하심을 입은 자들…"(벧전 1:2)이라고 말한다. 바울은 우리들에게 이방인을 위하여 그리스도 예수의 일꾼이 된 것은 "이방인을 제물로 드리는 그것이 성령 안에서 거룩하게 되어 받으심직하게…"(롬 15:16) 하려는 것이라고 말한다. 바울은 역시 "성령의 거룩하게 하심과 진리를 믿음으로 구원얻게…" 하시기 위해서 데살로니가 성도를 선택하신 하나님께 감사드린다(살전 2:13). 그리고 하나님은 "중생의 씻음과 성령의 새롭게 하심을…" (딛 3:5) 통하여 우리를 구원해 주셨다고 진술한다.

그러나 삼위 하나님의 사역은 서로 분리되지 않는다. 그러므로 삼위 중에 어느 위격의 지칭이 없이 성화가 삼위일체 하나님의 사역이라고 묘사되는 것은 놀라운 것이 아니다. "평강의 하나님이 친히 너희로 온전히 거룩하게 하시기를…" 원하노라(살전 5:23).

성화는 우리가 우리 스스로, 우리 자신의 노력으로, 그리고 우리 자신의 능력으로 이룩되는 것이 아니라는 점을 분명하게 깨닫는 것이 우리에게 가장 중요하다. 결국 성화는 인간의 노력의 산물이 아니라 하나님의 은사이다.

그럼에도 불구하고 성화는 역시 우리의 책임있는 참여를 포함한다. 고로 바울은 "그리스도 예수 안에서 거룩하여진…"(고전 1:2) 고린도 교회 성도들에게 "그런즉 사랑하는 자들아 이 약속을 가진 우리가 하나님을 두려워하는 가운데 거룩함을 온전히 이루어 육과 영의 온갖 더러운 것에서 자신을 깨끗하게 하자"(고후 7:1)고 권면한다. 앞에 있는 구절에서 "나는 저희 하나님이 되고 저희는 나의 백성이 되리라"(고후 6:16)고 언급된 위대한 계약은 이미 상세하게 구현되었다. 따라서 우리는 하나님의 계약의 백성이기 때문에 거룩하게 살아야 한다는 의무의식을 가진다. 그 백성인 우리들은 진심으로 죄와 투쟁해서 승리해야 한다. 여기 "온전히"라고 번역된 그리스어 에피텔룬테(*epitelountes*)은 명사 텔로스(*telos*: 끝 또는 목적)에서 유래되었다. 그리고 이 낱말의 뜻은 "점진적으로 정해진 목적에 도달한다"이다. 보통 우리가 하나님의 사역으로 생각하는 것이 여기서는 명백하게 신자들이 의무로 묘사되었다. 즉 성도들은 정해진 목적에 이르도록 분투 노력해야 한다.

"형제들아 내가 하나님의 모든 자비하심으로 너희를 권하노니 너희 몸을 하나님이 기뻐하시는 거룩한 산 제사로 드리라 이는 너희의 드릴 영적 예배니라 너희는 이 세대를 본받지 말고 오직 마음을 새롭게 함으로 변화를 받으라"(롬 12:1~2).

여기서 바울은 구약시대의 죽은 속죄 제물과 대조하여 살아있는 제물로서 그 자신을 하나님께 드림으로써 하나님의 사랑에 대한 감사를 나타내라고 그의 독자들에게 권한다. 구약시대에 제사의 제물로 제사장에게 드려졌던 황소와 염소와 같이 전체적으로 또 확고하게 하나님께 속한 자신의 몸으로 하나님께 감사하라고 바울은 말한다. 여러분은 솔선수범해서 이 악한 세대의 풍습에 외부적으로 (*syschematizesthe*) 따르지 말라. 그리고 오히려 삶에 대한 전체적인 태도를 새롭게 함으로 계속 내적으로(*metamorphousthe*) 변화되기를 힘쓰라. 비록 우리의 마음을 변화시키시는 분은 하나님이지만 우리는 우리를 계속 새롭게 하시는 성령께 우리의 마음과 영과 뜻을 굴복시켜야 한다(고후 3:18).

히브리서 기자는 다음과 같이 거룩하라고 말한다. "모든 사람으로 더불어 화평과 거룩함(*hagiasmos*)을 좇으라. 이것이 없이는 아무도 주를 보지 못하리라"(히 12:14). 여기서 성화는 우리가 계속적으로 추구해야 되는 것으로 묘사되었다. 그러므로 성경에 따르면 성화는 근본적으로 우리 내부에서의 하나님의 역사이지만 우리가 수동적으로 가만히 있는 상태에서 진행하는 것이 아니라 계속적으로 노력하는 가운데 이루어진다.

J. C. 라일은 이 점을 다음과 같이 강조한다:

> 성화는…모든 신자에게 책임이 있는 것이다. 만일 신자들이 거룩하지 않는다면 그 책임은 그 자신에게 있지 않는가? 만일 성도들이 성화되지 않는다면 그 잘못을 누구에게 돌리겠는가? 그 자신의 잘못이 아닌가? 성도들에게 은혜와 새 마음 그리고 새로운 본성을 주신 하나님은 만일 성도들이 하나님의 영광을 위하여 살지 않는다면 그들에게서 모든 관용을 거두실 것이다.[11]

성화에 대한 이 두가지 관점은 다음의 주목할 만한 구절에서 언급되었다. "그러므로 나의 사랑하는 자들아 너희가…항상 복종하여…너희 구원을 이루라 너희 안에서 행하시는 이는 하나님이시니 자기의 기쁘신 뜻을 위하여 너희로 소원을 두고 행하게 하시느니라"(빌 2:12~13). 바울이 "그리스도 예수 안에 있는 성도들"에게 편지했기 때문에 "너희 구원을 이루라"는 명령은 구원받지 않은 사람을 향한 복음의 적용으로 이해되어서는 안된다. 이 명령은 믿는 성도들에게 주어진 것이다. 바울은 그의 독자들에게, 행하게 하시는 하나님의 은혜 가운데서 계속 "이루라"고 요구한다. "이루라"고 번역된 단어(*katergazesthe*)는 어떤 사본에서 일반적으로 농부가 땅에서 경작한다는 의미로 사용되었다(이 짧은 파피루스 헬라어 사본은 주전 200년에서 주후 200년 어간의 것인데 신약 언어의 용법을 보여준다).[12] 그러므로 우리는 바울의 권면을 "하나님이 너희에게 주신 구원을 계속적으로 경작하라"는 의미로 의역할 수 있다. 신자들은 그들이 이

---

11) J. C. Ryle, *Holiness* (London: James Clarke, 1956), pp. 19-20.
12) Moulton and Milligan, VGT, pp. 335-36.

미 받은 구원을 계속적으로 삶의 모든 영역에 적용시키고, 모든 활동 속에서 분명해지도록 노력해야 한다. 달리 표현해서 12절은 거룩하게 살아야될 책임이 신자들에게 있다고 묘사하는 것으로 이해되어야 한다.

13절이 우리에게 주는 교훈은 우리 구원의 완성이 전적으로 우리에게 달려있지 않다고 하는 사실이다. 바울은 놀랍게 다음과 같이 말한다. "너희 안에서 행하시는 이는 하나님이시니 자기의 기쁘신 뜻을 위하여 너희로 소원을 두고 행하게 하신다." 하나님은 우리 안에서 우리 성화의 전체적 과정을 주관하신다. 즉 하나님은 기쁘신 뜻을 가지시고 우리를 성화시켜 나가신다. 우리의 노력이 수포로 돌아갈 때마다 우리는 우리 안에서 역사하시는 하나님을 더욱 의존하게 된다.

그러면 우리는 하나님의 역사와 우리의 노력과의 관계를 어떻게 묘사할 것인가? 누군가 주장했듯이[13] 성화는 성도의 협력을 포함한 하나님의 사역이라고 말할 수 있는가? 그러나 이 교리에 대하여 이렇게 주장하는 것은 하나님과 우리가 서로 성화의 어떤 부분을 맡아 수행한다고 하는 잘못된 생각이다. 존 머레이는 그 상관성을 다음과 같이 설명한다:

> 우리 안에서 행하시는 하나님은 우리가 노력하기 때문에 중지하지 않으시며, 또 하나님이 역사하기 때문에 우리의 노력을 포기해서도 안 된다. 그 관계는 마치 하나님이 자기의 부분을 담당하시고 우리는 우리의 부분을 담당하는 것처럼 엄밀하게 구별되지 않는다. …하나님은 우리 속에서 역사하신다. 그리고 우리 역시 노력한다. 그러나 그 관계는 하나님이 역사하시기 때문에 우리가 노력할 수 있다는 것이다.[14]

---

13) Berkhof. ST, p. 534.
14) John Murray, *Redemption-Accomplished and Applied* (Grand Rapids:

결론적으로 우리는 성화란 성도의 노력을 포함한 하나님의 초자연적인 역사라고 말할 수 있을 것이다. 우리가 거룩해지려고 노력하면 할수록 우리는 더욱 우리에게 노력할 수 있게끔 해주는 강력한 능력이 하나님의 능력임을 확신하게 될 것이다.

5. 즉각적이고 점진적인 성화

개혁주의 신학자들은 일반적으로 하나님의 즉각적인 행위인 동시에 단번에 완성되는 칭의와 구별하여 성화를 신자의 전 생애 동안 계속되는 것으로 주장한다.[15] 비록 신약성경이 가끔 성화를 전 생애의 과정으로 묘사하지만 역시 신약 기자들은 성화를 광대한 기간보다도 오히려 특별한 시점에 발생하는 즉각적인 하나님의 사역으로 서술한다는 점에 중요한 의미가 있다.[16] 사실 존 머레이는 다음과 같이 주장한다. "신약에서 성화에 대하여 언급하는 거의 모든 특정적인 용어들은 어떤 진행 과정이 아니라 단번에 완성되는 행동으로 사용되었다. 우리는 이 점을 자주 간과한다."[17]

성화를 즉각적인 의미로 묘사한 구절은 고린도전서 1:2이다. 바울

Eerdmans, 1955), pp. 184-85.
15) Bavinck, *Dogmatiek*, 4:286; Charles Hodge, *Systematic Theology* (1871; Grand Rapids: Eerdmans, 1940), 3:212; Berkhof, ST, p. 534.
16) 성화에 관한 이런 관점은 아래와 같은 사람들에 의해서 예리하게 진술되었다. John Murray의 *Collected Writings* 가운데 "즉각적인 성화" (Definitive Sanctification)와 "즉각적인 성화에 있어서 작용인"(The Agency in Definitive Sanctification)을 다룬 장(Carlisle, PA: Banner of Truth, 1977), 2:277-93. Cf. Chester K. Lehman, *The Holy Spirit and the Holy Life* (Scottdale, PA: Herald, 1959), pp. 108-20. 이 책에서 Lehman은 즉각적인 성화를 묘사하는 한정적인(punctiliar) 말(직선과 구별되는)을 사용한다.
17) John Murray, *Collected Writings*, 2:277.

은 여기서 "그리스도 안에서 거룩하여진…" 고린도 교회 성도들에게 문안한다. 여기 기록된 헬라어 동사는 계속되는 결과로서의 완성된 행위를 묘사하는 완료시제이다. 개혁주의 신학자들은 보통 칭의를 신자를 의롭다고 선언하시는 하나님의 선언적 행위로 이해한다. 그러므로 이 선언적 행동은 계속 진행하는 과정이 아니라 단번에 완성되는 것이다. 그런데 고린도전서 6:11에서 성화는 하나님의 즉각적인 행동으로서의 칭의와 대등되어 있다. "주 예수 그리스도의 이름과 우리 하나님의 성령 안에서 씻음과 거룩함과 의롭다 하심을 얻었느니라." 헬라어 성경에서 이 세 동사는 보통 동작이 단 일회적으로 완성되는(때로는 "순간적인 동작"으로 호칭되는) 부정과거(aorist tense) 시제이다. 따라서 결국 바울은 여기서 이들 신자들이 어떤 시점에서 즉각적으로 의롭다 함을 얻는 것과 같이 역시 단번에 성화된다는 뜻으로 진술한다. 더욱이 사도행전 20:32와 26:18에서 신자들을 "거룩케 하심을 입은 모든 자…"로 부른다. 이 두 절의 경우에 있어서도 동사의 시제는 완료형이다.

성화의 즉각적인 면은 로마서 6장에 가장 생생하고 예리하게 표현되었다. 바울은 "우리는 죄에 대하여 죽었다"(롬 6:2)고 선언한다. 바울은 여기서 그리스도 안에 있는 성도들은 "죄가 지배하고 있는 영역으로부터 최종적이고 확고부동하게 절단"되었다고 하는 진리를 명백한 언어로 표현하고 있다.[18] 더욱이 바울은 우리가 그리스도 안에 있으며, 우리 옛 사람은 그리스도와 함께 십자가에 못 박히었으며(롬 6:6, 역시 여기 부정과거시제는 최종적인 행동을 제시한다), 우리는 지금 은혜 아래 있기 때문에 죄가 더이상 우리를 주관하지 못하며(14절), 우리에게 전하여준 바 그리스도의 교훈의 본을 우리가 마음으로 순종한다(17절)고 확실하게 증거하고 있다. 로마서 6장에 언급된 중요한 진리는 신자들이 절대로 취소할 수 없는 새로운

---

18) Ibid., p. 279.

관계 아래 있게 되었다는 것이다. 이에 관해서 존 머레이는 "은혜 공급의 지배 속으로 들어온 모든 성도들은 죄의 능력과 지배로부터 즉시 해방되었을 뿐만 아니라 결정적으로 죄와 관계를 끊었다"고 말했다.[19] 바울은 그리스도 안에서 신앙을 소유한 사람들은 죄에 대하여 죽었다고 교훈할 뿐 아니라 역시 그리스도와 함께 결정적으로 그리고 즉각적으로 살아났음을 확정한다. 즉각적이거나 순간적인 행동을 나타내는 시제를 가진 동사를 사용함으로써 바울은 "하나님이…허물로 죽은 우리를 그리스도와 함께 살리셨고…또 함께 일으키사…"(엡 2:4~6)라고 단언한다. 비록 우리는 본질상 죄 때문에 죽었지만 긍휼이 풍성하신 하나님께서 신앙 안에 있는 우리들을 부활하신 그리스도와 하나가 되게 하셨다. 그래서 우리는 그리스도와 함께 살리심을 받았다. 여기 "살리셨고"라는 말은 오랜 진행 과정의 의미가 아니라 시간상 우리가 거듭났던 어떤 확실한 시점에 발생한 것으로 묘사한다. 더욱이 바울은 골로새 성도들에게 점진적으로 그리스도와 함께 살리심을 받아야 한다고 말하지 않았다. "그러므로 너희가 그리스도와 함께 다시 살리심을 받았으면(부정과거시제) 위엣 것을 찾으라. 거기는 그리스도께서 하나님 우편에 앉아 계시느니라"(골 3:1). 이런 본문의 빛 가운데서 우리는 즉각적인 성화가 사로잡는 죄의 권세로부터 결정적으로 해방되었을 뿐만 아니라 부활하신 그리스도 안에서 그와 함께 즉각적으로 그리고 확고부동한 연합, 즉 신자들이 새로운 생활 가운데서 살 수 있게 하는 방편으로써 연합(롬 6:4)되었으며, 그래서 모든 성도는 지금 새로운 피조물이 되었음을 의미한다고 결론내린다(고후 5:17). 그러므로 우리의 즉각적인 성화에 대한 결과로 그리스도 안에 있는 우리는 지금 스스로 "죄에 대하여는 죽은 자요 그리스도 예수 안에서 하나님을 대하여는 산 자로…"(롬 6:11) 여겨야 한다.

---

19) Ibid., p. 280.

그러므로 명백하게 신약은 즉각적인 성화에 대해서 가르치고 있다. 그러면 성도들이 죄에 대하여는 죽고 그리스도와 함께 살게 된 것은 언제인가? 이 질문에 대한 대답은 쉽게 나오지 않는다. 여기에는 주체와 객체라는 양쪽 측면이 존재한다. 객관적 의미에 있어서 성도들은 그리스도가 십자가 위에서 죽으셨을 때 그와 함께 같이 죽었으며, 요셉의 무덤에 장사지낸 바 되었다가 다시 살아나셨을 때 그리스도와 함께 살리심을 받았다. 신자들은 세계 창조 이전에 그리스도 안에서 선택함을 받았기 때문에 결국 어떤 의미에 있어서는 그리스도가 죽고 부활했을 때 그 안에 있었다. 항상 그리스도는 그의 백성들로부터 분리되어 계실 수 없으며, 더욱이 그의 백성들도 그리스도에게서 떨어져 존재할 수 없다. 그리스도가 죽었을 때 그는 우리에게 임하는 은혜를 가로막는 죄악을 깨뜨리고 제거하셨다. 그리고 그리스도가 부활했을 때 그는 신앙에 의해서 들어가는 새로운 생명을 우리 속에 심어주셨다.

그러나 우리는 죽고 부활하신 그리스도와 하나되는 주관적인 측면을 무시해서는 안된다. 바울은 하나님이 허물로 죽은 우리를 그리스도와 함께 살리셨으며(엡 2:5), 그리스도 예수와 합하여 세례를 받은 우리는 죄에 대하여 죽었다(롬 6:2~3)고 말한다. 우리 자신의 경험 속에서 우리는 부활하신 그리스도와 하나가 되었을 때 그리스도와 같이 살아났다(골 3:1). 바울은 골로새 교인들에게 그들이 삶의 어떤 분명한 시점에(아마도 회개한 시점) 자발적으로 옛사람의 행위를 벗어버리고 새사람을 입은 사실에 대해서 상기시키고 있다(골 3:9~10). 그러므로 성경적인 교훈을 완전히 정당하게 하기 위하여 우리는 이 문제에 관한 양쪽 측면을 강조해야 한다; 즉 과거 역사적 측면과 현재 경험적 측면이 그것이다. 과거 역사적 측면에서 우리는 그리스도가 죽고 부활했을 때 죄에 대하여는 죽고 새로운 생명으로 살아났다; 그러나 현재 우리의 경험적 의미에 있어서 그리스도가 죽고 부활했을 때 우리는 죄에 대해서는 죽고 새로운 생명으로 살아났다. 성령에 의해서 거듭났기 때문에 우리는 그의 죽음과 부활 안에서 그리스도와 함께 연합되었음을 신앙으로 붙들어야 한다.[20]

즉각적인 성화에 대한 성경적인 교훈은 신자들이 자신이나 다른 성도를 그리스도 안에서 죄에 대해서는 죽었으며 지금 새로운 피조물이 된 존재로 생각해야 할 것을 시사한다. 확실하게 그리스도 안에 있는 성도의 새로움은 무죄 완전한 것이 아니다; 성도들은 이 세상에서 사는 동안 추악한 죄와 대항하여 투쟁해야 한다. 그리고 그들은 때때로 죄 가운데 빠질 수도 있을 것이다. 그러므로 신자들은 비록 아직 전적으로 새롭게 되지 않았지만 자신이나 다른 성도들을 진정으로 새로워진 인격체로 대우해야 한다. 그러나 즉각적 성화의 교리는 그리스도 안에 있는 성도들이 단호하고 분명하게 죄와 관계를 끊어버릴 것을 우리에게 암시한다. 존 머레이는 이 점을 웅변적으로 표현하고 있다:

　　우리가 그리스도의 부활에 대한 그 어떤 반대나 다른 견해를 인정할 수 없음과 같이 우리는 모든 신자는 새 사람이며, 옛 사람은 십자가에 못 박혔으며, 죄의 몸은 파괴되었으며, 그리고 그리스도 예수 안에서 새 사람이기에 그의 몸은 성령의 전이며, 그 속에 항상 거주하시는 바로 그 성령에 의해서 그는 하나님을 섬긴다고 하는 교의에 대한 어떤 타협도 허용할 수 없다.[21]

즉각적인 성화는 "두번째 축복"(second blessing)의 종류와 같이, 그 전의 칭의로부터 분리되는 경험을 의미하지 않는다. 경험적 의미에 있어서 즉각적인 성화는 그리스도와 함께 연합이라는 측면과 같이 칭의와 동시에 발생한다. 역시 즉각적인 성화는 영적 생명의 첫

---

20) See ibid., pp. 289-93
21) Ibid., p. 293.

번째 수여가 되는 중생과 동시에 일어난다. 우리는 중생함으로써 믿게 된다. 비록 중생이 인과론적이고 논리적인 순서에서 볼 때 믿음, 칭의, 그리고 즉각적인 성화에 앞서지만 시간적으로 앞서는 것은 아니다.

다음으로 "신분적인 성화"(positional sanctification)라는 표현에 대하여 고찰하고자 한다. 많은 신학자들은 내가 "즉각적인 성화"로 호칭한 것과 같은 의미로 "신분적인 성화"를 사용한다. 오순절 계통의 신학자인 S. M. 호톤은 신분적인 성화를 다음과 같이 묘사한다. "우리는 중생하는 순간에 예수님을 따르기 위해서 세상으로부터 구별되며 이런 의미에서 성도이다. 이와 같은 사실에 의거해서 성화는 순간적인 측면이 있다."[22] 사실상 세대주의 신학자들이 주장한 신분적인 성화는 역시 위에서 언급한 즉각적인 성화의 개념과 동일하다. L. S. 카퍼는 이 점에 대해서 다음과 같이 말한다. "그리스도와 함께 연합을 통해서 보증이 된 신분적인 성화는 가끔 간과되어졌다."[23] 현대 세대주의적 가르침을 반영하는 새로운 스코필드 관주성경에서 다음과 같은 진술이 발견된다. "신분(position)에 있어서 신자는 구속에 의해서 영원히 하나님을 위하여 구별되었다. …그러므로 신분적으로 신자는 믿는 순간부터 '성도'이며 '거룩'하다."[24] 달라스 신학교에서 만든 교리적 진술(The Doctrinal Statement) 가운데 제 9조에는 다음과 같은 내용이 있다. "하나님을 향한 성도의 지위가 그리스도와 동일하기 때문에 모든 구원받은 성도들의 성화는 이미 완성되었다. 신자는 그리스도 안에 있기 때문에 하나님을 위해서 구별되

---

22) In Melvin E. Dieter et al. *Five Views on Sanctification* (Grand Rapids: Zondervan, 1987), p. 115.

23) Lewis Sperry Chafer, *Systematic Theology* (Dallas: Dallas Seminary Press, 1948), 3:244.

24) C. I. Scofield, ed., *The New Scofield Reference Bible* (New York: Oxford University Press, 1967), p. 1377.

어 존재한다."[25]

 그러나 신분적인 성화를 즉각적인 성화와 동일하지 않게 이해하는 사람들이 있다. 예를 들면, H. C. 디이슨(Thiessen)은 신분적인 성화에 대해서 다음과 같이 주장한다. "신자들은 그리스도의 의와 거룩을 상속받는다. 이런 의와 거룩은 신자들이 그리스도와 밀접한 관계에 있기 때문에 신자들에게 주어진다."[26] 그리고 J. R. 맥퀼킨(McQuilkin)은 신분적 성화의 두번째 단계는 칭의인데 "죄인을 용서하시고 의롭다고 선언"하는 성부와 성자 사이의 법률적 거래 행위라고 부른다.[27] 신분적인 성화를 계속 발전시키는 사람들은 칭의의 교리에 속하는 "전가"와 "선언"과 같은 그런 개념을 소개한다. 그러므로 이런 개념들은 성화의 측면들로 이해되어서는 안된다.[28]

 그러나 한편 이미 언급한 대로 성경은 역시 성화를 전 생애 동안 진행되는 과정으로 교훈한다. 고로 성화는 점진적인 과정이다. 점진적인 성화는 바울과 누가가 말한 즉각적인 성화를 부정하기보다는 오히려 보충한다. 존 머레이는 다음과 같이 말한다. "즉각성을 강조하는 성화에는 점진적인 측면이 없는 것처럼 보일지도 모른다. 그러나 이와 같이 추론하는 것은 성경이 교훈하는 중요한 관점과 명백히

---

25) 1987-88년까지의 달라스 신학교 요람, 그리고 John F. Walvoord가 쓴 *Five Views*, pp. 212; Charles C. Ryrie의 *Walvoord* 가운데 "Contrasting Views on Sanctification": Donald K. Campbell, *A Tribute* (Chicago: Moody Press, 1922), pp. 189-90; 그리고 Robert P. Lightner, *Evangelical Theology* (Grand Rapids: Baker, 1986), pp. 204-205.

26) Henry C. Thiessen, *Lectures in Systematic Theology*, Vernon D. Doerksen의 개정판(1949; Grand Rapids: Eerdmans, 1979), p. 286.

27) John F. Walvoord, *Five Views*, pp. 158-59.

28) J. Sidlow Baxter, *Our High Calling* (Grand Rapids: Zondervan, 1967), 이 책 "Excursus on Positional Sanctification"에서 그는 "전가된 거룩" (imputed holiness)에 대해서 언급한다.

모순된다."[29]

우선 무엇보다도 죄가 아직도 신자들 속에 현존한다는 성경적 가르침을 통해서 볼 때 성화의 점진적인 측면은 명백해진다. 우리는 열왕기상 8:46; 시편 9:12; 143:2; 잠언 20:9; 이사야 64:6과 같은 구절들에 대해 생각해야 한다. 역시 신약도 이 점에 대해서 아주 분명하다. 우리의 이신칭의의 필요성을 논증하면서 바울은 인간의 보편적인 죄악에 대해서 생생하게 묘사한다. "…하나님의 의는 차별이 없느니라 모든 사람이 죄를 범하였으매 하나님의 영광에 이르지 못하더니…"(롬 3:22~23). 여기 "하나님의 영광"을 아마 "하나님을 영광스럽게 하다"는 의미로 이해하는 것이 최선일 것이다. "이르지 못했다"는 동사는 헬라어로 현재시제이기 때문에 우리는 23절 하반절을 "계속적으로 하나님을 영광스럽게 하지 못하다"로 번역해야 한다. 흔히 있기 쉬운 예증을 통해서 야고보는 "우리가 다 실수가 많으니"라고 신자들에게 쓰고 있다(약 3:2). 지금 다루고 있는 이런 사실에 대해서 가장 분명하게 언급하는 신약의 진술은 요한일서 1:8이다. 하나님과 함께 교제하기를 원하는 독자들에게 문안하면서 요한은 다음과 같이 적고 있다. "만일 우리가 죄없다 하면(문자적으로, '만일 우리가 죄없다고 말한다면) 스스로 속이고 또 진리가 우리 속에 있지 아니할 것이요…." 따라서 다음과 같은 결론에 도달한다. 그리스도 안에 있는 성도 속에 죄가 계속 현존한다. 때문에 신자의 성화는 계속적인 과정이어야 한다.

신약은 죄에 대하여는 죽고 새 생명 가운데서의 성장을 포함한 점진적인 성화의 소극적이고 적극적인 양면성에 관하여 계속 언급한다. 이미 우리가 상고한 바와 같이 바울은 로마서 6장에서 분명하게 성화의 즉각적인 측면을 보이고 있다. 그러나 바울은 로마서 8:13에

---

29) Carl F. H. Henry, *Basic Christian Doctrines* 중에서 "Sanctification (The Law)" 참고 (New York: Holt, Rinehart and Winston, 1962), p. 229.

서 성화는 역시 계속적인 과정이어야 한다고 말한다. "너희가 육신대로 살면(죄의 본성에 따라서 산다면) 반드시 죽을 것이로되 영으로써 몸의 행실을 죽이면(문자적으로 계속 죽음에 넘기우는 것) 살리라." 바울은 앞서 죄에 대하여는 죽은 자로 묘사된 성도들에게 지금은 범죄할 경향이 있기 때문에 계속해서 죄악된 행동은 기꺼이 죽이라고 말한다. 바울의 독자들은 그들이 살고 활동하며 존재하고 있는 영역 속에서 즉각적으로 죄와는 관계를 끊었다. 그러나 그들은 살아 숨쉬고 있는 동안에는 계속 죄와 투쟁해야 한다. 그들은 오로지 성령의 능력을 통해서만 죄와 싸워서 승리할 수 있기 때문에 죄에 대한 투쟁은 성화의 한 측면으로 이해되어야 한다.

바울은 골로새 교인들에게 그들이 그리스도와 함께 죽었고(골 3:3) 또 그와 함께 살리심을 받았다(골 3:1)고 말한다. 즉 골로새 성도들은 그리스도와 함께 고통하는 가운데 즉시 그리고 확고부동하게 새로운 생활 속으로 들어갔다. 그러나 골로새서 3:5에서 바울은 그들에게 "그러므로 땅에 있는 지체(earthly nature)를 죽이라 곧 음란과 부정과 사욕과 악한 정욕과 탐심이니 탐심은 우상 숭배니라"고 역설한다. 비록 그들이 죄에 대해서는 이미 죽었지만 역시 그들은 죄를 죽음에 넘기우지 않으면 안된다; 이와 같이 말함으로써 바울은 여기서 지시와 명령을 결합시킨다. 이런 죄된 행동들을 죽음에 넘기우는 것은 단지 성령의 능력을 통해서 되어질 수 있을 뿐만 아니라 성도의 노력과 전 생애의 활동을 통해서 이루어진다.

우리는 위와 맥락을 같이하는 고린도후서 7:1을 통하여 거룩함을 온전히 이루어 육과 영의 온갖 더러운 것에서 자신을 깨끗하게 해야 된다는 사실을 배운다. 이와 비슷한 내용이 요한일서 3:3에 기록되었다. 요한 사도는 그리스도가 나타내심이 되면 우리가 그와 같게 될 것을 확정하고 난 후 계속해서 "주를 향하여 이 소망을 가진 자마다 그의 깨끗하심과 같이 자기를 깨끗하게(동사의 시제는 계속형임) 하느니라." 기독교인은 자신이 완전히 그리스도와 같이 될 때까지는 단순히 뒤로 후퇴하거나 또 기다리고 있을 수만은 없다. 성도는 계속 힘차게 선으로써 악을 이길 수 있도록 분투 노력해야 한다. 장기간에 걸쳐 완성되는 성결은 점진적인 성화를 함축한다.

　점진적인 성화의 본질은 역시 새 사람의 성장을 지시하는 적극적인 성화의 측면을 취급하는 구절들에서 볼 수 있다. 우리가 앞서 상고한 바와 같이 바울은 골로새서 3:9~10에서 그의 독자들에게 옛 사람을 벗어 버리고 새 사람을 입었다는 사실을 상기시키고 있다. 그리고 그들이 입은 새 사람은 다음과 같이 묘사되었다. "이는 자기를 창조하신 자의 형상을 좇아 지식에까지 새롭게 하심을 받은 자니라"(골 3:10). 바울이 여기 새 사람은 새롭게 되어야 할 필요가 있다고 말하기 때문에 새 사람은 아직도 명백하게 무죄 완전한 상태로 존재하지 않는다. "새롭게 하심"으로 번역된 분사 아나카이노메이논(anakainoumenon)은 현재형이기 때문에 새 사람의 갱신은 일생 동안의 과정이다. 흥미롭게도 이 구절들은 성화의 양면성을 보여준다; 즉각적으로 모든 성도들은 옛 사람을 벗어 버리고 새 사람을 입었다(즉각적인 성화: 여기 시제는 과거에 단 일회적으로 완성된 것을 나타내는 부정과거이다). 그러나 한편 그들이 입은 새 사람은 계속 새로워져야 한다(점진적인 성화: 여기 시제는 현재 진행을 표시한다).

　점진적인 성화의 본질에 관한 가장 강력한 표현은 고린도후서 3:18에 나타나 있다. "우리가 다 수건을 벗은 얼굴로 거울을 보는 것 같이 주의 영광을 보매 저와 같은 형상으로 화하여 영광으로 영광에 이르니 곧 주의 영으로 말미암음이니라." 성도는 주의 영광을 반영하기 때문에 역시 영이신 주님에 의하여 계속 그리고 점진적으로 그리스도의 형상으로 변화되어 간다. 여기 "우리가…저와 같은 형상으로 화하여…"라고 번역된 헬라어 메타모르포메다(metamorphoumetha)는 단지 외부 형태의 변화가 아니고 내적 본성의 변화이다. "영광으로 영광에 이르니"(from one degree of glory to another, RSV)라는 단어들과 동사의 현재시제는 이런 변형이 즉각적이 아니라 점진적으로 완성될 것을 계시한다.

그러므로 성화는 즉각적인 동시에 점진적인 과정으로 이해되어야 한다. 즉각적인 의미에 있어서 성화는 우리를 죄에 대하여 죽게 하시고, 그리스도와 함께 부활시키며, 새로운 피조물이 되게 하신 성령의 사역을 의미한다. 점진적인 의미에 있어서 성화는 계속 새롭게 하시며 우리를 그리스도의 형상에로 변화시키며, 우리를 계속 은총 가운데 성장하도록 하시며 또 우리의 거룩이 완전해지게 하시는 성령의 역사로 인식되어야 한다. 고로 우리는 성화의 과정의 시작으로써 즉각적인 성화와 그리고 즉각적인 성화에 의하여 창조된 새로운 인격의 지속적인 성숙으로써의 점진적인 성화에 대하여 생각할 수 있다. 양쪽 측면을 포괄하는 전체적인 성화가 시종 하나님의 사역인 동시에 한편으로 역시 성도의 능동적인 참여를 필요로 한다. 신자들은 믿음으로 즉각적인 성화를 자기의 것으로 해야될 뿐만 아니라 점진적인 성화가 그 목적인 온전한 거룩에 이르도록 계속 노력해야 한다.

6. 신자는 "옛 사람"이면서 "새 사람"인가?

이제 우리는 우리의 성화에 있어서 포함되는 문제, 즉 소위 옛 자아와 새 자아(또는 옛 사람과 새 사람)의 관계에 대한 문제를 고찰할 때가 되었다. 이들 표현들은 바울 서신들 속에서만 발견된다. 옛 사람이라는 용어는 로마서 6:6; 골로새서 3:9; 에베소서 4:20에서 발견된다.[30] 골로새서 3:10에 기록된 용어 새 사람은 그리스어로 네오스(neos)인데 "새로운"이라는 의미로 사용된다. 에베소서 4:24에

---

30) 헬라어 palaios anthropos라는 표현이 영어성경 KJV와 ASV에서 "old man"으로 번역되었다. 그러나 새 번역서에서는 가끔 "old nature"(RSV, NEB) 또는 "old self"(RSV, JB, NASB, NIV)로 번역되었다. 안드로포스(anthropos)는 "남자 인간"(male human being)이 아닌 "인간 존재"

기록된 카이노스(*kainos*) 역시 "새로운"이라는 의미가 있다.[31]

 이들 구절에서 바울은 옛 사람을 죄의 생활로 지금 우리가 입고 있는 새 사람을 그리스도 안에서 새로움으로 묘사하여 대조시킨다. 이들 두 자아에 관한 문제에 있어서 개혁신학자들의 의견이 서로 다르다. 특히 오래 전에 가르쳤거나 책을 쓴 이들 대부분은 한 신자 속에서 옛 사람과 새 사람을 구별해 낼 수 있다고 주장한다. '신자들은 돌이키기 이전에 옛 사람을 소유했다; 그러나 회개하는 순간에 옛 사람을 전적으로 잃어버리지 않고 신자들은 새 사람을 입는다. 이 견해에 의하면 그리스도인은 마치 지킬박사와 하이드처럼 한 쪽은 새 사람이며 또 다른 한쪽은 옛 사람이라는 것이다. 성도가 어떤 때는 옛 사람의 지배 아래 놓이기도 하고 또 어떤 경우는 새 사람의 지배 아래 놓이기도 한다. 이런 견해에 따르면 삶의 투쟁은 곧 신자 속에 있는 두 측면 사이의 투쟁이다.

 이러한 견해를 지지하는 사람 중에 가장 탁월한 사람은 신자들이 죄에 대항하여 어떻게 싸우는지를 탐구한다:

   기독교인 생활에 있어서 투쟁은 마음 속의 내적인 사람 사이에서 일어난다. 그 중에 새 사람은 참된 의와 거룩에 있어서 하나님과 같이 되도록 창조되었다. 비록 그 중심에서 추방을 당했지만 아직도 옛 사람은 그의 존재를 유지하기 위하여 더욱 치열하게 계속 싸운다. 그러나 옛 사람은 영토를 잃는다. …이것은 같은 인격 속에 있는 두 자아 사이의 투쟁이다. 고로 신자의 모든 생각과 행동 속에는 선과 악이 함께 공존한다. …인간의 사고와 행동 속에는 옛 사람의 것과 새 사람의

  (human being)를 의미하기 때문에 "old self"(옛 자아)보다는 "옛 사람" (old man)으로 번역하는 것이 더 타당하다.

31) 옛 번역서(KJV. ASV)에는 역시 "new man"(새 사람)이라고 번역된 반면에 새 번역서에는 "new nature"(새 본성; RSV, NEB) 또는 "new self"(새 자아; JB, NASB, NIV)로 옮겨졌다.

것이 현존한다.[32]

여러 해 동안 웨스트민스터 신학교에서 교수하신 존 머레이 교수는 옛 사람과 새 사람에 대한 이같은 견해들을 거부하면서 다음과 같이 요약한다:

> 옛 사람과 새 사람 사이의 비교는 가끔 신자 안에서의 낡은 것과 새로움 사이의 비교로 해석된다. …고로 신자 속에 거룩과 죄가 공존한다는 모순은 그 안에 있는 새 사람과 옛 사람 사이의 갈등이다. 신자는 옛 사람과 새 사람이다; 신자가 의롭게 행동할 때 그는 그에게 있는 새 사람의 기질로 행동한다. 신자가 범죄할 때 그는 아직도 지니고 있는 옛 사람의 기질로 한다. 그런데 이같은 주장은 바울의 교훈과 상충된다.[33]

나는 머레이의 주장이 정당하다고 믿는다. 그리스도 안에 있는 성도는 더 이상 옛 자아이거나 옛 사람이지 않고 오히려 새 사람이다. 이에 대해 가르치고 있는 성경으로 돌아가 보자.

먼저 바울의 가르침을 생각해 보자. "우리가 알거니와 우리 옛 사

---

32) Herman Bavinck, *Magnalia Dei*(Kampen: Kok, 1909), pp. 561-62 〔A. A Hoekema 번역〕 신자 속에서 옛 사람과 새 사람의 역할에 관한 유사한 해석들이 다음과 같은 여러 주석들에서 발견된다. John Calvin이 쓴 로마서 6: 6의 주석, *The Epistle to the Romans and Thessalonians*, Ross Mackenzie 번역 (Grand Rapids: Eerdmans, 1979); Charles Hodge의 에베소서 4: 22에 관한 주석, *Commentary on the Epistle to the Ephesians* (Grand Rapids: Eerdmans, 1950); William Hendriksen, *New Tastament Commentary on Ephesians* (Grand Rapids: Baker, 1967), pp. 213-24, n. 124; Gorden Girod, *The Way of Salvation* (Grand Rapids: Baker, 1960), pp. 137-38; 그리고 Berkhof, 교의신학, p. 533.

33) John Murray, *Principles of Conduct* (Grand Rapids: Eerdmans, 1957), pp. 211-12.

람이 예수와 함께 십자가에 못 박힌 것은 죄의 몸이 멸하여 다시는 우리가 죄에게 종노릇하지 아니하려 함이니…"(롬 6:6). 여기서 바울은 "옛 사람"을 통하여 무엇을 나타내고자 했는가? 존 머레이는 이 표현은 "육체와 죄의 지배를 받고 있는 한 인간 전체"를 의미한다고 주장한다.[34] 환언하여 바울은 여기서 죄의 지배를 받는 인간의 전체성에 대하여 말하고 있다: 우리가 회개하기 전에는 바로 이런 상태에 있었다. 바울이 말하는 "죄의 지배를 받는 인간"은 그리스도와 함께 십자가에 못 박히었다. 그리스도가 십자가 위에서 죽으실 때 그는 우리 옛 사람에게 치명적 타격을 가해서 처리하셨다. "십자가에 못 박힘"에 대한 의미를 부여하는 로마서 6:6은 우리가 그리스도 안에 있으며, 그의 죽음 속에서 그와 하나가 되었으며, 더이상 우리는 믿기 전의 옛 사람이 아님을 틀림없이 명백하게 증거한다. 바울 서신서에 있는 다른 구절들도 옛 사람의 죽음에 대한 이런 이해를 확고하게 한다. 예컨대 골로새서 3:9~10은 앞서 언급한 즉각적인 성화에 대하여 회상시켜 주며 역시 우리에게 옛 사람과 새 사람에 대해서 교훈한다. "너희가 서로 거짓말을 말라 옛 사람과 그 행위를 벗어 버리고 새 사람을 입었으니 이는 자기를 창조하신 자의 형상을 좇아 지식에까지 새롭게 하심을 받은 자니라." 바울은 골로새 성도들에게 지금(또는 매일) 옛 사람을 벗어버리고 새 사람을 입으라고 말하지 않고 오히려 그들이 이미 그렇게 되어 행하고 있음을 말한다. 그들은 전에 회개할 때 이미 그러한 변화를 체험했으며, 그들을 위해 죽으시고 다시 살아나신 그리스도를 그들은 신앙을 통해서 자기 것으로 만들었다.

"벗어버리다"와 "입다"로 번역된 헬라어 분사인 아펙두사메노이 (*apekdysamenoi*)와 엔두사메노이 (*endysamenoi*)는 순간적인 행동을 묘사하는 부정과거시제이다. 바울은 이들 신자들이 과거에 완성한

---

34) Ibid., pp. 217-18, n. 7.

어떤 행동을 언급하고 있다. 바울은 너희는 너희 옛 사람을 이미 벗어 버렸기 때문에, 그리고 새 사람을 입었기 때문에 거짓말이나 욕정을 품지 말아야 하며, 사악한 분노나 중상을 하지 말아야 한다고 말한다.[35] 이러한 죄된 행위들은 분명하게 그들이 입은 새 사람과 조화가 되지 않기 때문에 성도들은 이런 잘못을 범하지 말아야 한다. 바울이 여기서 사용한 모든 모습은 다음과 같은 생각을 강화시킨다: 사람은 동시에 두 벌의 옷을 입지 못한다. 즉 이들이 한 벌 옷은 벗었으며 그 다음 다른 옷을 입었다. 여기서 바울은 성도들이 지금 새 사람으로 옷을 입었고, 그래서 더 이상 옛 옷은 입지 않고 있는 사람처럼 묘사하고 있다.

에베소서 4:20~24은 위와 아주 유사하지만 약간의 차이점도 있는 것같이 보인다:

> 오직 너희는 그리스도를 이같이 배우지 아니하였느니라 진리가 예수 안에 있는 것같이 너희가 과연 그에게서 듣고 또한 그 안에서 가르침을 받았을진대 너희는 유혹의 욕심을 따라 썩어져 가는 구습을 좇는 옛 사람을 벗어 버리고 오직 심령으로 새롭게 되어 하나님을 따라 의와 진리의 거룩함으로 지으심을 받은 새 사람을 입으라.

22~24절의 헬라어 본문은 주요한 세 가지 부정사(아포데스다이: *apothesthai*, 아나네우스다이: *ananeousthai*, 그리고 엔두사스다이: *endysasthai*)를 가진다. 이 부정사들은 각각 "벗어버리고", "새롭게 되어", "입으라"를 의미한다. 그리고 많은 번역서에는 마치 바울이

---

35) 생각컨대, 새 사람은 성령에 의해 지배를 받고 있는 통일체적 인간 또는 인간의 전체성이다. 우리가 앞서 관찰한 바와 같이 새 사람은 하나님 형상의 모형에 따라서 계속 새로워진다. 환언하여 우리는 부활체와 같은 그런 상태로 무죄 완전한 경험을 기대해서는 안된다. 새 사람은 새롭지만 아직 완전하지는 않다.

에베소 교인들에게 지금 실행해야 한다(참고, "put off... be renewed... put on," RSV)고 말하는 것처럼 이 부정사가 명령형으로 번역되었다. 이같은 번역에 따른다면 이 구절들이 명령을 전달하게 된다. 그러나 그렇게 되면 성도들이 이미 옛 사람을 벗어 버리고 새 사람을 입었다고 변호한 입장과 조화가 되지 않는다.

    비록 영어 성경(RSV)에 나타난 번역이 문법적으로 틀림이 없다고 할지라도 거기에는 다른 가능성이 있다. 역시 이들 부정사는 소위 "설명적 부정사"로 이해되어질 수 있다. 즉 그것은 단순하게 20~21절에서 언급한 가르침의 내용을 드러내기 위한 것이다. 이런 분석에 따르면 마치 바울이 그의 독자들에게 가르침을 받은 그대로 순종해야 될 것을 말하고 있는 것처럼 보인다. 본문에 대한 이같은 이해는 일반적으로 에베소서와 쌍둥이 서신이라고 생각되는 골로새서로부터 비슷한 구절을 취해서 이 교훈을 유사하게 만든 것이다. 그러므로 위에서 인용한 바 있는 새 국제 번역판(NIV)에서 발견되는 번역이 개정 표준 번역판(RSV)보다 더 훌륭하다고 생각된다. 에베소서 4:22~24은 회개하지 않는 이방인들이 사는 것처럼 계속 살지 않는 에베소에 있는 신자들에게 말한 것으로 생각해야 한다(17~19절). 그러므로 가르침을 받은 그대로 이들 신자들은 옛 사람을 벗어 버렸으며 새 사람을 입었다. 사실 그들이 입은 새 사람은 참된 의와 거룩함으로 하나님과 같이 창조함을 받은 존재이다.[36]

    그러므로 이런 구절을 통해서 다음과 같은 결론을 얻을 수 있다. 성화의 즉각적인 측면을 교훈하는 신약성경에 따르면 성도들은 한때 가졌던 옛 사람이 이제는 더이상 아니라고 하는 점이 명백하다. 가끔 가르침을 받은 바와 같이 그들은 옛 사람과 새 사람이 아니라 참으로 그리스도 안에서 새 사람이다. 바울은 감동적인 고린도후서 5:17에서 이 중요한 사실을 강조한다. "그런즉 누구든지 그리스도

---

[36] 골로새서 3:9~10과 에베소서 4:22~24은 가까운 장래에 성화가 하나님의 형상과 같은 모습으로 진보할 것을 공고히 하고 있음에 주의하라.

안에 있으면 새로운 피조물이라 이전 것은 지나갔으니 보라 새 것이 되었도다."고로 만일 어떤 사람이 그리스도 안에 있으면 그는 이전 것은 지나갔고 새롭게 된 새 창조물이다. 우리는 이런 교훈의 중요성과 우리의 성화에 관련된 말씀을 축소시켜서는 안된다. 존 머레이는 재차 이 점을 훌륭하게 진술한다:

> 옛 사람은 중생하지 않은 사람이다. 새 사람은 그리스도 예수 안에서 선한 일들을 위하여 창조된 거듭난 사람이다. 신자를 새 사람과 옛 사람으로 부르는 것은 더욱 타당하지 않다. 오히려 옛 사람을 비중생한 사람으로, 새 사람을 중생한 사람으로 불러야 한다. 이것은 신자가 그 속에 옛 사람과 새 사람을 같이 가지고 있다는 생각을 시인하는 것이 아니다. 이런 종류의 전문용어는 타당하지 않다. 고로 신자 속에 옛 사람과 새 사람이 공존한다는 주장은 "우리의 옛 사람은 십자가에 못 박혔다"는 사실을 공고히 하는 바울의 교리에 정면 배치가 되고, 반감을 일으키게 한다.[37]

그러나 비록 신자들이 새 사람이지만 아직도 무죄 완전함에 이르지 아니했다. 그들은 아직도 죄에 대항하여 투쟁해야 할 존재들이다. 골로새서 3:10에 의하면 신자가 입은 새 사람은 새롭게 되고 있는 존재이다. 즉 이런 새로움은 전 생애 동안의 과정이다. 에베소서 4:23에서 바울은 그의 독자들에게 비록 그들이 옛 사람을 벗고 새 사람을 입었지만 계속 심령으로 새롭게 되라고 권면한다. "새롭게 되어"라고 번역된 부정사 아나네우스다이 (ananeousthai)는 계속적인 과정을 지시하는 현재시제이다. 그리스도 안에서 새로운 피조물이 된 신자들에게 아직도 몸의 더러운 행실을 죽이며(롬 8:13), 그들 속에 있는 죄는 무엇이든지 죽이며(골 3:5), 정욕, 탐욕, 화냄, 악의, 부끄러운 말과 같은 모든 죄악을 벗어 버리고(골 3:8) 육과 영

---

37) Murray, *Principles of Conduct*, p. 218.

의 온갖 더러운 것에서 자신을 깨끗케 하라(고후 7:1)고 말한다.[38]

그러므로 신약에 묘사된 새 사람의 새로움은 정적인 것이 아니라 "동적인" 것이며, 지속적인 새로움, 성장 그리고 변화를 필요로 한다. 고로 신자는 자기의 단점에 대하여 깊이 의식하기 때문에 나는 아직도 죄인이며 그래서 나는 자신을 새 사람으로 생각하지 않는다라고 말할 필요가 없다. 오히려 성도는 나는 새 사람이다. 그러나 나는 아직 그 목표를 위해서 지속적으로 성장해야 한다고 말해야 한다.

신자는 아직 그 속에 남아 있는 죄로 향하려는 성향과 투쟁해야 한다. 신자에게 편지한 히브리서 기자는 다음과 같이 적는다. "그러므로 우리에게 구름과 같이 둘러싼 허다한 증인들이 있으니 모든 무거운 것과 얽매이기 쉬운(가깝게 착 달라 붙은) 죄를 벗어 버리자" (히 12:1). 바울은 갈라디아에 있는 성도들에게 권면한다. "너희는 성령을 좇아 행하라 그리하면 육체의 욕심을 이루지 아니하리라"(5:16). 여기서 바울은 "육체"(the flesh)를 통해서 아직도 우리 속에 하나님의 뜻에 반항하는 기질이 있음을 나타낸다. 우리가 이러한 기질("내재하는 죄"[39] "타락의 흔적"[40] "죄의 자취"[41] 또는 "우리의 죄된 본성"[42]에 대해서 언급할 때마다 우리는 거듭난 후일지라도 아직 이러한 죄의 충동을 가지고 있으며, 우리가 사는 동안 이런 나쁜 성향들과 대항해 싸워야 함을 기억해야 한다.

신약성경은 가끔 기독교인의 생활을 계속적으로 죄와 싸우는 영적 전투라고 묘사한다. 성도는 마귀의 권세에 대항하여 승리할 수 있도

---

38) 고린도후서 7:1에 따라서 성도는 회심 후에 인간의 영이 무죄하게 된다고 가르치는 이들을 거부하면서 영의 더러움(RSV)이나 오염(NIV)에 대항하여 더 한층 투쟁해야 한다.
39) John Murray, *Principles of Conduct*, p. 219.
40) 웨스트민스터 신앙고백, XIII, 2.
41) Calvin, 기독교강요, III. iii. 11.
42) 하이델베르그 교리문답, 제 56문.

록 하나님의 전신갑주를 입어야 하며(엡 6:11~13), 믿음의 선한 싸움을 싸워야 하며(딤전 6:12; 딤후 4:17), 그리고 피 흘리기까지 죄와 싸워야 한다(히 12:4). 바울은 고린도전서 9:26~27에서 죄에 대한 그 자신의 무시무시한 투쟁을 마치 권투 선수와 같이 묘사한다. "내가 달음질하기를 향방없는 것같이 아니하고 싸우기를 허공을 치는 것같이 아니하여 내가 내 몸을 쳐 복종하게 함은 내가 남에게 전파한 후에 도리어 버림이 될까 두려워 함이로라(상급을 위한 자격이 상실되지 않게 노력한다)."[43]

J. C. 라일은 이 점을 다음과 같이 설명한다:

성화는…그 내부에 수많은 영적인 투쟁을 가지고 있는 사람을 방해하지 않는다. 이러한 영적인 전투는 마음 속에서 일어나는 옛 본성과 새 본성, 육신과 영혼 사이의 투쟁이다. 그리고 이 투쟁은 모든 성도들에게서 발견된다(갈 5:17). 이런 투쟁에 대한 심각한 느낌과 또 투쟁으로부터 오는 수많은 정신적인 고통은 그 당사자가 성화되지 않는다고 하는 증명이 아니다. 오히려 나는 이같은 갈등을 느끼는 사람이 정신적으로 건강하다고 믿는다. 그리고 이런 징후는 그들이 죽지 않고 살아 있다는 증거이다.[44]

---

43) 여기서 나는 로마서 7:13~15은 예증으로 들지 않았다. 왜냐하면 나는 이 구절들을 다음과 같이 묘사하는 것으로 이해했기 때문이다. 즉 중생한 사람의 눈을 통해서 성령의 능력과는 관계없이 스스로 율법으로 말미암아 죄와 싸우고 있는 거듭나지 않는 인간(예컨대 회개하지 않은 바리새인)에게서 발견되는 그러한 투쟁을 보고 있다. 이런 해석에 관한 성경적인 변증들은 다음과 같은 저서들에서 볼 수 있다. 본인의 저술서 The Christian Looks at Himself, pp. 61-67; 역시 Herman Ridderbos, Paul: An Outline of His Theology, John R. De Witt 번역(Grand Rapids: Eerdmans, 1975), pp. 126-30.

44) Bishop J. C. Ryle, Holiness, p. 21.

그러나 비록 죄에 대한 투쟁이 매우 실제적이지만 신자는 이제 더 이상 죄의 노예가 아니다. 바울이 교훈하고 있는 바와 같이 우리 옛 사람이 그리스도와 함께 십자가에 못 박히었다고 함은 우리가 죄의 노예로부터 해방된 것을 의미한다(롬 6:6) ; 우리는 율법 아래 있지 아니하고 은혜 아래 있기 때문에 죄는 더이상 우리의 주인이 될 수 없다(롬 6:14). "신자 속에 아직도 남아있는 죄와 그가 짓고 있는 죄는 그를 지배하지 못한다."[45]

이제 어느 정도 "옛 사람과 새 사람" 또는 "옛 본성과 새 본성" 사이의 구별을 이해하는 데 도움이 되었을 것이다. 나는 신약의 가르침에 따라서 그리스도 안에 있는 성도는 이제 더이상 옛 사람이 아니라 새 사람임을 확증한다. 그러나 이렇게 말한다고 해서 나는 아직 신자가 하나님을 반역하고 죄지을 수 있는 계속적인 경향성을 가진다는 의미에서 죄적인 본성을 가지고 있다는 점을 부정하지 않는다. 중생함으로 성도는 옛 본성 이외에 새 본성을 받는다. 이러한 사실 때문에 성도들은 지금 하나님을 기쁘게 하는 행동을 할 수 있게 된다. 그러므로 신자들은 (투쟁하여 대항해야 될) 죄의 본성과 새로운 본성(이에 따라서 살아야 되는)을 가지고 있다. 그러나 성도들은 더이상 인간 존재의 전체성을 묘사하는 옛 자신이거나 옛 사람이 아니다. 여기 옛 사람은 죄의 노예로 있는 인간을 지칭한다. 반면에 새 사람은(비록 아직 완전하지는 않지만) 성령의 지배를 받는 인간이다. 환언하여 신자는 아직 그의 옛 본성과 투쟁해야 하는 새 사람이다.

결론적으로 말해서 기독교인은 더이상 옛 사람이 아니라 점진적으로 새로워지고 있는 새 사람이다. 성도는 아직 죄에 대항하여 투쟁해야 하며 또 때로는 죄에 빠질 수도 있을 것이다. 그러나 성도는 더이상 죄의 노예가 아니다. 성령의 능력으로 성도는 지금 죄에 대

---

45) John Murray, *Principles of Conduct*, p. 220.

항할 수 있다. 왜냐하면 시험당할 즈음에 하나님께서 피할 길을 주시고 감당할 수 있게 해주시기 때문이다(고전 10:13).

이러한 교훈에 포함된 중요한 의미는 신자가 그들 자신에 관한 긍정적 자아상을 가져야 한다는 점이다. 이런 자아상(self-image)을 위한 토대는 우리 자신이 성취할 수 있다는 잘못된 교만이나 덕이 아니라 우리 자신이 하나님의 구속적 사역에 관한 조명을 우리 생활 가운데서 인식하는 것이다. 기독교적 신앙은 그리스도에 관한 진리를 믿는 것을 의미하는 동시에 우리 자신에 관한 것, 즉 지금 우리는 진실로 그리스도 안에서 새로운 피조물임을 믿는 것을 의미한다:[46]

7. "완전주의"(perfectionism)의 문제

어떤 기독교 모임에서는 신자가 현재 삶 속에서 "완전"에 도달하는 것이 가능하다고 주장한다. 이런 완전론을 가르치는 교파 가운데는 웨슬리파 감리교(Wesleyan Methodist Church), 자유 감리교(Free Methodist Church), 구세군(Salvation Army), 하나님의 교회(Church of God〔Anderson, Indiana〕), 크리스쳔 선교연맹(Christian and Missionary Alliance), 나사렛 교회(Nazarene Church), 그리고 순례 성교회(Pilgrim Holiness Church) 등이 있다.[47]

우리가 다루어야 할 첫째 문제는 이것이다: 이들 교파들이 주장하는 "완전"이 의미하는 바가 무엇인가? 그들은 보통 "무죄 완전"(sinless perfection)의 가능성에 대해서는 믿지 않는다고 주장한다. 감리교 창시자이며 보통 "완전론자"로 잘 알려진 존 웨슬리의 교훈 속에는 이 점에 있어서 애매모호한 내용이 있다. 기독교인 완전에

---

46) 나의 저서 *The Christian Looks at Himself*를 참고하되 특별히 13-76면을 보라.

47) George M. Marsden, *Fundamentalism and American Culture*(New York: Oxford University Press, 1980), p. 75.

관해서 존 웨슬리는 "비록 나는 반대하지 않지만 무죄(sinless)라는 용어에 만족하지 않는다"고 말한다.[48] 그러나 다른 저서 속에서 그는 "무죄 완전은 내 자신에게 모순이 될 것 같아서 내가 사용하지 않는 숙어이다"고 말한다.[49] 그러나 다른 옹호자들은 "완전론"이 명백하다고 가르친다. 예를 들면, J. S. 백스터(Baxter)는 "현실 생활 가운데서 무죄 완전한 본질이나 행위에 관해서 약속하거나 제시하는 신약성경의 구절은 어디에도 없다. 그러나 성령에 의해서 형성되는 참된 거룩을 가르치는 구절은 있다"고 주장한다.[50] 도날드 메쯔(D. Metz)는 완전에 대해서 다음과 같이 말한다. "아직 죄의 흔적을 지닌 유한한 성품 때문에(온전한 상태로 살려고 하는) 신자는 하나님의 말씀을 완전하게 지킬 수 없을 것이다."[51] 또 다른 나사렛 교파 출신의 저술가인 J. K. 그리더(Grider)는 위와 유사하게 "'완전한 사랑'이라는 말은…하나님과 이웃에 대한 사랑의 실천을 절대적으로 흠이 없는 것으로 이해하는 많은 사람을 미혹시키었다. 그러나 우리는 오직 사랑을 육감적으로 동기가 혼합되지 않는 것으로 이해한다"라고 주장한다.[52] 웨슬리파의 견해에 대해서 저술한 M. E. 디이터(Dieter)는 "때문에 웨슬리주의는…확실하게 무죄 완전을 의미하는 것이 아니다: 아마도 이 점에 있어서 웨슬리주의가 다른

---

48) John Wesley, *The Works of John Wesley* 제 3권 가운데 "그리스도인 완전에 관한 분명한 사상"(1872; Peabody, MA: Hendrickson Publishers, 1984), 11:446.

49) John Wesley, "A Plain Account of Christian Perfection" *Works*, 11: 396.

50) J. Sidlow Baxter, *A New Call to Holiness*(Grand Rapids: Zondervan, 1973), p. 121.

51) Donald Metz, *Studies in Biblical Holiness*(Kansas City: Beacon Hill, 1971), p. 228.

52) J. Kenneth Grider, *Entire Sanctification*(Kansas City: Beacon Hill, 1980), p. 36.

어떤 것보다 더욱 잘못 전달되었다는 사실을 주목해야 한다"고 강조한다.[53]

그러나 이러한 주장에도 불구하고 아직 이들 저자들은 "완전"과 "완전한"이란 말을 사용한다. 웨슬리는 확실하게 이 단어를 사용했다. 그는 기록하기를 성경적 사랑이란 "완전한 사랑"이다.[54] 그는 역시 "기독교인은 죄를 짓지 않을 만큼 그렇게 완전하다"고 주장하였다.[55] 다른 부분에서 그는 "마음에 할례"를 받은 성도는 하늘에 계신 우리 아버지의 온전하심같이[56] 온전하게 되도록 그렇게 마음의 형상이 회복된 존재이다"라고 선언하였다.[57] "완전한 사랑"[58] "하나님을 위한 온전한 헌신"[59] 그리고 "하나님과 이웃에 대한 완전한 사랑"[60]에 대해서 이야기 했다.

그러므로 우리는 이들 저자들에 의해 사용된 "완전"이라는 용어는 제한된 의미로 쓰여졌다고 결론내린다. 이들 저자들에 따르면 신자가 획득할 수 있는 완전은 무죄함이 아니며,[61] 아담이나 천사와 같다는 말도 아니다. 즉 완전은 부활의 완전도 아니며 그리스도의 완전도 아니다.[62] 더욱이 이 완전은 구원에 있어서 본질적인 요소가 아닌 무지, 또는 실수…여러가지 유혹이나 수없이 많은 허약 등을 배제하지 않는다.[63]

---

53) Melvin E. Dieter, *Five Views*, p. 91.
54) John Wesley, *Works*, "A Plain Account", 11: 442.
55) Ibid., p. 376.
56) Ibid., p. 367.
57) 상계서 *Five Views* 가운데 "The Wesleyan Perspective" p. 36.
58) Ibid., p. 30.
59) Ibid., p. 18.
60) Ibid.
61) 웨슬리는 「온전에 관한 분명한 사상」제 376면을 통해서 "entirely sanctified" 사람은 범죄하지 않을 정도로 그렇게 완전하다고 주장했다.
62) Donald S. Metz, Studies in *Biblical Holiness*, pp. 229-30.
63) John Wesley, "A Plain Account", *Works*, 11:383.

사실 이러한 입장을 옹호하는 어떤 대변자는 신자들이 현세에서 도달할 수 있는 거룩을 "불완전한 온전"이라고 부른다.[64] 이런 저자들이 묘사한 "완전"은 온전함 또는 용어의 문자적인 의미에 있어서 완전이 아니라 제한되고 유한하며 결점이 있는 형태로써의 완전이다.

이들 완전론자들의 주장을 정리하면 다음과 같다.

(1) 그들은 현세에서 신자들이 "온전한 성화"(entire sanctification)(획득할 수 있다고 하는 "기독교인 완전"을 위한 일반 명칭)라고 불리우는 상태에 도달하는 것이 가능하다고 가르친다. 디이터는 "온전한 성화"에 대해서 다음과 같이 정의한다. "거룩하게 하시는 하나님의 인격적이고 즉각적인 사역 때문에 신자의 마음 속에서 일어나는 갈등은 해소되고, 반항에서 완전히 해방되어 전심으로 하나님과 이웃을 사랑하게 된다." 디이터는 웨슬리에게서 인용하여 계속 완전한 성화는 "죄에 대해서는 완전히 죽고 하나님 형상에로 완전히 새롭게 되는 것이다"라고 주장한다.[65]

(2) "온전한 성화"는 칭의와는 완전히 다른 경험이며, 칭의 다음에 수반하는 것이라고 말해진다―즉 사실은 성도들이 의롭다 함을 받은 후 여러 해 동안까지도 "온전한 성화"에 도달할 수 없을 것이다. 그러므로 가끔 성화는 (칭의 다음에) "두번째 축복"(the second blessing)으로 불리워진다. 그러므로 두 부류의 기독교인이 존재한다: 즉 의롭다 함을 받은 신자와 의롭다 함을 받고 성화된 신자이다.

(3) "온전한 성화"는 믿음으로 받게 되는 즉각적인 경험으로 말해진다. 이 "두번째 축복"을 받고 난 후 신자는 위에서 언급한 대로 하나님과 이웃을 전심으로 사랑하는 "기독교인의 완전한" 경지에 도달하게 된다.[66]

---

64) Donald S. Metz, *Biblical Holiness*, pp. 228, 243.
65) Melvin E. Dieter, *Five Views*, p. 17.
66) 그러나, 보통 완전론자들이 성화의 교리를 세 단계로 소개한다는 점을

(4) "온전한 성화"는 우리의 더러운 본성의 근절을 포함한다고 말해진다. 웨슬리는 "온전한 성화"가 이룩되는 순간에 "우리의 모든 내적인 죄는 사라진다"고 말한다.[67] 윌리(H. O. Wiley)는 "우리의 거룩은 단 한번의 타격으로 타고난 죄에서 깨끗해짐에 따라서 완전해진다"고 확신한다.[68] 나사렛교회 편람은 "온전한 성화"를 통해서 신자는 "원죄에서 해방된다"고 기록하고 있다.[69] 그리고 메쯔는 "온전한 성화"를 통해서 육감적 본성은 파괴된다" 말한다.[70] 또한 그리더는 "완전한 성화를 통해서 더러운 마음은 사라진다"라고 생각한다.[71]

(5) "완전하게 성화된 사람이 피할 수 있다고 언급된 죄는 항상 조심스럽게 제한을 받는다. 웨슬리는 죄를 "소위 알고 있는 율법에 대한 고의적인 위반"이라고 정의한다.[72] 그는 계속해서 "죄는 부당하게도 소위 알거나 모르거나 간에 하나님의 율법에 대한 고의적인 위반이다"고 말한다. 그는 "만약 여러분은 이런 위반을 기꺼이 죄라고 할지 모르지만 나는 죄라고 생각하지 않는다"라고 부언한다.[73] 고로

주의해야 한다. 성화의 과정은 중생에서 시작한다(Dieter, *Five Views*, pp. 16-19), 그 다음에 "온전한 성화"(entire sanctification)의 위기가 온다(상게서, 17면), 그리고 이후에 신자는 계속 은총 속에서 더한층 성장한다(상게서 41면). 그래서 진행하는 순서는 "진보-위기-진보처럼 보인다."

67) John Wesley, *Works*, "A Plan Account," 11:387.
68) Nazarene, *Christian Theology*(Kansas City: Beacon Hill, 1958), 2:446.
69) Donald S. Metz, *Biblical Holiness*, Kansas City: Nazarene Publishing House, 1968, p. 31.
70) Metz, *Biblical Holiness*, p. 250.
71) Metz, *Entire Sanctificaton*, p. 27.
72) John Wesley, *Works*, "A Plain Account," 11:396.
73) Ibid. 이와 유사하게 도날드 메쯔는 죄를 다음과 같이 정의한다. "죄는 도덕적으로 책임있는 행위자가 의식적으로 알고 있는 하나님의 율법을

"온전한 성화"는 이미 알려진 율법에 대한 고의적인 위반으로부터 지금 피할 수 있는 것을 의미한다. 이같은 묘사가 의미하는 바는 만일 누가 어떤 것이 죄가 된다고 인식했으면 그것은 죄이다. 역시 누가 그것이 죄가 되는 줄 모르고 어떤 잘못을 했다면 그 잘못이 그에게는 죄가 아니다라고 하는 것이다.

(6) 이미 언급한 바와 같이 신자가 획득할 수 있는 "완전함"이란 항상 제한적이다. 이 점은 위에서 충분히 논의되어졌다.

이들이 자기들의 교훈에 근거를 두고 있는 것이 무엇인가?

(1) "온전한" 사람의 성경적 실례. 예를 들면 웨슬리는 "의롭다 함을 받은 사람들은 완전한 데로 나아가야 하며"(히 6:2) 그리고 "바울이 살아있는 사람들에게 온전하게 되었다고 말했기(빌 3:15) 때문에 완전은 획득할 수 있다고 진술한다.[74] H. D. 윌리는 "복음적 완전에 대한 교의를 확정함에 있어서 적용할 수 있는 인물을 그 예로서" 들고 있다. 즉 노아, 욥, 사가랴, 그리고 엘리사벳, 나다나엘 그리고 바울이 고린도전서 2:6과 빌립보서 3:15에서 언급한 인물들이 그 예이다.[75]

이러한 그룹들은 죄를 이미 알고 있는 율법에 대한 고의적인 위반으로 그리고 완전을 이런 죄를 억제하는 능력으로 정의하고 있다. 우리는 이 점을 기억해야 한다. 그러나 성경은 이런 의미에 있어서 예수 그리스도에게서 떠나 "완전"해진 인간들의 명백한 예를 우리에게 제시하고 있는가? 윌리는 욥을 언급한다. 그러나 욥 자신이 "내가 스스로 한하고 티끌과 재 가운데서 회개하나이다"(욥 42:6) 라고 고백했다. 비록 노아는 "의인이요 당세에 완전한(KJV, NIV에는 "결백한"⟨blameless⟩으로 번역됨)자라"(창 6:9)고 하는 호칭을 받았지만 창세기 9장에서는 술취한 자로 보도되었다. 바울은 고린도전서 2:6

위반하는 것이다"(*Biblical Holiness*, p. 79).

74) "A Plain Account," *Works*, 11:441-42.

75) H. Orton Wiley, *Christian Theology*, 2:515.

에서 "우리가 온전한(perfect, KJV) 자들 중에서 지혜를 말하노니…" 라고 말한다. 여기 "온전한"이라고 번역된 단어 테레이오스(teleios) 과 새국제역(NIV) 안에서 "성숙한"(mature)으로 번역되었다. 여기서 바울은 그리스도 안에서 아직도 어린 아이로 있는 성도들과 구별해서 영적인 성숙기에 도달한 성도들에 관해서 이야기한다. 바울은 확실히 이들 "성숙한" 성도들이 알고 있는 하나님의 말씀에 대항하여 고의적으로 범죄하지 않는다고 분명하게 말하지 않는다. 우리는 빌립보서 3:15에서 "그러므로 누구든지 우리 온전히 이룬 자들 (many as be perfect, KJV)은 이렇게 생각할지니…"라는 말씀을 본다. 역시 여기 형용사도 테레이오스이다. 그리고 역시 개정 표준역(RSV)과 새국제역(NIV)에서 이 말은 "성숙한"이라고 번역되었다. 이들 단체들은 성경 본문의 문맥 전후 관계를 무시하고 "완전"을 정의하였다. 왜냐하면 15절 하반절 "이렇게 생각할지니…"라는 말씀은 12절에 '온전히 이루었다 함도 아니라'는 진술을 아는 것을 함의한다. 그러므로 완전(푯대)을 향하여 계속 좇아가야 한다(14절).

J. C. 라일은 이 점을 인상깊게 표현한다:

성도라고 호칭되는 이들의 세부적인 생활이 성경에 기록되었다. 과연 이들이 문자적으로 또 절대적으로 완전한가? 그들 자신에 대하여 기록하면서 그들은 불완전에서 벗어난 느낌으로 말하는가? 아니다. 반대로 다윗과 사도 바울 그리고 사도 요한과 같은 사람들은 그들 마음 속에 있는 약함과 죄를 느낀다고 강한 어조로 선언하였다.[76]

(2) 중생한 자는 범죄하지 않는다고 하는 구절: 요한일서 3:9; 5:18.[77] 이들 두 구절은 본서 166-68면에서 상세하게 다루었다. 나는

---

76) J. C. Ryle, *Holiness*, p. XI.
77) 이에 관해서 다음 책들을 참고하라. Wesley, "A Plain Account", *Works*, 11:375; Metz, *Biblical Holiness*, p. 250; Richard Taylor,

거기에서 이들 구절에 있는 "죄를 짓다"라는 동사의 시제는 현재이며, 고로 계속적인 동작을 묘사한다고 지적하였다. 사도 요한이 본문에서 말하고자 하는 것은 하나님께로서 태어난 사람은 완전히 자포자기 상태로 계속 범죄하거나 죄를 즐기지 않는다는 사실이다. 바꾸어 말해서 중생한 성도는 죄 가운데 살지 않는다. 그러나 중생한 성도는 숙지하고 있는 말씀에 대항해서 의식적으로 범죄할 수 없다고 가르치지 않는다. 이 점은 다음과 같이 요한의 진술을 통해서 명백해진다. "만일 우리가 죄없다 하면 스스로 속이고 또 진리가 우리 속에 있지 아니할 것이요"(요일 1:18).

(3) 데살로니가전서 5:23의 교훈.[78] 이 구절의 내용은 다음과 같다:

평강의 하나님이 진히 너희로 온전히(fully, *holoteleis* 부정과거 기원법) 거룩하게(*hagiasai*) 하시고 또 너희로 온(*holokleron*) 영과 혼과 몸이 우리 주 예수 그리스도 강림하실 때에(*en* 또는 "와 관련하여") 흠없게(*teretheie* 역시 부정과거 기원법) 보전되기를 원하노라.

이 내용이 기도임을 주의하라. 그리고 바울은 이 기도가 응답되기를 바라고 있다(살전 5:24). 이 구절의 전반절은 독자들의 전적인 성화를 위한 바울의 기도이다. 텔로스(*telos*)에서 유래한 형용사 홀로텔에이스(*holoteleis*)는 "끝"(end)이나 "목표"(goal)를 의미한다.

Exploring Christian Holiness, Vol. 3 (Kansas City: Beacon Hill, 1985), p. 62, n. 14.

78) 이 구절(살전 5:23)은 아래 학자들에 의해서 "온전한 성화"를 위한 증명 본문으로 인용된다. J. Sidlow Baxter, *A New Call to Holiness,* pp. 107, 115, 147; J. K. Grider, *Entire Sanctification,* pp. 96, 140; 그리고 W. T. Purkiser, *Exploring Christian Holiness,* Vol. 1 (Kansas City: Beacon Hill, 1983), p. 205.

그리고 이 말은 "목표에 도달하기 위한 방편으로 전체"를 시사한다. 그러나 이 동사가 부정과거(aorist)시제라고 하는 사실은 전체적인 성화가 인생의 어느 특정한 시기에 발생할 것을 기대하게 되었다는 것을 꼭 의미하지 않는다.[79] 본문 23절 하반절의 동사는 요약적 부정과거(summary aorist)로 이해해야 할 것이다. 즉 하나님은 신자의 생활을 전체적으로 보신다는 개요이다. 따라서 하반절은 그리스도의 재림 때에 이들 독자들의 온 영과 혼과 몸이 전체적으로(holokleron) 흠없게 보호받거나 보존되기를 바라는 기도이다.

본문 하반절을 이해하기 위해서 우리는 이 서신서 앞에 있는 병행 구절을 관찰해야 한다. 여기서 바울은 "너희 마음을 굳게 하시고 우리 주 예수께서 그의 모든 성도와 함께 강림하실 때에 하나님 우리 아버지 앞에서 거룩함에 흠이 없게 하시기를 원하노라"(살전 3:13). 본문에서 바울은 데살로니가에 사는 성도들이 예수께서 재림하실 때에 하나님 앞에서 거룩하게 되어질 수 있게끔 하나님에 의해서 보호받도록 기도하였다. 마찬가지로 데살로니가전서 5:23에서 바울은 다음과 같은 목적을 두고 기도하고 있다. 즉 하나님은 그리스도의 재림 때에 또는 그의 강림과 관련하여 흠없게 발견되어질 수 있는 방편으로 그의 백성(독자들)들을 보존하실 것이다.[80] 그러므로 데살로니가전서 5:23은 "온전한 성화"가 하나님 백성의 삶의 어떤 순간에 발생할 것을 증명하지 않는다. 오히려 이 기도는 확실하게 성도의 온전한 성화가 예수 그리스도의 재림 때까지 완성되지 않을 것을 의미한다.

B. B. 워필드는 이 구절에 대해서 다음과 같이 주석하였다.

---

79) Grider, *Entire Sanctification*, p. 96.
80) "주 예수께서…강림하실 때에"라고 번역된 헬라어 본문(*en tou parousia tou kyriou hemon Iesou*)은 (3:13) "at the coming of our Lord Jesus" (우리 주 예수께서 오실 때에, 5:23)라고 번역된 본문과 같다.

비록 바울은 이 온전한 성화를 모든 성도들의 확실한 유업으로 약속하고 있지만 이 완전을 소망의 사실로, 그러나 아직 보지 못할 것으로 제시한다. 즉 이미 기뻐하는 경험의 사실로 언급하지 않는다. …우리는 바울에게서 우리가 바랄 수 있는 성화의 시기를 배울 수 있는가? 확실하게 바울은 여기서 우리를 무지의 상태로 두지 않았다(이 점은 데살로니가전서 5:23에서 예시한다). 여러분은 온전을 그리스도의 재림 때 체험한다. 즉 그리스도의 재림은 세상의 종말이며, 심판의 날이며, 사도들의 소망이었다. 재림은 바로 바울이 언급한 우리 성화의 완성의 시점이다.[81]

(4) 신자들에게 온전하라고 명령하는 구절들.[82] 이들은 가끔 마태복음 5:48; 골로새서 1:28; 히브리서 6:1 등과 같은 구절들을 인용한다.

이 구절들은 위에서 정의한 바와 같이 현세에 성도들이 도달할 수 있는 "완전"에 대해서 교훈하는가? 나는 그렇게 생각하지 않는다. 예를 들어 마태복음 5:48을 살펴보자. 여기서 예수님은 다음과 같이 말씀하셨다. "그러므로 하늘에 계신 너희 아버지의 온전하심과 같이 너희도 온전하라." 여기 두번 기록된 "온전"하라는 말씀은 헬라어 텔에이오스(teleios)에서 옮긴 것이다. 이 단어는 우리가 위에서 고찰한 바와 같이 일반적으로 "성숙한" 또는 "충분히 자란"이란 의미로, 사람들에게 적용할 때 사용하는 용어이다. 여기 48절은 예수님께서 그의 청중들에게 너희 원수를 사랑하라고 가르치신 산상수훈 가운데 있는 단락의 끝 부분이다. 예수님께서 너희 원수를 사랑하라

---

81) B. B. Warfield, *Perfectionism*「완전론」, Samuel C. Craig 편집 (Philadelphia: Presbyterian and Reformed, 1958), pp. 462-63.
82) 다음 책들을 참고하라. Metz, *Biblical Holiness*, pp. 136-39; Grider, *Entire Sanctification*, p. 34; Purkiser, *Exploring Christian Holiness*, 1: 82-85; 그리고 Dieter, *Four Views*, pp. 31, 33.

고 말씀하셨고, 또 역시 하늘에 계신 우리 아버지는 그 해를 악인과 선인에게 비추어 주심으로 원수에 대한 사랑을 보여주셨기 때문에 우리는 우리의 하나님 형상을 드러내 보여야 한다. 우리는 이같이 완전하고 온전히 성숙된 사랑을 소유해야 하며, 또 성부를 본받아야 한다. 여기서 예수님은 확실히 인간 존재가 그의 생활 가운데서 아버지와 같이 무죄 완전하게 되고 또 그러한 완전에 도달할 수 있다는 것을 증명하려고 시도하지 않으셨다. 오히려 예수님은 원수에 대한 미움을 정당시하는 바리새인의 윤리와 대조하여 원수까지도 사랑하는 성숙된 그리스도인의 이상을 그의 제자들과 우리 앞에서 보이셨다.

8. 웨슬리적 가르침에 대한 논박[83]

나는 우선 일반적인 고찰부터 시작하겠다.

(1) 웨슬리파는 죄의 정의를 약화시킨다. 죄는 웨스트민스터 소요리문답 제 14문에 "하나님의 법을 순종함에 부족한 것이나 혹 어기는 것이다"로 정의되었다. 그러나 우리가 고찰한 바와 같이 웨슬리파는 죄를 "알고 있는 율법의 고의적인 위반"으로 정의한다.[84] 이런 정의에 따르면 단지 고의적인 악행만 죄로 인식된다. 죄로 인식되지 못하는 것은 의식된 죄가 아니다. 그러나 죄를 죄로 인식하는 것이 어찌 쉬운 일인가! 우리는 다른 사람에게는 "죄적인 분노"라고 부르는 것을 우리 자신에게는 "의로운 의분"으로 생각한다. 누가 말한 바와 같이 우리의 죄는 우리 등 뒤에다 꼽아둔 공책과 같다. 다른 사람들은 우리 자신이 볼 수 없는 공책을 본다. 고로 다윗은 "자기

---

83) 나는 여기 "웨슬리파"(Wesleyan)라는 용어를 12장 이 부분에서 전개하는 성화에 관한 견해를 제시하는 데 사용한다. 이런 견해는 가끔 "완전론"(perfectionism)이란 말로 묘사되기도 한다.

84) Schaff, *Creeds of Christendom* (New York: Harper, 1877), 3:678.

허물을 능히 깨달을 자 누구리요 나를 숨은 허물에서 벗어나게 하소서"(시 19:12)라고 말하지 않았는가? 바울도 "내가 자책할 아무것도 깨닫지 못하나 이를 인하여 의롭다 함을 얻지 못하노라"(고전 4:4)고 확신하지 않았는가? 그러면 우리가 안다고 생각하는 죄를 회피했을 때 우리는 실제로 하나님의 뜻을 수행한다고 확신할 수 있는가?

이 점에 관한 스테픈 니일(Stephen Neill)의 관찰은 부분적으로 수용된다:

> 어떤 이들에 의하면, 완전이란 알려지거나 의식된 모든 죄의 기피 정도의 의미를 갖고 있는 것으로 간주된다. 이것은 결코 업신여길 만한 생각이 아니다. 그러나 이런 생각은 우리 문제의 심각성과 실제에 대한 이해에서 얼마나 멀리 떨어져 있는가!…가끔 우리는 잘못했다고 깨닫는 순간이 없이 어떻게 우리가 잘못한 것을 발견할 수 있는가!… 한 단계 더 깊이 들어가서 생각해 보자. 우리의 행동을 유발시키는 동기는 항상 순수하다고 주장하는 모험을 누가 감히 할 것인가. 아마 그 당시에는 깨닫지 못하지만 우리가 완전히 스스로에게 정직하게 되는 시간적 여유를 얻었을 때 동기의 순수 여부는 분명해진다. 나이가 40세 가량 된 아주 유능한 설교자가 그의 팔 사이에 부피가 두꺼운 원고를 끼고 옥스퍼드 대학 교회로부터 나에게로 왔다. 그는 오늘 겸손에 관한 뛰어난 설교를 했다고 자랑스럽게 말했다![85]

(2) **웨슬리파는 완전의 개념을 희미하게 한다.** 웨슬리에 따르면 "영혼이 몸에 거주하는 동안에 사람이 획득할 수 있는 가장 높은 완전은 무지나 실수, 그리고 수많은 다른 연약성 등을 제외하지 않는다."[86] 웨슬리에 의하면 온전은 "알거나 모르는 하나님의 말씀에 대

---

85) Stephen Neill, *Christian Holiness*(London: Lutterworth Press, 1960), pp. 37-38.
86) Wesley, "완전에 관한 설교 76", *Works*, 6:412.

한 무의식 중의 범죄"를 배제하지 않는다.[87] 도날드 메쯔는 신자가 이생 가운데 획득할 수 있는 "완전한 성화"는 "불완전한 온전"이라고 말했다.[88] 이 용어들 가운데는 분명하게 모순이 내재되어 있다. 단어의 이런 용법은 나에게 더욱 혼란만 가중시킬 뿐이다. 웹스터는 "온전"이란 단어를 전적으로 약점이나 결점이 없는 것으로 정의한다.[89] "완전"이라고 불리워지는 행위가 왜 그렇지 못할 때가 있는가? 왜 "완전"이 "불완전"으로 묘사되어 지는가? 사람들이 그 자신의 입장에 따라서 "완전"하게 되었다고 주장하면서 왜 그들은 또 아니라고 하는가?

B. B. 워필드는 다음과 같이 확실히 정당하게 주장하였다:

가장 높은 수준에 도달한 완전의 개념보다 더 중요한 것은 없다. …많은 불완전 즉 도덕적 불완전, 연약과 같은 허영, 실수 그리고 부주의 등을 인정함으로 완전에 관해서 생각하는 습관은 완전의 표준에 낮추고, 우리 열망을 가장 높은 것으로 격상시킬 뿐만 아니라 우리의 마음을 타락시키고 옳고 그름에 대한 우리의 식별력을 둔하게 만든다. 그리고 완전으로부터 멀리 떨어져 있는 달성에 속아서 온전한 성화를 등지게 한다.[90]

(3) 웨슬리파는 "육감적 본성"이 "완전한 성화" 속에서 조절되었다고 주장한다. 이 점은 위에서 언급하였다.[91] 그러나 신약성경은 계속해서 신자가 육체 또는 "죄의 본성"(the sinful nature)과 투쟁한다

---

87) Wesley, "Plain Account," *Works*, 11:396.
88) Donald Metz, *Biblical Holiness*, p. 228.
89) *Webster's Ninth New Collegiate Dictionary* (Springfield, MA: Merriam-Webster, 1983).
90) Benjamin B. Warfield, *Perfectionism*, Vol. 2(New York: Oxford University Press, 1932), pp. 457-58.
91) 앞에 서술된 (4) "온전한 성화"(Entire Sanctification)를 참고하라. p. 357.

고 가르친다(갈 5:16~17). 바울은 기독교인 독자들에게 땅에 속한 성질(음란, 부정, 정욕)은 무엇이든지 계속해서 죽이라(골 3:5)고 했으며, 몸과 영의 온갖 더러운 것에서 자신을 깨끗이 하라(고후 7:1)고 말한다. 만약 "육감적 본성"이 근절되었다면 왜 아직도 믿는 사람들 속에 "영의 더러움"이 존재하겠는가? 역시 신약성경은 거룩하게 성별된 백성이 아직 내적으로나 외적으로 유혹을 받을 수 있다고 교훈한다(롬 7:7; 약 1:14; 벧전 2:11; 요일 2:10).

(4) 웨슬리파의 가르침에 따르면 "온전한 성화"는 칭의 다음에 오는 "두번째 은혜 사역"에 속한다. 그러나 신약은 칭의와 성화가 동시에 발생하는 것으로 언급한다. 고린도전서 1:30에는 그리스도가 우리에게 의로움(여기서 바울은 우리의 칭의에 관해서 추정적으로 언급한다)과 거룩함과 구속함이 되셨다고 기록되었다. 환언하여 우리는 우리의 칭의로써 그리스도를 가질 수 없다면 동시에 우리의 성화로도 가질 수 없다(참고, 고전 6:11). 비록 칭의와 성화가 서로 구별되어야 하지만 결코 분리되어서는 안된다. 칭의와 성화는 그리스도와 함께 연합하는 우리의 본질적인 측면이다. 그런고로 우리의 즉각적인 성화는 어떤 시점에서 발생하며 우리의 칭의로부터 분리되는 경험이 아니다. 고로 양자는 동시에 발생한다. 우리가 고찰한 바와 같이 점진적인 성화는 우리 일생을 통하여 계속된다. 그러므로 우리는 이것을 "두번째 축복" 또는 "은혜의 두번째 사역"으로 계산하는 특별한 것이 아니라 계속되는 새로움과 성장, 그리고 성화의 방편 가운데서의 진보로 보아야 한다(롬 12:2; 엡 4:15; 벧전 2:2; 벧후 3:18). 그들은 "완전한 성화"를 칭의 다음에 오는 은혜의 두번째 사역이라고 가르친다. 나는 이 점을 배격한다. 그렇다고 해서 내가 회개한 후에 가지게 되는 성도의 "최고 경험" 또는 "정상 경험"을 부정하는 것은 아니다. 우리 모두는 돌이킨 후에 영적으로 계속 성장해야 한다. 그리고 우리는 이러한 영적인 성장을 "두번째 축복"으로 호칭되는 형태로 생각할 수 있다. 사실 성도가 "세번째", "네

번째" 심지어는 "오십번째 축복"까지 경험할 수 없다는 이유는 없다. 우리는 확실히 하나님 백성의 삶 속에서 하나님께 더 깊게 의탁하고 전적으로 헌신하게 되는 때를 기대해야 한다.

그러나 하나님은 그의 모든 백성들을 정확하게 같은 방법으로 구원하지 않기 때문에 우리는 웨슬리파가 추구하고 있는 바와 같이 모든 성도들이 그러한 체험을 해야 된다고 주장하지 않는다. 더욱이 모든 성도가 한정적인 "두번째 축복"을 경험해야 한다는 주장은 기독교인을 두 집단으로 분리시키는 결과를 초래하게 만든다. 즉 높은 수준의 영성에 도달한 이들과 그렇지 못한 이들로 분리된다. 이같은 분리는 어떤 성도에게는 다른 신자보다 아주 열등하다는 느낌을 가지게 하고 가능한 기가 죽게 만드는 반면에 다른 성도에게는 자기 만족과 자랑의 위험에 빠지게 한다.[92]

이제 우리는 웨슬리파의 견해에 배치되는 성경적 교훈을 계속 숙고해야 한다.

(1) **죄로부터 해방되었다고 주장할 수 있는 사람은 아무도 없다고 가르치는 구절.** 우리가 기억해야 될 구절들은 다음과 같다. 열왕기상 8:46; 시편 130:3; 잠언 20:9; 로마서 3:23 그리고 야고보서 3:2, 특별히 요한일서 1:8의 내용이 우리에게 도움이 된다. "만일 우리가 죄 없다 하면(harmartian ouk echomen, 하마르티안 오크 에코멘) 스스로 속이고 또 진리가 우리 속에 있지 아니할 것이요." 여기 "우리가…하면"으로 번역된 동사 에코멘(echomen)은 현재시제이며 이들 단어들은 사람들의 과거에 지은 죄에 적용된다고 하는 해석을 제외시킨다. 특별히 요한은 만일 우리가 현재에 죄가 없다고 주장한다면 우리는 자신을 속이는 것이라고 말한다. 이러한 구절들과 이와 유사한 다른 구절들의 조명 아래서 우리는 아직 성화의 과정 가운데

---

92) 이런 문제에 관하여는 부분적으로 제 12장 "구원의 서정에 관한 문제 (The Question of the 'Order of Salvation')"를 참고하라.

있는 신자가 감히 무죄 완전한 생활을 한다고 주장할 수 없을 것이라는 결론을 내려야 한다. 이와 관련하여 우리는 다음과 같은 사실에 높은 의미를 두어야 한다. 즉 모든 시대에 걸쳐서 가장 많이 성화된 사람 중의 하나인 바울은 과거에도 죄인 중의 괴수로 있었지만 지금도 그러하다고 고백한다(딤전 1:15).

(2) 신자에게 죄의 고백을 요구하고 사죄를 위해서 기도하라고 하는 구절들. 성경은 계속해서 신자들 중에 가장 거룩한 이들에게까지 죄를 고백하고 죄의 용서를 구하라고 묘사한다(욥 42:6; 시 32:5; 130:3~4; 사 6:5; 64:6; 단 9:15~16; 미 7:18~19; 딤전 1:15; 요일 1:9). 신자는 무죄함을 주장할 수 없다고 말한(요일 1:8) 후에 요한은 9절에서 계속 "만일 우리가 우리 죄를 자백하면 저는 미쁘시고 의로우사 우리의 죄를 사하시며 모든 불의에서 우리를 깨끗케 하실 것이요"라고 말한다. 하나님과 교통하며(1:3) 성도들과 교제하는 (1:7) 이들이 비록 아직 범죄하고 있지만 그들은 결코 낙심하거나 좌절하지 않는다. 요한은 여기서 신자들에게 그들의 죄를 하나님께 고백하여 하나님의 용서함을 받으라고 권면한다. 여기 "고백하다" (homologomen, 호모로고멘)로 번역된 동사는 현재시제이다. 그리고 이 동사는 죄의 고백이 자주 일어날 것임을 시사한다. "(이 동사가 현재시제라고 하는) 이 사실은 죄에 대항하는 성도의 부단한 태도는 죄를 깊이 뉘우치는 마음 중의 하나이며, 생활 가운데 지은 어떠한 죄라도 성령에 의하여 발견되어지기를 늘 열망하는 것이며, 그리고 죄를 고백하기를 간절히 원하며, 같은 성령의 능력에 의하여 죄를 생활 밖으로 던지는 것을 의미한다."[93]

주기도문 속에서 예수님은 우리에게 "우리가 우리에게 죄지은 자를 사하여 준 것같이 우리 죄를 사하여 주옵시고"(마 6:12)라고 가르치셨다. 주기도문 중의 네번째 탄원, 또는 동등한 기도는 날마다

---

[93] Kenneth S. Wuest, *In These Last Days* (Grand Rapids: Eerdmans, 1954), p. 104.

"오늘날 우리에게 일용할 양식을 주옵시고"라고 해야 한다. 예수님은 우리에게 사죄를 위하여 매일 기도하라고 말씀하셨기 때문에 확실히 그는 자기를 따르는 사람 중에 어느 누구도 죄없이 하루를 살 수 있다는 가능성을 마음에 그리지 않으셨다.

(3) 신자 속에서 옛 사람과 새 사람의 투쟁을 서술하는 구절들. 12장 앞 부분에서 나는 이러한 투쟁을 묘사하는 신약 구절들에 관하여 언급하였다. 여기 우리는 갈라디아서 5:16~17을 더 세밀하게 관찰할 것이다:

> 내가 이르노니 너희는 성령을 좇아 행하라 그리하면 육체의 욕심을 이루지 아니하리라 육체의 소욕은 성령을 거스리고 성령의 소욕은 육체를 거스리나니 둘이 서로 대적함으로 너희의 원하는 것을 하지 못하게 하려 함이니라.[94]

바울이 여기서 "육체"(flesh)를 통해서 나타내고자 하는 의미는 무엇인가? 비록 신약에서 사용된 "육체"라는 단어가 다양한 의미를 가지고 있지만 여기서 육체는 삶의 모든 영역 속에서 하나님께 반항하려고 하는 인간 존재의 성향을 의미한다.[95] 우리는 마치 이 단어가 단지 우리가 일상적으로 부르는 "육적인 죄" 또는 "신체의 죄"를 의미하는 것처럼 이 단어의 의미를 제한해서는 안된다. "육체"는 전 인간이 범하는 죄들을 지시한다. 육신의 행위나 행동의 목록은 갈라디아서 5:19~21에 주어졌다. 기록된 15가지 죄들 중 5가지만 소위 우리가 육체적(신체적) 죄라 부르는 것이 해당하며 그 나머지는 실상 "영의 죄들"(미움, 분쟁, 시기 등)이다.

---

94) 미국 새표준성경(NASB)은 헬라어 사르크스(Sarx)를 문자적인 "육체"(flesh)로 번역했기 때문에 여기서 사용되었다. NIV 역본은 사르크스를 "사악한 본성"(sinful nature)으로 번역하였다.

95) 그러므로 여기서 사용한 "육체"(flesh)는 내가 앞서 우리의 "옛 본성"(old nature)이라고 부른 것과 동의어이다.

우리는 로마서 8:9에서 신자들이 육신에 있지 않고 영에 있다는 것, 즉 이들은 더이상 육신의 노예가 아니라 지금 성령의 지배를 받고 있다는 사실을 배운다. 그럼에도 불구하고 갈라디아서 5:16~17은 아직도 신자들이 육신으로부터 오는 죄의 충동과 싸워야 하며, 그러기 때문에 육신의 소욕은 성령의 소욕을 거스른다고 지시한다. 이 앞에 구절에서 하나님은 만약 우리가 성령을 좇아 행하면 우리는 육체의 욕심을 이루지 아니할 것이라고 우리에게 약속하셨다(갈 5:16). 그러나 기독교인은 마지막 숨을 거둘 때까지 그들 속에 있는 악한 성향과 계속해서 싸워야 한다.

확실하게도 갈라디아서 5:24에서 신자들은 그 육체를 십자가에 못 박았다고 가르친다. 그러나 그들은 계속해서 육체의 욕심에 대항하여 투쟁해야 한다(갈 5:16~17). 유사하게 신자들은 죄에 대해서 죽었다(롬 6:2,11). 그러나 아직 영으로써 육체의 나쁜 행실을 죽여야 한다(롬 8:13). 성도들은 세상에 대하여 십자가에 못 박히었다(갈 6:14). 그들은 누룩이 없는 자이다. 그러나 아직 묵은 누룩을 버리고 성결해야 한다고 말한다(고전 5:7). 이 짧은 구절들은 바울이 자신 속에서 보고 또 그를 따르는 신자들 가운데서 볼 수 있는 긴장을 조명한다.[96] 이런 긴장의 현존은 신자들이 웨슬리파에 의해 주장되는 "완전"의 성질을 현 생활 속에서 이룩할 수 있다는 주장을 거부한다.

결론적으로 우리가 웨슬리파로부터 배울 수 있는 장점은 무엇인가? 우리는 거룩을 위한 그들의 열정에 존경을 보내야 하고 자극을 받아야 한다. 이들을 따르는 기독교인 가운데는 우리가 할 수는 없지만 칭찬해야 할 거룩한 생활을 위한 깊은 관심이 있다. 스테픈 니일은 다음과 같이 훌륭한 점을 제시하고 있다. "교회가 평범한 사

---

96) 이 점에 대해서는 F. F. Bruce의 주석을 참고하라. *Commentary on the Epistles ot the Ephesians and the Colossians*(Grand Rapids: Eerdmans, 1957), pp. 268-69.

람들의 고요한 묵인 속으로 쇠퇴할 때마다 완전론자들은 재차 경고로써 자극하는 귀찮은 사람들과 같이 나타났다."[97]

가끔 "내가 거룩하니 너희도 거룩할찌어다"(벧전 1:16)라는 성경적 명령을 온전히 정당하게 수행하는데 실패했다는 우리 개혁주의적 확신이 있는가? 우리는 "이것이 없이는 아무도 주를 보지 못하리라"(히 12:14)는 이유 때문에 모든 사람으로 더불어 화평함과 거룩함을 좇기 위해서 계속 노력하는가? 우리는 "하나님을 두려워하는 가운데서 거룩함을 온전히 이루는"(고후 7:1) 목적을 위하여 부르심을 받았다는 사실을 기억하는가? 이 목적은 이 생 가운데서는 도달되지 못할 것이다. 그럼에도 불구하고 우리는 매일 이 목표에 도달하기 위해서 노력해야 한다. 로버트 브라우닝(Robert Browning)은 언젠가 다음과 같이 말한 적이 있다. "인간의 성취는 그의 능력을 초월해서 하늘에까지 미칠 수 있는가?"

성경 기록자들이 가끔 완전의 목표에 도달하는 데 실패했다고 우리에게 언급하고 있는 사실은 그들 인간의 고백으로 수납해야 할 것이지 완전을 위한 우리의 노력을 방해하는 것으로 사용되어서는 안 된다. 빌립보서 3:13~14에 기록된 바울의 말은 우리의 표어에 도움이 될 것이다:

> 형제들아 나는 아직 내가 잡은 줄로 여기지 아니하고 오직 한 일 즉 뒤에 있는 것은 잊어버리고 앞에 있는 것(그리스도의 완전한 형상과 교제)을 잡으려고 푯대를 향하며 그리스도 예수 안에서 하나님이 위에서 부르신 부름의 상을 위하여 좇아가노라.

9. 성화와 율법

많은 기독교인들은 신자가 되고 난 후 율법에 따라서 더이상 아무

---

97) Stephen Neill, *Christian Holiness*, p. 27.

것도 할 것이 없다고 주장한다. "율법으로부터 해방—오 축복된 신분이여!" 모든 역할에 있어서 하나님의 율법을 향한 그들의 태도를 묘사하는 것 같다.

확실히 어떤 의미에 있어서 신자들은 율법으로부터 해방되었다. 로마서 6:14에서 이 사실을 명백하게 말한다. "죄가 너희를 주관치 못하리니 이는 너희가 법 아래 있지 아니하고 은혜 아래 있음이니라." 여기 "법 아래 있지 아니하다"는 말씀은 우리가 율법을 지키는 데 실패했기 때문에 더이상 저주 아래 있지 않다는 것을 의미한다. 바울은 갈라디아서 3:10에서 누구든지 율법책에 기록된 대로 온갖 일을 항상 행하지 아니하는 자는 저주—영원한 형벌의 저주—아래에 있는 자라고 지적한다. 그러나 바울은 계속해서 다음과 같이 말한다. "그리스도께서 우리를 위하여 저주를 받은 바 되사 율법의 저주에서 우리를 속량하셨으니 기록된 바 나무에 달린 자마다 저주 아래 있는 자라 하였음이라. 이는 그리스도 예수 안에서 아브라함의 복이 이방인에게 미치게…하려 함이니라"(갈 3:13~14). 즉 그리스도께서 우리를 위하여 완전하게 "율법의 저주"를 받으셨다. 때문에 그는 그의 전 생애를 통하여 그리고 부분적으로는 십자가 위에서 저주를 당하는 고난에 의해서 우리를 위한 저주가 되셨다. 그러므로 아브라함의 축복(즉 이신칭의의 축복, 8절)은 우리의 소유가 되었다. 신자들이 자신의 구원을 위한 노력의 방편으로써 더이상 율법을 지킬 필요가 없어졌다는 의미에서 신자들은 참으로 율법으로부터 해방되었다.

그러나 다른 의미에 있어서 신자들은 율법으로부터 자유롭지 않다. 신자들은 구원의 상급 때문에 하나님께 감사하는 표현의 방편으로써 하나님의 율법을 지키는 데 깊은 관심을 가져야 한다. 칼빈은 신자들의 생활에 있어서 율법의 이같은 용도는 세번째 주요 기능임을 확인하였다:

> 율법의 세번째 용도는 가장 중요한 것으로 율법의 본래 목적에 더

밀접하게 관계되어 있으며, 이에 하나님의 성령이 그들의 영혼 속에서 이미 살아서 통치하고 있는 신자들에게 관계된 것이다. …율법은 신자들이 사모하는 주님의 뜻이 무엇인가를 날마다 더 철저하게 익혀가며 그것을 납득하여 확신케 하는 데 최선의 도구가 된다. …다음에 우리는 교훈 뿐만 아니라 권면도 필요하기 때문에 하나님의 사람은 역시 율법의 이런 유익이 그 자신의 것이 되도록 해야할 것이다.[98]

성경은 그 자체가 이전 율법의 "세번째 그리고 주요한" 용도를 가르친다. 예컨대 시내산 율법의 처음 부분에서 하나님은 "나는 너를 애굽 땅, 종되었던 집에서 인도하여 낸 너의 하나님 여호와로라"(출 20:2)고 말씀하셨다. 그러므로 그의 백성은 그들을 애굽으로부터 구원해 주신 하나님의 영광스런 역사를 기억해야 한다. 즉 이 구원은 이들을 하나님의 나라로 삼으신 구속이다. 하나님은 "나의 모든 자비를 너희에게 보인 것에 감사함으로 지금 이들 계명을 지키라"고 말씀하신다.

율법은 하나님께 감사함으로 지켜야 한다. 즉 말씀에 대한 순종은 구약의 성도들이 하나님의 율법을 소유함에 대한 기쁨의 표현이었다. 예컨대 시편 기자는 사악한 사람의 도모를 따르지 아니하는 사람의 축복에 관하여 말한 후에 계속해서 "여호와의 율법을 즐거워하며 그 율법을 주야로 묵상하는 자"(시 1:2)의 형통에 대해서 말한다. 여기 "율법"(law)은 십계명 뿐만 아니라 신자들의 생활을 위한 안내로 주어진 교훈과 같이 기록된 그의 계시의 다른 부분도 하나님의 교훈임을 의미한다. 동일한 즐거움이 시편 19:7~8에 표현되었다:

> 여호와의 율법은 완전하여 영혼을 소성케 하고 여호와의 증거는 확실하여 우둔한 자로 지혜롭게 하며 여호와의 교훈은 정직하여 마음을 기쁘게 하고 여호와의 계명은 순결하여 눈을 밝게 하도다.

---

[98] Calvin, 기독교강요, II. vii. 12.

성경 중에 가장 긴 장인 시편 119편 모두는 하나님 율법의 아름다움과 달콤함에 대한 찬양이며, 시편 기자가 그것을 지키는 가운데 발견한 즐거움에 대한 감사의 노래이다. "나로 주의 계명의 첩경으로 행케 하소서 내가 이를 즐거워 함이니이다"(시 119:35).

구약성경의 교훈을 더욱 확대시킨 신약성경은 신자들이 받은 축복에 감사함으로 하나님의 율법을 지킬 것을 강조한다. 우리는 이런 지시가 예수님의 말씀 속에서 모든 것의 첫째임을 발견한다. 예수님은 그의 산상 수훈에서 다음과 같이 말씀하셨다. "그러므로 누구든지 이 계명(율법서나 선지서 중에서 발견되는 계명) 중에 지극히 작은 것 하나라도 버리고 또 그같이 사람을 가르치는 자는 천국에서 지극히 작다 일컬음을 받을 것이요 누구든지 이를 행하며 가르치는 자는 천국에서 크다 일컬음을 받으리라"(마 5:19). 다른 경우에 예수님은 그의 제자들에게 "내가 아버지의 계명을 지켜 그의 사랑 안에 거하는 것같이 너희도 내 계명을 지키면 내 사랑 안에 거하리라"(요 15:10)고 말씀하셨다. 그러나 예수님의 명령은 십계명의 요구와 다르지 않다. 왜냐하면 예수님은 다음과 같이 계속 말씀하셨기 때문이다. "내 계명은 곧 내가 너희를 사랑한 것같이 너희도 서로 사랑하라 하는 이것이니라"(요 15:12). 다른 때에 예수님은 십계명 중 나머지 여섯 가지 계명(대인계명)의 전체 내용이 "네 이웃을 네 몸과 같이 사랑하라"(마 22:39)임을 말씀하셨다. 신약시대의 성도들도 역시 십계명을 지켜야 할 의무가 있음이 명백해졌다. 그러나 신자들은 "내가 너희를 사랑한 것같이"(요 13:14)라는 "시각적 도움" (visual aid)의 종류와 같은 그리스도의 모범을 소유한다.

가끔 바울은 율법 아래 있는 사람과 은혜 아래 있는 사람을 날카롭게 대조한다. 그는 역시 칼빈의 세번째 용도에 해당하는 율법이 아직도 신자들을 속박하는 것으로 생각한다. 로마서 8:3~4에서 바울은 그리스도의 성육신의 목적이 그의 백성들에게 율법의 요구를 이루어지게 하려 하심이었다고 지시한다:

율법이 육신으로 말미암아 연약하여 할 수 없는 그것을 하나님은 하시나니 곧 죄를 인하여 자기 아들을 죄 있는 육신의 모양으로 보내어 육신에 죄를 정하사 육신을 좇지 않고 그 영을 좇아 행하는 우리에게 율법의 요구를 이루어지게 하려 하심이니라.

어떤 성도들은 율법의 수행과 성경에 의한 생활 사이의 날카로운 대조를 관찰한다. 그러나 앞에 인용한 구절에 따르면 이들 두 표현은 동일한 것임을 알 수 있다. 즉 성령을 좇아 행하는 성도는 정확하게 하나님의 율법을 최선으로 수행하는 사람이다.

성도가 더이상 율법대로 살지 않아도 된다고 하는 생각은 바울의 마음에서 멀리 있다. 바울은 우리 이웃에 대한 사랑을 남에게 계속 빚지는 채무와 같이 묘사한다. 또 이같은 사랑은 율법의 성취임을 지시한다:

피차 사랑의 빚 이외에는 아무에게든지 아무 빚도 지지 말라 남을 사랑하는 자는 율법을 다 이루었느니라 간음하지 말라, 살인하지 말라, 도적질하지 말라, 탐내지 말라 한 것과 그 외에 다른 계명이 있을지라도 네 이웃을 네 자신과 같이 사랑하라 하신 그 말씀 가운데 다 들었느니라 사랑은 이웃에게 악을 행치 아니하나니 그러므로 사랑은 율법의 완성이니라(롬 13:8~10).

바울은 여기서 신자들에게 계속해서 율법을 완수하라고 지시할 뿐만 아니라 어떤 의견과는 달리 율법의 수행과 사랑 사이에는 아무런 모순이 없음을 말하고 있다.

바울은 고린도전서 9:20~21에서 율법과 자신의 관계를 접근시킴으로써 그의 선교(사명)를 논한다. "유대인에게는 내가 유대인과 같이 된 것은 유대인들을 얻고자 함이요…율법이 없는 자(이방인)에게는…율법 없는 자와 같이 된 것은(비록 나는 하나님의 율법으로부터 자유하지만 그리스도의 법으로부터는 부자유하다) 율법 없는 자들을 얻고자 함이라." 여기서 바울은 분명하게 자신을 항상 "그리스도를 위한 율법 아래"(under law to Christ) 있는 것과 같이 그리스도의 율법에 종속하는 것으로 보았다.

이와 유사한 진술이 일반 서신서들 속에서 발견된다. 야고보는 율법의 수행은 율법의 노예가 되는 것이 아니라 오히려 참된 자유를 가져다 준다고 교훈한다. "자유하게 하는 온전한 율법을 들여다 보고 있는 자는…실행하는 자니 이 사람이 그 행하는 일에 복을 받으리라"(약 1:25). 요한은 율법이 하나님을 아는 것과 관계가 있으며 율법은 사랑의 완성이라고 표현한다. "우리가 그의 계명을 지키면 이로써 우리가 저를 아는 줄로 알 것이요 저를 아노라 하고 그의 계명을 지키지 아니하는 자는 거짓말하는 자요 진리가 그 속에 있지 아니하되 누구든지 그의 말씀을 지키는 자는 하나님의 사랑이 참으로 그 속에서 온전케 되었나니…"(참고, 요일 2:3~5; 5:3).

결론적으로 말해서 기독교인의 생활은 율법을 지키는 생활이 되어야 한다. 즉 우리의 삶은 율법 조문에 관한 종교적 관찰을 의미하는 것이 아니라 오히려 성령에 의한 생활이다. 성령은 "율법주의(legalism)와 무법(lawlessness) 사이에 있는 성도들의 노정을 완전하게 해주시므로 성도들을 돕는다."[99] 비록 신자들은 구원얻는 방편으로써 하나님의 법을 지키려고 노력해서는 안되지만 그럼에도 불구하고 이미 그들이 은혜의 선물로 받은 구원 때문에 하나님께 감사하는 방편으로써 최선을 다해서 즐거움으로 하나님 말씀을 지켜야 한다. 신자의 율법 수행은 기독교인 사랑의 한 표현이며, 기독교인 자유에 이르는 방편이다. 즉 율법에 대한 순종은 성령에 의하여 행하는 것과 같다. 율법은 하나님 자신을 반영하기 때문에 하나님 말씀대로 순종하는 생활은 하나님의 형상을 소유한 것과 같은 생활이다. 그러

---

99) Gary N. Weisinger III, *The Reformed Doctrine of Sanctification*, No. 9 in "Fundamentals of the Faith," published by *Christianity Today* (Washington, D.C., n.d.), p. 24.

므로 율법은 하나님께서 우리를 성화시키는 가장 중요한 방편 중의 하나이다. [100]

10. 성화의 사회성

가끔 성화는 단지 성도 개개인에게만 관계되는 것으로 생각된다. 그러나 이러한 생각은 심각한 착오이다. 성화는 중요한 사회적 공동체적 측면을 가진다.

무엇보다도 먼저 우리는 단순히 개체적으로 성화되는 것 뿐만 아니라 그리스도의 지체의 일원으로서 성화된다는 사실을 기억해야 한다. 로마서 12:4~5에서 바울은 다음과 같이 말한다. "우리가 한 몸에 많은 지체를 가졌으나 모든 지체가 같은 직분을 가진 것이 아니니 이와 같이 우리 많은 사람이 그리스도 안에서 한 몸이 되어 서로 지체가 되었느니라." 그러므로 성화의 목적은 "봉사의 직무를 위해서 하나님 백성을 준비시키는 데 있으며 그리스도의 몸을 세우려 함에 있다"(엡 4:12). 고로 우리는 우리 삶 속에서 만나는 동료 신자들의 성화를 발전시키고 풍부하게 하는 그런 방편으로써 살아야 한다.

그러나 이런 풍부함은 양방면으로 역사한다. 일찍이 다른 성도들과의 교제는 우리 자신의 성화를 위한 가장 중요한 수단들 중의 하나로 지적되었다. 우리는 단지 우리 스스로에 의해서가 아니라 성도들과의 교통 속에서 그리고 교제를 통해서 그리스도에 이르기까지 더욱 충만하게 성장한다.

더욱이 우리는 그리스도 지체의 한 일원으로서 뿐만 아니라 하나님 나라의 시민들로서 성화된다. 하나님의 나라는 창조된 전체 우주

---

100) 성화에 대한 이런 양상은 Berkouwer가 저술한 *Faith and Sanctification* 가운데서 "Sanctification and Law"에 관한 장을 참고하라.

위에 시행되는 하나님의 통치이며, 예수 그리스도를 통해서 인간 역사 속에서의 역동적인 행동이다. 하나님 나라의 백성이 되는 것은 삶의 모든 영역 속에서 하나님께 복종하는 것을 의미한다. 이것은 하나님 나라에 대한 환상과 열망을 포함한다. 즉 이 환상은 그리스도의 주권 아래서의 모든 인간의 노력과 모든 삶 속에서 만나게 되는 세계의 삶의 모습이다. 유명한 화란 신학자이며 정치가인 아브라함 카이퍼(Abraham Kuyper)는 그리스도의 주권을 명백하게 설명한다: "그리스도가 '그것은 나의 것이다'라고 말씀하신 것은 우주의 아무리 작은 부분이라 할지라도 그의 것이 아닌 것이 없다는 뜻이다." 아버지께서 아들을 사랑하사 만물을 다 그 손에 주셨다(요 3:35).

예수님은 왕국의 시민들을 다음과 같이 묘사한다:

너희는 세상의 소금이니…너희는 세상의 빛이라 산 위에 있는 동네가 숨기우지 못할 것이요 사람이 등불을 켜서 말 아래 두지 아니하고 등경 위에 두나니 이러므로 집안 모든 사람에게 비취느니라(마 5:13~16).

이 말씀은 다음과 같은 여러 가지 의미를 내포하고 있다: 하나님 나라의 시민인 우리들은 마치 소금처럼 이 세상에 있는 죄악이 억제되도록 영향력을 행사해야 한다. 역시 우리는 증거와 모범된 생활을 통하여 하나님께서 영광을 받으시도록 우리의 빛을 세상에 비추어야 한다. 나아가서 우리들은 마치 언덕 위에 있는 동네처럼 우리의 영향력을 분명하게 눈에 보이도록 세상에 행사해야 한다.

그래서 성화는 개인이 거룩하게 되는 것 이상의 의미를 가진다. 알버트 볼터즈(Albert Wolters)는 우리에게 도움이 되는 최근의 책인 "창조복원"(Creation Regained)을 통해서 보다 더 넓은 성화의 요구를 반영하는 성화의 정의를 내렸다. "성화는 성령이 하나님의 백성 안에서와 백성을 통해서 창조물을 죄에서 거룩하게 하시는 과정이다." 이런 확장된 정의에 추가하여 그는 "거룩하신 성령은 내면적인 사역을 통하여 사업, 예술, 정치와 같은 여러 방면에 성질상 변화가

일어나도록 하시므로 거룩이 우리의 창조적인 생활에 침투하도록 역사하신다"고 주장하였다.[101]

성경은 분명하게 성화는 다른 사람으로부터 분리된 개인에게 관계할 뿐만 아니라 사회적인 요구를 포함한다고 가르친다. 예수님은 율법의 두번째 중요한 명령에 대해 말씀하시면서 우리 동료 인간의 복지에 계속 관심을 가지라고 우리에게 요구하셨다: "네 이웃을 네 몸과 같이 사랑하라"(막 12:31; 참고, 레 18:18; 롬 13:10; 갈 5:14). 사실 사도 요한은 강력하게 이웃 사랑에 관하여 다음과 같이 말한다. "누구든지 하나님을 사랑하노라 하고 그 형제를 미워하면 이는 거짓말하는 자니 보는 바 그 형제를 사랑치 아니하는 자가 보지 못하는 바 하나님을 사랑할 수가 없느니라"(요일 4:20). 예수님은 마태복음 25장에 묘사된 심판의 광경을 통하여 우리의 성화는 이웃에 대한 의무를 포함한다고 가르치셨다. 즉 주린자에게 먹을 것을 주고, 헐벗은 자에게 옷을 주고, 목마른 사람에게 마실 것을 주라. 그리고 나그네를 영접하고, 병든 자를 돌아보고, 감옥에 갇힌 자를 방문하라. 그리고 우리 주님은 덧붙여서 "내가 진실로 진실로 너희에게 이르노니 내 형제 중에 지극히 작은 자 하나에게 한 것이 곧 내게 한 것이니라"고 말씀하셨다(마 25:35~36, 40).

성경은 자주 하나님은 가난한 사람에게 관심을 가지신다고 언급한다. 고로 하나님은 신자들에게 다음과 같이 말씀하신다. 가난한 자와 궁핍한 자를 구원하여 악인의 손에서 건지라(시 82:3); 가난한 자를 불쌍히 여기는 것은 여호와께 꾸이는 것이라(잠 19:17), 의인은 가난한 자를 돌아본다(잠 29:7). 예수님은 젊은 관원에게 "네게 있는 것을 다 팔아 가난한 자들을 나눠 주라"(눅 18:22)고 말씀하셨다. 그리고 사도들의 중요한 관심 중의 하나는 가난한 사람들을 돌보는 일이었다(행 24:17; 롬 15:26; 갈 2:10). 사실 야고보는 다음

---

101) Albert M. Wolters, *Creation Regained*(Grand Rapids: Eerdmans, 1985), p. 74.

과 같이 말함으로 우리를 놀라게 한다. "하나님이 세상에 대하여는 가난한 자를 택하사 믿음에 부요하게 하시고 또 자기를 사랑하는 자들에게 약속하신 나라를 유업으로 받게 아니 하셨느냐?"(약 2:5).

성경은 엄격하게 가난한 사람들을 멸시하는 사람들을 책망한다. 이사야는 "가난한 자의 얼굴에 맷돌질 하는" 하나님 백성의 장로와 지도자들을 고발하고 있다(사 3:15). 그리고 아모스는 "은으로 가난한 자를 사며 신 한 켤레로 궁핍한 자를 사는" 이스라엘 백성들에게 큰 소리로 책망한다(암 8:6). 잠언서 기자는 가난한 사람을 학대하는 사람은 그를 지으신 하나님을 멸시하는 사람이라고 확정한다(잠 14:31). 그리고 잠언서 기자는 계속해서 "귀를 막아 가난한 자의 부르짖는 소리를 듣지 아니하면 자기의 부르짖을 때에도 들을 자가 없으리라"고 무섭게 경고한다(잠 21:13).

구약시대의 선지자들은 정의를 외쳤다. "나 여호와는 공의를 사랑하며 불의의 강탈을 미워한다"(사 61:8). 미가도 다음과 같이 말한다. "사람아 주께서 선한 것이 무엇임을 네게 보이셨나니 여호와께서 네게 구하시는 것이 오직 공의를 행하며 인자를 사랑하며 겸손히 네 하나님과 함께 행하는 것이 아니냐"(미 6:8). 아모스는 환상의 높은 절벽에서 울려나는 나팔 소리와 같이 외친다. "오직 공법을 물 같이, 정의를 하수같이 흘릴찌로다"(암 5:24). 고로 정의를 위한 요구는 구약성경에 제한되어 있지 않다. 야고보는 의분으로 번쩍이는 눈으로 다음과 같이 기록한다. "들으라 부한 자들아 너희에게 임할 고생을 인하여 울고 통곡하라…보라 너희 밭이 추수한 품군에게 주지 아니한 삯이 소리 지르며 추수한 자의 우는 소리가 만군의 주의 귀에 들렸느니라"(약 5:4).

결론적으로 말해서 사회적 관심없이 성화는 완성되지 않는다. 성화는 우리가 법률, 정치적 행위 그리고 매개체의 사용을 통하여 전 분야에 정의가 시행되도록 노력해야 함을 의미한다. 우리는 모든 부정의 형태들, 즉 인종주의, 소수민족에 대한 억압, 인간대접을 하지 않고 기계처럼 노동자를 대우하는 것들에 대항해야 한다. 성화는 사회적 요구에 대한 성공을 의미한다. 왜냐하면 사회적 요구에 대한 실패는 잠재적 형상을 지닌 수백만의 살인을 야기하기 때문이다. 나아가서 성화는 우리 어린 아이들의 교육에 관심을 가짐을 의미한다: 이것은 기독교학교의 설립과 유지 뿐만 아니라 공립학교의 복지에 관계하는 것도 함축한다.

성화의 성장은 환경에 대한 관심을 요구한다. 즉 공기오염, 수질오염, 토질의 무책임한 사용, 책임성 없는 벌목 등의 반대에 우리의 영향력을 사용해야 한다. 성화는 세계의 빈곤에 대하여 책임의식을 가지는 것이며 인류복지의 향상을 위한 사업에도 관계가 있다. 나아가서 성화는 아편에 대한 투쟁, 약물중독 그리고 알콜중독자의 회복에도 연관됨을 의미한다. 또한 보다 나은 감방시설, 죄악을 감소시키는데 목적을 둔 프로그램에 관심을 가져야 한다. 성화는 세계평화와 군비경쟁의 중지를 위한 계속적인 노력을 의미한다.

이런 모든 관심은 우리 성화의 한 양상이다. 우리는 계속 기독교의 원리들을 삶의 모든 영역에 적용시킬 수 있게 노력해야 한다.[102]

---

102) 성화의 사회적 요구에 관해서는 다음 저서들을 참고하라. Abraham Kuyper, *Calvinism* (Grand Rapids: Eerdmans, 1931); David O. Moberg, *Inasmuch* (Grand Rapids: Eerdmans, 1965), 그리고 *The Great Reversal* (New York: Lippincott, 1972); Richard J. Mouw, *Called to Holy Worldliness* (Philadelphia: Fortress, 1980). 기독교인의 사회적 관심을 위한 현금의 중요한 접근은 보통 "해방신학"으로 불리우는 이들에게서 발견된다. 빈부의 격차가 심한 남미에서 발생한 이 운동은 구원을 압제와 불의로부터의 해방으로 이해한다. 비록 이 신학군에 속한 여러 신학자들의 강조점이 다양하고, 또 복음적 기독교인들이 이들의 어떤 의미에 관해서 진지한 문제의식을 가지고 있을지라도 우리는 현금의 세계 속에 있는 빈곤, 압제, 그리고 불의의 뜨거운 문제점에 기독교인의 원리를 적용하는 이들 저자들에 대해서 진지한 관심을 가져야 한다. 이에 관해서 분명하고 도움이 될만한 내용이 있는 저서는 다

11. 성화의 목적

성화의 목적은 최종적인 목적과 그에 가까운 근사치적 목적이라는 두 가지 관점으로부터 고찰할 수 있을 것이다. 성화의 최종 목적은 하나님께 영광 돌리는 데 있다. 우리가 영광스런 신적 사역에 대해 고찰함으로 우리는 우리 자신의 미래 행복이 아니라 단지 위대하신 우리 하나님의 영광에 대하여 근본적으로 생각해야 한다.

성경은 하나님의 영광이 우리 성화의 최종 목적임을 지시한다. 바울은 에베소서 1:4~5에서 하나님께서 창세 전에 그리스도 안에서 우리를 택하셨고 자기의 아들이 되게 하시려고 우리를 예정하셨다고 기록한 다음 "그의 은혜의 영광을 찬미하게 하려는 것이라"고 부언한다. 비록 12절과 14절에서 반복되지만("그의 영광의 찬송이 되게 하려 하심이라" 그리고 "그의 영광을 찬미하게 하려 하심이라"), 그 밖의 다른 곳에서 바울은 그의 동료 기독교인들의 사랑이 더욱 더 풍성해지고, 그 결과 진실하여 허물없이 의의 열매가 가득하여 "하나님의 영광과 찬송이 되게 하시기를 기도한다"(빌 1:9~11). 하나님께서 우리를 그리스도와 함께 일으키사 그 안에서 함께 하늘에 앉히신 이유가 무엇인가? "이는 그리스도 예수 안에서 우리에게 자비하심으로써 그 은혜의 지극히 풍성함을 오는 여러 세대에 나타내려 하심이니라"(엡 2:8). 환언하여 우리의 성화를 포함한 모든 구원의 놀라운 축복을 하나님의 영광의 찬미라는 최종 목적으로 주어졌다. 단지 이 모든 역사는 그 백성들의 완전한 영광처럼 찬란하게 온전하신 하나님의 충만을 드러낼 것이다.

요한계시록에서 사도 요한은 신비한 장막을 벗기고 우리에게 하늘의 찬란한 영광을 보이고 있다. 그는 "보좌에 앉으신 이와 어린 양

음과 같다. Harvey M. Conn, "Theologies of Liberation", in *Tensions in Contemporary Theology*, ed. S. N. Gundry and A. F. Johnson, rev. ed. (Chicago: Moody Press, 1979), pp. 327-434.

에게 찬송과 존귀와 영광과 능력을 세세에 돌릴지어다"고 찬미하는 구속의 목소리를 들었다(계 5:13). 그의 백성들의 성화를 포함한 모든 하나님의 놀라운 사역의 궁극적인 목적은 그가 영원히 찬송과 존귀 그리고 영광을 받으시는 데 있다.

성화의 가장 가까운 목적은 하나님 백성의 완전이다. 이 완전은 하나님 형상의 역사에 있어서 최종 단계가 될 것이다. 왜냐하면 다가오는 생애 속에서 하나님의 백성은 하나님과 "그 본체(성부)의 정확한 형상"이신 그리스도를 완전하게 닮게 될 것이기 때문이다(히 1:2). 바울은 고린도전서 15:49에서 "우리가 흙에 속한 자의 형상을 입은 것같이 또한 하늘에 속한 자의 형상을 입으리라"고 말한다. 여기 "하늘에 속한 자"(man from heaven)는 명백하게 예수 그리스도이시다. 이 예수는 장차 부활할 때 완전히 드러나고 지니게 될 형상으로 우리에게 영광을 베푸신다.

요한은 요한일서 3:2에서 위와 비슷한 사실을 말한다. 그는 "우리가 지금은 하나님의 자녀라 장래에 어떻게 될 것은 아직 나타나지 아니하였으나 그가 나타내심이 되면 우리가 그와 같은 줄을 아는 것은 그의 계신 그대로 본 것을 인함이니라"고 확신한다. 여기에 묘사된 바와 같이 우리 성화의 목표는 그리스도와 같이 완전하고 전적인 형상, 그러므로 하나님의 형상으로 되는 데 있다. 이 전적으로 닮아진 형상은 우리가 우리의 개체성을 유지하기 때문에 인격의 동질성의 상실을 수반하지 않는다. 그러나 완전한 형상은 온전히 무죄한 존재를 의미한다(참고, 엡 5:27; 히 12:23; 계 22:14~15).

이런 미래의 온전은 하나님께서 우리에게 미리 알려주신 목적이다. "하나님이 미리 아신 자들로 또한 그 아들의 형상을 본받게 하기 위하여 미리 정하셨다"(롬 8:29). 환언하여 우리를 향한 하나님의 목적은 미래의 행복이나 하나님 나라에 들어가는 보증이 아니라 그리스도와 같은 완전한 형상이다. 사실 하나님은 그가 기뻐하시는 그의 독생자의 형상과 같이 온전하게 되는 것보다 더 높은 지위를 의도하지 않으셨다.

　하나님 백성의 미래 온전은 그리스도의 최종 영화의 분여로 이루어질 것이다. 바울이 로마서 8:17에서 우리에게 말한 바와 같이 우리는 하나님의 후사(상속자)일 뿐만 아니라 그리스도와 함께 후사이다. "우리가 그와 함께 영광을 받기 위하여 고난도 함께 받아야 될 것이니라." 우리는 그리스도가 그의 백성에게서 떠나신다거나 그리스도의 사람들이 그에게서 떠난다고 생각하지 말아야 한다. 최종 영화는 다가오는 시대에 되어질 것이다. 즉 그리스도 사람들의 영화는 그리스도의 최종 영화와 함께 같이 일어날 것이다(골 3:4). 우리의 성화가 완전해졌을 때 우리는 전적으로 영화로우신 그리스도와 같이 될 것이다. 그때 우리는 그리스도를 대면하여 볼 수 있을 뿐만 아니라(전적으로 완전하게) 영원한 세계에서 하나님의 은총의 영광을 찬양하며 살게될 것이다.[103]

---

103) 이미 언급한 저서들 이외에 성화의 고의에 대한 참고서들은 다음과 같다. Robert N. Flew, *The Idea of Perfection in Christian Theology*(London: Oxford, 1934); William E. Hulme, *The Dynamics of Sanctification*(Minneapolis: Augsburg, 1966); Adolf Köberle, *The Quest for Holiness*(New York: Harper, 1936); Hans K. La Rondelle, *Perfection and Perfectionism*(Kampen: Kok, 1971); Harald Lindström, *Wesley and Sanctification*(London: Epworth Press, 1946); Arthur W. Pink, *The Doctrine of Sanctification*(Grand Rapids: Baker, 1955); Kenneth F. W. Prior, *The Way of Holiness*(Chicago: InterVarsity Press, 1967); W. T. Purkiser, *Sanctification and its Synonyms*(Kansas City: Beacon Hill, 1963); Peter Toon, *Justification and Sanctification*(Westchester: Good News, 1983); Laurence W. Wood, *Pentecostal Grace*(Wilmore, KY: Francis Asbury, 1980); Mildred B. Wynkoop, *A Theology of Love: The Dynamic of Wesleyanism*(Kansas City: Beacon Hill, 1972).

제 13 장

참 신자들의 견인

어떤 목사가 병으로 위독한 늙은 교구민으로부터 심방부탁을 받았다. 목사가 병세가 어떻느냐고 물었다. 병든 사람이 "저는 매우 약하다고 생각합니다. 목사님, 사실 때때로 저는 너무 약해서 기도할 수 없습니다. 저는 이 점에 대해서 걱정합니다. 그리고 저는 제가 병석에 있는 이 여러날 중의 한 날에 그리스도에게서 멀어져 버림을 받을까 두렵습니다"라고 대답했다. 이때 목사는 요한복음 10:28에 기록된 예수님의 말씀을 들려주었다. "내가 저희에게 영생을 주노니 영원히 멸망치 아니할 터이요 또 저희를 내 손에서 빼앗을 자가 없느니라." 그리고 목사는 계속해서 말하기를 "우리를 끝까지 안전하게 지키신다는 것은 결국 우리가 예수님을 붙드는 것이 아니라 예수님이 우리를 붙들어 주신다는 뜻입니다. 그러니 하나님을 찬양하십시오. 하나님은 결단코 우리에게서 떠나지 않습니다"라고 했다.

우리는 참 신자의 견인 교리에 포함된 위안을 묘사함에 있어서 이 목사와 같은 방식으로 서술할 것이다. 13장에서 우리는 이 교리를 부정하는 주된 이견들과 더불어 참 신자의 인내의 교훈을 위한 성경적 증거를 고찰할 것이다.

1. 견인의 개념

이 교리의 의미는 분명하게 이해되어야 한다. 이 교리는 모든 예배 참석자들이나 교회 회중들이 그들의 신앙 안에서 끝까지 견인한다는 것을 의미하지 않는다. 또는 공적으로 신앙 고백하는 모든 사람들은 영원히 안전하게 된다는 것이나 우리에게 참 신자로 보이는 모든 사람들이 결코 신앙에서 떠나 타락하지 않는다는 것을 지시하지 않는다. 더구나 이 교리는 성경이 분명하게 언약을 깨뜨리는 사람이 있다고 증거하기 때문에 구속사 가운데 드러난 은혜 언약 속으로 결합된 모든 사람이 영원히 안전하게 된다는 개념도 아니다.

참 신자의 인내 교리가 의미하는 바는 이것이다: 참된 신앙을 소유한 성도들은 믿음을 전적으로 또는 마침내 잃어버릴 수 없다. 그러므로 이 문제에 관한 참된 질문은 다음과 같다. 참 신앙을 가진 성도가 그 신앙을 언젠가 잃어버릴 수 있는가? 이 질문에 대한 개혁주의 노선에 있는 사람은 '아니다'라고 대답한다. 그러나 칼빈주의자는 신자의 우수한 영적 능력에 토대를 두지 않고 그의 약속을 성실하게 지키시는 하나님께 근거를 두고 대답한다. 칼빈주의자는 하나님께서 참 신앙을 가진 성도들이 신앙에서 떨어지도록 절대로 허락하지 않을 것을 믿는다. 참 신자는 그들의 능력 때문에 인내하는 것이 아니라 변함없는 하나님의 사랑 때문에 인내한다.

이 교리에 관한 훌륭한 정의는 웨스트민스터 신앙고백에서 발견된다:

하나님의 아들이 그의 사랑하시는 자 안에서 받아들이시고, 그의 성령에 의해 유효적으로 부르시고[1] 성화하신 자들은 은혜의 상태로부

---

[1] "유효적 소명"(effectual calling)이란 하나님 백성 삶 속에서 구원을 목적으로 효과있게 부르는 복음(the gospel)을 의미한다. 웨스트민스터 표준 사전에는 "유효적 소명"이 중생과 동의어로 사용되었다.

터 전적으로 또는 최종적으로 타락할 수 없고 그 상태에서 끝까지 확실히 견인하여 영원히 구원얻을 것이다.[2]

여기서 우리는 타락할 수 없다고 언급된 이들은 그리스도 안에 있는 사람들이며, 중생한 사람들이며, 성령에 의해 거룩하게 된 사람들임을 주의해야 한다. 계속해서 신앙고백하는 성도들은 은혜의 자리에서 전적으로 또는 최종적으로 타락할 수 없다. 즉 참 신자들은 그들의 구원을 잃을 수 없으며 구원받지 않는 상태에서 사망할 수도 없다. 더욱이 이 신앙고백은 성도들이 은혜의 상태 속에서 꾸준히 견인할 것임을 진술한다. 이런 까닭에 이 견인 교리는 구원받은 다수의 신자들이 어떻게 살아도 관계가 없다고 가르치는 일반적인 의견을 거절한다. 이 진술이 결론하는 바 신자들은 영원히 구원받게 될 것이다. 즉 그들의 구원은 영원히 지속될 것이다.

그러나 이런 정의가 언급하지 않는 사실은 신자가 단지 하나님의 능력을 통해서 견인할 수 있다는 것이다.[3] 그들 스스로가 그들 자신의 능력으로, 그들 자신의 수단으로 노력한다면 그들은 여지없이 타락하여 그들의 구원을 잃을 것이다. 그러나 하나님은 신자들에게 이런 멸망이 발생하도록 허락하지 않으신다. 왜냐하면 이들은 창세 전에 그리스도 안에서 택함을 받았으며(엡 1:4) 또 그 아들의 형상을 본받게 하기 위하여 미리 예정함을 받았기(롬 8:9) 때문이다. 사실 이 점은 이 교리의 가장 중요한 요점인 동시에 이 교의의 중심부이다. 신자들은 단지 변함없는 사랑 가운데서 하나님이 인내하도록 해주시기 때문에 견인한다.

---

2) 웨스트민스터 신앙고백, XVII, 1.
3) 이 점은 웨스트민스터 신앙고백 제 17장 2절에 설명되었다. "성도들의 궁극적 구원은 그들 자신의 자유의지에 의한 것이 아니라 하나님 아버지의 자유롭고 변치않는 사랑에서 나오는 선택의 불변한 결정에 의한 것이다" (역자 첨가).

견인은 용어의 문제를 일으킨다. 이 교리에 있어서 "참 신자의 견인"이라는 표현이 가장 적당한 구상인가 또는 "택자의 보존"이라는 표현이 더 적합한가? 의미심장하게도 돌트 신조(The Canons of Dort)는 이 두 가지 표현을 다같이 사용하였다: "구원을 위하여 선택받은 이들의 보존(preservation)에 관하여 그리고 믿음 안에 있는 참 신자의 견인(perseverance)에 관하여…"[4]. 여기서 이 신조는 두 가지 측면에서 이 교훈을 관찰하였다: 이 신조가 말하고 있는 바 우리가 하나님의 측면에서 성도 견인을 관찰할 때에 우리는 구원시키기 위해서 선택한 사람들은 하나님이 보존하신다고 생각한다. 그러나 인간의 측면에서 주시할 때에 우리는 참 신자가 신앙 안에서 인내한다는 사실을 묘사한 것으로 생각한다.

존 머레이는 "보존"보다는 오히려 "인내"라는 표현을 더 선호하고 이에 관해 강한 구실을 찾으려고 한다. 머레이가 말하는 "인내"라는 용어는 영적으로 안전하게 된 신자들이 타락하거나 또 생의 노정에 대하여 부주의하거나 말거나 개의치 않는다는 견해를 거부한다. 신자들이 어떻게 살든지 관계없이 보호받는다고 하는 주장은 명백하게 성경적 교훈과 배치된다. 우리가 고찰하는 이 교리는 신자들이 견인(persevere)한다는 것이다: 신자들이 확실하게 견인할 수 있는 것은 오로지 하나님의 능력을 통해서이며, 그래서 신자들은 견인한다. 신자들의 안전은 그들의 인내로부터 분리될 수 없다; 예수님은 "나중까지 견디는 자는 구원을 얻으리라"고 말씀하지 않았는가?(마 10:22) 사실 머레이는 다음과 같이 강조한다. "견인은 하나님께서 예정하신 신자의 구원의 목적에 대한 성취를 위해서 가장 강력하고 집중적인 헌신을 하겠다고 하는 우리 인간의 결심을 의미한다."[5]

위에서 언급한 이런 이유 때문에 나는 이 교리의 구성을 위해서

---

4) 돌트 신조 제 5장 9절(1986, 영문으로 번역).
5) John Murray, *Redemption-Accomplished and Applied* (Grand Rapids: Eerdmans, 1955), pp. 192-93.

"참 신자의 견인"이라는 표현을 사용하기를 더 좋아한다. 비록 이 교훈이 일반적으로 "성도의 견인"으로 알려졌지만 "성도"라는 용어는 다양한 의미로 쓰일 수 있으며 고로 분명하지 않다.

2. 이 교리의 성경적 증거

이 가르침에 반대하는 사람들은 견인에 관한 개신교 교의가 성경에 근거를 둔 교훈이라기보다는 오히려 칼빈주의적 교리에 논리적으로 연역한 것이라고 주장한다. 예를 들면 I. H. 마샬은 다음과 같이 주장한다. "어떤 칼빈주의 저자들이 쓴 책을 읽을 때 받는 인상은 그들이 철학적이고 교리적인 배경에서 태동된 견인의 교리를 수용한 경향이 있다는 점이다. 왜냐하면 칼빈주의의 견인 교리는 구원을 위하여 특수하게 개인을 예정했다는 교리에서 추론한 것으로 생각되기 때문이다."[6]

그러나 이런 주장은 사실과 다르다. 참 신자의 견인 교리는 단지 다른 교리로부터 연역된 것이 아니며, 철학적이며 교리적인 근거에 토대를 둔 것이 아니라 분명하게 성경에서 가르친다. 지금 우리는 이 교리를 위한 성경적 근거를 그 예로 제시할 것이다.

(1) 복음서에 있는 구절들:

1. 누가복음 22:31~32, "시몬아 시몬아 보라 사단이 밀 까부르듯 하려고 너희를 청구하였으나 그러나 내가 너를 위하여 네 믿음이 떨어지지 않기를 기도하였노니 너는 돌이킨 후에 네 형제를 굳게 하라." 여기서 예수님은 사단이 하나님께 청구하여 제자들을 "밀 까부

---

6) Howard Marshall, *Kept by the Power of God* (Minneapolis: Bethany Fellowship, 1975), p. 26.

르듯 하려"고 또 격렬하게 충동질할 수 있도록 성부로부터 허락을 받았다고 시몬 베드로에게 말한다. 사단의 목적은 제자들을 붕괴시키려고 하는 데 있으며 예수님에 대한 그들의 충성을 빼앗는 데 있다. 이렇게 함으로 예수님의 구원 사역이 실패로 돌아가도록 만들려고 하였다. 그러나 예수님은 베드로의 믿음이 떨어지지 않도록 기도하셨다는 사실을 드러내셨다.

"네 믿음이 떨어지지 않기를"이란 표현 가운데 "떨어지다"라고 번역된 동사는 에크레이포(ekleipo)에서 유래한 에크리페(eklipe)인데 "끝에 이르다" 또는 "없어지다" 등의 개념을 지닌다. 사실 영어 단어 eclipse(실추)는 이 단어에서 파생되었다. 케네스 웨스트(Kenneth Wuest)는 이 구절을 "당신의 신앙이 전적으로 사라지지 않게"라고 번역함으로 이 단어의 정확한 의미를 잡아내었다.[7] 예수는 베드로의 신앙이 궁극적으로 사라지지 않도록 그리고 흔적도 없이 소멸되지 않도록 하기 위해서 기도하셨다. 그래서 비록 베드로가 확실히 불충분한 의미에 있어서 믿음없이 되었지만 그는 궁극적으로 구원적 신앙은 잃지 않았다. 그의 신속한 회개("밖에 나가서 심히 통곡하니라" 62절)는 베드로를 위한 예수님의 기도가 참으로 응답되었음을 지시한다.

고로 우리는 여기서 죄에 깊이 빠졌지만 예수님의 중보기도 때문에 그의 신앙이 완전히 소멸되지 않은 한 신자의 경우를 보게된다. 우리는 우리 주님이 그 자신에게 속한 모든 자들을 위하여 중보기도 한다는 것은 믿으면서 비록 그들이 슬퍼해야 할 죄에 빠져있지만 역시 그리스도는 그의 백성들의 신앙이 소멸되도록 허용하지 않으실 것을 믿지 않을 수 있는가? 본문의 말씀은 히브리서 7:25과 연관시켜 생각해야 한다. "자기를 힘입어 하나님께 나아가는 자들을 온전히 구원하실 수 있으니 이는 그가 항상 살아서 저희를 위하여 간구

---

7) Kenneth Wuest, *The New Testament, An Expanded Translation* (Grand Rapids: Eerdmans, 1961), p. 197.

하심이니라."

  2. 요한복음 5:24, "내가 진실로 진실로 너희에게 이르노니 내 말을 듣고 또 나 보내신 이를 믿는 자는 영생을 얻었고 심판에 이르지 아니하나니 사망에서 생명으로 옮겼느니라." 예수님은 여기서 나의 말을 듣고 또 나 보내신 이를 믿는 자들은 그들의 죄 때문에 정죄를 당치 않게 될 것이며, 영원히 사망에서 생명으로 옮겨졌다고 교훈하신다. "옮겼느니라"고 번역된 동사는 원형 메타바이노(*metabaino*)의 변화형인 메타베베켄(*matabebeken*)인데 "지나가다 또는 넘어가다"라는 뜻이다. 이 동사는 이미 완성된 과거의 동작을 나타내는 완료 시제이다. 이런 동작이 묘사하는 바는 결정적이며, 이미 지나간 뒤에 있는 그의 다리(bridges)를 태워버린 사람의 경우와 같이 취소 불가능하다. 참 신자가 생명에서 다시 사망으로 되돌아 갈 수 있는 가능성은 절대로 없다.

  이 말씀과 관련하여 사마리아 여인에게 하신 예수님의 말씀을 경청해 보자. "내가 주는 물을 먹는 자는 영원히 목마르지 아니하리니 나의 주는 물은 그 속에서 영생하도록 솟아나는 샘물이 되리라"(요 4:14). 마르고 사라진 영생이 어떻게 충분하게 다시 솟아날 수 있는가? 예수님이 갈릴리 호숫가에서 유대인에게 하신 말씀을 주의하라. "나는 하늘로서 내려온 산 떡이니 사람이 이 떡을 먹으면 영생하리라"(요 6:51). "이 떡을 먹는다"는 것은 "세상의 생명을 위하여" 주어진 예수님의 살을 믿는 것을 의미한다. 지금 어떤 사람이 영원히 산다는 것과 그 다음에 그 생명을 잃어버리는 것이 어떻게 가능한가? 용어에 있어서 단순한 모순과 같은 그런 가능성은 없는가? 다시 마르다에게 하신 말씀을 들어보자. "나는 부활이요 생명이니 나를 믿는 자는 죽어도 살겠고 무릇 살아서 나를 믿는 자는 영원히 죽지 아니하리라"(요 11:25~26). 언어가 확실하게 더 명백해지지 않았는가? "나를 믿는 자는 영원히 죽지 아니하리라!" 모든 사람은 나사로의 경우처럼 육체적으로 죽을지 모른다. 그러나 영적으로는 영원히 결단코 죽지 않을 것이다. 예수를 진실로 믿는 사람은 영원히 산다. 이것은 예수님의 확고부동한 약속이다!

 3. 요한복음 6:39에서 예수님은 "나를 보내신 이의 뜻은 내게 주신 자 중에 내가 하나도 잃어버리지 아니하고 마지막 날에 다시 살리는 이것이니라"고 말씀하셨다. 여기서 예수님은 성부께서 자기에게 주신 그의 백성들에게 관해서 언급하신다. 이 책 앞에서 이 점을 다루었다.[8] 예수님은 아버지께서 구세주인 자기에게 주신 모든 자들에게 영생을 주셨다고 가르치신다. "영생"은 어떤 사람이 한 때는 소유할 수 있고 다음에는 잃을 수 있는 것인가? 만약 이것이 가능하다면 어떻게 "영생"이라고 부를 수 있는가? 히브리서 5:9에서 예수님은 영원한 구원의 근원이 되신다고 말한다. 여기 "영원한 구원"이 어떤 경우에 단지 일시적인 것이 될 수 있는가?

 예수님은 아버지께서 자기에게 주신 모든 자들은 신앙으로 자기에게 오게 될 것이라고 말씀하신다(요 6:37). 39절에서 예수님은 자기에게 주신 자 중에 하나라도 잃어버리지 않는 그런 방편으로 이들을 지키신다고 우리에게 말씀하신다. 자기가 한 말의 의미가 곡해되지 않도록 예수님은 "내가 마지막 날에 그들을 살리겠다"고 확정하신다. 예수님이 추가하신 이 말씀은 정확하게 하늘에 계신 아버지의 뜻이다: "내 아버지의 뜻은 아들을 보고 믿는 자마다 영생을 얻는 이것이니 마지막 날에 이를 다시 살리리라"(요 6:40).

 누가 보다 강한 보증자를 찾을 수 있는가? 아버지께서 내게 주신 이들 즉 참 신앙 안에서 나에게 오는 이들은 영생을 얻을 것이라고 우리 주님이 공언하신다. 그리고 나는 그들 중에 하나라도 잃지 않고 내가 구름을 타고 하늘로부터 다시 오는 그 날에 모든 성도들을 영광스런 생명으로 부활시키는 그런 방편을 통하여 그들에게 허락한 구원으로 그들을 보존할 것이다고 우리 주님이 선언하신다.

---

8) 본서 p. 98을 보라.

4. 예수님은 요한복음 10:27~28에서 가장 강하게 참 신자는 견인할 것이다고 가르치신다. "내 양은 내 음성을 들으며 나는 저희를 알며 저희는 나를 따르느니라 내가 저희에게 영생을 주노니 영원히 멸망치 아니할 터이요 또 저희를 내 손에서 빼앗을 자가 없느니라." 여기서 예수님은 아버지께서 자기에게 주신 이들을 내 양이라고 부르신다. 예수님은 자기의 음성을 듣고 자기를 따르는 이들에게 결코 끝이 없는 영생을 주신다. "멸망치 아니할 터이요" 여기서 부정과거 가정법으로 쓰여진 헬라어 "오우 메"(ou me)는 가장 강한 방법으로 부정을 표현하는 말이다. 문자적으로 본문을 옮기면 다음과 같다. "그들은 어떤 가능한 방법으로도 결단코 영원토록 멸망하지 않을 것이다."

계속해서 예수님은 "저희를 내 손에서 빼앗을 자가 없느니라"고 말씀하신다.[9] 이와 같이 신자들의 안전은 그들이 예수님을 붙드는 데 있지 아니하고 예수님이 저들을 붙들어 주신다는 데 있다. 알미니안 해석자들은 비록 외부의 힘이 예수님의 손에서 신자를 빼앗을 수 없지만 신자가 스스로 그리스도를 붙들고 있는 자기의 손을 놓을 수가 있으며 결국 길을 잃게 된다고 말함으로 예수님의 말씀의 핵심을 피하려고 시도한다.[10] 이런 해석에 반대하여 확실히 예수님이 언급한 "아무도 없다"에는 신자 자신도 포함된다고 보아야 한다. 우리의 손은 때때로 매우 약할 때가 있지만 우리를 붙드시는 그리스도의

---

9) 헬라어 성경에는 "no one will snatch them out of my hand"(그들을 나의 손에서 빼앗을 자가 없다)로 기록되었다. NIV 성경에는 비록 예수님이 말씀하신 요점을 변경시키지는 않았지만 정확하게 문자적으로 번역되지 않았다.

10) 참조, Robert Shank. *Life in the Son*(Springfield, MO: Westcott Publishers, 1960), pp. 56-60; Grant R. Osborne, "Exegetical Notes on Calvinist Texts," in *Grace Unlimited*, ed. Clark H. Pinnock (Minneapolis: Bethany Fellowship, 1975), p. 179; Dale Moody, *The Word of Truth*(Grand Rapids: Eerdmans, 1981), pp. 356-57.

손은 강하고 깨어질 수 없다. 더구나 나의 양 가운데 어떤 양은 참으로 멸망당할지도 모르며, 어떤 양은 멸망하지 않는다는 의미로 예수님의 말씀을 이해할 수 있는가? 마치 지금까지는 아직 수사법을 충분히 사용하지 않은 것처럼 예수님은 29절에서 계속 말씀하신다. "저희를 주신 내 아버지는 만유보다 크시매 아무도 아버지의 손에서 빼앗을 자가 없느니라." 여기서도 역시 예수님은 나의 아버지는 나의 양을 계속 붙들어 주시며, 또 나의 양들을 아버지의 손에서 빼앗을 수 있는 사람은 아무도 없다고 가르치신다. 때문에 신자는 두 배로 안전하다. 허약하고 연약한 성도의 손을 꽉 쥐시는 아들의 손과 아버지의 손은 신자들을 두 손으로 붙들고 있는 하나님의 손에서 아무도 빼앗지 못하도록 그렇게 단단하게 모든 성도들을 붙드신다.

(2) 서신서에 있는 구절들:

1. 로마서 8:29~30에서 바울은 다음과 같이 기록한다. "하나님이 미리 아신 자들로 또한 그 아들의 형상을 본받게 하기 위하여 미리 정하셨으니 이는 그로 많은 형제 중에서 맏아들이 되게 하려 하심이니라 또 미리 정하신 그들을 또한 부르시고 부르신 그들을 또한 의롭다 하시고 의롭다 하신 그들을 또한 영화롭게 하셨느니라." 여기서 바울은 하나님께서 그리스도의 형상을 본받게 하기 위하여 어떤 사람을 미리 알고 예정하셨다고 우리에게 말한다. 그래서 바울은 계속하여 예정하신 이들을 하나님은 역시 부르시고 의롭다 하시고 영화롭게 하셨다고 말한다.[11] 앞서 살펴본 바와 같이 "부르심"이란 여

---

11) I. 하워드 마샬은 "의롭다 하신 그들을 또한 영화롭게 하셨느니라"라는 바울의 말을 수용하지 않으려고 한 것 같다. 마샬은 "그리고 의롭다 하신 그들을(whom, KJV)-그들이(they) 계속 의롭게 살도록 하신다. 로마서 11:22, '너도 찍히는 바 되리라.' 마침내 그는(he) 영화롭게 된다…"라

기서 효력있는 부르심을 가리킨다.[12] "의롭다고 하심"은 그리스도 안에서 의롭다고 선언하심을 의미한다. 즉 단지 참 신앙을 소유한 사람은 의롭다함을 받는다. 지금 바울은 효력있는 부르심을 받고 참 신앙을 가지고 의롭다함을 받은 성도에게 자기의 구원을 잃을 수 있는 가능성의 여지를 남겨 두었는가? 이에 대한 대답은 단호하게 "아니다"이다:

참 기독교인은 부르심과 의롭다 함을 받은 사람이라는 것보다 더 낮은 용어로 정의될 수 없다. 그러므로 질문은 이러하다. 부르심을 받고 의롭다 함을 받은 성도가 타락하여 영원한 구원의 단축을 받을 수 있는가? 바울의 대답은 불가피하다. 즉 소명을 받아 의롭게 된 성도들은 영화롭게 될 것이다.[13]

견인에 관한 바울의 가르침을 상고하는 데 있어서 우리는 로마서 8:38~39에 있는 승리의 결론을 잊어서는 안된다. "내가 확신하노니 사망이나 생명이나 천사들이나 권세자들이나 현재 일이나 장래 일이나 능력이나 높음이나 깊음이나 다른 아무 피조물이라도 우리를 우리 주 예수 그리스도 안에 있는 하나님의 사랑에서 끊을 수 없으리라." 이러한 잊을 수 없는 말을 통해서 바울은 참 신자의 가장 중요한 안전을 언급한다. 만약 우리가 예수 그리스도 안에 있는 하나님

고 말한 웨슬리에 동의한다(Kept by the Power of God, p. 103). 그러나 이같은 주장은 바울이 말한 의도와는 거리가 멀다. 즉 바울은 "그들을 의롭다 하시고, 의롭다 하신 그들을(그들 중에서 어떤 사람이 아님) 또한 영화롭게, 하셨느니라"라고 확정하였다. 웨슬리와 마샬은 그들이 생각하고 있는 바의 의미를 성경본문에 첨가시켰다.

12) 본서 pp. 138-42을 보라.
13) Murray, Redemption, p. 195. 돌트 신조가 로마서 8:30을 "우리 구원의 금사슬(golden chain)"이라고 부른 점에 유의함이 의미있다(제 1장, 과오의 거절; 2절).

의 사랑을 진정으로 표현했고 또 표현하고자 한다면 사도는 우리에게 당신은 그 사랑 안에서 영원히 계속적으로 보호받을 것이다라고 확신시킬 것이다.

"현재 일이나 장래 일이나"라는 말은 특수한 의미이다. 때때로 우리는 그리스도 안에서 하나님과 우리와의 교통을 중단시키는 어떤 일이 우리에게 일어나지나 않을까 염려한다. 우리의 삶은 그렇게 불확실하다. 즉 내일 무슨 일이 일어날는지 누가 알 수 있는가? 매혹적인 유혹이 우리의 발부터 우리를 넘어뜨리지나 않을는지? 꿈에도 생각지 못했던 재난이 우리를 뿌리째 흔들어 버리지나 않을까? 바울의 대답은 우리의 두려움을 없애준다: 그리스도 안에 있는 우리에게 일어날 수 있는 것은 아무것도 없다―오늘도 일어나지 않는다. 내일도 우리에게 일어날 수 없다―우리를 그리스도 예수 안에 있는 하나님의 사랑에서 끊을 수 없다. 우리는 참으로 그리스도 안에 있다. 우리는 그 안에 영원히 있다.

2. 예수 그리스도 안에서 고린도에 있는 성도들에게 주신 은혜 때문에 하나님께 감사한 다음 바울은 계속해서 고린도 성도들에게 말한다. "주께서 너희를 우리 주 예수 그리스도의 날에 책망할 것이 없는 자로 끝까지 견고케 하시리라 너희를 불러 그의 아들 예수 그리스도 우리 주로 더불어 교제케 하시는 하나님은 미쁘시도다"(고전 1:8~9). 비록 고린도 교회의 성도 가운데 많은 결점이 있고 그들이 육신에 속하여 범죄하고 있지만(고전 3:3) 그럼에도 불구하고 바울은 하나님께서 그들을 끝까지 강하게(견고하게 또는 확고부동하게) 하시고―사실 그들이 심판의 날에 흠없게 되는 그러한 방편으로 그들을 지키신다는 사실을 그들에게 확신시킨다. 환언하여 신앙 안에서 그들의 계속적인 안전은 결국 그들 자신의 능력에 달려있지 않고 항상 신실하신 하나님의 지속적인 능력에 달려있다.

3. 에베소서 4:30에서 바울은 그의 독자들에게 명령한다. "하나님의 성령을 근심하게 하지 말라 그와 함께(또는 그 안에서:헬라어 엔

호 *en ho*) 너희가 구속의 날까지 인치심을 받았느니라."여기서 바울은 성도들에게 성령을 근심하게 하지 말라고 경고한다. 즉 성도의 부끄러운 행위는 성령께 상처를 준다. 아마도 바울은 앞 절에서 언급한 불건전한 말과 같은 그런 종류를 부분적으로 마음에 두고 있는 것 같다. 그러나 바울은 아마도 불결한, 이기적인, 또는 은혜를 모르는 마음은 물론이고 또 사랑이 없거나 정직하지 못한 행위들을 포함시키려는 의향을 가진 것 같다. 그가 언급한 이런 모든 행동은 성전과 같은 우리 속에 계시는 성령을 슬프게 하고 근심하게 만든다.

동일한 성령에 의해서 또는 성령 안에서 우리가 구속의 날까지 인치심을 받았기 때문에 성령을 슬프게 하는 이 모든 죄악들은 더욱 더 비난을 받아야 한다. 인치심은 보증을 나타낸다. 신약 시대의 목자들은 가끔 자기의 양떼들을 다른 사람의 양들과 구별하기 위하여 자기의 양에게 표시를 하였다.[14] 이것을 신자들에게 적용시킬 때 인은 자기 소유권의 표시임을 시사한다.

고린도후서 1:22에서 하나님이 우리에게 인치셨다는 사상은 미래의 보증과 담보로써 성령을 우리 마음에 주셨다는 사상과 일치한다. 에베소서 1:13~14에서 바울은 하나님께서 성령에 의해서 우리에게 인치셨다고 말한다. "그 안에서 너희도 진리의 말씀 곧 너희의 구원의 복음을 듣고 그 안에서 또한 믿어 약속의 성령으로 인치심을 받았으니 이는 우리의 기업에 보증이 되사 그 얻으신 것을 구속하시고 그의 영광을 찬미하게 하려 하심이라." 두 절에서 성령으로 인치심을 받았다고 하는 표현은 다른 표현 즉 장래 우리 구속의 때까지 "기업에 보증"(아라본 *arrabon*)이 되었다는 말씀과 평행을 이룬다. 피처(G. Fitzer)는 "기업의 보증은 지금 신자가 구속을 위하여 표시되고 지정되는 동시에 보호받는다는 인(the seal)이다. 여기 인은 그가 구속의 날까지 하나님의 소유임을 나타낸다"고 말했다.[15]

---

14) G. Fitzer, "*sphragis*", TDNT, 7:950, n. 86.
15) Ibid., p. 949.

그러므로 에베소서 4:30에서 바울은 성령 안에서 너희가 구속의 날까지 인치심을 받았다는 진술을 통하여 비록 참 신자가 성령을 근심하게 한다 할지라도 궁극적으로 버림당하지 않는다는 사실을 우리에게 증거한다. 비록 인쳐주신 성령이 그들 속에 내재한다고 할지라도 하나님은 다윗과 베드로에게 은혜를 베푸셨던 것처럼 그들을 다시 생의 회개와 개심으로 인도할 것이다. 신약 교훈의 조명을 통해서 성령으로 인치심을 받는다는 것은 영원한 보증이 되는 것이다. 우리를 그리스도의 손과 아버지의 손에서 빼앗을 자가 아무도 없는 것과 같이 성령의 인을 깨뜨릴 사람은 존재하지 않는다.

4. 다른 중요한 바울 서신의 구절은 빌립보서 1:4~6에서 발견된다. "간구할 때마다 너희 무리를 위하여 기쁨으로 항상 간구함은 첫날부터 이제까지 복음에서 너희가 교제함을 인함이라. 너희 속에 착한 일을 시작하신 이가 그리스도 예수의 날까지 이루실 줄을 우리가 확신하노라." 바울이 "착한 일"을 통해서 나타내려고 했던 의미는 무엇인가? 바울은 그들을 만난 첫날부터 지금까지 복음 안에서 그와 함께 협력하고 있는 빌립보 성도들을 기억한다. 그러나 확실히 하나님께서 그들 가운데서 시작하신 "착한 일"은 이것보다 더 포괄적이다. 즉 착한 일은 그리스도와의 연합, 그들의 참 신앙, 그리고 그들의 믿음의 진보와 기쁨이 포함되어야 한다(참고, 빌 1:1, 25~26, 29). 지금 바울은 그들 속에서 착한 일을 시작하신 하나님이 그리스도의 재림 때까지 이루실 것을 확신한다고 표현한다.[16] 부활의 날 지정된 그 날에 그 목적은 성취될 것이다.

빌립보에 있는 성도들의 최종적인 인내에 관한 바울의 확신은 궁극적으로 그리스도에게 향한 그들의 지속적인 충성에 의존해(비록 바울이 이 점을 기대했지만, 27절) 있는 것이 아니라 그들을 위한 하나

---

16) 문자적으로는 그 목적에 이르다, 또는 섭취하다, 완료하다는 뜻이다: 에피테레오(*epitelesei*)는 종말이나 목적을 의미하는 테로스(*telos*)에서 파생하였다.

님의 신실에 의존해 있다. 하나님은 어떤 도움에 의존해서 일을 수행하지 않으신다. 사람은 가끔 자기가 시작한 일을 미완성인 채 남겨두지만(슈베르트의 "미완성 협주곡"과 같이) 하나님은 시작하신 일을 끝까지 완성하신다. 그리고 빌립보 교인들에게 한 바울의 말은 다른 모든 성도들에게도 적용된다. 즉 하나님은 우리 속에서 구속의 선한 사역을 시작하셨다. 바울의 확신은 역시 우리의 확신이다:

> 나를 위하여 당신이 시작하신 일은 당신의 은혜를 통해서 완전히 성취될 것입니다.

5. 디모데후서 4:18에는 다음과 같은 말씀이 있다. "주께서 나를 모든 악한 일에서 건져내시고 또 그의 천국에 들어가도록 구원하시리니 그에게 영광이 세세 무궁토록 있을지어다." 여기서 사용된 동사 소조(*sozo*)는 죄로부터의 구원 또는 물리적인 위험에서 구출한다고 하는 두 가지 "구원"을 의미한다. 본문에서 이 말은 "안전하게 지키신다" 또는 성경(NIV)의 표현처럼 하나님께서 우리가 천국에 들어가도록 구원(구출)하신다는 의미가 있다. 하나님의 왕국은 그 기원에 있어서나 본질에 있어서 천상적이다. 바울은 다시 하늘 나라의 최종 영광스러운 출현 때까지 성도들을 온전하게 지킬 수 있는 존재는 신자 자신이 아니라 하나님이라고 하는 그의 확신을 표현한다.

6. 그러나 참 성도의 견인 교의는 바울에 의해서 표명되었을 뿐만 아니라 히브리서 기자에 의해서도 언급되었다. 히브리서 7:23~24의 요점은 비록 구약 시대의 제사장 직분은 그들의 죽음으로 인하여 짧게 끊어지기 때문에 제한을 받지만 영존하시는 그리스도의 제사장 직분은 영원하다는 것이다. "그러므로 자기(그리스도)를 힘입어 하나님께 나아가는 자들을 온전히 구원하실 수 있으니 이는 그가 항상 살아서 저희를 위하여 간구하심이니라"(히 7:25).

여기서 그리스도는 자기를 통하여 하나님께 나아오는 자들을 온전히(*eis to panteles*) 구원하시는 분으로 묘사되었다. 여기의 성도들은

"나로 말미암지 않고는 아버지께로 올 자가 없느니라"(요 14:6)고 예수님 자신이 우리에게 말씀하신 그러한 참 신자이어야 한다. 헬라어 에이스 토 판테레스(eis to panteles)는 "완전히" 또는 "영원히, 항상"(forever, for all time)이라는 의미이다. 그리고 그 두번째 의미는 어떤 재산을 파는 사람에게 보고한 apo tou nyn eis to panteles (지금부터 영원토록) 3세기 사본에서 조명을 받는다.[17] 만약 우리가 이 두번째 의미를 채용한다면 이 구절은 "그리스도는 성도들을 중보하기 위해 항상 살아계시기 때문에 항상 또는 영원히 참 신자를 구원하실 수 있으시다"라고 말해져야 한다. 또 만약 우리가 첫째 의미를 선택한다면 이 구절은 그리스도가 그의 백성을 온전히, 전적으로 또는 "최대한도로" 구원하실 수 있다고 가르친다. "하실 수 있다"라는 말은 "그리스도가 구원하실 수 있지만 필연적으로 그렇게 하지 않으신다"는 의미로 사용되지 아니했다. 요점은 그리스도가 영원히 살아계시기 때문에 구원하실 수 있다기보다는 오히려 그가 우리의 온전한 대제사장이기 때문에 참으로 우리를 구원하신다는 것이다.

　　그리스도의 중재가 의미하는 바가 무엇인가? 여기에 사용된 엔틴카노(entynchano)라는 단어는 "어떤 사람을 위하여 탄원(변호)한다"는 뜻이다. 이 탄원은 제사장 되신 그리스도 사역의 한 단면이다. 지상에 계실 동안 십자가에서 완전한 속죄를 하시고 하늘에 올라가신 그리스도는 지금 이 속죄의 공로에 근거해서 그의 백성들을 위해 계속(항상) 중재하신다(참고, 롬 8:34). 그리스도의 중보에 포함된 것이 무엇인가? 그리스도는 그의 백성들의 죄가 용서되어질 수 있게 성부께 탄원하신다(요일 2:1). 역시 그리스도는 그의 백성들이 계속 거룩하게 되도록 기도하신다(요 17:17). 성부를 위하여 그리스도가 성취한 사역은 성부께 열납되었다(벧전 2:5). 그리고 모든 성도들은 자기의 영광을 볼 수 있도록 마침내 영원토록 그리스도와 함께 있게

---

17) Moulton and Milligan, VGT, p. 477.

될 것이다(요 17:24).[18]

언젠가 예수님은 그의 백성들이 확실히 들을 수 있도록 기도하셨다. "아버지여 내 말을 들으신 것을 감사하나이다. 항상 내 말을 들으시는 줄을 내가 알았나이다"(요 11:41~42)라고 말씀하지 않았는가? 지금 우리의 신실하신 대제사장은 완전히 충분한 속죄를 근거로 해서 계속 성도들을 위하여 중보하신다. 그런데도 성도들이 하늘의 영광에 이르는 데 실패할 가능성이 있는가? 그 대답은 분명하게 "그렇지 않다"이다.

7. 참 신자의 영원한 안전을 묘사하는 가장 중요한 성경 구절은 베드로전서 1:3~5이다:

> 찬송하리로다 우리 주 예수 그리스도의 아버지 하나님이 그 많으신 긍휼대로 예수 그리스도의 죽은 자 가운데서 부활하심으로 말미암아 우리를 거듭나게 하사 산 소망이 있게 하시며 썩지 않고 더럽지 않고 쇠하지 아니하는 기업을 잇게 하시나니 곧 너희를 위하여 하늘에 간직하신 것이라 너희가 말세에 나타내기로 예비하신 구원을 얻기 위하여 믿음으로 말미암아 하나님의 능력으로 보호하심을 입었도다.

베드로의 말에 의하면 신자인 우리는 그리스도의 부활의 새 생명에 참여하게 되었다. 우리는 산 소망, 결코 썩지 않는 소망, "영혼의 닻"과 같은 소망(히 6:19)을 위하여 중생하게 되었다. 역시 우리는 결코 썩거나 더럽거나 쇠하지 아니하는 그러한 기업과 비교되는 영광스런 미래의 기업을 상속받기 위해서 다시 태어나게(중생) 되었다. 사실 이 기업은 우리를 위하여 뜻밖에 도난당할 수 있는 여관의 보관소와 같지 않은 영원하고 변함이 없는 하늘에 간직되어 있다. 신약시대의 신자의 기업은 구약시대의 성도들에게 약속하신 가나안

---

18) 그리스도의 중재 대언 사역에 관해서는 벌코프「교의신학」pp. 400-405를 보라.

땅의 기업에 대한 성취이다(참고, 11:8~10). 즉 이 기업은 "하나님의 경영하시고 지으실 터가 있는 성"을 의미한다(히 11:10). 환언하여 우리의 미래 기업은 새 땅에서 영광스럽게 된 몸으로 하나님과 영원한 교통을 누리며 사는 영생을 의미한다. 그 때에 새 땅은 새 하늘과 함께 합병될 것이다(계 21:2).[19]

그러나 베드로는 계속 자세하게 말한다. 신자들은 두 배의 안전을 확보했다; 이 기업은 신자들에게 보호가 될 뿐만 아니라 역시 신자들은 이 기업을 위하여 오직 하나님의 전능한 능력에 의하여 계속 보호를 받는다. 새 미국 표준 성경(NASB)에 "보호받다"(protected) 라고 번역된 이 단어는 동사 프로우레오(phroureo)에서 파생한 프로로메노스(phrouroumenous)인데 그 의미는 "보호하다"(to guard) 또는 "지키다"(to keep)이다. 우주에서 가장 강한 능력인 하나님의 능력은 그리스도가 재림할 때 드러나기로 예비된 우리의 최종적인 온전한 구원을 위하여 끊임없이 우리들을 보호하고 인도하며 지킨다. 그리고 이미 알고 있던 예수님을 베드로가 부정했을 때 도움을 받지 않는 인간 본성의 연약성에 대하여 뼈저리게 체험한 그가 이 말씀을 기록했다는 점에서 의미가 있는 것이다.

그러나 우리는 "믿음으로 말미암아"라는 의미있는 단어를 간과해서는 안된다. 이 숙어를 추가한 이유가 무엇인가? 그것은 단지 우리가 신앙에 의해서 이 안전을 계속 붙듦으로 우리의 소유가 되도록 해야한다는 점이다. 일찍이 우리는 신자의 영적인 안전은 신앙 안에서 계속 인내해야 함과 불가분의 관계가 있음을 관찰하였다. 베드로는 이 점을 생생하게 묘사한다: 우리는 사람을 통하여 자체적으로

---

19) "새 땅"에 관해서는 아래 도서들을 참고하라. A. A. Hoekema, *The Bible and the Future* 가운데서 제 20장 "새 땅"(the New Eerth〔Grand Rapids: Eerdmans〕, 1979); 역시 G. C. Berkouwer가 쓴 *The Return of Christ* 중에서 "the New Earth", James Van Oosterom 번역 (Grand Rapids:Eerdmans, 1972), pp. 211-34.

표현되는 살아있는(갈 5:6) 믿음으로 말미암아 하나님의 능력으로 보호받는다. 환언하여 우리는 계속적인 신앙의 실천이 없이 하나님의 견인의 위안에만 단순히 의존해서는 안될 것이다.

그러나 이 사실이 참 신자의 견인 교리를 뒤집지는 못한다. 우리가 살펴본 기업은 베드로가 말한 바와 같이 우리를 위하여 하늘에 간직되어 있으며 결코 쇠하지 아니할 것이다. 신앙으로 말미암아 우리가 계속 붙드는 것은 하나님께 계속 성실하도록 만드는 하나님의 은총이다. 먼저 우리가 고찰한 것과 같이[20] 그것의 시작과 지속에 있어서 믿음은 하나님의 선물이다. 그러므로 하나님은 우리에게 지속적으로 신앙을 유지할 수 있도록 역사하심으로 우리를 보존하신다. 결국 우리의 견인은 궁극적으로 우리 자신에 근거하지 않고 하나님께 의존한다. 따라서 우리는 사람의 능력에 의해서가 아니라 하나님의 능력에 의해서 보존된다. 하나님께 모든 영광을 돌리자:

구원하는 그대의 사역 외에 다른 것은 없도다.
구속하는 다른 보혈은 없도다;
구원하는 능력은 하나님의 능력 외에 다른 것은 없도다.
당신의 능력만이 나를 끝까지 안전하게 할 수 있도다.

3. 견인교리에 대한 이의

(1) 견인교리는 나태와 방종에로 인도한다.

반대 의견은 보통 이 교리를 거부하는 사람들에 의해서 제기되었다. 반대하는 이유는 간단하다. 성도의 견인이 하나님에 의해서 보장되었다고 믿는 사람들은 삶의 길에 부주의하게 되고 죄에 대항하

---

20) 본서 pp. 236-40을 보라.

여 투쟁하기를 중지하고, 자기 중심적이고 세속적이며 미온하게 되기 쉽다는 것이다.

물론 견인교리가 나태 또는 도덕적이고 영적인 방종으로 인도한다는 점에서 오해받는 것은 사실이다. 만약 누가 이 교리를 순 이론적이고 추상적인 착상이라고 생각한다면 그는 성도들이 나날이 죄와 투쟁하지 않고 신앙에서 떠나 세속화되어 이 가르침의 안전에 의존할 것이라고 생각할 것이다. 그러나 이런 생각은 이 교리의 풍자적인 면만 수용하는 것이지 교리 자체를 받아들이는 것은 아니다. 성경은 계속 이런 방종에 대해서 경고한다. "그런즉 선 줄로 생각하는 자는 넘어질까 조심하라"(고전 10:12).

우리는 하나님께 항상 깨어 살 수 있도록 우리를 보호하신다는 성경의 교훈에 주의하면서 기도하고 인내하는 신앙을 가져야 한다. 그러므로 "단번에 구원하셨다, 항상 구원하신다"는 표현은 참 신자의 견인 교리를 진술하는 정확한 방법이 아니다. "단번에 구원하셨다, 항상 구원하신다"라는 표현은 우리가 어떻게 살아야 할 것인지에 대해서는 무관한 의미로 이해될 수 있다. 때문에 이런 관념은 명백하게 성경과 모순된다. 이런 점에서 나는 로버트 섕크(Robert Shank)의 주장에 동의한다. 그는 다음과 같이 말한다:

> 미지의 세계 시온에서의 복락 때문에 겸인이 필연적임을 성도에게 주지시키고 또 신중하게 신앙으로 인내해야 할 필요성을 성도에게서 제거하고, 어떤 과거의 행동이나 경험에 의존하도록 격려하는 그러한 의미의 견인은 신약성경에서 인정하지 않는다.[21]

견인교리는 참 신자에게 만족스러운 것이다. 그 속에 내주하시며 역사하시는 성령을 모시고 있는 참 신자는 구원의 귀중한 선물에 대

---

21) Robert Shank, *Life in the Son*, p. 64.

하여 감사하는 가운데 하나님을 위하여 살려고 하는 열정이 있다. 만약 그의 마음 속에 이런 열정이 없다면 이런 사람은 참 신자가 아니다:

침례교회의 작가인 존 다그(John L. Dagg)는 다음과 같이 말한다.

> 하나님의 백성들은 죄와 투쟁하지 않고 면류관을 얻을 것이라는 의미로 이 견인교리를 이해하는 사람들은 전적으로 이 문제에 관하여 오해하고 있다. 견인교리는 하나님의 백성들이 죄와 투쟁하는 가운데 인내할 것을 지시한다. 그러나 이러한 투쟁없이 성도들이 면류관을 얻을 수 있다고 상상하는 것은 이 교리와 모순된다. 한번 회개했던 사람은 그들의 생의 과정이 어떠하든지 상관없이 구원받는다고 하는 결론은 이 교리에 대한 참담하고 치명적인 왜곡이다.[22]

(2) 견인교리는 성경과 상충된다.

반대자들은 참 신자의 견인교리에 반대하는 듯한 성구들을 보통 세 가지 형태로 묶어서 예증으로 제시한다.

1. 믿음을 지속하라는 권면

일반적으로 인용되는 성구들은 다음과 같다. "나중까지 견디는 자는 구원을 얻으리라"(마 10:22); "너희가 내 말에 거하면 참 내 제자가 되리라"(요 8:31); "저가 내 안에 내가 저 안에 있으면 이 사람은 과실을 많이 맺을 것이다"(요 15:5); "깨어 믿음에 굳게 서서 남자답게 강건하여라"(고전 16:13); "우리가 시작할 때에 확실한 것

---

[22] John L. Dagg, *Manual of Theology*(1857; Harrisonburg, VA:Gano Books, 1982), p. 144.

을 끝까지 견고히 잡으면 그리스도와 함께 참여한 자가 되리라"(히 3:14) ; "네가 죽도록 충성하라 그리하면 내가 생명의 면류관을 네게 주리라"(계 2:10) ; "네가 가진 것을 굳게 잡아 아무나 네 면류관을 빼앗지 못하게 하라"(계 3:11).

이들 짧은 성구들과 이것과 비슷한 다른 성구들은 견인교리를 간과하고 있는가? 아니다. 그렇지 않다. 그러나 사도들은 견인교리에 대한 오해를 반대하면서 우리에게 경고한다. 그들은 견인교리에 있어서 우리의 책임의 부분에 강조점을 두고 있다. 사도들은 다음과 같이 우리에게 권면한다. 즉 깨어 믿음에 굳게 서서 끝까지 인내하며, 우리가 가진 것을 굳게 잡으며, 그리스도의 말씀대로 계속 순종해야 하며, 우리가 견인의 축복을 즐거워할 수 있도록 그리스도 안에 머물라고 말한다. 그리고 사도들은 역시 우리에게 인내할 수 있도록 역사하시는 하나님은 어떤 방편들을 사용하신다는 사실을 우리에게 주지시킨다. 이 성구들 속에는 훈계, 경고, 하나님의 말씀의 약속과 같은 의미가 포함되어 있다.

우리는 파선당한 바울의 이야기를 통해서 하나님께서 그의 백성들을 보호하시는 데 어떤 방편들을 사용하신다는 교훈을 발견할 수 있다. 마치 항해하는 배가 태풍에 의해서 파선되는 것처럼 보일 때에 바울은 배에 있는 사람들에게 "하나님의 사자가 어제 밤에 내 곁에 서서 말하되 하나님께서 너와 행선하는 자를 다 네게 주셨다"고 말하였다. 얼마 후 그 배가 육지에 가까이 오게 되었을 때 선객들은 구명정으로 탈출하려고 시도하였다. 그러나 바울은 백부장에게 "이 사람들이 배에 있지 아니하면 너희가 구원을 얻지 못하리라"(행 27:31)고 말했다. 구원의 확실성은 필요 불가결한 방편 따위에 의해서 제외되지 않는다.

2. 배교(Apostasy)에 대한 경고

다음과 같은 중요한 성구들 가운데 경고가 내포되어 있다. "전에 악한 행실로 멀리 떠나 마음으로 원수가 되었던 너희를 이제는 그의 육체의 죽음으로 말미암아 화목케 하사 너희를 거룩하고 흠없고 책망할 것이 없는 자로 세우고자 하셨으니 만일 너희가 믿음에 거하고 터 위에 굳게 서서 너희 들은 바 복음의 소망에서 흔들리지 아니하면…"(골 1:21~23);"그러므로 모든 들은 것을 우리가 더욱 간절히 삼갈지니 혹 흘러 떠내려 갈까 염려하노라"(히 2:1);"그러므로 사랑하는 자들아 너희가 이것을 바라보나니 주 앞에선 점도 없고 흠도 없이 평강 가운데서 나타나기를 힘쓰라"(벧후 3:17).

　이 성구들 가운데에 있는 명령들은 역시 다음과 같은 의미가 있다: 하나님은 그의 백성들이 타락하지 않도록 어떤 방편들을 통해서 지키신다. 그리고 이들 방편들은 배교에 대한 경고가 포함된다. 이런 짧은 경고에 주의함으로써 신자들은 인내한다.

　인용된 성구들에 유의하면서 우리는 다음과 같이 결론한다: 참 신자는 믿음 안에 거함으로(골 1:23), 그가 들은 것으로부터 떠내려가지 않음으로(히 2:1), 그리고 실수 때문에 사라지지 않고 획득한 위치에서 거룩하게 생활함으로(벧후 3:17) 그가 가진 신앙의 진실성을 드러낼 것이다. 이 성구들은 다시 견인에 있어서 신자의 책임을 강조한다. 사실 베드로후서 3:18은 단호한 용어로써 동일한 경고를 표현한다. "오직 우리 주 곧 구주 예수 그리스도의 은혜와 저를 아는 지식에서 자라가라."

　벌카워(G. C. Berkouwer)는 인내 교리와 성경에서 발견되는 경고와의 관계를 적절하게 묘사한다:

　　성도 견인의 교의는 훈계나 경고 없이 신자가 살아갈 수 있도록 그들의 삶 속에서 선험적(*a priori*)인 보장으로 되어질 수 없다. …왜냐하면 신앙과 견인 사이의 관계에 대한 정확한 이해 때문에 이들 경고들은 분명하게 의미심장하며, 우리에게 견인의 본질이 무엇임을 더한층 낫게 이해시켜 줄 수 있다.[23]

3. 실제적인 배교의 경우들.

실제적인 배교를 언급한 어떤 성구들은 개인들이 참 신앙을 가지고 있지 않음을 나타내고 있다. 예컨대 시험이나 유혹이 왔을 때 타락하는 청중들을 묘사하는 씨뿌리는 비유를 통해서 예수님은 단지 이런 청중들의 신앙을 일시적인 것으로 간주하셨다. "바위 위에 있다는 것은 말씀을 들을 때에 기쁨으로 받으나 뿌리가 없어 잠깐 믿다가 시험을 받을 때에 배반하는 자요"(눅 8:13). 그런고로 참 신자는 끝까지 견디는 데 반해서 청중들은 단지 "잠시동안"(pros kairon, for a while) 믿는다.

요한도 비슷한 상황을 묘사한다. "저희가(앞 절에서 적그리스도로 묘사됨) 우리에게서 나갔으나 우리에게 속하지 아니하였나니 만일 우리에게 속하였더면 우리와 함께 거하였으려니와 저희가 나간 것은 다 우리에게 속하지 아니함을 나타내려 함이니라"(요일 2:19). 요한이 말하고 있는 바 그 사람들의 이탈은 실제로 처음부터 참 신자의 계열에 속하지 아니했음을 드러낸다. 그들의 신앙은 분명하게 진실된 것이 아니다.

성경은 분명하게 하나님의 백성들이 교제에 소속된 것같이 보이는 사람들 가운데 실제로 거짓 신자들이 항상 있었고 지금도 존재함을 가르친다. 바울이 지적하는 것과 같이 구약시대에 이스라엘에게서 난 그들이 모두 참 이스라엘이 아니라 참 신자가 영적으로 이스라엘 사람이다(롬 9:6). 신약시대에 교회 안에서 적어도 외면상으로 교제하고 있는 사람들 중에는 밀 가운데 쭉정이가 있고(마 3:12), 열매를 맺지 아니하는 가지가 있다(요 15:2). [24] 역시 교회 안에는 경건의

---

23) G. C. Berkouwer, *Faith and perseverance*, Robert D. Knudsen 옮김 (Grand Rapids: Eerdmans, 1958), pp. 110-11.

24) "무릇 내게 있어 과실을 맺지 아니하는 가지"라는 말씀은 누가 참으로 열매없이 그리스도 안에 있을 수 있다거나 또는 참 신자가 타락할 수도 있다는 의미가 아니다. 이 말씀은 포도 수확에 관한 비유적 표현이다.

모양은 있으나 경건의 능력을 부인하는 자들이 있으며(딤후 3:5), 자칭 사도라 하되 아닌 사람이 있으며(계 2:2), 살았다 하는 이름은 가졌으나 실상은 죽은 자가 있다(계 3:1). 문제는 우리가 사람의 마음을 알지 못하기 때문에 사람들이 참 믿음을 소유하고 있는지 없는지 항상 알 수 없다는 데에 있다. 만약 우리가 참 그리스도인이라고 생각한 사람이 배교자가 되었다면 우리는 다음과 같이 두 가지로 가정해야 한다; 그래도 주님은 그들을 다시 교제하기 위해서 찾으실 것이다. 또는 그 배교자들의 신앙은 거짓이었다. 왜냐하면 성경이 가르치는 바와 같이 참 신앙을 가진 사람들은 그들 자신의 능력이 아닌 하나님의 능력으로 인내하기 때문이다.

신약성경에는 "은혜에서 떨어진 자"라고 기록된 한 구절이 있다. 갈라디아서 5:4에서 바울은 "율법 안에서 의롭다 함을 얻으려 하는 너희가 그리스도에게서 끊어지고 은혜에서 떨어진 자로다"라고 말한다. 그러나 여기서 바울은 참 신자가 믿음에서 떨어질 수 있다는 가능성을 말한 것이 아니라 비참한 교리적 잘못에 대하여 논하고 있다. 이 구절에 관한 존 머레이의 주석은 참고할 만하다:

> 바울은 여기서 신자가 하나님의 은총에서 멀어져 타락하고 마침내 멸망할 것인지 아닌지에 관한 문제를 취급하고 있는 것이 아니라 율법에 의한 칭의에 반대하여 오직 은혜에 의해서 의롭다 함을 받는 은혜를 강조함으로써 순수한 교리에서의 위반을 다루고 있다. 바울의 결론은 다음과 같다. 만약 우리가 어느 정도 율법의 행위에 의해서 의롭다 함을 받으려고 추구한다면 그때 우리는 전적으로 은혜에 의한 칭의로부터 멀어져 버림받고 타락한 자들이 된다.[25]

참 신자는 그리스도 안에 있으며, 이런 신자는 많은 열매를 맺는다(5절).

25) John Murray, *Redemption*, p. 194.

신약의 어떤 구절은 참으로 "믿음에서 떠난" 자들에 대해서 언급한다. 디모데전서 4:1에는 "그러나 성령께서 후일에 어떤 사람이 믿음에서 떨어지게(fall away) 될 것이라고 명쾌하게 말씀하신다"라고 기록되었다(NASB). "떨어지다"라는 표현은 헬라어 동사 아포스테손타이(apostesontai)에서 번역되었다. 이 단어가 영어의 용어로는 "배교"(apostasy)라고 추론된다. 영어 성경 개정 표준역(RSV)에서는 "떨어지다" 대신에 "신앙에서 떠나다"(depart from the faith)로, 그리고 새 국제역(NIV)에서는 "신앙을 버리다"(abandon the faith)로 각각 번역되었다. 그러나 목회 서신에서 공통적인 의미와 같이 여기서 "신앙"이라는 단어는 그리스도와 그의 공로를 자기의 것으로 하는 행동(fides qua creditur)보다는 오히려 믿게 되는(fides quae creditur) 진리와 같은 객관적인 의미로 사용되었다. 바울은 여기서 나중에 많은 사람들이 기독교의 신앙고백을 버리게 될 것을 말하고 있다. 이같은 변절은 변절자들이 처음부터 참 신앙을 소유했다는 것을 의미하지 않는다. 어떤 의미에서 우리는 "돈을 사랑하는 자들이 미혹을 받아 믿음에서 떠나…"(딤전 6:10)라는 말씀과 같이 이 구절을 이해해야 한다.

요한복음 17:12에는 소위 대제사장의 기도라고 하는 예수님의 기도가 기록되었다. "내가 저희와 함께 있을 때에 내게 주신 아버지의 이름으로 저희를(제자들) 보전하와 지키었나이다. 그들 중 하나도 멸망치 않고 오직 멸망의 자식 뿐이오니 이는 성경을 응하게 함이니이다." 이 성구는 가끔 견인교리를 인정하지 않는 사람들에 의해 인용된다. 즉 이들은 예수님에 의해서 보전되고 지켜지는 성도들마저 멸망할 수 있고 영원히 버림받을 수 있다는 점을 증명하려고 한다.

예수님은 여기서 영원히 버림받을 운명에 놓인 가룟 유다를 "멸망의 자식"이라고 부르셨다. 그러나 예수님의 보전과 지킴의 목적은 자기의 사람들이 영원한 멸망에 들어가지 않도록 하는 것이다. 예수님은 반복해서 그가 지키는 사람들은 멸망하거나 버림받을 수 없음을 강조하셨다. 예수님은 이미 요한복음 6:39과 10:28에서 이 점을 말씀하셨다. 우리를 위해서 기도하는 가운데 예수님은 "아버지께서 아들에게 주신 모든 자에게 영생을 주게 하시려고 만민을 다스리는 권세를 아들에게 주셨음이로소이다"(요 17:2), 그리고 역시 "아버지여 내게 주신 자도 나 있는 곳에 나와 함께 있어…나의 영광을 저희로 보게 하시기를 원하옵나이다"(요 17:24)라고 말씀하셨다. 예수님은 이런 방법으로 가룟 유다를 지키셨는가? 만약 그러하다면 전체 본문은 그 의미를 잃게 된다: "나는 유다가 멸망하지 않도록 그를 지키었으나 유다가 멸망하였다."

유다의 멸망은 예수님에게 놀라움이 되지 못한다. 일찍이 예수님은 그의 제자들에게 "너희 중에 믿지 아니하는 자들이 있느니라"고 말씀하셨다. 그리고 복음서 기록자는 덧붙여서 "이는 예수께서 믿지 아니하는 자들이 누구며 자기를 팔 자가 누군지 처음부터 아심이러라"(요 6:64)고 기록했다. 이 구절에서 깊이 생각해야 할 점은 예수님이 유다의 멸망은 "성경을 응하게 함이니이다"라고 말씀하셨다는 사실이다. 여기서 그리스도는 불신앙에 대한 책임이 유다 자신에게는 없다고 말씀하지 않으셨다. 그러나 유다의 불신앙과 그 다음의 멸망은 성경에 예언되었고 하나님의 계획에 포함되었음을 지시한다. 그러므로 예수님은 가룟 유다가 멸망하지 않도록 보전하려고 노력하였으나 실패했다는 것을 의미하기는커녕 오히려 성경의 예언이 성취되도록 유다의 불신앙이 발생한 것이라고 단언하셨다.

그러므로 나는 "오직…뿐이오니"(except)라는 말씀(요 17:12)은 제외를 묘사하며, "그 중에 하나라도 멸망하지 않고" 뿐만 아니라 보전하시고 지키시는 의미라고 결론 내린다. 예수님이 지키시고 보전하는 성도들은 하나라도 제외되지 않고 모두 구원을 얻는다. 그러나 유다는 성부의 이름으로 예수님이 지키시는 성도들 가운데 포함되어 있지 않았다.[26] 유다는 참되고 살아있는 신앙을 가졌다고 가르치는 곳은 성경 어디에도 없다.
   아마도 이런 주제를 논하는 데 있어서 가장 곤란한 구절은 히브리서 6:4~6일 것이다:

> 한번 비췸을 얻고 하늘의 은사를 맛보고 성령에 참여한 바 되고(4절) 하나님의 선한 말씀과 내세의 능력을 맛보고(5절) 타락한 자들은 다시 새롭게 하여 회개케 할 수 없나니 이는 자기가 하나님의 아들을 다시 십자가에 못박아 현저히 욕을 보임이라(6절).

   우선 여기서 묘사하고 있는 사람들은 참 신앙을 가졌으나 결국 멸망하게 된 것처럼 보인다. 사실 G. R. 오스본(Osborn)은 이 구절에 관한 주석을 다음과 같이 강하게 한다: "신약에서 참 신자에 대하여 이처럼 가장 강하고 상세하게 묘사된 곳은 없다."[27]
   그러나 다른 학자들은 이와 달리 해석한다. 존 오웬은 그의 히브리서 주석에서 여기 묘사된 사람들은 실제적인 사람들이지 어떤 가공의 인물들이 아님을 확정한 다음 참 신자가 아닌 이유를 네 가지로 언급한다: 1. 그들의 신앙이 언급되지 않았다. 2. 그들에 대하여 상세하게 설명하는데도 불구하고 그들은 중생했거나 성화되거나 또는 하나님의 자녀라고 언급되지 않았다. 3. 그들은 그 땅이 가시와 엉겅퀴를 내면 버림을 당하고 저주함에 가까워 그 마지막은 불사름이 되리라(8절)는 사실과 비교된다. 4. 그들은 다음에서 언급하는 참 신자들과 구별된다; (a) 기록자는 수신자들에게 "너희에게는 이보다 나은 것과 구원에 가까운 것을 확신하노라"(9절)고 말한다.

---

26) 이러한 생각은 예수님이 유다에 관련하여 "내 아버지께서 오게 하여 주지 아니하시면 누구든지 내게 올 수 없다"(요 6:65)라고 하신 말씀에 의하여 확고해진다.

27) Grant R. Osborne, *Grace Unlimited* 가운데서 "히브리 서신에 나타난 구원," Clark H. Pinnock, 편집, p. 149.

제13장 참 신자들의 견인 ○ *413* ○

(b) 기록자는 그의 독자들을 "그의 이름으로 나타낸 사랑으로 이미 성도를 섬긴 것과 이제도 섬기고"(10절) 있는 사람으로 묘사한다. 동시에 이런 사랑의 행위가 신앙을 버린 배교자에게 향한 것이라고 언급하지 않는다. (c) 기록자는 비록 독자들의 견인이 그들 자신의 근면에 달려있기도 하지만(11~12절) 근본적으로 하나님의 의로움과 그의 변치 아니하시는 본성에서 나온 목적 때문에(10절) 그의 독자들이 신앙 안에서 인내할 것이라고 말한다. 사실 19절에서 영혼의 닻과 같은 소망에 관한 모든 묘사는 강하게 참 신자의 완전을 강조한다. 그런데 손으로 붙들 수 없는 닻이 무슨 가치가 있겠는가?

오웬의 주석에 추가하여 나는 이 장의 앞 부분에서 고찰한 바 있는 히브리서 7:25에 대해서 설명하고자 한다. "그러므로 자기를 힘입어 하나님께 나아가는 자들을 온전히 구원하실 수 있으니 이는 그가 항상 살아서 저희를 위하여 간구하심이니라." 여기에 기록된 "저희"는 이 서신 다음 장에서 "참 그리스도인"으로 묘사되었다. 항상 살아계시는 대제사장은 히브리서 기자가 단언한 참 그리스도인들을 위하여, 또 이들을 온전히 그리고 영원히 구원하시려고 하는 목적에 따른 방편으로 항상 중재하신다. 이 말씀을 기록한 기자는 6:4~6에 묘사된 사람들이 참된 그리스도인, 즉 진실로 "그리스도를 통하여 하나님께 나아가는 자들"이라고 상상했으며, 또 그리스도는 이들을 위해서 계속 기도하신다고 생각했겠는가?

그러나 이 구절의 실제적인 난관은 우선 이 사람들을 묘사하기 위해서 4~5절에서 사용한 다양한 문구들의 의미에 관한 것이다. 참 신자도 멸망할 수 있다고 가르치는 사람들은 이 구절들을 참 신앙의 열매를 묘사하는 것으로 해석한다. 그러나 우리가 이미 살펴본 바와 같이 문맥에 비추어 볼 때 이런 주장은 바른 해석이 될 수 없다.

F. F. 브루스는 2세기 당시에 가끔 세례는 "조명"으로 불리워졌기 때문에 "한번 비췸을 얻고"라는 말은 세례에 관한 언급이라고 주장한다. 비록 우리가 이런 해석을 수용하지 않을지라도 이 구절에서

언급한 사람들은 명백하게 복음서에 의해서 비춰임을 받았기 때문에 우리는 여기서 특별한 곤란을 느끼지 않는다.

"하늘의 은사를 맛보고." 브루스는 이 구절을 주님의 만찬을 의미하는 것으로 본다. 이것은 가능한 해석이다. 역시 이 단어들은 기독교를 존속시키기 위한 영적 축복에 관한 언급일 것이다.[28] 이 사람들은 여러 해 동안 그들 스스로 하나님의 백성들과 같이 교제했기 때문에 이러한 축복들을 맛보았다.

"성령에 참여한 바 되고." 나는 이 단어들에 대한 단서는 10:29에서 발견할 수 있다고 믿는다.[29] 여기서 우리는 자기가 받은 영적인 축복을 모독하며 또 가볍게 여기고 "은혜의 성령을 욕되게 하는 자"에 대한 기록을 본다. 만약 그렇다면 그는 성령과 어떤 접촉을 가졌어야 한다. 그러므로 "성령에 참여한 바 되고"라는 구절은 이 사람들이 성령의 어떤 역사를 경험했지만 그럼에도 불구하고 거절했다는 의미로 해석될 수 있다. 우리는 이 말씀과 관련하여 마태복음 12:31~32에 묘사된 성령을 훼방하는 죄에 대하여 생각해야 한다.

"하나님의 선한 말씀을…맛보고"(5절). 이 사람들은 하나님의 말씀을 들었으며 또 말씀의 선함을 맛보았으나 말씀을 온전히 수납하지 아니했다.

"내세의(또는 오는 시대, age to come) 능력을 맛보고." 여기서 우리는 "오는 시대"에 이미 존재했음을 지시하는 어떤 기적적인 징조(miraculous signs)에 대해서 생각할 수 있다. 3:3~4에서 우리는 주님에게서 직접 들은 사람들에 의해서 복음의 소식이 확증되었음을 본다. "하나님도 표적들과 기사들과 여러가지 능력과 및 자기 뜻을 따라 성령의 나눠 주신 것으로써 저희와 함께 증거하셨느니라." 여기 "능력"(*dynameis*, 두나미스)으로 번역된 단어는 6:5에서 "능력"

---

28) F. F. Bruce, *The Epistle to the Hebrews*(NICNT; Grand Rapids: Eerdmans, 1964), p. 120.
29) Ibid., pp. 120-121.

(power)으로 번역된 단어와 동일하다. 6장에 묘사된 사람들은 이러한 기적들과 능력들을 맛보았다. 그들은 당시에 일어난 놀라운 기적들을 친히 목격하였지만 타락하였다. 우리는 기적을 목격하였을 뿐만 아니라 심지어 기적을 행한 사람들에게 하신 예수님의 말씀을 생각해야 한다. "내가 너희를 도무지 알지 못하니 불법을 행하는 자들아 내게서 떠나가라"(마 7:22~23).

또다른 중요한 어려움은 "타락한 자들은 다시 새롭게 하여 회개케 할 수 없나니…"에 대한 의미에 관한 것이다. "다시 새롭게 하여 회개케"의 헬라어 원문은 파린 아나카이니제인 에이스 메타노이안(palin anakainizein eis metanoian)이다. 이 구절을 먼저 보면 여기 이 사람들은 한 때 회개했지만 지금은 참 회개를 상실했으며 다시 새롭게 될 수 없음을 표현하는 것같이 보인다. 만약 이런 해석이 정당하다면 참으로 참 성도의 견인교리는 반격을 받을 것이다.

그러나 성경에서 참 회개는 생명 얻는 것(행 11:8), 죄의 용서를 위함(막 1:4), 그리고 구원에 이르게 하는(고후 7:10) 것으로 표현되었다. 그러므로 신약의 우세한 증거에 동의함으로 다시(again)라는 단어는 이 백성들이 한 번 보여준 회개(repentance)를 의미하기 때문에 참된 회개가 될 수 없다. 이런 회개는 누가복음 8:13에 묘사된 일시적인 신앙과 비교될 수 있는 단지 회개의 외적인 고백임에 틀림없다.

히브리서 기자가 말하려고 했던 것이 무엇인지 다시 생각해 보자. 히브리서 기자는 좋은 행실을 회개하고, 하나님께 대한 신앙의 기초를 다시 닦지 말라고 말한다(6:1). 우리들은 히브리서 기자가 언급하는 회개와 신앙을 단번에 소유하였다. 그리고 이제 다시 기초를 닦을 필요가 없다. 여러분의 경우(신자라고 가정되는 이 서신의 수신자들)에 있어서도 기초를 다시 닦을 필요가 없다. 그러나 한번 비침을 얻고 타락한 사람들의 경우에 있어서는 다시 기초를 닦는 것이 전적으로 소용없다. 왜냐하면 회개할 수 있도록 다시 그들을 새롭게 하는 것이 불가능하기 때문이다. 그들의 영적 지도자인 우리들은 우리가 생각하는 신앙고백과 회개가 무엇임을 그들에게 보여주어야 한다. 그러나 지금 그들의 고백이 거짓으로 드러났다. 그들은 지금 외적 회개의 고백이 가능한 지점을 지나가 버렸다.

우리는 히브리서 10:26~29에서 약간 비슷한 구절을 발견한다. 우선 두 절을 읽어보자. "우리가 진리를 아는 지식을 받은 후에 짐짓 죄를 범한즉 다시 속죄하는 제사가 없고 오직 무서운 마음으로 심판을 기다리는 것과 대적하는 자를 소멸할 맹렬한 불만 있으리라." 여기서 명백하게 묘사하고 있는 사람들은 기독교인 신앙에 정통해 있지만 기독교인 진리에 대한 외적인 신봉에는 얼굴을 돌렸다. 고로 그들에게는 사죄의 가능성이 없다. 단지 "심판의 맹렬한 불"만 있을 따름이다. 대부분의 주석가들은 이들 단어들을 소위 "용서받지 못할 죄"의 묘사로 이해한다.[30] 그러나 참 신자가 이런 죄를 범할 수 있는가? 또는 달리 말해서 참 신자가 "살아계신 하나님에게서 떨어질" 수 있는가?(히 3:12). 히브리서 7:25에 입각해서 우리는 '아니오'라고 대답한다.

마지막으로 우리는 베드로후서 몇 구절을 관찰해 보자:

만일 저희가 우리 주 되신 구주 예수 그리스도를 앎으로 세상의 더러움을 피한 후에 다시 그 중에 얽매이고 지면 그 나중 형편이 처음보다 더 심하리니 의의 도를 안 후에 받은 거룩한 명령을 저버리는 것보다 알지 못하는 것이 도리어 저희에게 나으니라(벧후 2:20~21).

여기서 우리는 다시 그리스도에 대한 어떤 지식을 소유했고 의의 도를 알고 있는 사람들을 보고 있다. 그러나 그들은 다시 세상의 향

---

30) 용서받지 못할 죄에 대해서는 G. C. Berkouwer가 지은 *Sin* 가운데서 "The Sin Against the Holy Spirit"를 참고하라. 이 책은 Philip C. Holtrop가 번역했음(Grand Rapids: Eerdmans, 1971), pp. 323-53.

락 속으로 빠지게 되고 지금 하나님의 율법에 대하여는 등을 돌리었다. 즉 베드로가 말한 대로 그들은 처음 시작할 때보다 지금이 더욱 악화된 상태에 있다. 이들은 더이상 참 신자가 아닌가? 그리스도에 대한 이들의 지식이 진실된 것이었으며 또 구원하는 지식이었는가? 본문에는 그들이 언젠가 참 신자였다고 하는 지시가 없다. 게다가 또 베드로는 이 서신서 앞에서 참 신자들을 설명하고 있다. 즉 참 신자는 믿음에 덕을, 덕에 지식을, 지식에 절제를, 절제에 인내를, 인내에 경건을, 경건에 형제 우애와 사랑을 더하고, 더욱 힘써 부르심과 택하심을 굳게 하는 사람이다. "너희가 이것을 행한즉 언제든지 실족지 아니하리라"(벧후 1:5~11). 우리가 고찰한 바와 같이 베드로전서에서 역시 베드로는 참 신자가 쇠하지 아니하는 기업을 가지고 있을 뿐만 아니라 말세에 나타나기로 예비하신 구원을 얻기 위하여 믿음으로 말미암아 하나님의 능력으로 보호하심을 입었다고 말한다(벧전 1:3~5). 앞에 언급한 베드로후서의 말씀과 전서에 묘사된 말씀은 서로 분명하게 조화되지 않는가?

4. 견인에 관한 돌트 신조

참 신자의 견인교리를 설명하는 개신교 신조에 있어서 돌트 신조(1618~19)보다 더 훌륭하고 완전한 진술은 없을 것이다. 중요한 50가지 교리의 요점을 보여주는 이들 진술들은 명백하고 짜임새가 있을 뿐만 아니라 안위와 목회적 측면에서 도움을 주고 있다.

50개 조항 가운데 처음 두 조항은 연약하기 때문에 매일 범죄하는 신자의 성향에 대해서 설명한다. 다음 제 3조는 만일 신자 자신의 능력에 방임해 둔다면 그 사람은 하나님의 은혜 속에 더이상 머물러 있을 수 없음을 진술한다. 그리고 계속해서 "그러나 신실하시고 자비하신 하나님은 단번에 그들에게 주신 은혜 가운데 그들을 강하게 하시며 설정하신 목표에 이르기까지 성도들을 강력하게 보존하신다"

고 진술한다.[31]

계속해서 제 4조는 만일 참 신자가 깨어있거나 기도하지 않는다면 진실로 심각한 죄 속에 빠질 수 있음을 지시한다. 그러나 제 6조는 다음과 같이 확정한다:

> 사랑이 풍성하신 하나님은 그의 변함없는 선택의 목적에 따라서 비록 택자들이 통탄하게 타락할지라도 전적으로 그들에게서 그의 성령을 거두시지 않으신다. 하나님은 성도들이 양자의 은총과 칭의의 신분을 상실하고, 사망에 이르는 죄(성령 훼방죄)를 범하고, 스스로 완전히 자포자기하여 영원한 멸망에 뛰어드는 정도에까지 타락하도록 버려 두지 않으신다.

돌트 신조 제 7조는 하나님께서 그의 말씀과 성령을 통해서 심각한 죄에 빠진 그의 백성들을 회개시켜 확실하고도 효과있게 새롭게 하신다는 사실을 강조한다. 그리고 아래에 서술된 제 8조는 하나님의 백성의 견인이 전적으로 하나님의 은혜에 달려있음을 논증한다:

> 그래서 견인은 그들 자신의 공로나 능력에 의해서가 아니라 참 신자가 믿음을 상실하지 않도록 역사하는 변함없는 하나님의 사랑과 전적으로 타락해서 멸망에 이르지 않도록 하는 하나님의 은혜에 의해서 완성된다. 신자 자신 편에서 생각할 때 이런 멸망은 쉽게 일어날 수 있을 뿐만 아니라 확실하게 발생한다. 그러나 하나님 편에서 볼 때 변함이 없는 그의 계획과 폐기될 수 없는 그의 계약 때문에 그의 목적에 따라서 되어진 소명은 취소될 수 없으며, 그리스도의 중보 기도는 물론 그의 공로 때문에 이런 멸망은 절대로 일어날 수 없다. 그리고 보존은 취소될 수 없으며 성령의 인치심은 무효로 되거나 소멸될 수 없다.

---

31) 돌트 신조에서의 인용은 1986년의 본문에서 하였다.

성도의 견인에 대해서 이보다 더 훌륭하고 잘 짜여진 진술은 없을 것이다. 또다시 참 신자의 견인은 신자가 자신의 공로나 능력에 기인하는 것이 아니라 분수에 넘치는 하나님의 사랑에 기인한다는 사상이 반복된다. 재차 이 교리의 실제적인 핵심 내용과 감동이 우리에게 충분히 전달된다. 하나님은 그의 언약에 대하여 변함없이 성실하시다. 우리는 우리 자신이 연약하고 변덕스러운 죄인임을 자각한다. 이럴 때마다 우리는 참 백성에 대한 하나님의 견인을 믿는다고 고백해야 한다.

그러나 돌트 신조는 "한번 구원받으면 어떻게 살든지 관계없이 항상 구원받는다"는 생각을 반대하며, 이 교의에 대한 이같은 잘못된 이해를 지지하지 않는다. 12조와 13조는 다음과 같은 사실을 분명히 확정한다. 즉 하나님에 의한 성도 견인의 보증은 생활의 부주의함이나 또는 도덕적인 방종을 야기시키기는커녕 실제로 경건을 위한 자극이 된다:

그러나 견인의 이런 보증은 참 신자로 하여금 자랑하도록 하고, 사악한 자기 확신에 빠지게 하기는커녕 오히려 순진한 존경, 참된 거룩, 모든 충동에 대한 자제, 열렬한 기도, 십자가를 지는 생활, 확실한 진리의 고백 그리고 하나님을 기쁘게 하는 참 겸손의 뿌리이다. 이런 은혜의 회상은 성경의 증거와 성도의 실제 경험에서 명백해진 것처럼 진지하고 계속적인 감사의 생활과 선행에 대한 자극을 공급한다. 견인에 대한 새로운 신뢰는 타락 후 그들의 생활 속에 있는 부도덕이나 거룩에 대한 무관심을 산출하지 않고 오히려 성도가 전진할 수 있도록 예비하신 주님의 방편들을 주의 깊게 관찰하여 보다 많은 관심을 유발시킨다.

5. 결론적으로 고찰

참 신자의 견인교리는 성경에서 가장 많은 위로의 교훈 중의 하나이다. 우리는 이 교리로부터 다음과 같은 사실을 배운다. 즉 하나님은 그의 능력으로 자기의 백성들이 자기에게서 떠나 타락하지 않도록 지키시며, 그리스도는 누가 자기의 손에서 자기의 양을 빼앗아 가도록 허락하지 않으시며, 그리고 성령은 구속의 날까지 그들에게 인치셨다. 하늘에 계신 우리 아버지는 그의 손으로 우리를 붙들어 주심으로 우리를 안전하게 지키신다: 이것은 우리의 삶과 죽음에 있어서 궁극적인 위안이다. 우리는 최종적으로 우리가 하나님을 붙드는 데 의존하지 않고 하나님께서 우리를 붙들어 주심에 의존한다.

그러나 역시 견인교리는 우리에게 신앙 안에서 인내하라고 격려한다. 즉 이것이 우리의 책임이다. 우리는 단지 하나님의 능력을 통하여 그리고 그의 은총에 의하여 인내할 수 있다. 단지 위안만 강조하고 책임을 간과하며 오직 안전만 주고 권고하지 않는 이전 방법으로 이 교리를 가르치는 것은 한쪽 측면만 가르치는 것이다. 성경은 이렇게 한쪽 측면으로 치우치는 가르침에 대해서 계속적으로 경고한다.

우리는 하나님께서 신자를 보존하신다고 계속 우리 귓전을 때리는 단언에도 불구하고 바울이 고린도전서 9:26~27에서 그 자신에 대해 말한 것을 기억해야 한다. "내가 달음질하기를 향방없는 것같이 아니하고 싸우기를 허공을 치는 것같이 아니하며 내가 내 몸을 쳐 복종하게 함은 내가 남에게 전파한 후에 자기가 도리어 버림이 될까 두려워함이로라." 오직 바울은 이와 같이 자기를 계속 연단시킴으로서 그리스도 안에 있는 그의 영적인 안전을 요구하는 것이 정당하다고 느낀다. 바울은 매일 깨어서 죄에 투쟁하지 않고 죄에 빠지면서 이런 축복을 요구하지 않았다. 하물며 우리는 더욱 어떻겠는가?

고린도후서 3:5에서 바울은 마치 우리에게 투시하는 눈을 고정시킨 것처럼 다음과 같이 말한다. "너희가 믿음이 있는가 너희 자신을 시험하고 너희 자신을 확증하라." 우리는 우리 자신이 믿음에 있는지 어떻게 알 수 있는가? 우리는 단지 이 믿음을 우리의 계속적인 신앙 생활, 우리의 인내, 끝까지 굳세게 인내함을 통해서 확신할 수 있다. 존 머레이는 다음과 같이 설명한다: "우리는 신앙 가운데 인내하고 끝까지 거룩함으로써 그리스도 안에 있는 우리의 안전을 확신해야 한다."[32]

그러므로 참 신자의 견인 교리는 위안과 책임을 포함한다. 그러나 책임은 하나님의 위안에 그 바람을 둔다. 우리는 단지 하나님께서 그렇게 해주시겠다고 하신 약속 때문에 끝까지 인내할 수 있다고 확신한다. 그래서 우리는 영원토록 하나님께서 우리를 버리지 않으실 것을 확신하므로 그 안에서 안식한다.

> 나는 친구를 발견했습니다. 오 그런 친구를,
> 나는 나를 사랑하는 그 분을 압니다;
> 그는 사랑의 끈으로 나를 당기어 줍니다.
> 그리고 이같이 그는 나를 그에게로 속박합니다.
>
> 더 한층 꼭 맞게 나의 마음 사방을 감싸줍니다.
> 이것은 절단할 수 없게 매여 있습니다;
> 왜냐하면 나는 그의 소유이고 그는 나의 소유이기 때문입니다.
> 영원히 영원히.[33]

---

32) John Murray, *Redemption*, p. 193.
33) 이미 언급한 자료에 더 추가하여 견인 교리에 관한 참고서는 다음과 같다. Loraine Boettner, *The Reformed Doctrine of Predestination* 가운데 "the Perseverance of the Saints"(Grand Rapids: Eerdmans, 1932), pp. 182-201; Robert Gromacki, *Is Salvation Forever*(Chicago: Moody Press, 1973); H. A. Ironside, *The Eternal Security of the Believer*(Neptune, NJ: Loizeaux, 1923); Edwin H. Palmer, *The Five Points of Calvinism* 중에서 "Perseverance of the Saints"(Grand Rapids: Baker, 1972), pp. 68-80; 그리고 Arthur Pink, *Eternal Security*(Grand Rapids: Baker, 1974).

Bibliography

Augustine. *On the Predestination of the Saints*. In *Nicene and Post-Nicene Fathers*, ed. Philip Schaff, First Series. Vol. 5. Grand Rapids: Eerdmans, 1956.
Adair, James R., and Ted Miller, eds. *We Found Our Way Out*. Grand Rapids: Baker, 1964.
Barth, Karl. *Church Dogmatics*, Vols. I/2; IV/2. Edinburgh: T. & T. Clark, 1956.
Barth, Markus. *Justification*. Trans. A. N. Woodruff III. Grand Rapids: Eerdmans, 1971.
Bavinck, Herman. *The Certainty of Faith*. Trans. Harry der Nederlanden. (1901) St. Catharines: Paideia Press, 1980.
_____. *Gereformeerde Dogmatiek* (abbr. *Dogmatiek*). 3rd ed. 4 vols. Kampen: Kok, 1918.
_____. *Our Reasonable Faith*. Trans. Henry Zylstra. (1909) Grand Rapids: Eerdmans, 1956.
_____. *Roeping en Wedergeboorte*. Kampen: Zalsman, 1903.
Baxter, J. Sidlow. *Divine Healing of the Body*. Grand Rapids: Zondervan, 1979.
_____. *A New Call to Holiness*. Grand Rapids: Zondervan, 1973.
_____. *Our High Calling*. Grand Rapids: Zondervan, 1967.
Belgic Confession (1561), new translation adopted by the 1985 Synod of the Christian Reformed Church. CRC Publications, 2850 Kalamazoo Ave., SE, Grand Rapids, MI.
Berkhof, Hendrikus. *Christian Faith*. Rev. ed. Trans. Sierd Woudstra. Grand Rapids: Eerdmans, 1986.
_____. *The Doctrine of the Holy Spirit*. Richmond, VA: John Knox, 1964.
Berkhof, Louis. *The Assurance of Faith*. Grand Rapids: Smitter, 1928.
_____. *Systematic Theology* (abbr. ST). (1938) Rev. and enl. ed. Grand Rapids: Eerdmans, 1941.
Berkouwer, G. C. *Conflict with Rome*. Trans. David H. Freeman. Grand Rapids: Baker, 1958.
_____. "Election and the Certainty of Salvation." In *Divine Election*. Trans. Hugo Bekker. Grand Rapids: Eerdmans, 1960.
_____. *Faith and Justification*. Trans. Lewis B. Smedes. Grand Rapids: Eerdmans, 1954.
_____. *Faith and Perseverance*. Trans. Robert D. Knudsen. Grand Rapids: Eerdmans, 1958.
_____. *Faith and Sanctification*. Trans. John Vriend. Grand Rapids: Eerdmans, 1952.

_____. *Man: The Image of God*. Trans. Dirk W. Jellema. Grand Rapids: Eerdmans, 1962.

_____. *The Return of Christ*. Trans. James Van Oosterom. Grand Rapids: Eerdmans, 1972.

_____. *Sin*. Trans. Philip C. Holtrop. Grand Rapids: Eerdmans, 1971.

_____. *The Work of Christ*. Trans. C. Lambregtse. Grand Rapids: Eerdmans, 1965.

Best, W. E. *Regeneration and Conversion*. Grand Rapids: Baker, 1975.

Bittlinger, Arnold. *Gifts and Ministries*. Trans. Clara K. Dyck. Grand Rapids: Eerdmans, 1973.

Boehl, Edward. *The Reformed Doctrine of Justification*. Trans. C. H. Riedesel. (1890) Grand Rapids: Eerdmans, 1946.

Boettner, Loraine. "The Perseverance of the Saints." In *The Reformed Doctrine of Predestination*. Grand Rapids: Eerdmans, 1932.

Bonar, Horatius. *God's Way of Holiness*. London: Nisbet, 1886.

Bonhoeffer, Dietrich. *Life Together*. Trans. John W. Doberstein. New York: Harper and Row, 1954.

Brakel, W. à. *Redelijke Godsdienst*. Ed. J. H. Donner. 3 vols. Leiden: D. Donner, 1893.

Bromiley, G. W. "Conversion," ISBE, 1:768-70.

Brown, Colin. *That You May Believe*. Grand Rapids: Eerdmans, 1986.

Bruner, Frederick D. *A Theology of the Holy Spirit*. Grand Rapids: Eerdmans, 1970.

Brunner, Emil. *The Christian Doctrine of the Church, Faith, and the Consummation*. Trans. D. Cairns. Philadelphia: Westminster, 1960.

Buchanan, James. *The Doctrine of Justification*. (1867) Grand Rapids: Baker, 1955.

Bultmann, Rudolf. "The Concept of Life in the New Testament," TDNT, 2:861-72.

Burkhardt, Helmut. *The Biblical Doctrine of Regeneration*. Trans. O. R. Johnston. Downers Grove: InterVarsity, 1978.

Calvin, John. "Antidote to the Canons of the Council of Trent." In *Tracts and Treatises in Defense of the Reformed Faith*. Trans. Henry Beveridge. Vol. 3. (1851) Grand Rapids: Eerdmans, 1958.

Calvin, John. *Commentaries on the Old Testament*. 30 vols. (1843-55) Grand Rapids: Eerdmans, 1948-50.

_____. *Institutes of the Christian Religion* (abbr. *Inst.*). Ed. John T. McNeill. Trans. Ford Lewis Battles. 2 vols. Philadelphia: Westminster, 1960.

_____. *New Testament Commentaries*. Ed. David W. Torrance and Thomas F. Torrance. 12 vols. Grand Rapids: Eerdmans, 1963-73.

Canons of Dort (1618-19), new translation adopted by the 1986 Synod of the Christian Reformed Church. CRC Publications, 2850 Kalamazoo Ave., SE, Grand Rapids, MI.

Chafer, Lewis Sperry. *Systematic Theology*. 8 vols. Dallas: Dallas Seminary Press, 1948.

Chamberlain, William D. *The Meaning of Repentance*. Philadelphia: Westminster, 1943.

Charnock, Stephen. *The Doctrine of Regeneration*. (1840) Grand Rapids: Baker, 1975.

The Church Teaches, Documents of the Church in English Translation. By John F. Clarkson et al. St. Louis: B. Herder, 1955.

Citron, Bernhard. *The New Birth*. Edinburgh: University Press, 1951.
Clarke, Adam. *The New Testament of Our Lord and Savior Jesus Christ*. 2 vols. New York: Mason and Lane, 1837.
Conn, Harvey M. "Theologies of Liberation." In *Tensions in Contemporary Theology*. Ed. S. N. Gundry and A. F. Johnson. Rev. ed. Chicago: Moody, 1979, pp. 327-434.
Cook, James. "The Concept of Adoption in the Theology of Paul." In James Cook, ed., *Saved by Hope*. Grand Rapids: Eerdmans, 1978.
Coppes, Leonard J. *Are Five Points Enough? The Ten Points of Calvinism*. Manassas, VA: Reformation Educational Foundation, 1980.
Crabtree, Arthur B. *The Restored Relationship. A Study in Justification and Reconciliation*. Valley Forge: Judson, 1963.
Dabney, Robert L. *Lectures in Systematic Theology*. (1878) Grand Rapids: Zondervan, 1972.
Dagg, John L. *Manual of Theology*. (1857) Harrisonburg, VA: Gano Books, 1982.
De Ferrari, T. M. "Baptism (Theology of)." In *The New Catholic Encyclopedia*. New York: McGraw Hill, 1967, 2:62-68.
Deissmann, G. Adolf. *Die Neutestamentliche Formel "In Christo Jesu."* Marburg: N. G. Elwert, 1892.
De Jong, Alexander C. *The Well-Meant Gospel Offer: The Views of H. Hoeksema and K. Schilder*. Franeker: T. Wever, 1954.
Dieter, Melvin E., et al. *Five Views on Sanctification*. Grand Rapids: Zondervan, 1987.
Dodd, C. H. *The Bible and the Greeks*. London: Hodder and Stoughton, 1935.
Dowey, Edward A., Jr. *The Knowledge of God in Calvin's Theology*. New York: Columbia University Press, 1952.
Dunn, James D. G. *Baptism in the Holy Spirit*. Naperville, IL: Allenson, 1970.
Ehrlich, Rudolph J. *Rome: Opponent or Partner?* London: Lutterworth, 1965.
England, R. G. *Justification Today: The Roman Catholic and Anglican Debate*. Oxford: Latimer House, 1979.
Erickson, Millard J. *Christian Theology*. 3 vols. Grand Rapids: Baker, 1983-85.
Evangelical Dictionary of Theology (abbr. EDT). Ed. Walter A. Elwell. Grand Rapids: Baker, 1984.
Flew, Robert N. *The Idea of Perfection in Christian Theology*. London: Oxford, 1934.
Gaffin, Richard B., Jr. *Perspectives on Pentecost*. Phillipsburg, NJ: Presbyterian and Reformed, 1979.
Girod, Gordon. *The Way of Salvation*. Grand Rapids: Baker, 1960.
Godwin, Johnnie C. *What It Means to be Born Again*. Nashville: Broadman Press, 1977.
Graafland, C. *De Zekerheid van het Geloof*. Wageningen: Veenman, 1961.
Green, Michael. *I Believe in the Holy Spirit*. Grand Rapids: Eerdmans, 1975.
Grider, J. Kenneth. *Entire Sanctification*. Kansas City: Beacon Hill, 1980.
Gromacki, Robert. *Is Salvation Forever?* Chicago: Moody, 1973.
Grounds, Vernon C. "The Postulate of Paradox," *Bulletin of the Evangelical Theological Society*, Vol. 7, No. 1 (Winter 1964), pp. 3-21.

Grudem, Wayne A. *The Gift of Prophecy in 1 Corinthians*. Washington, D.C.: University Press of America, 1983.
Gruss, Edmond C. *We Left Jehovah's Witnesses*. Philadelphia: Presbyterian and Reformed, 1974.
Hamilton, Neill Q. "The Holy Spirit and Eschatology in Paul," *Scottish Journal of Theology Occasional Papers No. 6*. Edinburgh: Oliver and Boyd, 1957.
Harrison, Everett F. "Life," ISBE, 3:129-34.
Heidelberg Catechism (1563), new translation adopted by the 1975 Synod of the Christian Reformed Church. CRC Publications, 2850 Kalamazoo Ave., SE, Grand Rapids, MI.
Hillis, Don W. *Tongues, Healing, and You*. Grand Rapids: Baker, 1969.
Hills, A. M. *Fundamental Christian Theology*. 2 vols. (1931) Salem, OH: Schmul, 1980.
Hodge, Archibald A. *Evangelical Theology*. (1890) Carlisle, PA: Banner of Truth, 1976.
Hodge, Caspar Wistar. "Imputation," ISBE, 2:812-15.
Hodge, Charles. *Systematic Theology*. 3 vols. (1871) Grand Rapids: Eerdmans, 1940.
Hoekema, Anthony A. *The Bible and the Future*. Grand Rapids: Eerdmans, 1979.
_____. *The Christian Looks at Himself*. Grand Rapids: Eerdmans, 1975.
_____. *Created in God's Image*. Grand Rapids: Eerdmans, 1986.
_____. *Holy Spirit Baptism*. Grand Rapids: Eerdmans, 1972.
_____. "Karl Barth's Doctrine of Sanctification." Inaugural Address. Grand Rapids: Calvin Theological Seminary, 1965.
_____. "Two Types of Preaching," *Reformed Journal*, Vol. 5, No. 5 (May 1955), pp. 5-7.
_____. *What About Tongue-Speaking?* Grand Rapids: Eerdmans, 1966.
Hoeksema, Herman. *The Protestant Reformed Church in America*. 2nd ed. Grand Rapids, 1947.
_____. *Reformed Dogmatics*. Grand Rapids: The Reformed Free Publishing Association, 1966.
_____. *"Whosoever Will."* Grand Rapids: Eerdmans, 1945.
Hoyt, Herman A. *Expository Messages on the New Birth*. Grand Rapids: Baker, 1961.
Hulme, William E. *The Dynamics of Sanctification*. Minneapolis: Augsburg, 1966.
International Standard Bible Encyclopedia (abbr. ISBE). Rev. ed. Ed. Geoffrey W. Bromiley. 4 vols. Grand Rapids: Eerdmans, 1979-88.
Ironside, H. A. *The Eternal Security of the Believer*. Neptune, NJ: Loizeaux, 1923.
Kasdorf, Hans. *Christian Conversion in Context*. Scottdale: Herald Press, 1980.
Kelsey, Morton T. *Healing and Christianity*. New York: Harper and Row, 1973.
Kerr, Hugh T., and John M. Mulder, eds., *Conversions*. Grand Rapids: Eerdmans, 1983.
Köberle, Adolf. *The Quest for Holiness*. New York: Harper, 1936.
Kuiper, Herman. *By Grace Alone: A Study in Soteriology*. Grand Rapids: Eerdmans, 1955.
Küng, Hans. *Justification: The Doctrine of Karl Barth and a Catholic Reflection*. Trans. Thomas Collins et al. New York: Thomas Nelson, 1964.

Kuyper, Abraham. *Calvinism*. Grand Rapids: Eerdmans, 1931.
_____. *Dictaten Dogmatiek*. 2nd ed. 5 vols. Kampen: Kok, 1910.
_____. *The Work of the Holy Spirit*. Trans. Henri De Vries. New York: Funk and Wagnalls, 1900.
Ladd, George E. "Eternal Life." In *A Theology of the New Testament*. Grand Rapids: Eerdmans, 1974, pp. 254-59.
Lane, Anthony N. S. "Calvin's Doctrine of Assurance," *Vox Evangelica*, Vol. 11 (1979), p. 32.
La Rondelle, Hans K. *Perfection and Perfectionism*. Kampen: Kok, 1971.
Law, William. *A Serious Call to a Devout and Holy Life*. Philadelphia: Westminster, 1948.
Lawrence, Roy. *Christian Healing Rediscovered*. Downers Grove: InterVarsity, 1980.
Lawson, J. Gilchrist. *Deeper Experiences of Famous Christians*. (1911) New York: Pyramid Books, 1970.
Lehman, Chester K. *The Holy Spirit and the Holy Life*. Scottdale, PA: Herald Press, 1959.
Lewis, C. S. *Mere Christianity*. New York: Macmillan, 1960.
Lindström, Harald. *Wesley and Sanctification*. London: Epworth Press, 1946.
Link, H. G. "Life." In *New International Dictionary of New Testament Theology*, ed. Colin Brown. Grand Rapids: Zondervan, 1976, 2:480-84.
Luther, Martin. *Lectures on Romans*. Vol. 15 of *The Library of Christian Classics*. Trans. and ed. Wilhelm Pauck. Philadelphia: Westminster, 1961.
Machen, J. Gresham. *What Is Faith?* Grand Rapids: Eerdmans, 1946.
MacNutt, Francis. *Healing*. Notre Dame: Ave Maria Press, 1974.
Marshall, I. Howard. *Kept by the Power of God*. Minneapolis: Bethany Fellowship, 1975.
Metz, Donald. *Studies in Biblical Holiness*. Kansas City: Beacon Hill, 1971.
Moberg, David O. *The Great Reversal*. New York: Lippincott, 1972.
_____. *Inasmuch*. Grand Rapids: Eerdmans, 1965.
Moody, Dale. *The Word of Truth*. Grand Rapids: Eerdmans, 1981.
Mouw, Richard J. *Called to Holy Worldliness*. Philadelphia: Fortress, 1980.
Morris, Leon. *The Apostolic Preaching of the Cross*. Grand Rapids: Eerdmans, 1956.
_____. *The Cross in the New Testament*. Grand Rapids: Eerdmans, 1965.
_____. "Propitiation," EDT, p. 888.
Moulton, J. H., and G. Milligan. *The Vocabulary of the Greek Testament Illustrated from the Papyri* (abbr. VGT). Grand Rapids: Eerdmans, 1957.
Murray, John. "Assurance of Faith." In *Collected Writings of John Murray*. Carlisle, PA: Banner of Truth, 1977, 2:264-74.
_____. "Definitive Sanctification" and "The Agency in Definitive Sanctification." In *Collected Writings of John Murray*. Carlisle, PA: Banner of Truth, 1977, 2:277-93.
_____. "Justification." In *Collected Writings of John Murray*. Carlisle, PA: Banner of Truth, 1977, 2:202-22.
_____. *Principles of Conduct*. Grand Rapids: Eerdmans, 1957.
_____. *Redemption—Accomplished and Applied*. Grand Rapids: Eerdmans, 1955.

_____. "Sanctification (The Law)." In *Basic Christian Doctrines*, ed. Carl F. H. Henry. New York: Holt, Rinehart and Winston, 1962, pp. 227-33.
Murray, John, and N. Stonehouse. *The Free Offer of the Gospel*. Phillipsburg, NJ: Lewis J. Grotenhuis, 1948.
Neill, Stephen. *Christian Holiness*. London: Lutterworth, 1960.
Nettles, Thomas J. *By His Grace and For His Glory*. Grand Rapids: Baker, 1986.
Nicole, Roger. "C. H. Dodd and the Doctrine of Propitiation," *Westminster Theological Journal*, Vol. 17, No. 2, pp. 117-57.
Osborne, Grant R. "Exegetical Notes on Calvinist Texts." In *Grace Unlimited*, ed. Clark H. Pinnock. Minneapolis: Bethany Fellowship, 1975.
_____. "Soteriology in the Epistle to the Hebrews." In *Grace Unlimited*, ed. Clark H. Pinnock. Minneapolis: Bethany Fellowship, 1975.
Owen, John. *The Doctrine of the Saints' Perseverance Explained and Confirmed*. In *The Works of John Owen*, Vol. 11. Edinburgh: T. and T. Clark, 1862.
_____. *The Holy Spirit*. Grand Rapids: Sovereign Grace Publishers, 1971.
_____. *Justification by Faith*. Grand Rapids: Sovereign Grace Publishers, 1959.
Packer, James I. *Evangelism and the Sovereignty of God*. Chicago: InterVarsity, 1961.
_____. *Keep in Step with the Spirit*. Old Tappan, NJ: Revell, 1984.
_____. *Knowing God*. Downers Grove: InterVarsity, 1973.
_____. "Justification," EDT, pp. 593-97.
_____. "What Did the Cross Achieve? The Logic of Penal Substitution," *Tyndale Bulletin*, Vol. 25 (1974), pp. 3-45.
Packer, James I., et al. *Here We Stand: Justification by Faith Today*. London: Hodder and Stoughton, 1986.
Palmer, Edwin H. "Perseverance of the Saints." In *The Five Points of Calvinism*. Grand Rapids: Baker, 1972.
_____. *The Person and Ministry of the Holy Spirit*. Grand Rapids: Baker, 1974.
Pieper, Francis. *Christian Dogmatics*. 3 vols. St. Louis: Concordia, 1950-53.
Pink, Arthur W. *The Doctrine of Salvation*. Grand Rapids: Baker, 1975.
_____. *The Doctrine of Sanctification*. Grand Rapids: Baker, 1955.
_____. *Eternal Security*. Grand Rapids: Baker, 1974.
_____. *Regeneration or the New Birth*. Swengel, PA: Bible Truth Depot, n.d.
Plantinga, Cornelius, Jr. *A Place to Stand*. Grand Rapids: CRC Publications, 1979.
Pope, William B. *A Compendium of Christian Theology*. New York: Hunt and Eaton, 1889.
Prior, Kenneth F. W. *The Way of Holiness*. Chicago: InterVarsity Press, 1967.
Purkiser, W. T. *Exploring Christian Holiness*. Vol. 1. Kansas City: Beacon Hill, 1983.
_____. *Sanctification and its Synonyms*. Kansas City: Beacon Hill, 1963.
Rahner, Karl. "Justified and Sinner at the Same Time." In *Theological Investigations*. Trans. K. and B. Kruger. Baltimore: Helicon Press, 1969, 6:218-30.
Rahner, Karl, and Herbert Vorgrimler. *Dictionary of Theology*. 2nd ed. New York: Crossroad, 1981.
Rees, Thomas, "Adoption; Sonship," ISBE, 1:53-55.
Reisinger, Ernest C. *What Should We Think of "The Carnal Christian"?* Carlisle, PA: Banner of Truth, n.d.

Ridderbos, Herman. *Paul: An Outline of His Theology.* Trans. John R. De Witt. Grand Rapids: Eerdmans, 1975.
Routley, Eric. *The Gift of Conversion.* London: Lutterworth, 1957.
Ryle, John C. *Holiness.* London: James Clarke, 1956.
Schaff, Philip. *The Creeds of Christendom.* 3 vols. New York: Harper, 1877.
Schilder, Klaas. *Heidelbergsche Catechismus.* Vol. 2. Goes: Oosterbaan and Le-Cointre, 1949.
Schnell, William J. *Thirty Years a Watchtower Slave.* Grand Rapids: Baker, 1956.
Scofield, C. I., ed. *The New Scofield Reference Bible.* New York: Oxford University Press, 1967.
Shank, Robert. *Life in the Son.* Springfield, MO: Westcott, 1960.
Shedd, William G. T. *Dogmatic Theology.* 3 vols. (1889-94) Grand Rapids: Zondervan, n.d.
Smedes, Lewis B. *All Things Made New.* Grand Rapids: Eerdmans, 1970.
_____. *Union With Christ.* Grand Rapids: Eerdmans, 1983.
Smilde, E. *Een Eeuw van Strijd over Verbond en Doop.* Kampen: Kok, 1946.
Steele, David N., and Curtis C. Thomas. *The Five Points of Calvinism Defined, Defended, Documented.* Philadelphia: Presbyterian and Reformed, 1965.
Stewart, James S. *A Man in Christ.* New York: Harper, [1935].
Stott, John R. W. *Baptism and Fullness.* Downers Grove: InterVarsity, 1976.
_____. *The Cross of Christ.* Downers Grove: InterVarsity, 1986.
_____. *Men Made New.* Downers Grove: InterVarsity, 1966.
Strong, Augustus H. *Systematic Theology.* 3 vols. Philadelphia: Griffith and Rowland, 1907-1909.
Swete, Henry B. *The Holy Spirit in the New Testament.* (1909) Grand Rapids: Baker, 1964.
Taylor, Richard. *Exploring Christian Holiness.* Vol. 3. Kansas City: Beacon Hill, 1985.
Theological Dictionary of the New Testament (abbr. TDNT). Ed. G. Kittel and G. Friedrich. Trans. G. W. Bromiley. 10 vols. Grand Rapids: Eerdmans, 1964-76.
Thiessen, Henry C. *Lectures in Systematic Theology.* Rev. by Vernon D. Doerksen. (1949) Grand Rapids: Eerdmans, 1979.
Toon, Peter. *Born Again.* Grand Rapids: Baker, 1987.
_____. *The Emergence of Hyper-Calvinism in English Nonconformity, 1689-1765.* London: The Olive Tree, 1967.
_____. *Justification and Sanctification.* Westchester: Good News, 1983.
"U.S. Lutheran–Roman Catholic Dialogue on Justification by Faith," *Origins, N.C. Documentary Service,* Vol. 13, No. 17 (October 6, 1983), pp. 279-304.
Vos, Johannes G. *The Separated Life: A Study of Basic Principles.* Philadelphia: Great Commission Publications, n.d.
Wagner, C. Peter. *What Are We Missing?* Carol Stream: Creation House, 1978.
Warfield, Benjamin B. "Faith." In *Biblical and Theological Studies.* Ed. Samuel C. Craig. Philadelphia: Presbyterian and Reformed, 1952, pp. 404-44.
_____. *Miracles Yesterday and Today* (earlier title, *Counterfeit Miracles*). (1918) Grand Rapids: Eerdmans, 1953.

_____. *Perfectionism.* Vol. 2. New York: Oxford University Press, 1932.
_____. *Perfectionism,* ed. Samuel C. Craig. Philadelphia: Presbyterian and Reformed, 1958.
_____. *The Plan of Salvation.* Grand Rapids: Eerdmans, 1984.
Watson, Richard. *Theological Institutes.* 2 vols. New York: Carlton and Porter, 1857.
Webb, R. A. *The Reformed Doctrine of Adoption.* Grand Rapids: Eerdmans, 1947.
Weisinger, Gary N., III. *The Reformed Doctrine of Sanctification.* No. 9 in "Fundamentals of the Faith," published by *Christianity Today,* Washington, D.C., n.d.
Wesley, John. "Brief Thoughts on Christian Perfection." In *The Works of John Wesley.* 3rd ed. (1872) Peabody, MA: Hendrickson, 1984, 11:446.
_____. "A Plain Account of Christian Perfection." In *The Works of John Wesley.* 3rd ed. (1872) Peabody, MA: Hendrickson, 1984, 11:366-446.
Wiley, H. Orton. *Christian Theology.* 3 vols. Kansas City: Beacon Hill, 1958.
Wilkinson, John. "Healing in the Epistle of James," *Scottish Journal of Theology,* Vol. 24, No. 3 (August 1971), pp. 338-40.
Wimber, John. *Power Evangelism.* San Francisco: Harper and Row, 1986.
Wolters, Albert M. *Creation Regained.* Grand Rapids: Eerdmans, 1985.
Wood, Laurence W. *Pentecostal Grace.* Wilmore, KY: Francis Asbury, 1980.
Wynkoop, Mildred B. *A Theology of Love: The Dynamics of Wesleyanism.* Kansas City: Beacon Hill, 1972.
Zodhiates, Spiros. *The Patience of Hope.* Grand Rapids: Eerdmans, 1960.

주제별 색인

개혁:
  구원의 순서 25
  구원론의 다른 국면들 사이의 관계 27
  원인적인 우선 순위 28

거룩함:
  택정함 95
  성경적 의미 317

구원:
  단일의 과정 28
  과정에 대한 의미 31
  확신 52

구원론:
  주장 11
  개혁주의 강조 13
  역설 14
  하나님의 구원 14
  2단계 혹은 3단계 18
  펠라기우스적인 19

반펠라기우스적인 19
구원론과 신학의 다른 분야들 사이에 놓여진 상관관계 18

구원의 명령:
  머레이의 경우 23
  벌코프의 입장 24
  벌카우어의 입장 24
  어려움 25
  함축성 31

구원의 확신:
  성령의 역할 52
  로마 카톨릭 241
  칼빈의 견해 243
  성경적 가르침 245
  하이델베르그 교리 문답 247

그리스도와 연합함:
  우리가 그리스도 안에 있

○ 432 ○ 개혁주의 구원론

으며 그리스도께서 우리
안에 계신다는 것 93
하나님이 택정하심 94
뿌리를 둠 94
믿음을 통해서 101
견인 106
영화 108

그리스도의 순종:
  적극적 297
  수동적 297

돌이킴:
  제 2의 47
  성령의 은사 51
  일시적 191
  정의 191
  민족적 191
  언약의 자녀들 196
  형태들 191~199
  다양한 변형들 194~199
  하나님과 사람의 일
  188~190

믿음:
  성령의 은사 51
  스콜라주의의 견해
  228~229
  중요성 219~220

행위없는 죽음 225
성경적 묘사 222~226
측면 232~236
신비 혹은 역설 236
칼빈의 견해 230~231
하나님의 선물 238
구원의 확신 240~248
로마 카톨릭의 견해
240~241

복음의 초청:
  모든 것을 포함한 114
  정의 115
  초대와 명령 116
  진지한 의도 120~128
  성경적 가르침 122~128
  칼빈의 견해 124
  돌트 신경 129~131
  합리주의 견해 131~133
  선교를 위한 함축 133
  내적 소명 136

사도의 표 58

생명:
  영원 308
  육체 309

성령:

세례 33
은사들 55
기적적인 56
비기적적인 56
열매 75
충만 84

성령의 은사들 55, 56

성화:
성령의 사역 52
모형 197
죄의 오염 316
거룩 317
그리스도와 함께 연합한
가운데 318
방편으로서의 신앙 322
하나님과 그의 백성 327
즉각적인 333
온전한 356
지위 338
점진적인 339
사회성 377
완전주의 353
옛사람이면서 새사람 343
율법 374
목적 382
정의 387

세례의 중생 179

세속적인 그리스도인
36~40, 137

신의:
그의 백성을 구속하심 97
성경의 가르침 157~159
전적으로 철저함 158

저항할 수 없는 하나님의
은혜 173~175

종말론:
시작된 20
미래적 21
측면 232~236

중생:
벨직 고백서 156
성경의 가르침 159~169
다시 태어나다 164
정의 157, 168
말씀 182
성령의 사역 162
세 가지 의무 156
회개 200
전생애 215
하나님과 사람의 일 213

○ *434* ○ 개혁주의 구원론

진정한 신자의 인내:
  돌이킴 이후의 경험 47
  그리스도와의 결합 106
  돌트 신경 417
  정의 386
  반대 403
  성경적 증거 389
  결론적으로 고찰 419
  용서받지 못할 죄 416

치료:
  새로운 강조 62
  기도의 응답 64

칭의:
  성령의 사역 53

하나님의 구원론:
  성화 333
  견인 419

하나님의 힘:
  초자연적인 71

효력있는 부르심: 134~135
  성경적 기반 136~145
  칼빈 147
  정의 145
  목표 145~146
  반대 150~152
  웨스트민스터 고백 148

인명 색인

Anselm, 112
Arius, 19
Arminius, Jacob 130
Arndt, William, and
 Gingrich, F. Wil-bur
 207, 226, 238
Athanasius, 19
Augustine, 134, 146

Barth, Karl, 271, 272
Barth, Markus, 314
Bavinck, Herman, 26, 29,
 96, 116, 147, 149, 162,
 174, 175, 187, 194, 197,
 198, 233, 248, 299, 322,
 333, 345
Baxter, J. Sidlow, 56, 63,
 339, 354, 360
Berkhof, Hendrikus, 285
Berkhof, Louis, 22, 26, 29,
 93, 116, 148, 159, 175,
 244, 248, 287, 313,
332, 345, 401
Berkouwer, G. C., 25,
 96, 178, 242, 248, 290,
 314, 324, 327, 377, 402,
 407, 416
Best, W. E., 185, 199
Bittlinger, Arnold, 55
Blass, F., and Debrunner,
 A., 143
Boehl, Edward, 314
Boettner, Loraine, 421
Bonhoeffer, Dietrich, 320
Brakel, W. à, 293
Bromiley, G. W., 196
Brown, Colin 60, 70
Browning, Robert, 371
Bruce, F. F., 236, 370,
 413
Brunner, Emil, 233
Buchanan, James, 251, 265,
 297
Bultmann, Rudolf, 310

Bunyan, John, 236
Burkhardt, Helmut, 185

Calvin, John, 16, 91, 95, 124, 127, 133, 146, 156, 203, 213, 216, 230, 231, 233, 244, 250, 265, 291, 303, 345
Carpov, Jacob, 22
Chafer, Lewis S., 338
Chamberlain, William D., 201, 206, 208
Charnock, Stephen, 185
Chesterton, G. K., 17
Citron, Bernhard, 199
Clark, Carl A., 70
Clarke, Adam, 144
Clarkson John F., 266
Conn, Harvey M., 382
Cook, James, 308
Craig, Samuel C., 362

Dabney, Robert L., 147
Dagg. John L., 405
Davids, P. H., 308
De Bres, Guido, 279
De Ferrari, D. M., 179
Deissmann, G. Adolf, 109
De Jong, A. C., 121
Denzinger, 179, 241

Dieter, Melvin E., 315, 338, 354, 355, 356
Dodd, C. H., 258
Dowey, Edward a., Jr., 15

Ehrlich, Rudolph J., 274
England, R. G., 276

Fitzer, G., 397
Flew, Robert N., 384
Frederick the Third, 278

Gaffin, Richard B., 61
Gill, John, 131
Godwin, Johnnie C., 185
Girod, Gordon, 345
Graafland, C., 248
Grider, Kenneth, 354, 357, 360
Gromacki, Robert, 421
Grounds, Vernon C., 17
Grudem, Wayne A., 61

Hendriksen, William, 345
Henry, Carl F. H., 340
Hillis, Don W., 60
Hills, A. M. 170, 299, 300
Hodge, A. A., , 298

인명 색인 ○ *437* ○

Hodge, Charles W., 11, 147, 177, 287, 296, 333, 345
Hoekema, Anthony A., 13, 61, 125, 135, 159, 293, 316, 320, 324, 351, 353, 402
Hoeksema, Herman, 120, 130, 148, 153
Horton, Stanley M. 315
Hoyt, Herman A., 185
Hughes, Philip E., 128
Hulme, William E., 384
Hussey, Joseph, 131

Ironside, H. A., 421

Kasdorf, Hans, 199
Kelsey, Norton T., 63
Kerr, Hugh T., and Mulder, John M., 186, 195
Köberle, Adolf, 384
Köster, Helmut, 226
Küng, Hans, 272, 274
Kuyper, Abraham, 147, 168, 180, 189, 381

Ladd, G. E., 310
La Rondelle, Hans K, 384

Lawrence, Roy, 63, 67, 47
Lawson, James Gilchrist, 46
Lehman, Chester K., 333
Lenski, R. C. H., 66
Lewis, C. S., 155, 174, 189, 236
Lightner, Robert P., 339
Lindström, Harald, 384
Link, H. G., 310
Luther, Martin, 215, 249, 263, 278, 286, 302

Machen, J. Gresham, 240, 248
MacNutt, Francis, 63
Marsden, George M., 353
Marshall, I. Howard, 389, 395
Maslow, Abraham, 46
McKenzie, Ross, 345
McQuilkin, J. Robertson, 37, 315
Menninger, karl, 251
Metz, Donald, 354, 355, 362
Moberg, David O., 381
Moody, Dale, 393
Morris, Leon, 163, 259, 283, 287

Moulton, J. H., and Milligan, G., 53, 102, 331, 400
Mouw, Richard, 381
Murray, John, 23, 26, 91, 128, 146, 147, 162, 203, 244, 248, 250, 268, 308, 311, 313, 332, 333, 345, 346, 349, 350, 388, 395, 409

Neill, Stephen, 364, 371
Nicole, Roger, 259

Olevianus, Caspar, 278
Osborne, Grant R., 412
Owen, John, 314

Packer, James I., 16, 250, 265, 277, 283, 287, 308, 311, 314
Palmer, Edwin H., 173, 421
Pascal, Blaise, 47
Pelagius, 134
Phillips, J. B., 79
Pieper, Francis, 179
Pierard, R. V., 207
Pink, Arthur W., 185, 384, 421
Pinnock, Clark H., 393, 412
Plantinga, Cornelius, Jr., 175, 189
Pope, William B., 144
Prior, kenneth F. W., 384
Purkiser, W. T., 384

Ranner, Karl, and Vorgrimler, Herbert, 241, 276
Rees, T., 308
Reisinger, Ernest C., 39
Ridderbos, Herman, 50, 60, 239, 287, 352
Robertson, A. T., 143
Robinson, W. C., 283
Routley, Eric, 199
Ryle, J. C., 38, 331, 339, 351

Schaff, Philip, 148, 269
Schilder, Klaas, 120
Schrenk, Gottlob, 254
Schweizer, Eduard, 304
Scofield, C. I., 338
Shank, Robert, 404
Shedd, William G. T., 11, 147, 295
Smedes, Lewis B., 91, 96, 105, 111, 321

인명 색인 ○ *439* ○

Smilde, E., 168
Stafford, Tim, 71
Steele, David, and Thomas, Curtis, 173
Stewart, James S., 105, 107, 110, 111, 321
Stonehouse, Ned, 128
Stott, John R., 83, 87, 166, 274, 283, 287, 313
Strong, Augustus Hopkings, 147, 176

Tada, Joni Eareckson, 70
Tasker, R. V. G., 265
Tertullian, 112
Thiessen, Henry C., 339
Toon, Peter, 120, 163, 170, 384
Trench, R. C., 66

Ursinus, Zacharias, 278

Van Den Brink, J. N. Bakhuizen, 130
Vos, Johannes G., 318

Wagner, C. Peter, 62
Wallace, R. J., 310
Walvoord, J. F., 310, 315, 339
Warfield, Benjamin B., 61, 220, 362, 365
Watson, Richard, 140, 141, 299
Webb, R. A., 307
Weisinger, Gary N., III, 376
Wesley, John, 354, 355, 357, 363, 365
Wiley, H. Orton, 144, 170, 203, 300, 357
Wilkinson, John, 66, 74
Wimber, John, 63
Wollebius, Johannes, 71
Wolters, Albert M., 378
Wood, Laurence W., 384
Wuest, Kenneth S., 368, 390
Wynkoop, Mildred B., 384

Zodhiates, Spiros, 66

성구 색인

구약 성경

창세기
1:26~27 ·················· 324
3:15 ························ 222
6:6~7 ···················· 204
6:9 ·························· 358
12:3 ························ 254
15:6 ······ 221, 254, 255, 264,
            287, 312

출애굽기
20:2 ························ 373
32:12, 14 ················ 204

레위기
19:2 ························ 315
19:18 ······················ 379

신명기
25:1 ························ 252
30:6 ························ 159

32:36 ······················ 204

여호수아
24:14~27 ················ 191

사사기
2:18 ························ 204
21:6 ························ 204

사무엘상
13:14 ······················ 192

왕상
8:35 ························ 205
8:46 ························ 340

왕하
5:15 ························ 191
23:1~3 ···················· 191

역대하
7:14 ························ 205
29:10~36 ················ 191

33:12~13 ·········· 191

느헤미야
8:10 ················· 78
9:35 ················ 205

욥기
42:6 ······ 204, 358, 368

시편
1:2 ················ 373
13:5 ················ 221
15:1~2 ············ 318
19:7~8 ············ 373
19:12 ··············· 364
25:2 ················ 221
25:20 ··············· 221
31:1 ················ 221
32:1 ········· 280, 288
51:1 ················ 192
57:1 ················ 221
78:22 ··············· 221
82:3 ················ 379
84:12 ··············· 221
91:4 ················ 221
91:15 ················ 64
103:3 ················ 64
103:8~12 ·········· 255
119:35 ·············· 374
130:3 ··············· 367

143:2 ··············· 340

잠언
14:31 ··············· 380
16:20 ··············· 221
17:5 ················ 252
19:17 ··············· 379
20:9 ········· 340, 367
21:1 ················· 15
21:13 ··············· 380
29:7 ················ 379

이사야
3:15 ················ 380
6:5 ·········· 211, 368
7:9 ················· 221
26:3~4 ············· 221
38:2~5 ·············· 64
45:22 ········ 186, 189
53:6 ················ 255
53:11 ··············· 252
53:12 ··············· 285
55:7 ················ 189
61:8 ················ 380
64:6 ················ 340

예레미야
8:6 ················· 204
17:9 ················ 158
31:18~19 ····· 188, 204

31:33 ……………………… 160

예레미야 애가
5:21 ………………………… 188

에스겔
3:19 ………………………… 205
18:23 ……………………… 123
33:11 … 123, 127, 132, 189,
   205
36:25 ……………………… 162
36:26 ……………………… 160

다니엘
9:15~16 ………………… 368
12:3 ……………………… 252

호세아
14:1 ……………………… 205

요엘
2:12~13 ………………… 205

아모스
4:8 ………………………… 205
5:24 ……………………… 380
8:6 ………………………… 380

요나
3:1 ………………………… 191

미가
6:8 ………………… 318, 380
7:18~19 ………… 255, 368

하박국
1:3 ………………………… 282
2:4 ………………………… 221
3:2 ………………………… 289

말라기
3:7 ………………………… 205

신약 성경

마태복음
1:21 ………………………… 97
3:2 ………………………… 201
3:8 ………………………… 208
3:11 ………………………… 83
3:12 ……………………… 408
4:17 ……………… 201, 207
5:13 ……………………… 378
5:19 ……………………… 374
5:48 ……………………… 362
6:12 ……………………… 368
6:14 ……………………… 296
6:25 ……………………… 307
6:30 ……………………… 245
7:17 ……………………… 160
9:6 ………………………… 184

성구 색인 ○ *443* ○

9:35	63	12:31	379
10:1	63	16:1	65
10:22	388, 405		
10:37~39	212	누가복음	
11:28	116, 224	1:17	210
13:19	136	3:16	83
13:20	191	4:1	86
15:21~28	64	4:18	65
16:16	193	7:38	65
16:24	212	8:13	408
16:27	15	10:1~9	63
19:28	26	10:34	65
20:28	286	11:9~10	64
21:25	222	13:34	125
22:1~14	117, 149	14:16~24	117
22:39	374	14:17	118
23:37	125, 127, 132, 151	14:23	116
24:23	222	14:24	139
25:40	379	14:33	212
25:46	309	17:5	245
26:24	200	18:14	252
26:75	200	18:22	379
27:3	200	19:8~9	191
28:19~20	119, 214	22:22	15
		22:25	326
마가복음		22:31	193, 389
1:4	415	22:32	224, 389
1:15	224	23:42	234
9:24	245	24:45	232
11:24	64	24:46~47	202

요한복음
1:12~13 ······················· 160
3:2 ································ 161
3:3 ············ 35, 38, 138, 183
3:5 ··· 35, 38, 51, 138, 156
3:7 ································ 181
3:16 ······ 183, 222, 224, 308
3:21 ······························· 184
3:36 ················ 38, 222, 283
4:14 ························ 227, 391
4:46~53 ·························· 64
5:24 ························ 290, 391
6:29 ······························· 220
6:37 ························ 227, 392
6:39 ·························· 98, 392
6:44 ·············· 138, 147, 158
6:51 ························ 147, 227
6:56 ································· 93
6:63 ································· 50
6:64 ······························· 411
6:65 ························ 215, 237
8:31 ······························· 405
9:3 ································· 68
10:11 ······························· 97
10:26 ······························· 97
10:27~28 ······ 97, 308, 385, 393
11:2 ································ 65
11:25 ························ 290, 391
13:14~15 ······················ 325

14:6 ······························· 400
14:8~9 ···················· 126, 324
14:14 ······························· 66
14:17 ······························· 50
15:2 ······························· 408
15:4~5 ·············· 92, 93, 188, 228, 405
15:10 ······························ 374
15:12 ······························ 374
17:2~6 ···························· 411
17:3 ······························· 309
17:17 ······················· 327, 400
17:24 ·············· 95, 401, 411
20:31 ················ 220, 240, 308
21:15~17 ······················ 200

사도행전
1:5 ································· 82
2:23 ································ 15
2:28 ······························· 183
2:36 ································ 39
2:41 ······························· 191
4:8 ································· 85
4:27 ································ 65
5:20 ······························· 184
7:51 ······························· 174
8:35 ······························· 285
9:1~19 ··························· 195
10:38 ······························· 65
10:44 ······························ 191

11:15	51	3:22	340
11:16	82	3:23	268, 367
11:18	51, 208, 210, 214	3:24	253, 258, 290, 298
13:9	85	3:25	298
13:39	252	3:26	253, 290
13:46	151	3:28	221, 224, 239, 258, 262, 263, 279, 284, 310
13:48	236		
14:3	57	4:3	254
14:15	210	4:22	313
15:3	210	5:1	253, 310
15:19	209	5:2	294
16:13~14	191	5:3	70
16:30~31	183, 190	5:9	253
17:30	119	5:9~11	295
20:32	334	5:15	299
24:14	222	6:1	319
24:17	379	6:2	334, 370
26:17	202	6:4	184, 319, 335
26:18	195, 202, 209, 213	6:6	322, 334, 343
26:20	202	6:11	335
27:22, 31	406	6:14	322, 352
		6:23	271
로마서		7:7	366
1:6	249	7:18	158
1:15	235	8:1	284
1:17	249, 250	8:3	374
1:18	249, 258	8:4	90, 374
3:9	255	8:5	38
3:20	253	8:7~8	137, 158, 171
3:21	255	8:9	40, 50, 370

8:10	50
8:13	323, 340, 349
8:14	243, 306
8:15	306
8:16	52, 246
8:17	307
8:23	20, 290
8:28	140
8:29	26, 140, 324, 383, 394
8:30	25, 26, 140, 253, 294
8:33~34	253, 295
8:38	106
9:6	124, 408
9:21	15
9:33	222
10:9	190, 220, 222
10:13~14	150, 183, 232, 145
10:17	232, 240
11:22	289
12:1	330
12:2	216, 366
12:4~5	370
12:6~8	58, 60
13:8~10	375
13:10	77, 379
13:12	185
13:14	195
15:16	329
15:18~19	58
15:26	379

고린도전서

1:2	44, 329
1:4~5	44
1:8	396
1:9	142, 145, 396
1:12	43
1:22	138, 307
1:24	115
1:30	44, 103, 105, 291, 302
2:6	358
2:8	51
2:9	51
2:12	51, 149
2:14	35, 51, 158
3:1	35, 37, 41, 42, 84
3:2	36
3:3	43
3:6	215
3:16	50
3:21	42, 44
4:4	324
5:7	370
6:11	26, 45, 196, 334, 366

성구 색인 ○ 447 ○

6:19	41
8:1	234
9:20~21	375
9:26~27	351, 420
10:12	404
11:1	326
11:30	68
12:3	51
12:9~10	56
12:13	50, 82, 84
12:28	56
12:31	76
13:1	55
13:4	79
15:22	92, 108
15:49	383
16:13	405

고린도후서

1:22	21, 54, 397
3:3	325
3:16	210
3:17	50
3:18	325
4:4	324
4:5	39
4:6	149
5:5	20, 54
5:15	286
5:17	45, 92, 105, 165, 185, 348
5:20	128, 132, 190
5:21	103, 288, 302
6:16	329
7:1	329, 341, 350, 366, 371
7:10	208, 211, 415
12:2	92
12:7~10	46, 69, 73
12:12	58

갈라디아서

2:10	379
2:15	260
2:16	253, 263, 310
2:20	101, 110, 322
3:6	255
3:7	223
3:10	283
3:13~14	286, 298
4:4~6	52, 305
4:6	50
4:7	305, 308
5:6	225
5:13	145
5:14	379
5:16	40, 75, 80, 90, 323, 350, 370
5:19~21	75, 370
5:22~23	75, 323

5:24	40, 370	4:12	377
5:25	50, 90	4:15	48, 320, 366
6:10	178	4:23	349
6:14	370	4:24	344, 347
6:15	185	4:30	54, 89, 307, 396
		4:32	326

에베소서

1:3〜4	94	5:1	326
1:4	140	5:5	307
1:5	304	5:6	283
1:6	304	5:18〜20	35, 87
1:11	15	5:25	318
1:12	257	5:27	383
1:13	89, 222, 397	6:11〜13	351
1:14	20, 54	6:12	46
1:19〜20	72	6:16	323
2:1〜2	137, 158, 171		
2:3	258, 283	**빌립보서**	
2:4〜5	100, 138, 159, 164, 168, 169, 319, 335	1:4〜6	398
		1:6	188
		1:9〜11	382
		1:19	50
2:6	21	1:21	110
2:8	218, 222, 238, 240, 270	1:25〜27	398
		1:29	238, 398
2:10	72, 92, 164, 185, 317	2:5〜11	326
		2:12〜13	14, 331
2:11〜13	196	2:27	69
3:16〜17	102, 188, 225, 322	3:8〜9	92, 261
		3:13〜14	48, 371
4:1	142	3:15	358, 359

성구 색인 ○ *449* ○

4:7	78

골로새서

1:11	72
1:21	283, 407
1:23	407
1:27	92
2:6	39
2:11~12	179
3:1	21, 64, 335, 336
3:3	341
3:4	108, 384
3:5	341, 349
3:9~10	336, 342, 343, 346
3:15	146

데살로니가전서

1:3	323
1:9	209
1:10	258
2:12	145
4:16	108
4:17	108
5:23	329, 361
5:24	360

데살로니가후서

2:13	53

디모데전서

1:15	368
1:19~20	192
3:1~13	61
6:3~5	80
6:10	410
6:12	46, 145, 309, 351

디모데후서

1:5	196
1:14	50
2:25	208
3:5	409
3:16~17	321
4:18	399
4:20	69

디도서

1:5~9	61
2:14	99, 328
3:5	25, 49, 51, 156, 271
3:7	253, 307

히브리서

1:2	306
1:3	324
2:1	407
3:12	246, 416
3:18~19	235
4:16	307

6:1	38	2:24	262, 264
6:4~6	412	2:26	263, 323
6:19	401	3:2	340, 367
7:23	399	3:15	35
7:25	390, 399	4:1	46
9:28	285	4:15	67
10:26~29	416	5:4	380
10:38~39	225	5:14~15	64, 65, 67, 296
11:1	220, 226, 245	5:20	210, 215
11:6	220		
11:8	235		
11:9	102		

베드로전서

12:1	225	1:2	53, 329
12:2	238	1:3	165
12:5~11	307	1:3~5	401, 417
12:10	327	1:5	220
12:14	330, 371	1:8	78
12:23	383	1:9	225
		1:11	50

야고보서

		1:20	95, 96
1:14	366	1:21	225
1:15	181	1:22	178
1:17	181	1:23	178, 182
1:18	156, 181	1:25	182
1:25	376	2:9~10	142
2:5	380	2:21	145, 327
2:14	263	2:25	209
2:21	262	3:21	179
2:22	264	4:10~11	61
2:23	255	5:7	307

베드로후서

1:5~11	417
1:10	143
2:2	48
2:20~21	416
3:9	127, 132, 203
3:13	156
3:17	407
3:18	48, 234, 366

요한1서

1:8	340, 367, 368
1:9	289, 296
2:1	400
2:3~5	376
2:15	167
2:19	192, 408
2:29	166
3:1	304
3:2	307, 383
3:3	341
3:23	220
4:7	166
4:10	259
4:13	92
4:20	379
5:1	167, 237
5:3	376
5:4	167, 239, 323
5:13	225, 245, 308
5:18	167

요한3서

9~10	80

유다서

1:3	222

요한계시록

2:2	409
2:5	193
2:10	406
3:1	409
3:11	406
3:19	193, 201
5:13	383
14:13	107
17:14	144
21:1~4	156
21:2	402
22:12	15
22:14~15	383
22:17	119

CHRISTIAN LITERATURE CRUSADE

기독교문서선교회는 청교도적 복음주의신학과 신앙을 선포하는 국제적, 초교파적, 비영리 문서선교기관입니다.

기독교문서선교회는 한국교회를 위한 교육, 전도, 교화에 힘쓰고 있습니다.

만일 당신이 예수 그리스도와 그리스도인의 생활에 대하여 알기를 원하시면 지체말고 서신연락을 주십시오. 주 안에서 기쁜 마음으로 도움을 드리겠습니다.

서울 서초구 방배동 983~2
Tel. 586-8761~3

기독교문서선교회

개혁주의 구원론
Saved by Grace

1991년 1월 30일 초판 발행
2001년 1월 30일 2판 발행
2012년 9월 20일 2판 3쇄 발행

지은이 | 안토니 A. 후크마
옮긴이 | 류 호 준

펴낸곳 | 사) 기독교문서선교회
등록 | 제16~25호(1980. 1. 18)
주소 | 서울시 서초구 방배동 983-2
전화 | 02) 586-8761~3(본사) 031) 923-8762~3(영업부)
팩스 | 02) 523-0131(본사) 031) 923-8761(영업부)
홈페이지 | www.clcbook.com
이메일 | clckor@gmail.com
온라인 | 국민은행 043-01-0379-646, 기업은행 073-000308-04-020
　　　　　예금주: 사)기독교문서선교회

ISBN 978-89-341-0349-3 (93230)
* 낙장 · 파본은 교환해 드립니다.

개혁주의 조직신학 시리즈

개혁주의 신학 서론
An Introduction to Systematic Theology

코넬리우스 반틸 지음 | 이승구 옮김
| 신국판 | 440면

개혁주의 신론
The Reformed Doctrine of God

헤르만 바빙크 지음 | 이승구 옮김
| 신국판 | 600면

개혁주의 인간론
Create in God's Image

안토니 A. 후크마 지음 | 류호준 옮김
| 신국판 | 436면

개혁주의 구원론
Saved by Grace

안토니 A. 후크마 지음 | 류호준 옮김
| 신국판 | 456면

개혁주의 종말론
The Bible and the Future

안토니 A. 후크마 지음 | 류호준 옮김
| 신국판 | 464면

개혁주의 교회론
The Church

G. C. 베르까우어 지음 | 나용화 · 이승구 옮김
| 신국판 | 520면

개혁주의 기독론
The Reformed Christianity

로버트 L. 레이몬드 지음 | 나용화 옮김
| 신국판 | 488면